Werner Meyknecht

Aus dem Amerikanischen von Gertraud Broucek und Sabine Bröhl

DER HINGE-FAKTOR

WIE ZUFALL UND DUMMHEIT WELTGESCHICHTE SCHREIBEN

ERIK DURSCHMIED

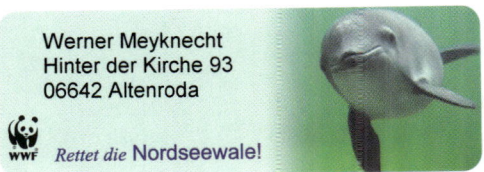

Werner Meyknecht
Hinter der Kirche 93
06642 Altenroda

WWF *Rettet die* Nordseewale!

Sonderausgabe für
KOMET MA-Service und Verlagsgesellschaft mbH, Frechen
Alle Rechte bei Böhlau Verlag, Wien
Gesamtherstellung: KOMET MA-Service und Verlagsgesellschaft mbH, Frechen

ISBN 3-933366-07-0

Für William und Alexander

Widmung

Ich schulde vielen Menschen Dank, die mir den richtigen Weg gezeigt haben, die für mich die richtige Seite im richtigen Buch aufgeschlagen haben. Historikern, Bibliothekaren, Journalisten, Geostrategen, Wissenschaftlern und Generälen. Doch am meisten all den Veteranen, die so viel durchgemacht haben, und meinen Freunden und Kollegen, die mit mir viel erlebt haben. Meine Gedanken gehen auch zu denen, die nicht mehr zurückkamen.

Mein ganz besonderer Dank gilt General Pierre Gallois, dem Begründer der Strategischen Atomstreitmacht Frankreichs und Oberst (Colonel) Kenneth Hamburger, US Army, früherer Dekan der Fakultät für Geschichte an der US Military Academy, Westpoint, der mich ermutigte, und Frau Dr. Reinhold-Weisz, die an mich glaubte.

Inhalt

Der Wendepunkt: sonnig und klar ...

*„Mit dem Zufall aber nimmt das Ungefähr,
und mit ihm das Glück einen großen Platz
im Kriege ein."*

Carl von Clausewitz, Vom Kriege, 1832.

Eine silbergraue Superfortress der 509. Composite Group der 20. US-Luftflotte rollte die Startbahn des Tinian-Atolls entlang. Sie hatte weder Bomben noch andere Vernichtungswaffen an Bord. Nur zwölf Paar Augen. Und doch sollte dieses Flugzeug für den Tod von über einhunderttausend Zivilisten verantwortlich sein.

Dreißig Minuten später startete ein anderes Flugzeug auf derselben Rollbahn, es trug die Nummer 82 und ein eingekreistes „R" auf dem Leitwerk. Unter dem Plexiglascockpit war der Vorname der Mutter des Piloten aufgemalt, *Enola Gay*. Der Pilot war US-Luftwaffenoberst Paul W. Tibbets, und sein Flugzeug führte eine Bombe mit sich, eine schwere Bombe.

Als er und seine zwölfköpfige Crew aufstiegen, wurden ihm vier mögliche Ziele vorgegeben. Er sollte selbst entscheiden, welches er anflog. Der diesbezügliche Befehl von General Thomas T. Handy lautete ganz ausdrücklich: „... die *special bomb* zu der je nach Wetterlage am besten geeigneten Stelle zu bringen und über einem der folgenden Ziele abzuwerfen: Kokura, Niigata, Hiroshima, Nagasaki ..."

Am Morgen des 6. August 1945, um 7.42 Uhr, bei 8000 Meter Flughöhe über dem Pazifik, empfing Tibbets eine verschlüsselte Meldung des meteorologischen Beobachters im Aufklärungsflugzeug, dem Flugzeug, das 30 Minuten vor der *Enola Gay* gestartet war.

Eines der Ziele lag unter einer dichten Wolkendecke. Für das zweite war die Sicht auch nicht einwandfrei. Aber *ein* Ziel lag in hellem Sonnenschein. Der große Bomber schwenkte in seine endgültige Flugrichtung. Er hatte soeben folgende codierte Mitteilung erhalten:

„Weniger als drei Zehntel von Wolken bedeckt. Vorschlag: *Bomb Primary*!"
Eine Laune der Natur entschied über die Vernichtung einer Stadt.

„Bomb Primary" war eine Stadt namens Hiroshima.

An einem schönen sonnigen Tag im September, ich war gerade acht Jahre alt, kam mein Vater nach Hause und sagte zu mir: „Hitler hat den Krieg erklärt."

Ich wußte alles über Hitler. Ich hatte ihn auf der Ringstraße gesehen, als er im Triumphzug in meine Heimatstadt Wien einzog. Aber Krieg? Über Krieg wußte ich gar nichts.

„Vater, was ist Krieg?"

Seit diesem Herbsttag des Jahres 1939 habe ich alles über den Krieg gelernt. Meine ersten Erfahrungen machte ich in einem Kohlenkeller, wo ich vor Angst zitterte, als die alliierte Luftarmada ihre Bomben über meiner Stadt abwarfen, über meinem Haus, meiner Familie. Und auch später lernte ich Dinge über den Krieg, denn mein ganzes Leben war untrennbar mit ihm verbunden und von ihm bestimmt. Dreißig Jahre lang wurde ich von einem Konflikt zum nächsten entsandt, ich konnte den Wahnsinn beobachten, den Männer verbreiteten, die Hitler irgendwie ähnlich waren. Es mag durchaus gerechtfertigte Kriege geben, aber ich habe niemals einen erlebt, der nicht in schrecklichem Leiden endete.

Krieg bedeutet Schlacht und Klirren von Waffen. Ohne Zweifel ist die Schlacht das Herz des Krieges, so sinnlos dies auch immer erscheinen mag. Eine Zwangshandlung, bei der ein jeder teilnehmen kann und teilnimmt. Einige sterben, einige schreien. Andere erinnern sich und feiern. Und dann sind da diejenigen, die das Ganze planen. Ich habe Männer getroffen, die von einem Verlangen nach militärischen Ehren besessen waren, Männer, die Zinnsoldaten in einem Sandkasten hin und her schoben und Städte auf der Landkarte eroberten. Und danach gingen sie ins Feld und benützten wirkliche Soldaten. Doch dennoch ging es nur selten so aus wie im Sandkasten.

Die Geschichte legt Zeugnis ab. Große Heere wurden durch die Dummheit und Unfähigkeit ihrer Führer besiegt. Kriege bestehen nicht aus Trompetenklang und militärischem Ruhm, Kriege bedeuten Tod. Oder – um einen Ausspruch von Georges Clemenceau zu zitieren, dem Mann, der Frankreich aus den Schrecken des Ersten Weltkriegs führte:

„Kriege sind viel zu wichtig, um sie den Generälen zu überlassen."

Historiker und Berichterstatter schreiben, daß Schlachten durch den Mut und die überragenden Fähigkeiten eines Generals gewonnen werden, denen sie noch dazu im Siegestaumel den ehrenvollen Titel eines „wahren Kriegsgenies" verleihen. Sie beschreiben den Sieger als großartig und verdammen den Verlierer. Dabei gibt es keine geheime Formel für den siegreichen Ausgang einer Schlacht – außer daß vieles davon abhängt, wer die meisten Fehler begeht. Oder, um es noch klarer auszudrükken: viele Schlachten wurden durch Launen des Wetters entschieden, durch einen schlecht funktionierenden (oder einen hervorragenden) Nachrichtendienst, durch unvorhergesehene Heldentaten oder persönliche Unfähigkeit – mit anderen Worten durch das Unerwartete. In militärischen Kreisen ist dieses Phänomen unter dem Ausdruck *The Hinge Factor* bekannt. Der Hinge-Faktor ist der Dreh- und Angelpunkt, der über den Ausgang einer Schlacht entscheidet.

In vielen Fällen waren alle Elemente, die die Katastrophe ausmachten, bereits vorhanden, lange bevor das Drehbuch des Dramas überhaupt geschrieben war. Die Kriegsannalen sind voll von Beispielen, die beweisen, daß Unfähigkeit (meistens) nicht auf mangelnde Intelligenz, sondern auf mangelnde Charakterstärke zurückzuführen ist. Die Starrköpfigkeit, das Beharren auf vorgefaßten Meinungen, führt beim Abschätzen einer sich rasant entwickelnden Situation unzweifelhaft zur Niederlage. Immer wieder wurden tapfere Männer bei verwegenen Angriffen sinnlos geopfert. Befehle wurden nicht aus einer klaren Erfassung der Situation heraus erteilt, sondern aus Unkenntnis (Dummheit), Gehässigkeit oder einfach aus persönlichem Machtstreben. Der heldenhafte Raimund von Tripolis fragte seinen fränkischen König, Guido von Lusignan, ehe dieser in die Wüste aufbrach, um das Sarazenenheer des Sultans Saladin zu treffen: „*Sire*, stellt Euch selbst die Frage: ‚Warum will ich in die Schlacht ziehen?‘ Geschieht es zum Ruhm meines Landes – oder zu meinem eigenen?"
Wenn ein Industrieller ein fehlerhaftes Produkt herstellt, riskiert er die Schließung seiner Fabrik, und seine Angestellten verlieren ihre Arbeit; wenn ein Börsenmakler unklug spekuliert, setzt er das Vermögen einiger hundert Aktionäre aufs Spiel. Das ist sehr schmerzlich, aber nicht tödlich. Doch wenn ein Heerführer Fehler begeht, so sind die daraus resultierenden Folgen nicht wiedergutzumachen und Tausende und manchmal auch Abertausende bezahlen mit ihrem Blut und Elend.
Und zu alledem kommt dann schließlich das Unerwartete, bestimmt durch schicksalhafte Fügung: Wolken verhüllen ein Ziel und verdammen so ein anderes zur Vernichtung. Ein Glücksfall läßt den Feind einen geheimen Schlachtplan finden. Oder alles hängt daran – und das ist mit Sicherheit der unberechenbarste Faktor –, wie die Menschen unter Streß oder Feuerbeschuß handeln. Der persönliche Einsatz, das Heldentum – nicht eines den Säbel hebenden Generals, dem durch eine Bronzestatue ewiges Gedenken geschenkt wird, sondern des unbekannten Soldaten, dem niemand dankt und der in einem namenlosen Grab bestattet wird –, ist ausschlaggebend.

Historische Quellen berichten über das Geschehene. Aber darüber hinaus gibt es unweigerlich einen Grund dafür, warum die Dinge auf eine bestimmte Art zu geschehen hatten. (Ich möchte in diesem Buch nicht den Anspruch erheben, eine allgemeingültige Erklärung darüber abzugeben, warum eine bestimmte Schlacht plötzlich eine Wendung nahm.) Es ist üblich, daß Politiker und Generäle nach Beendigung einer Auseinandersetzung ihre Handlungen schriftlich begründen, ihre Schachzüge anhand der Karten erklären, oder in trockenen Statistiken die ungeheuren Zahlen von Toten kommentieren, die sie verursacht haben. Der einfache Fußsoldat dagegen schreibt nach Hause, wie er überlebt hat. Die von mir beschriebenen „Hinge-Faktoren der Schlacht" habe ich aus diesen beiden Arten von Berichten zusammengetragen.

Liest man viele Jahre nach einer Schlacht über ein Ereignis, ergibt sich oft die Schwierigkeit, die zuverlässige Quelle von kunstvoll übertriebener Dichtung zu trennen. In dem Moment, in dem die Katastrophe sich abspielt, sind die Bedingungen für eine unvoreingenommene sachliche Berichterstattung bestenfalls chaotisch, die Berichte sind unvollständig oder allesamt verschwunden. Andere wiederum wurden von Berichterstattern und Dichtern umgeschrieben und dem jeweiligen Zweck angepaßt. Das gilt für gestern genauso wie für heute.[1] Die mittelalterlichen Erzählungen von Juvénal des Ursins über das Niedermetzeln des französischen Adels während der Schlacht von Azincourt gibt eine Meinung aus französischer Sicht wieder. Als der Herzog von Wellington über das „close run thing" sprach, erwähnte er weder den Fehler, den Ney beging, noch die Bedeutung, die Blücher in dieser Angelegenheit zukam. Der „Times"-Reporter William Howard Russel berichtete über den verpfuschten *„Angriff der Light Brigade"* und wurde beschuldigt, ein Militärgeheimnis verraten zu haben.[2] Das gleiche sinnlose Opfer wurde von Lord Tennyson in einem Gedicht glorifiziert. Wo liegt da die Wahrheit?

Krieg ist immer eine totale Verwirrung der geordneten Welt. Ich kann nicht sagen, ob Krieg für die Weiterentwicklung der Menschheit wirklich unbedingt erforderlich ist, ich weiß nur, daß er für den Menschen immer eine vorrangige Stellung einnahm und daß er seit Urzeiten alle anderen menschlichen Tätigkeiten beherrschte.

Erik Durschmied,
Domaine de Valensole, Dezember 1997

Ein hölzernes Pferd

„Glaube diesem Pferd nicht.
Was immer es ist – ich fürchte die Griechen,
auch wenn sie Geschenke bringen."
Vergil, Aeneis, 20 v. Chr.

Man schrieb das Jahr 1184 v. Chr.

Ein Gott stieg vom Himmel herab. Als Schwan verkleidet näherte er sich Leda, und die Frucht ihrer Liebe war eine Tochter: Helena. Sie war ein solch liebreizendes Mädchen, daß sie jeder Prinz zur Frau begehrte. Ihr Auserwählter war Menelaos, der König von Sparta. Eines Tages stattete ihnen ein schöner junger Prinz einen Besuch ab. Es war Paris, der Sohn des Königs Priamos von Troja, einer befestigten Stadt an der Ostküste des Mittelmeeres. Er wurde mit allen königlichen Ehren empfangen, gab aber den wahren Grund für seinen Besuch nicht zu erkennen.

Bevor Paris von seiner Heimatstadt Troja nach Sparta aufbrach, war König Priamos davor gewarnt worden, daß sein Sohn dem eigenen Land den Untergang bringen werde. Und so sollte es auch geschehen. Das hohe Drama der Antike begann an dem Tag, an dem Paris von den drei Göttinnen Aphrodite, Hera und Pallas Athene besucht wurde. Sie übergaben ihm einen goldenen Apfel und baten ihn, die schönste unter ihnen zu erwählen. Hera versprach ihm, er werde über Europa und Asien herrschen, Pallas Athene wollte ihm zum Sieg über die Griechen verhelfen, den Erzrivalen Trojas. Und Aphrodite bot ihm das schönste Mädchen der ganzen Erde an. Das Urteil des Paris fiel auf Aphrodite, die Göttin der Liebe. Sie erzählte ihm von Helena von Sparta.

Als Menelaos nach Kreta in den Krieg zog, machte sich Paris mit Helena nach Troja davon. Wir wissen nicht, ob sie freiwillig mit ihm ging oder entführt wurde. Bei seiner Rückkehr aus Kreta rief Menelaos alle griechischen Helden zu Hilfe, um die gottlose Tat zu bestrafen und Troja in Schutt und Asche zu legen. Unter der Führung von Agamemnon[3] war das griechische Heer stark, aber das trojanische stand ihm in nichts nach. König Priamos hatte tapfere Söhne, der tapferste war Hektor.[4] Für ihn gab es nur einen gleichwertigen Gegner: Achilles, den griechischen Helden. Der Kampf dauerte Jahre, und lange Zeit gab es weder Sieger noch Besiegte. Als wieder

15

einmal ein grimmiger Kampf wütete, erschien Helena auf dem Schlachtfeld. Beim Anblick ihres lieblichen Gesichts ruhten augenblicklich alle Waffen, nur Achilles und Hektor kämpften weiter gegeneinander. Pallas Athene reichte Achilles ihren Speer, er warf ihn und traf Hektor in den Hals. „Überbringe meinen Leichnam meinem geliebten Vater", flehte der sterbende trojanische Held.

„Ich wollte, ich könnte für das Unheil, das du über mich gebracht hast, dein rohes Fleisch verschlingen", antwortete Achilles. Der griechische Soldat band Hektors Leiche an seinen Wagen und schleifte ihn entlang der Stadtmauern mehrmals rund um Troja.[5] Aphrodite gab Paris einen vergifteten Pfeil. Dieser zielte genau und traf die einzige verwundbare Stelle des griechischen Helden: seine Ferse. Achilles starb. Doch auch Paris wurde von einem Pfeil getroffen, und so mußte auch er sterben.

Trotz allem hielt Troja stand. Nach mittlerweile zehnjähriger Belagerung stand es unentschieden, und der Krieg war zum Stillstand gekommen. Solange die Griechen nicht in der Lage waren, die Stadtmauern zu durchbrechen, würden sie Troja nie erobern und müßten die Niederlage akzeptieren.

Da entwickelte Odysseus, der gerissenste aller Griechen, einen teuflischen Plan. Er ließ ein hölzernes Pferd bauen, nur wenig höher als das skäische Tor. Dann versteckte er griechische Krieger im Inneren des Pferdes und ließ das Holztier vor die Stadtmauern von Troja bringen. Danach setzten die griechischen Schiffe die Segel, versteckten sich aber hinter der nächstgelegenen Insel. Um sicherzugehen, daß die Trojaner auf diese List hereinfielen, ließ Odysseus Sinon, den Griechen, zurück. Er sollte die Trojaner davon überzeugen, das Pferd als Votivgabe für Pallas Athene in die Stadt zu holen.

König Priamos ging den Griechen auf den Leim und befahl, das Pferd hereinzubringen. Zu diesem Zweck sollten die Trojaner ein Loch in die Stadtmauer brechen. Der oberste Priester Trojas, Laokoon, warnte seinen König: *„Ich fürchte die Griechen, auch wenn sie Geschenke bringen."*

Priamos, ein rücksichtsloser Potentat, erzürnte sich über den einfachen Priester, der es wagte, den Willen seines Königs in Frage zu stellen. Laokoon war nicht der einzige, der eine List fürchtete. Die schöne Tochter des Königs, Kassandra, ging zu ihrem Vater und wiederholte die Warnung des Priesters. *„O elendes Volk, arme Narren, ihr versteht nichts von eurem tragischen Geschick."*

Fast hätte der kluge Rat des Priesterphilosophen die Trojaner doch noch überzeugt, doch da schlug das Schicksal zu. Zwei Schlangen stürzten aus dem Meer und erwürgten Laokoon und seine beiden Söhne. Das Unglück nahm seinen Lauf. Das Verhängnis war beispielgebend für unzählige dramatische Geschichten der nächsten drei Jahrtausende ... Nie hörten die Menschen auf Propheten, schauten stattdessen dabei zu, wie diese zum Schweigen gebracht wurden, und gingen so blindlings dem

Untergang entgegen. Die Trojaner entfernten nun den tragenden Stein aus dem skäischen Tor, und die Mauer stürzte ein. Sie schleppten das Pferd zum Tempel der Pallas Athene und feierten ein großes Fest. *„Mit Gesang und großem Jubel brachten sie Tod, Verrat und Zerstörung herein."*

Mitten in der Nacht öffnete Sinon die geheime Tür im hölzernen Pferd. Odysseus und seine Krieger schlichen heraus, während der Rest des griechischen Heeres durch die Maueröffnung eindrang und die Stadt in Brand setzte. Als die Trojaner aus ihrem Rausch erwachten, floß das Blut bereits in Strömen. Es war kein Kampf, es war ein Abschlachten. Verzweifelte Männer schlugen zu und töteten, bevor sie selbst getötet wurden. Trojaner warfen ihre eigenen Waffen weg und eigneten sich die der toten Griechen an. Die Männer, die mit Odysseus im hohlen Pferdebauch gesessen hatten, warteten darauf, daß sie von einer griechischen Einheit Verstärkung bekamen, und bezahlten diesen Irrtum mit ihrem Leben. Trojanische Weiber schleuderten brennende Balken von den Dächern auf ihre Angreifer herunter, ein Turm des Königspalastes stürzte zusammen und begrub eine große Zahl von Griechen unter sich. Aber es war ein ungleicher Kampf, zu viele Trojaner waren bereits gestorben, und die Griechen kämpften sich den Weg in den Palast frei. König Priamos wurde vor den Augen seiner Frauen und Kinder brutal niedergeschlagen. Mit dem Tod ihres Anführers verloren die Trojaner den Mut, und die Griechen vergewaltigten, raubten und plünderten. Sie töteten Männer, schleuderten Kinder von den Mauerzinnen herab und führten Frauen in die Sklaverei. Troja starb.

Nur Aeneas,[6] Aphrodites Sohn, entkam dem Blutbad. Er überquerte das Meer, und die Winde trugen sein Schiff an eine weit entfernte Küste an der Tibermündung. Dort gründete er eine Stadt, das spätere Rom, den Stadtstaat, der die Griechen, Eroberer von Troja, schließlich besiegen sollte.

Letzte Gerechtigkeit, umhüllt vom Schleier der Mythologie.

* * *

Was an diesem Tag vor dreitausend Jahren wirklich geschehen ist, können wir nur vermuten. *„Ich verdanke diesen bedauerlichen Krieg den Göttern"*, erklärte der niedergeschlagene Priamos.[7]

Vergessen wir doch die aktive Teilnahme der Götter und wenden wir uns mehr den strategischen, militärischen und wirtschaftlichen Aspekten zu. Ende des neunzehnten Jahrhunderts entdeckte ein deutscher Amateurarchäologe namens Schliemann Ruinen, von denen er annahm, sie könnten das Troja des Priamos gewesen sein. Es handelte sich um eine befestigte Stadt auf dem Hügel von Hissarlik, gegründet vom Kriegsstamm der Phrygier.[8] Aufgrund der geographischen Lage können wir annehmen, daß griechische und trojanische Ambitionen hinsichtlich der Seemacht aufeinandertrafen. Die lebenswichtige Kontrolle über den Hellespont (heute Dardanellen), das Ägäische Meer und damit über die Handelswege entlang des Mittelmeeres, stand auf dem Spiel.

Zehn Jahre Belagerungszustand. Es ist undenkbar, daß eine Belagerung ohne Unterbrechung zehn Jahre gedauert haben soll. Ohne regelmäßige Getreideernte wären die Armeen auf beiden Seiten verhungert. Deshalb muß der Krieg in einer Reihe von kleineren Konflikten ausgetragen worden sein, die Plünderungen und Kämpfe auf dem Meer mit eingeschlossen.

Ein wichtiger Faktor, der nicht übersehen werden darf, ist die Warnung des Philosophen Laokoon. Wenn wir davon ausgehen, daß Troja von einem Despoten regiert wurde, so zeigt diese Warnung eine frühe Opposition zu einer tyrannischen Herrschaft, und diese Geistesrichtung wiederum erreichte ihren Höhepunkt in den Gedanken von Sokrates, dem größten griechischen Philosophen, und seinen Schülern.

Zehn Jahre vergingen, und nichts geschah. Und plötzlich wurde alles in einem einzigen Augenblick gelöst. Das Trojanische Pferd ist sicher kein Hirngespinst,[9] bei der Belagerung von befestigten Plätzen wird immer List angewandt. Es war ein denkbar einfacher Weg, die Wachsamkeit der Verteidiger abzulenken und sie dazu zu bringen, eigenhändig einen Durchgang in die Mauern zu brechen. So ist die Geschichte vom Pferd des Odysseus durchaus glaubhaft, denn sie ist die Geschichte *einer Eroberung durch Kriegslist*.

Die geschichtlichen Folgeerscheinungen sind denkwürdig. Die Griechen lernten von den Trojanern, trojanische Flüchtlinge gründeten Rom, und die Römer eroberten Griechenland und nahmen anschließend die dort herrschende Kultur an.

DER HINGE-FAKTOR BEI DER LETZTEN SCHLACHT UM TROJA war der Sieg durch Kriegslist.

Der Verlust des heiligen Kreuzes

„Solange es noch einen Ungläubigen auf Erden gibt, werden meine Waffen nicht ruhen."

Sultan Saladin, berichtet von Beha ed-Din Ibn Shehad, 1187.[10]

Vor dem fränkischen Heer liegt die Wüste, heiß und trocken, es ist die Ebene von Baruf. Sie in der Hitze des Tages zu betreten, würde für ein großes Heer geharnischter Ritter den sicheren Tod bedeuten. Doch genau so lautete der Befehl von Guido von Lusignan, dem König von Jerusalem. Ein hochgewachsener Mann im Kettenhemd näherte sich dem König. Ein gesticktes karminrotes Kreuz leuchtete auf seinem weißen Mantel: er gehörte dem Templerorden an. Griffbereit steckte sein langes gerades Schwert in einem Ledergürtel, den er elegant um die Taille gebunden hatte. Ein kugelförmiger Kreuzritterhelm mit Nasenschutz schützte den Kopf des Magnaten. Dieser Ritter war ein berühmter Held des Mittelalters. Es war Raimund III., Graf von Tripolis.

„Euer Gnaden, warum befehlt Ihr Eurem Heer, durch dieses unfruchtbare Land zu ziehen?"

„Um Eurer Dame in ihrer Verzweiflung beizustehen." Damit spielte der König auf eine Nachricht an, die er von Eshiva von Tripolis erhalten hatte, die innerhalb der Mauern von Raimunds Festung bei Tiberias am See Genezareth von den Sarazenen belagert wurde.

Raimund kannte den Ehrenkodex der Sarazenen und wußte, daß Saladin, der Sultan der Türken, niemals eine Frau von Rang verletzen würde. Er wußte auch, daß eben dieser Saladin schlau wie ein Wüstenfuchs war. Er wollte das fränkische Heer in eine übereilte Rettungsaktion locken, die dann die Katastrophe herbeiführen würde. Das war der Grund, warum Saladin zugelassen hatte, daß der von Gräfin Eshiva ausgesandte Eilbote ohne Behinderung passieren konnte. „Aber, Euer Gnaden", erwiderte Raimund, „wenn Ihr gegen Saladin kämpfen wollt, so tut dies in der Nähe unserer Festung Acre. Wenn etwas schiefgeht, können wir wenigstens darauf zählen, daß die Stadt zu unserer Rettung heraneilt. Und wenn Gott mit uns ist, dann können wir die Sarazenen bezwingen."

19

„Sie bezwingen?" rief einer der adeligen Magnaten, Reginald von Chatillon, Lord von Kerak. „Sie bezwingen? Was soll dieser Wahnsinn?"

„Ja, wir können sie bezwingen", antwortete der Graf von Tripolis, „und sie ausbluten lassen, damit Saladin vernichtet wird und das Heilige Land auf immer fliehen muß. Hoheit", wandte er sich an den König, „draußen in der Wüste hat Saladin eine zu große Beweglichkeit und kann uns mit seiner Stärke übertrumpfen. Und wer bleibt dann zur Verteidigung von Jerusalem?"

Der König hörte auf den weisen Rat Raimunds.

In dieser Nacht, nachdem König Guido mit seinem adeligen Gefolge das Abendmahl eingenommen hatte, wurde begonnen, am Netz von Intrige, Eitelkeit und Ehrgeiz zu weben. Da betrat der listige Gerhard von Riderfort, der Großmeister der Templer, das königliche Zelt.

„Hoheit, der Graf von Tripolis möchte, daß wir uns wie Feiglinge verkriechen."

Der König fürchtete den Templer, wegen seiner großen Macht. Außerdem war er ihm verpflichtet, weil er seinerzeit mit Riderforts Unterstützung dem rechtmäßigen Erben die Krone abspenstig gemacht hatte. Der unrechtmäßige König geriet ins Wanken. Er schlug die Zeltbahnen zurück, schaute in den Nachthimmel und blickte auf dieselben Sterne, die auch für seinen Gegner auf der anderen Seite der Wüste die Nacht erleuchteten. Er dachte nach: Wie konnte er sicher sein, was wirklich das beste wäre? Und wie so oft, wenn mächtige Männer eine Entscheidung treffen müssen, von der ihre Existenz abhängt, wurde auch er unsicher. Er befürchtete, daß dieser Marschbefehl tragische Konsequenzen nach sich ziehen könnte. Doch Riderfort ließ nicht locker, er wollte dem König unentbehrlich sein. „Mein König, Ihr wißt, daß Ihr dem Grafen von Tripolis ein Dorn im Auge seid. Er ist ein Verräter, und er möchte um jeden Preis den Waffenstillstand mit den Türken aufrechterhalten. Wir sind dem Heiden weit überlegen. Ich rate Euch, aufzubrechen und einem glorreichen Sieg entgegenzuziehen."

Es heißt, daß in derselben Nacht ein Diener des Königs sah, wie ein Adler mit sieben Pfeilen in den Klauen über ihre Köpfe flog und warnend rief: „Hüte dich, Jerusalem! Hüte Dich, Jerusalem!"

Ja, es roch nach Verrat und Dummheit, aber dies war nicht die Schuld des Grafen von Tripolis, einem Ritter, der die Feldherrnkunst Saladins studiert hatte. Er wußte, daß der Sultan im Hinterhalt auf sie warten würde. Vor Sonnenaufgang versuchte der Graf ein letztes Mal, den König umzustimmen. „König Guido, ich warne Euch, geht nicht von hier weg! Saladin wird uns in der Wüste in den Untergang treiben."

Da Raimund der einzige Edelmann war, der seine Ansprüche auf den Thron nicht unterstützt hatte, wandte sich der König dem Ritter zu und antwortete zornig:

„Es ist nicht Seine Angelegenheit, dem König zu sagen, was er zu tun hat. Ich möchte, daß sich meine Ritter sammeln und zum Aufbruch nach Tiberias bereitmachen."[11]

Und so steuerte der fränkische König von Jerusalem geradewegs auf eine Katastrophe zu, die er selbst heraufbeschworen hatte.

* * *

Im Jahr 1071 errang das türkische Seldschukenreich bei Mantzikert einen Sieg über Byzanz. Dieses Datum kann als der Beginn des Zeitalters der Kreuzzüge angesehen werden.[12] Die Türken waren aus der asiatischen Steppe gekommen, und ihre Religion war der Islam. Byzanz bat trotz seiner fortlaufenden Streitigkeiten mit der Kirche von Rom den Papst um Hilfe bei der Rückeroberung Kleinasiens. 1095 initiierte Papst Urban II. den ersten Kreuzzug, ein Abenteuer, das selbst aus heutiger Sicht einzigartig erscheint. Im Zeichen des heiligen Kreuzes führte Gottfried von Bouillon ein Heer französischer Edelleute an, die geistlichen Ritterorden wie Templern und Johannitern angehörten. Ihren Anhängern wurde die Vergebung ihrer Sünden und ewiges Heil versprochen. 1099 hatten die Teilnehmer der Kreuzzüge die Stadt Gottes eingenommen – ein Sieg, an dem der Makel eines Massenmordes der gesamten moslemischen Bevölkerung Jerusalems haftete.[13] Hier liegt der Ursprung des Dschihad, des Heiligen Islamischen Krieges, der die nächsten zwei Jahrhunderte andauerte und – wie wir heute wissen – niemals geendet hat. Die ersten fränkischen Kreuzfahrer gründeten das Königreich Jerusalem. Fast ein ganzes Jahrhundert war alles in Ordnung, die Christen behaupteten von Mauern umschlossene Städte und befestigte Plätze wie Akkon, Jaffa, Tyros oder die Kreuzritterburg von Krak des Chevaliers, während räuberische Banden der Sarazenen das die Städte umgebende Land unsicher machten. Erst nach der verheerenden Niederlage des oströmischen Kaisers Manuel I. bei Myriokephalon im Jahr 1176 strebten die Ereignisse ihrem endgültigen Höhepunkt entgegen. Ohne byzantinische Unterstützung hatten die fränkischen Ritter nicht genügend Männer, um den islamischen Heeren in Palästina Widerstand entgegenzusetzen. Die Spannungen zwischen Christen und Moslems steigerten sich ins Unerträgliche, und die Konfrontation rückte unaufhaltsam näher.

Und die Lage verschärfte sich, denn das Zeitalter der Ritter, „die das Kreuz nahmen", war vorbei. An ihre Stelle trat eine heruntergekommene Schar von Abenteurern, die einzig und allein bestrebt waren, ihre Taschen zu füllen. Reginald von Chatillon liebte das Abenteuer und war ins Heilige Land gekommen, um dort sein Glück zu versuchen. Statt all seine Kraft zur Verteidigung des wahren Glaubens einzusetzen, verführte er die Witwe des Grafen von Antiochia, die von seinem Charme so berauscht war, daß sie ihm den Schlüssel zu ihren Provinzen übergab. Da er jedoch ihrer alternden Reize bald überdrüssig war, verließ er sie und ehelichte alsbald eine andere adelige Jungfrau, die Herrin von Kerak. Schnell wandte er sich wieder seiner eigentlichen Lieblingsbeschäftigung zu – dem Ausrauben von Karawanen. Ein anderer Schurke war Gerhard von Riderfort. Er hatte es durch eine List zum Groß-meister der Templer gebracht und benutzte seine vornehmen Krieger dazu, um wehrlose Bürger zu terrorisieren und auszuplündern. Doch der bösartigste von al-len war der Patriarch von Jerusalem, Herakleios, ein „keuscher Mönch", dessen Ge-liebte eine stadtbekannte Prostituierte war, die in der Heiligen Stadt als „die Patri-archin" bekannt war. Dieses unheilige Trio führte das Königreich der Franken in den Untergang.

Diesem Bündnis der Niedertracht stellte sich Raimund III., Graf von Tripolis,[14] der erwählte Regent von Jerusalem entgegen. Er gehörte zu denen, die dem Kin-derkönig Balduin V. die Treue hielten. Doch der kränkelnde kindliche König starb, und Guido von Lusignan, ein Abenteurer, der die Tante des Königs geheiratet hatte, bemächtigte sich der Krone. Darüber geriet Raimund mit dem neuen Herrscher in Streit. Es war für die Christenheit ein schwerer Schlag, vor allem, weil Raimund der einzige Hochadelige war, der das Vertrauen Saladins genoß. 1185 hatte der fränki-sche Prinz einen Waffenstillstand mit dem Sarazenensultan geschlossen, der sich auf gegenseitiges Vertrauen und die Ideale des Rittertums stützte. Erst als die Sarazenen nach dem Zwischenfall bei den Quellen von Cresson Galiläa überfielen, war Rai-mund gezwungen, sich aus Treue zum Christentum seinem König wieder anzuschl-ießen.

Am Ende des 12. Jahrhunderts stand das fränkische Königreich von Jerusalem dem größten aller kriegerischen Sultane gegenüber, dem sagenhaften Salah ed-Din,[15] oder Saladin. Er war Türke, und seine Vorfahren waren vom Fuß der Altai-Berge in Zentralasien ausgewandert. Im zehnten Jahrhundert begegnete dieser Kriegsstamm dem Islam. Die Konvertierung der Türken zum Islam hatte für den Orient eine ebenso einschneidende Wirkung wie die Christianisierung der Germa-nen für das Abendland. Saladin, der als Sohn eines Untergebenen von Sultan Nur ed-Din, Emir von Aleppo und Damaskus, geboren wurde, hatte seine Tapferkeit so-wohl in einer Reihe von Schlachten gegen die Franken als auch gegen aufrühreri-sche moslemische Führer unter Beweis gestellt. 1169 wurde er Wesir des Kalifen,[16] und 1171 hob er den letzten der dekadenten Fatimiden vom Thron. Als neuer Kalif von Ägypten und Wesir von Syrien hielt er nun das Königreich der Kreuzritter fest umschlossen und ließ nur den Seeweg nach Zypern und Europa frei. Dreizehn Jahre lang hielten die Christen Saladin in Schach – so lange, bis zwei Ereignisse dieses un-sichere Gleichgewicht zum Schwanken brachten. Das erste wurde von Reginald von Chatillon ausgelöst.

Eines Nachts kam ein Kundschafter in das Schloß von Graf Reginald, um ihm von der Durchreise eines Pilgerzuges nach Mekka zu berichten, der große Reichtümer mit sich führte. Der Herr auf Kerak und sein Gefolge brachen zum Raubzug auf, und sie bemächtigten sich der Kamelkarawane. Diese Karawane führte jedoch nicht nur Gold und Gewürze mit sich, sondern sie barg einen noch viel wertvolleren Schatz: die Schwester von Saladin, *ein Mädchen von solchem Liebreiz, daß die Nachtigallen seine Schönheit priesen.* Der Sultan entsandte einen Boten zum Hof des Königs Guido, um die sofortige Befreiung seiner edlen Schwester zu verlangen. Reginald von Chatillon aber, der ein ansehnliches Lösegeld für die königliche Dame erwartete, weigerte sich, dem Befehl seines Königs zu gehorchen, und rief in Erinnerung, im Gegensatz zu Raimund von Tripolis niemals einen Waffenstillstand mit den Sarazenen abgeschlossen zu haben.

Ungefähr zur selben Zeit, am 30. April 1187, ersuchte der Sohn Saladins, Malik al-Afdal, Raimund von Tripolis um Erlaubnis, durch die Provinzen des Grafen ziehen zu dürfen, was dieser unter der Bedingung gestattete, daß das moslemische Heer zwischen Sonnenaufgang und Sonnenuntergang sein Land bereisen dürfe, ohne jedoch seine Städte zu belästigen. Um sicherzugehen, daß alle von diesem Versprechen Kenntnis hatten, sandte der Graf einen Begleitbrief an Gerhard von Riderfort. Doch statt sich an den Waffenstillstand zu halten, befahl dieser anmaßende Ritter aus persönlicher Gier nach Ruhm seinen neunzig Templern und zehn Johannitern, die Sarazenen anzugreifen, die friedlich bei der Quelle von Cresson[17] lagerten. Ein Templer, Jakob von Mailly, wollte Gerhard davor warnen, die Türken ohne Grund anzugreifen. Doch der hitzköpfige Anführer knurrte:

„Wenn du deinen schönen Blondschopf behalten willst, dann lauf so schnell du kannst!"

„Ich werde als tapferer Mann sterben, aber Ihr Herr, Ihr werdet um Euer Leben laufen!" entgegnete der so beschimpfte Ritter. Seine Vorhersage sollte sich bewahrheiten. Der überhebliche Riderfort, der für den Kampfgeist der Sarazenen nur unbegründete Verachtung empfand, griff die siebentausend moslemischen Krieger mit einer Handvoll Ritter an. Das Unvermeidliche geschah, die Sarazenen umzingelten die Ritter. Riderfort verließ mit dreien seiner Ritter das Kampfgeschehen und flüchtete. Der Rest wurde gefangengenommen und enthauptet. Die Türken spießten die Köpfe auf ihre Lanzen und präsentierten sie entlang der Mauern von Tiberias, bevor sie, wie versprochen, vor Sonnenuntergang in ihr eigenes Land zurückkehrten.

Ohne der Ursache für dieses Gemetzel nachzugehen, befahl König Guido unklugerweise allen christlichen Rittern, sich unter seiner Fahne zu vereinen, und verlangte von Herakleios, dem Patriarchen von Jerusalem, das heilige Kreuz zu holen, damit es das christliche Heer in die Schlacht führen könne. Der Patriarch nahm das Kreuz von der Kirche des Heiligen Grabes, und es sollte nie mehr nach Jerusalem zurückkehren.

Wegen der unverzeihlichen Beleidigung seiner Schwester schwor Saladin den heiligen Eid, daß er persönlich den Schurken Reginald enthaupten würde. Er stellte „ein
Heer unzähliger Soldaten, groß wie der Ozean"[18] auf, und es schlossen sich ihm Einheiten aus Ägypten, Mosul und Maridin an. Nach dem Zusammenstoß bei Cresson
am 1. Mai 1187 vereinigte sich Saladins Armee mit der seines Sohnes in der Nähe
von Astara,[19] und gemeinsam marschierten sie am 27. Mai los, um bei Dabeira ihr
Lager aufzuschlagen. Am 2. Juli griff er Tiberias an, wo durch die fahrlässige Hand-
habung einer Fackel ein Einwohner die Lagerhäuser in Brand steckte. Im Nu stand
die ganze Stadt in Flammen, nur die Zitadelle hielt stand.

Am darauffolgenden Tag, Freitag, den 3. Juli 1187, brach das fränkische Heer in
die wasserlose Wüste auf, die Saffuria von Tiberias trennt. Fünfzehntausend Reiter
und Fußsoldaten begannen ihren Marsch zum weit entfernten See von Genezareth.[20]
Die Vorhut stand unter der Führung des Raimund von Tripolis, die Nachhut wurde
von Balian von Ibelin angeführt. In der Mitte ritt König Guido von Lusignan, der die
Bischöfe Ruffin von Acre und Bernhard von Lydda, die Träger des heiligen Kreuzes,
beschützte. Aus der Ferne bot das Kreuzfahrerheer einen eindrucksvollen Anblick:
die weißgekleideten Ritter, gefolgt von einer Schar Armbrustschützen in ihren dunklen Kurzröcken und Lederwämsen. Der Reiseweg war relativ kurz,[21] und der König hoffte, das öde Land in weniger als einem Tag durchqueren zu können. Er hatte
absichtlich keine Ochsenkarren mit Wasservorräten mitgenommen, da er nicht
wollte, daß die Tiere sein Marschtempo verlangsamten.[22] Doch der König hatte die
Entfernung unterschätzt. Eine Strecke, die ein berittener Soldat mit einem flotten
Ritt in wenigen Stunden bewältigen konnte, bedeutete für einen Fußsoldaten mehrere Tagesmärsche. Und in einer gemischten Armee war das Tempo der Ritter zu
Pferd nicht schneller als das der Fußsoldaten und Armbrustschützen.

Die Vorhut unter Raimund von Tripolis war gut vorangekommen, der Graf hatte
eine Gruppe seiner besten Kämpfer an die Spitze gestellt. Ein Aufgebot von Armbrustschützen bewachte die Seiten der vorrückenden Kolonnen, und weitere Vorposten an den Flanken sollten jeden Versuch vereiteln, das heilige Kreuz anzugreifen.
Die Mitte war nicht ganz so wohlgeordnet, Fußsoldaten waren mit berittenen Soldaten vermischt, dazwischen gab es noch Diener, die die Zelte trugen. Jedesmal,
wenn der König nach einer kurzen Pause verlangte, damit die Nachzügler wieder
aufschließen konnten, vergrößerte sich das Durcheinander nur noch mehr, denn
eine Gruppe rannte in die andere.

Saladin rieb sich erfreut die Hände, als er vom Marsch des christlichen Königs
hörte: „Sie sind mir auf den Leim gegangen! Alles läuft nach meinen Wünschen.
Jetzt müssen wir nur noch dieses Heer von Ungläubigen vernichten, und Tiberias ist
unser – mit dem Küstenstreifen." Er befahl seinem Heer, bei Lubiya Aufstellung zu
nehmen, und sandte seine Reiter auf ihren leichten Ponys den langsam anmarschie-

renden Christen entgegen. Um die Kreuzritter zu reizen, schossen sie ein paar Pfeile ab, ohne jedoch einen gezielten Angriff zu starten und immer auf der Hut vor den treffsicheren Geschossen, die von den christlichen Armbrustschützen kamen. König Guido war nicht übermäßig besorgt, plänkelnde Bogenschützen waren für seine schwer bewaffneten Ritter ein Klacks – das stimmte so lange, bis Guido so dumm war, sich Saladin auf einem geeigneten Abschlachteplatz zu präsentieren.[23] Obwohl die Fußsoldaten die Ritter vor diesen nadelscharfen Attacken schützten, konnten sie doch weder die mit Kettenhemden bekleideten Ritter, noch sich selbst vor den unbarmherzigen Strahlen einer versengenden Sonne bewahren. Der Kalkstein reflektierte die Wärme von den Felsen, und im Tal staute sich eine unerträgliche Hitze. Ihre Wasserflaschen waren bald leer, und sie klagten über Durst. König Guido versäumte die letzte Gelegenheit, seine Truppen mit Wasser zu versorgen, als er verbot, einen kleinen Umweg zu den Quellen von Turan zu machen. Bereits am Vormittag war allen klar, daß nicht mehr mit Wasser zu rechnen war, bis sie das Galiläische Meer erreichen würden. Es dauerte nicht lange, und die Kolonne ähnelte mehr einem Gesindelhaufen als einem disziplinierten Heer. Lustlos schleppten sie sich dahin. König Guido erkannte bald seinen Fehler, doch ein Rückzug hätte einen Gesichtsverlust bedeutet, und das kam für den stolzen König nicht in Frage. Die lange Kolonne hatte gerade das glühendheiße Plateau erreicht, als plötzlich Gestalten aus Erdlöchern heraussprangen und Fackeln ins trockene Gebüsch schleuderten, das geschnitten und zu Haufen zusammengetragen worden war. Ein brennender Halbkreis schnitt ihnen den Weg ab. Hitze und dichter Rauch trugen das Ihre zum Unbehagen der Ritter bei. Ein starker Wind schürte die Flammen, und auch das ungeschnittene Gestrüpp, das den kahlen Boden bedeckte, fing Feuer. Die Flammen versperrten den Weg nach vorne, und die ganze lange Kolonne lief in Rauch und Flammen durcheinander, belästigt von dem Pfeilhagel, den eine ständig anwachsende Anzahl von Sarazenen aus allen Himmelsrichtungen auf sie abschoß. Der Rückzug wurde schließlich unmöglich.

Doch mehr als jeder Angriff der Sarazenen forderte der Durst seinen Tribut – sowohl an Menschen als auch an Tieren.[24] Während die Tiere träge wurden und einfach zusammenbrachen, wurden die Menschen verrückt vor Verlangen nach Wasser, und Streitigkeiten brachen aus. Die Ritter, die durch den dichten Rauch zu entkommen suchten, wurden von den Sarazenenklingen niedergestochen. Wieder andere, die von Pfeilen verwundet oder vor Durst verrückt geworden waren, fielen von ihren Pferden und wurden im brennenden Gestrüpp ihrem Schicksal überlassen. Einige Fußsoldaten verließen ihre Einheit und ergaben sich den Sarazenen. Für einen Schluck Wasser nahmen sie den Islam als ihren neuen Glauben an. Sogar einige der Ritter legten ihre Waffen nieder,[25] und als sie vor Saladin gebracht wurden, sagten sie: „*Sire*, worauf wartet Ihr? Fallt über sie her, denn sie sind alle tot."

Von ihrer Position auf der Anhöhe aus konnten die Kreuzritter das verlockende

Wasser des Galiläischen Meeres sehen. Das verschlimmerte die Qualen noch. Aber das fränkische Heer konnte nicht zum Wasser hinunter, weil der Weg von einer ungeheuren Menschenmasse versperrt war. Es war das Heer des Sultans.

Raimund kannte eine Quelle in der gebirgigen Gegend im Norden. Um dort hinzugelangen, müßten sie zwar ihre Marschroute ändern und sich von Tiberias und dem See Genezareth entfernen, doch dies war ihre einzige Chance, gerettet zu werden. Er ritt daher zu seinem König und schlug vor, das fränkische Heer in die Berge zu führen, in die Nähe der Quellen bei den Hörnern von Hattin.[26] Dieser Wasserplatz befand sich auf dem Gebiet des Grafen, und der König befahl Raimund, den Feind anzugreifen und sich einen Weg zu bahnen.

Als sich das fränkische Heer nach Norden wandte, erkannte Saladin, der von einem der gefangengenommenen Templer bereits über Raimunds Plan unterrichtet worden war, daß er den Kreuzrittern den Weg zur Quelle abriegeln mußte. Er ließ die berittene Armee unter seinem Neffen Taqui ed-Din eine große Attacke starten. Taquis Männer errichteten am Fuße der Hörner von Hattin eine Wegsperre. Dort, wo der Legende nach Christus die Bergpredigt gehalten hatte, griff Raimund an, und der nachfolgende Kampf endete in einem schrecklichen Blutbad. Noch in großer Entfernung hörte man den Schlachtenlärm. Berge von Leichen bedeckten den steinigen Weg, der in die Berge führte.

Saladin beobachtete die Schlacht von einem nahegelegenen Wäldchen aus. Er sah die Angriffe von Taqui gegen die gepanzerten Reiter, die vor Durst am Rande des Wahnsinns waren. Die zahlenmäßige Überlegenheit der Moslems kam nicht zum Tragen, da sie auf einer schmalen Front angriffen. Die türkische Linie begann zu schwanken, und die christlichen Reiter sprengten zwischen sie wie ein Rammbock. Mit ihren langen Schwertern bahnten sie sich den Weg durch das Sarazenenheer und trafen Taquis Fußregimenter in der Flanke. Die Linie der Sarazenen wankte und brach.

Der stürmische Angriff des Grafen von Tripolis hatte den Durchbruch erzielt. Er wandte sich im Sattel um und winkte der Hauptarmee um den König, ihm zu folgen. Doch Guido wollte nicht weiter! Raimund hatte ein Wunder bewirkt, als er unter großen Verlusten seiner Ritter durch die türkischen Linien brach, doch der König bewegte sich nicht, als ob er Angst hätte, ihre heilige Reliquie einer Gefahr auszusetzen! Ein Bote König Guidos erreichte Raimund, um einen verhängnisvollen Befehl zu übermitteln. Statt durch das flüchtende türkische Heer zu marschieren, wurde der Graf angewiesen, anzuhalten und ein Lager auf dem felsigen Boden zu errichten. Voller Verzweiflung ritt Raimund zum König: „Hoheit, wir müssen weiterziehen, oder das ist unser Ende, der Krieg ist vorbei, wir sind verraten, und unsere Gebiete gehen verloren. Wenn wir nicht noch heute nacht das Wasser erreichen, ist unser Heer am Ende."

Doch der König wollte seine Meinung nicht ändern und hatte sein Zelt auf einem nahen Hügel aufgeschlagen.[27] In dieser Nacht marschierte Saladins gesamte Streitmacht auf und umzingelte das Lager so dicht, daß *„nicht einmal eine Maus hätte durchschlüpfen können"*.[28] Es wurden vierhundert Kamellasten Pfeile herangeschafft und an die Krieger des Sultans verteilt, danach knieten sie nieder und verbeugten sich nach Mekka, um ein Gebet zu sprechen. Aus tausenden Kehlen schallte der Ruf *„Allah akhbar – Allah ist groß"* über die Anhöhen, gefolgt vom Gebet der Kämpfer für den wahren Glauben.[29]

Die Nachtwache der Ritter war äußerst unbehaglich, denn Skorpione und Spinnen krabbelten unter ihre Rüstungen. Die ganze Nacht hindurch reizten die Sarazenen sie, indem sie Wasser in ihre hohlen Händen gossen, das sie dann durch ihre Finger in den Sand tropfen ließen.

Am Samstag, den 4. Juli 1187 sank der König, umgeben von seinen edlen Getreuen, bei Sonnenaufgang auf die Knie, um den Allmächtigen anzuflehen. „Gott, siehe herunter auf deine Kinder, die in deinem heiligen Namen das Kreuz des wahren Glaubens tragen", betete er still, „wenn wir eine letzte Schlacht liefern müssen, dann lasse sie zu unseren Gunsten ausgehen, nicht zu seinen, mein Gott." Doch für Gott gab es kein anderes Königreich als sein eigenes.

Der Klang galoppierender Hufe durchbrach die Stille. Ein junger Mann in einer leuchtenden Tunika, mit goldglänzendem Sarazenenschwert im Gürtel, sprang von seinem Pferd. „Euer Gnaden", sprach er mit klarer Stimme, so daß jeder seine Meldung hören konnte, „ich komme in friedlicher Absicht von meinem Herrn, dem Sultan. Er möchte Euch wissen lassen, daß Ihr Euren Kreuzzug abbrechen und dorthin zurückgehen sollt, wo Ihr hergekommen seid. Ihr sollt niemals wieder über das Meer zurückkommen."

„Beim heiligen Kreuz, niemals", rief Reginald von Chatillon.

„Niemals! Du kannst deinem ungläubigen Herrscher ausrichten, daß wir nicht gedenken, umzukehren", pflichtete ihm der Templer bei. Der König schaute sich ratsuchend um, doch seine Ritter in den Kettenhemden starrten ihn nur feindselig an. Der einzig Kluge, der die Tragödie hätte abwenden können, Raimund von Tripolis, war nicht in der Nähe. Langsam wandte sich Guido von Lusignan an den Boten. Sein Gesicht war blaß, als er sprach: „Sage deinem Herrscher, ich, König von Jerusalem, rufe ihn vor das Tribunal des Himmels."

Als Graf Raimund von der Antwort des Königs an den Türken erfahren hatte, ging er zu König Guido, kniete auf seinem rechten Knie nieder und sagte: „Mein Herr, wenn Ihr beabsichtigt, heute hier zu sterben, will ich an Eurer Seite bleiben. Es wird keinen Sieg geben, gleichgültig, wie viele wir vernichten, denn wir werden dieses Heilige Land Saladin überlassen müssen."

Darauf antwortete der König: „Ich will lieber mit meinen Rittern hier auf diesem Feld sterben, als mitanzusehen, wie das heilige Jerusalem in die Hände der Ungläubigen fällt."

Danach befahl er seinem fränkischen Heer, das Lager abzubrechen und den langen Aufstieg zu den Quellen von Hattin zu beginnen. Doch anstatt in Kolonnen vorzugehen, wodurch sie einander gegenseitig hätten schützen können, brachen viele der Fußsoldaten aus den Reihen und stürmten bergauf, um möglichst rasch die Quelle zu erreichen. Sie wurden von mächtigen Formationen der Sarazenen aufgehalten, die sie mit einer Wolke von Pfeilen überfielen. Wem es gelang, zu fliehen, der wurde von Sarazenenklingen niedergestochen. Dann traf die Kavallerie Saladins die Flügel der Kreuzfahrerheere. Raimunds Vorhut empfing den ersten Stoß. Die ihm verbliebenen Fußsoldaten versuchten, mit ihren Speeren die Augen der angreifenden Pferde zu treffen. Die Sarazenenpferde konnten nicht standhalten, und die türkischen Reiter stiegen ab, um mit Pfeil und Schwert anzugreifen. Die Mauer der gepanzerten Ritter hielt stand, denn die Pfeile aus den kurzen Bögen konnten ihren schweren Rüstungen nichts anhaben. Ein junger Mameluk warf sich einer exponierten Stelle der fränkischen Linie entgegen und erledigte eine Anzahl von Armbrustschützen, ehe ein Ritter ihn mit dem kräftigen Hieb seines Schwertes der Länge nach in zwei Hälften spaltete. Dadurch gerieten die Türken derart in Rage, daß sie blindlings angriffen. Sie wurden von einer wütenden Gegenattacke der Ritter zurückgetrieben, als eine weitere türkische Angriffswelle mitten unter sie drang und das Gefecht in ein Gewirr von schießenden Männern und klirrendem Stahl verwandelte. Sie stachen einander gegenseitig in einem grausamen Schlachten nieder. Saladin beobachtete den Schlachtverlauf mit wachsender Besorgnis. Trotz ihrer zahlenmäßigen Unterlegenheit trieben die Ritter die Türken zurück, die den schwereren Waffen der Ritter nichts Gleichwertiges entgegenzusetzen hatten. Die Schlacht ging hin und her, die Templer und Johanniter stürmten den Sarazenen entgegen, bis eine neue Angriffswelle der Türken die Christen attackierte, deren Anzahl mit jedem neuerlichen Angriff abnahm. Das konnte nicht ewig so weitergehen, ein paar hundert Kreuzritter konnten den ständigen Angriffswellen Tausender Krieger nicht länger standhalten, die von allen Seiten auf sie einstürmten.

Graf Raimund von Tripolis erhob sein Schwert und führte seine kleine Schar in einer heftigen Attacke gegen das Zentrum der Linien von Taqui ed-Din. Die Sarazenen boten vermutlich auf Befehl des Sultans Saladin, der mehr als jeder andere den Mut seines christlichen Gegners respektierte, der Attacke Raimunds so gut wie keinen Widerstand, öffneten dann ihre Reihen und gaben dem Grafen und seinem Gefolge den Weg in die Berge frei. Sofort wurden die Reihen wieder geschlossen und das Schicksal des Königs und seiner letzten noch verbliebenen Getreuen war besiegelt.

Saladin beobachtete die Schlacht mit seinem Sohn Afdal: *„Afdal saß auf seinem Hengst neben seinem Vater, dem Sultan, als sie den Rückzug des Königs der Franken auf eine Anhöhe beobachteten. Die Ungläubigen waren tapfere Männer, nur hundertfünfzig an der Zahl, und einer nach dem anderen fiel. Saladin war sehr traurig und zupfte an seinem Bart: ,Straft die Teufel Lügen!' schrie er, und unsere Männer stürmten nach vorne. ,Sie fliehen' schrie Afdal, aber sein Vater, das Schwert von Allah, schnitt ihm das Wort ab: ,Sei ruhig! Sie sind erst dann besiegt, wenn das Zelt des Königs fällt.'"* [30]

Die übriggebliebenen christlichen Fußsoldaten flohen eine Anhöhe hinauf und überließen die Ritter ihrem Schicksal. Keine Überredungskünste und keine Bitten des Königs Guido konnten sie dazu bewegen, den Kampf wiederaufzunehmen. Der Herrscher versammelte daraufhin seine schwindenden Streitkräfte um das königliche Banner, um Bischof Ruffin von Acre und das heilige Kreuz zu verteidigen. Alsbald warf Saladin seine letzten Reserven in die Schlacht, die um die abgesessenen Reiter eine erdrückende Schlinge bildeten. Doch schließlich brach nicht der Fall des königlichen Zeltes den fränkischen Widerstand, sondern eine energische Attacke des Sultansneffen, der sich zum Bischof von Acre durchkämpfte, welcher dabei getötet wurde. Der Türke nahm das heilige Kreuz an sich, galoppierte damit über das Schlachtfeld und hielt es hoch empor, damit es jeder sehen konnte. Die Sarazenen brachen in Jubel aus. Der Verlust der heiligsten Reliquie der Christenheit brach die Moral der Franken. Sie warfen ihre Waffen weg und warteten darauf, daß man sie gefangennahm. Die Sarazenenhorden stürmten voran und metzelten die meisten von ihnen nieder. Nur 200 Ritter und 1000 Fußsoldaten überlebten das Massaker. [31] An der Stelle, an der das fränkische Heer zuletzt um das Kreuz herum gestanden war, stieg Saladin vom Pferd, breitete seine Decke auf dem blutdurchtränkten Sand aus und pries Allah, den Allmächtigen.

„Die Christen waren zu Beginn des Kampfes wie die Löwen, aber am Ende waren sie nur verstreute Schafe. Von so vielen tausenden blieb nur eine kleine Zahl übrig. Ich schaute voller Schrecken auf deren zerschmetterte Gesichter, die in den Sand gedrückt wurden, auf ihre vom Staub der Wüste bedeckten Körper und dankte Allah, dem Einzigartigen, für unsere Rettung." [32]

Die gefangengenommenen fränkischen Grafen wurden vor Saladin geführt. Es waren König Guido von Lusignan, sein Bruder Geoffrey, Gerhard von Riderfort, der Bischof Bernhard von Lydda, Honfred von Turon, Sohn des Grafen von Kerak, und Reginald von Chatillon. Saladin behandelte seine Gefangenen mit formvollendeter Höflichkeit, denn Tapferkeit schätzte er immer. Als er sah, wie elend es ihnen ging und wie ausgedurstet der König war, füllte er einen Becher mit erlesenem, gekühltem Fruchtsaft und reichte diesen König Guido. Der dankbare fränkische König bot jedoch Reginald von Chatillon an, als erster zu trinken. Das verärgerte Saladin. „Es mißfällt mir, daß du ihm aus meinem Becher zu trinken gibst. Diesem Verdammten ist es nicht gestattet, in meinem Zelt zu trinken. Wenn er es dennoch tut, werde ich sein Leben nicht verschonen." Er ließ Reginald trotzdem seinen Durst löschen, dieser mußte aber versprechen, nicht noch einmal zu trinken. Dann fragte er Reginald, warum er seinen Ritterschwur gebrochen habe, worauf der Lord von Kerak erwiderte: *„C'est la coutume entre les princes et j'ai suivi le sentier battu* – So ist es Sitte unter den Fürsten, und ich folgte nur dem vorgezeichneten Weg." – „*... daraufhin warf ihm Saladin einen haßerfüllten Blick zu, ließ ihm eine letzte Chance, seine Kirche zu verleugnen und sich dem wahren Glauben zuzuwenden, was Reginald verächtlich ablehnte. Alsdann war Saladin für keinen Reichtum der Welt mehr bereit, Reginald länger am Leben zu lassen.*" [33] Nachdem der Lord von Kerak den Becher niedergestellt hatte, ließ ihn Saladin aus dem Zelt führen. Dort ergriff der Sultan ein scharfes Schwert und schlug ihm mit einem mächtigen Hieb den Kopf ab. Auf seinen Befehl hin wurde dieser auf eine Lanze gespießt und *„im ganzen Land als Zeichen von Allahs Sieg über die Ungläubigen zur Schau gestellt".*

Seit diesem Tag war Jerusalem für immer verloren.

Was wäre, wenn ...

Was wäre, wenn Reginald von Chatillon die Karawane Saladins nicht angegriffen hätte?

Der instabile Waffenstillstand zwischen Saladin und Raimund von Tripolis hätte vielleicht gehalten, und das Überleben des fränkischen Königreiches von Jerusalem wäre – zumindest für eine gewisse Zeit – gesichert gewesen.

Es ist jedoch zu bezweifeln, ob Saladin, ein gläubiger Moslem, die christliche Präsenz an den heiligen Orten noch viel länger toleriert hätte.

Was wäre, wenn Gerhard von Riderfort bei den Quellen von Cresson einige Monate vor der Katastrophe von Hattin getötet worden wäre?

Guido von Lusignan hätte vielleicht nicht auf seinen schlechten Rat gehört und wäre vielleicht nicht in die Wüste marschiert.

Die Tatsachen

In den Jahren nach der ersten christlichen Eroberung von Jerusalem 1099 stellte sich oft die Frage, wie zwischen den beiden gegensätzlichen Lehren, Islam und Christentum, die Waage zu halten sei. Beide Religionen nahmen für sich in Anspruch, den einzig wahren Glauben zu vertreten. Unglaubwürdig wurden sie in dem Augenblick, als die weltliche Macht begann, in der Glaubenslehre päpstlicher als der

Papst zu werden, und weltliche Kräfte die Kreuzfahrten zu ihrer eigenen Bereicherung ausnützten. Die fränkischen Soldaten führten gegeneinander Krieg, doch zur gleichen Zeit versank das mächtige Sultanat in Korruption. Dann kam Saladin. Angesichts seines meteorhaften Aufstiegs vereinigten sich die christlichen Magnaten wieder, und nur ein hauchdünner Waffenstillstand hielt die islamischen und die christlichen Heere davon ab, einander niederzumetzeln.

Wie es sich erwies, siegte schließlich der Ehrbegriff der Sarazenen über das verräterische Verhalten der Christen. Saladin, der zweifellos größte und edelste Krieger der Zeit der Kreuzzüge war,[34] griff zum Schwert. Der Verlust des heiligen Kreuzes in der Schlacht von Hattin erschütterte den fränkischen Glauben, und der Sieg ging an Allah, nicht an Gott. Hattin steht für das Ende der christlichen Vorherrschaft im Mittleren Osten und brachte die gesamte Kreuzzugsbewegung zum Stillstand.

Was dann folgte, kann „Saladins Blitzkrieg" genannt werden. Tiberias ergab sich drei Tage nach Hattin am 7. Juli, und am 10. Juli öffnete Akkon dem siegreichen Sultan seine Tore. Dann fielen Jaffa und Nazareth, gefolgt von Saffuria, Caesarea und Haifa. Als nächstes war Nablus an der Reihe, Sidon fiel am 29. Juli und Beirut am 6. August. Raimund von Tripolis, der in seine Festung Tripolis geflüchtet war, starb Anfang September an Rippenfellentzündung. Nur Tyros hielt pflichtschuldig bis zur rechtzeitigen Ankunft zu Wasser von Graf Conrad von Montferrat und seinen Rittern durch. Saladin hob die Belagerung auf und marschierte nach Askalon, das sich am 5. September ergab. Von dort ging Saladin nach Norden in das Zentrum des Konflikts, nach Jerusalem, eine Stadt, die von Balian de Ibelin verteidigt wurde. Der Sultan stand am 19. September vor den Toren der Stadt, und bald hatten seine Pioniere einen Durchgang in die Mauer geschlagen. Noch hielten die Verteidiger stand, doch am 2. Oktober war alles vorüber. Die Stadt wurde geplündert, die christlichen Symbole zerstört, und für die katholische Bevölkerung wurde Lösegeld verlangt oder sie wurde getötet.

Nach dem triumphalen Einzug Saladins in Jerusalem übernahmen die Kreuzfahrer abseits dieses Aufruhrs neue Aufgaben, und die Geschichte lief im Eilschritt voran. Guido von Lusignan ging nach Zypern, nachdem Saladin ihn freigelassen hatte. König Philipp August von Frankreich, Heinrich II. von England und Kaiser Friedrich I., genannt Barbarossa, wurden Kreuzfahrer. Heinrich II. starb, Barbarossa ertrank, und Philipp August kehrte nach Frankreich zurück. Richard Löwenherz nahm ihren Platz ein, mußte aber das Heilige Land verlassen, bevor es ihm gelungen wäre, Jerusalem zurückzuerobern. Papst Innozenz III. begann den vierten Kreuzzug, doch diejenigen, die seinem Ruf folgten, gingen nicht in heiligem Streben, sondern sie waren darauf aus, die Schätze des Orients zu rauben. Ritterhorden wagten sich in diese fremden Länder, plünderten Konstantinopel, stahlen in den Kirchen und raubten christliche Frauen. Die Werte des Diesseits ersetzten rasch die Werte des Jenseits. Es begann das Zeitalter der Häresie,[35] das die Kirche zur weltlichen Macht in Widerspruch brachte. 1229 nutzte Friedrich II., der exkommunizierte Kaiser, einen Bruderkrieg zwischen den moslemischen Herrschern von Syrien und Ägypten, um sie zur Unterzeichnung des Friedensvertrages von Jaffa zu zwingen, der Jerusalem für kurze Zeit (1229–1244) an das Christentum zurückbrachte. Er beendete aber nicht die Zwistigkeiten im christlichen Lager, die bestanden, seit der Kaiser die deutschen Ritter des Hermann von Salza dazu benutzt hatte, die französischen Templer hinauszuwerfen.

Das Königreich von Jerusalem, das seit der Schlacht von Hattin auf einen Streifen von Küstenbefestigungen reduziert war, fand mit dem Fall von Akkon und dem Massaker seiner Verteidiger am 18. Mai 1291 sein blutiges Ende.

Jerusalem, die Wiege der Christenheit, wurde niemals wieder eine christliche Stadt.

DER HINGE-FAKTOR BEI DER SCHLACHT VON HATTIN war eine erbarmungslose Wüsteneinöde ohne Wasser.

„... deshalb steht geschrieben, wer sich in das baumlose Land hinauswagt, ohne Allah zu huldigen, ist zum Tod verurteilt ..."

Barfüßiges Gesindel

Folgt eurem Mute und bei diesem Sturm ruft:
„Gott mit Heinrich! England! Sankt Georg!"

Shakespeare, König Heinrich der Fünfte,
Übersetzung Schlegel-Tieck.

In der Nacht vor dem Tag des heiligen Krispin verließ Charles d'Albret, Graf von Dreux, der Konnetabel von Frankreich, im Sattel seines Pferdes das Lager, um den Platz zu besichtigen, den er für die Schlacht ausersehen hatte. Begleitet wurde er vom Herzog von Alençon. Hunderte von Lagerfeuern erleuchteten die mondlose Nacht zwischen dem finsteren Forst von Tramecourt bis zum Wald von Azincourt. Diener und Fußvolk eilten zwischen den kegelförmigen Zelten umher. Ein jedes stellte den großen Reichtum seines Besitzers zur Schau. Bogenschützen im Lederwams mit der aufgestickten Krone ihres Lehensherrn hielten brennende Fackeln. Im zuckenden Lichtschein sah man die adeligen Standarten, die vor jedem Zelt aufgepflanzt waren. Heil Burgund, Heil dir, Armagnac, Orléans, Bourbon, Alençon, Brabant. Die edelsten des Ritterstandes machten sich bereit, in ihr letztes Turnier zu reiten.

Von der Zeltstadt des Adels führte ein schlammiger Weg, vollgestopft mit Maultierkarren, in ein Lager ganz anderer Art. Dort vermischten sich die Armbrustschützen mit Köchen, Prostituierten, Priestern, Marketendern und Kriegsgewinnlern, den Nutznießern des Gemetzels. In einiger Entfernung vom Krawall, den männlichen Flüchen und dem weiblichen Geschrei kniete ein Mönch und murmelte ein Gebet.

Die beiden adeligen Ritter ignorierten den Lärm, ihr Blick war auf die dunklen Umrisse eines Feldes gerichtet. Der Konnetabel hatte an diesem Tag bezüglich des Schlachtplatzes dreimal seine Meinung geändert. Schließlich entschied er sich für einen etwa einen Kilometer langen Streifen fruchtbaren Ackerbodens. Die Lehensleute des Herrn von Azincourt hatten erst vor wenigen Tagen die Erde gepflügt, um den Boden für die Wintersaat vorzubereiten.

Der Konnetabel deutete in die Richtung der englischen Lagerfeuer.

„Wir müssen in zwei Kolonnen angreifen. Ihr übernehmt einen Flügel mit sechshundert Rittern und bewaffnetem Gefolge auf der linken Seite. Seid vor den englischen Langbogenschützen auf der Hut. Ihr nähert Euch ihnen in großer Eile und reitet sie dann nieder."

„Und wer übernimmt den rechten Flügel?" fragte der Herzog.

„Ich. Reiten wir nun zurück zum Lager, und bereiten wir uns auf das Turnier vor."

Er sprach von einem Turnier, nicht von einer Schlacht. Seine achttausend Ritter sowie zigtausend Bewaffnete und Fußsoldaten standen der kleinen Schar von tausend Bewaffneten und fünftausend ausgehungerten Bogenschützen und Fußsoldaten gegenüber – nicht viel für einen Kampf.[36] Am nächsten Morgen sollte mit Gottes Hilfe diese englische Plage für immer aus dem Land vertrieben werden, das wir heute Frankreich nennen.

Auf der anderen Seite des Feldes, so nahe, daß sie die Schreie aus dem französischen Lager hören konnten, lag das englische Heer unter König Heinrich. Es war ein gejagter Haufen, die Soldaten litten unter Ruhr und Unterernährung. Sie waren den ganzen Weg von der Normandie bis hierher verfolgt worden. Nun standen sie mit dem Rücken zur Wand. Das französische Heer hatte ihren Rückzug zur Festung von Calais abgeschnitten. König Heinrich wußte, daß er sich nun stellen und kämpfen mußte, er hatte keine andere Wahl. Er wußte auch, daß die Übermacht der französischen Reiterei seine Fußsoldaten in Grund und Boden stampfen würde.

Er dachte: „Die Franzosen marschieren mit achttausend Lanzenträgern, ich habe nur eintausend."

Es war ihm früher schon einmal ähnlich ergangen, aber er hatte sich niemals so alleingelassen gefühlt. Er war erst achtundzwanzig Jahre alt, und seine Jugend kam ihm schmerzlich zu Bewußtsein. Es sagt viel über seine Persönlichkeit aus, daß ihm seine Männer alle gehorchten. In *seinem* Lager war es ruhig. Im französischen Lager dagegen herrschte ein ungeheurer Lärm. Das Grölen der betrunkenen französischen Soldaten und die Schreie ihrer impertinenten Lagerweiber wurden vom Wind herübergeweht. Offensichtlich feierten sie bereits den sicher geglaubten Sieg. Heinrich fror, und wahrscheinlich war ihm auch bange zumute. Er ging zu dem Feuer, wo die Bogenschützen rasteten, diese rauhen Gesellen und Halsabschneider, gekleidet in Lederwämser und Kurzröcke.[37] Einer von ihnen, ein großer Bursche mit wettergegerbtem, narbigem Gesicht, erkannte Heinrich.

„Männer, steht auf, seht ihr nicht, wer da kommt", rief er, „erweist eurem König die Ehre."

Sie erhoben sich wie ein Mann. Mit einem „*Hello, Harry!*" gaben sie ihrer Ergebenheit Ausdruck.

Diese Langbogenschützen waren Englands Stärke, sie hatten bereits zur Zeit von Heinrichs Urgroßvater, Eduard III., die Franzosen bei Crécy 1346 besiegt. Heinrich konnte ihnen vertrauen. Doch nun quälten ihn Schuldgefühle.

„Ich habe euch in ein fremdes Land geführt, in dem ihr getötet werdet."

Ihr Anführer mit dem ledrigen Gesicht antwortete: „Mein König, wird das ärger sein, als in England zu verhungern?"

In England verhungern? Wie wenig er doch über die Lage des einfachen Mannes wußte, er, der in den Bordellen von London mit seinem beleibten Freund Falstaff ausgiebig gezecht hatte.

„Wie heißt du, Schütze?" fragte er den Bogenschützen und sah ihm in die Augen.

„Fluellen, *Sire*, Fluellen aus Wales."

Einen Augenblick lang verschmolzen die Blicke eines Königs und eines einfachen Bogenschützen. „Gut, Fluellen aus Wales, sollte uns Gott den Sieg schenken – und das ist mein festes Versprechen –, dann sollen du und deine Männer nach dem morgigen Tag nie mehr Hunger leiden."

„*For Harry and England*", rief Fluellen. Wie eine Welle wurde der Ruf von den anderen aufgenommen. Bald rief das ganze Lager: „Harry, Harry, Harry ..."

Heinrich von Lancaster, von Gottes Gnaden König von England, zwang sich ruhig zu bleiben. Er konnte es aber nicht verhindern, an den Tod zu denken. Beim nächsten Morgengrauen, auf einem frisch gepflügten Feld weit weg von zu Hause. Als der König zum Abendgebet niederkniete, setzte ein leichter Nieselregen ein. Doch bald wurde es ein richtiger Platzregen, der die Lagerfeuer auslöschte und tief in die frisch gepflügte Erde eindrang.

Es regnete die ganze Nacht.

* * *

Man schrieb das Jahr 1415. Das Mittelalter ging zu Ende. Es gab noch keine Nationen, nur Lehensgüter von Königen, Fürsten und Feudalherren, die ein angeborenens ererbtes Recht besaßen, private Kriege zu führen und Münzen zu prägen. Die Erbauer der Kathedralen hatten längst ihren Glauben verloren, Seuchen hatten den Kontinent heimgesucht, und das Land war vom Krieg ausgeblutet – einem verheerenden Krieg, der fünfundsiebzig Jahre gedauert hatte.

Der Hundertjährige Krieg begann nicht unter der Regentschaft Eduards III., wie uns die Geschichte berichtet. Es war nicht der Krieg eines einzigen Jahrhunderts. Er begann schon dreihundert Jahre früher, oder, genauer gesagt, im Jahr des Herrn 1152, als Aliénore von Aquitanien Heinrich Plantagenet, Graf von Anjou, Herzog der Normandie, heiratete. Ihre Mitgift war der Südwesten von Frankreich, die reiche Provinz Aquitanien. Zwei Jahre später streckte Heinrich seine Hand nach der englischen Krone aus und wurde Heinrich II. Der Rest ist eine dreihundertjährige Geschichte, die mit Blut getränkt ist. Es ist eine Zeit, die von den einen „die Blüte des Rittertums" genannt wird, während sie andere als „das finstere Mittelalter" bezeichnen.

Frankreich war mit vierzehn Millionen Einwohnern das bevölkerungsreichste Land Europas, während in England nur vier Millionen Menschen lebten. Jedes kriegführende Land hatte ein Heer von Vasallen, die eine bestimmte Zeit dienten und im Gegenzug Land erhielten. Eine Einheit bestand aus einem Ritter, seinen Knappen, mehreren Bogenschützen und einfachen Pikenieren. Sieg oder Niederlage der Ritter bestimmte in der Regel das Schicksal ihres Gefolges. In allen vorherigen Kriegen hatte das englische Heer seine zahlenmäßige Unterlegenheit durch Qualität wettgemacht, und der Langbogen, eine primitive Waffe, die sie von den unzivilisierten Walisern und Schotten übernommen hatten, tat ein übriges dazu. Der Langbogen übertraf die französische Armbrust an Reichweite und besaß die vierfache Feuergeschwindigkeit. Mit dieser Waffe hatten die englischen Könige die Schlachten bei Crécy und Poitiers gewonnen, und ihre Heere waren von Sieg zu Sieg geeilt wie die Napoleonischen Heere 450 Jahre später oder die alliierten Streitkräfte nach Stalingrad und El Alamein. Aber hier, auf diesem Schlachtfeld des Jahres 1415, war der Feind derart in der Überzahl, daß Heinrich V. nicht mehr als einen ehrenhaften Tod erhoffte.

Heinrich von Lancaster bestieg nach dem Tod seines Vaters, Heinrichs IV., 1413 den Thron. Er war ein junger Mann mit ungeheurem Ehrgeiz und lechzte nach militärischem Ruhm und Sieg. Er stellte ein Heer von 6.000 Bewaffneten auf, mit dem er seinen Anspruch auf den französischen Thron wieder anmeldete. Am 13. August 1415 landete er in der Nähe von Harfleur in der Normandie. Als er von einem großen französischen Heer erfuhr, das gegen ihn aufgestellt wurde, beschloß er, sich in seine Festung von Calais zurückzuziehen. Aber seine Soldaten waren von Fieber und Hunger geschwächt, eine französische Vorhut blockierte die einzig mögliche Furt über die Somme, und das Haupheer der französischen Ritter holte ihn am 24. Oktober ein, nur einen Tagesmarsch vor den Stadtmauern von Calais.

* * *

25. Oktober 1415. Es ist der Tag des heiligen Krispin. Seit dem Morgengrauen regnet es nicht mehr. König Heinrich sammelt seine schwachen Streitkräfte und bittet seine Anhänger, all ihre Kraftreserven zu mobilisieren, ihr Blut in Wallung zu bringen und wie die Tiger zu kämpfen. Seine gepanzerte Hand ergreift das königliche Banner.

„Einmal noch in die Bresche, liebe Freunde, einmal noch; oder schließt die Mauern mit unseren englischen Toten …"

Die Bogenschützen des Fluellen aus Wales ermutigten ihn: „Heinrich! Heinrich!"

„Sie haben Lanzen, aber wir haben unsere Pfeile. Wir werden sie die Kraft der englischen Pfeile spüren lassen."

Die Bogenschützen fällten kleinere Bäume und härteten die Enden der angespitzten Äste in der Glut ihres Feuers, um sie dann als Sperre gegen den erwarteten

Angriff von bewaffneten Rittern aufzupflanzen. Der König stellte seine gesamte Streitkraft in einer einzigen Gefechtsreihe auf. Seine edlen Ritter waren ganz nahe bei ihm. Warwick, Oxford, York, Talbot, Gloucester, Exter, Bedford. Noch einmal kniete der König nieder.

„*Memento Nostri Domine!* Die feindlichen Soldaten haben sich versammelt, und ihre Herzen sind voller Selbstgefälligkeit. Herr, nimm ihren Mut von ihnen und laß sie fliehen, damit sie erkennen, daß niemand außer Dir, unser Herr, für uns kämpft."

Dann stützte er sich auf die Fahnenstange, an der das königliche Oriflamme-Banner wehte, und wartete.

Der Himmel war grau und wolkenverhangen. Ein unparteiischer Herold, der Graf von Montjoie, hielt sich bereit, um zu überwachen, daß bei dieser Schlacht die Regeln des ritterlichen Ehrenkodex respektiert würden. Begleitet von zwei Reitern, die seine weiße Heroldsstandarte trugen, ritt er in das englische Lager ein.

„Mein Herr", fragte er den König, „wollt Ihr eine Schlacht?"

„Nein", antwortete Heinrich. „Sage meinen Cousins, daß ich lieber ein friedliches Wort mit ihnen sprechen würde. Aber wenn es sein muß, werden wir kämpfen."

Der Herold brachte die Meldung über das Feld auf die französische Seite. Die Entfernung betrug ungefähr einen Kilometer.

„Konnetabel, Euer Gegenüber spricht friedlich. Wollt Ihr Euch einigen?"

Charles d'Albret blickte auf die versammelten Herzöge und Grafen. „Nun, *messires. Le roi Henry* macht uns ein Angebot. Was sagt Ihr?"

Der Herzog von Alençon antwortete für alle: „*Sans pardon.* Die Ehre gebietet es uns, zu kämpfen. Auf sie, sage ich." Der Konnetabel nickte zustimmend.

„Herold, Ihr habt den Beschluß gehört. Geht und sagt König Heinrich, er muß sich stellen und kämpfen."

Der Herold brach auf, um die Aufforderung zum Kampf in das Lager des Feindes zu bringen. Nun konnte nichts mehr das Unvermeidliche aufhalten.

Auf französischer Seite legten die adeligen Ritter bei ihren Priestern die Beichte ab. Das erste Mal nach vielen Jahren waren die unsichtbaren Schranken von Macht und Intrige, Mißtrauen, Neid und Ehrgeiz beiseite geschoben. Es herrschte ein Geist nationaler Einheit, sogar die rivalisierenden Herzöge von Armagnac und Bourbon gaben einander die Hand.[38] Die fürstlichen Herolde stießen in ihre Trompeten. Die Knappen halfen den Rittern in ihren Kettenhemden und genieteten Rüstungen auf die Schlachtrösser. Die Pferde schienen die schwere Last übelzunehmen. Die Ritter und das bewaffnete Gefolge nahmen ihre Lanzen entgegen. Diese mußten wegen des nassen Bodens gekürzt werden. Die Armbrustschützen stellten sich vor den aufsitzenden Rittern in Divisionen auf. Der Konnetabel hatte den Franzosen befohlen, sich in drei Linien aufzustellen. Zwei Reihen Fußsoldaten und Armbrustschützen in der Vorhut, gefolgt von den Rittern zu Pferde.

Dunst stieg aus der feuchten Erde auf und ließ die Fähnchen schlaff von den Lanzen herabhängen. Der Konnetabel untersuchte den Boden, bevor er sein Roß bestieg. Er hatte alles bedacht, alles außer dem Wetter. Der Regen hatte die frisch gepflügten Felder in einen braunen, schlüpfrigen Morast verwandelt, der für die Pferde ein ernstes Hindernis darstellte, denn durch das Gewicht der eisernen Rüstungen der Ritter sanken sie tief ein. Die Diener legten hölzerne Stege auf den Boden, die beim Aufsitzen der Ritter das Gewicht der Pferde trugen.

Charles d'Albret, der erfahrene Krieger, erkannte, daß die Pferde seiner Ritter keinen festen Halt finden konnten. Im Gegensatz zu vielen seiner adeligen Fürsten war d'Albret durch die vielen Schlachten, die er miterlebt hatte, weise geworden. Er hatte gelernt, sich niemals triumphierend eines Sieges zu rühmen, bevor dieser nicht sicher errungen war. Es stimmte zwar, daß er eine überwältigende Übermacht befehligte, aber dieser nasse Boden bereitete ihm ernsthafte Sorgen. Der Konnetabel versuchte daher zu überlegen, wie es zu vermeiden war, alles bei einem vorschnellen Angriff zu riskieren.

„*Messires*, wir müssen warten, denn der Boden ist zu naß."

„Und ich sage, greifen wir sie jetzt an", murrte Antoine, der Herzog von Brabant.

„Unsere Pferde werden im Schlamm versinken", warnte Philippe von Nevers.

„Habt Ihr Angst vor dieser *canaille aux pieds nus*,[39] mein edler Graf?" rief der Herzog von Brabant hochmütig. Die uralte Fehde des französischen Adels kam wieder einmal zum Vorschein. Die tiefe Abneigung der beiden rivalisierenden französischen Lager wurde immer dann unterdrückt, wenn einem gemeinsamen Feind zu begegnen war, konnte aber jederzeit wieder aufflackern.

Der Konnetabel erkannte, daß es keinen Zweck hatte, auf seinem Vorschlag zu bestehen; wenn der Mut eines französischen Ritters in Frage gestellt wurde, kam der gesunde Menschenverstand nicht mehr zu Wort. D'Albrets mußte all seine diplomatische Überzeugungskraft aufbringen, um eine Schlägerei unter den fürstlichen Befürwortern und Gegnern eines sofortigen Angriffs zu verhindern. Was keiner von ihnen allerdings erkannt hatte, war, daß ihnen diese Entscheidung längst aus den Händen genommen worden war.

Man kann behaupten, daß Heinrich von Lancaster ein ausgezeichneter Menschenkenner war. Die Antwort, die ihm der neutrale Herold gebracht hatte, zeigte eindeutig, daß die Franzosen nach einem Kampf lechzten. Heinrich wußte nun, daß der Gegner nur auf das Signal zu einem kühnen Angriff wartete. Aber er konnte doch nicht allen Ernstes seine schwere Kavallerie auf einen nassen Boden schicken, auf dem ihre Pferde im Augenblick des Zusammenprallens nicht beschleunigen konnten. Heinrichs einzige Chance, diesen Tag zu überleben, lag daher darin, die Franzosen zu einem Angriff herauszufordern, solange die Felder noch sumpfig waren, ihre Pferde verwundbar und seine Bogenschützen und Pikeniere einen sicheren Vorteil ausnutzen konnten. Die Franzosen waren schwer, die Engländer leicht. Das Terrain kam ihm entgegen, die Franzosen hatten schlecht gewählt. Trotz ihrer gewaltigen Übermacht an bewaffneten Rittern hatten sie eine zu enge und schmale Fläche ausgewählt, um die Masse ihrer Kavallerie voll zum Einsatz zu bringen. Der Wald, der das Schlachtfeld auf beiden Seiten säumte, würde ihre Rosse behindern und ihnen für die Manöver wenig Spielraum lassen. Er mußte sie dazu bringen, in die direkte Ziellinie seiner Pfeile zu treten. Das war seine einzige Chance.

Er befahl seiner Wagenkolonne die Nachhut zu bilden. Sie transportierte die königlichen Schätze, seine Krone sowie das persönliche Gepäck der Lords. Außerdem waren da die „Beutewagen", die die Beute von seiner *chevauché* nach Nordfrankreich transportierten. Heinrich konnte wegen der geringen Anzahl der Truppen, die ihm zur Verfügung standen, den Fuhrpark nur unter leichter Bewachung lassen. Diese Tatsache dürfte mit zur tragischen Wende der Schlacht beigetragen haben. Zudem nahm er bewußt ein Risiko in Kauf, als er seine Bogenschützen anwies, dicht an den Feind heranzurücken, damit ihre Pfeile einige Verheerung anrichten könnten. Die Linie der englischen Langbogenschützen drang langsam nach vorn. Der rechte Flügel der englischen Linie, der vom Herzog von York geführt wurde, war durch einen Wald abgesichert, das Zentrum unter Heinrich war nur knapp dahinter, während die linke Seite unter der Führung von Lord Camoy wieder vor dem Zentrum war. Auf diese Art formten die englischen Linien einen Halbmond und beide Flanken der Langbogenschützen standen in einer Schräglage zur erwarteten Angriffsfront und Angriffsmitte. Etwa achthundert Meter von den Franzosen entfernt rammten die englischen Bogenschützen ihre Piken ein.

Dann ereignete sich etwas, dessen Ursprung bis heute ungeklärt geblieben ist. Eine kleine Gruppe englischer Langbogenschützen rückte – entweder auf Befehl des Königs oder nur aus reinem Wagemut – heimlich entlang der Baumlinie vor. Als sie die richtige Schußweite erreicht hatten, schossen sie ihre Pfeile ab. Drei oder vier trafen das Ziel, richteten allerdings nur wenig Schaden an. Es reichte jedoch aus, um die französischen Ritter in Zorn zu versetzen. Durch diese bösartige Herausforderung überstürzten sich die Ereignisse und stießen Konnetabel d'Albrets Überlegung um, solange abzuwarten, bis der Boden trocken war. Fahnen wurden gehißt, Trompeten schmetterten, und Stahl klirrte auf Stahl. Es gab ein großes Gerangel um Positionen, die Ritter waren begierig nach einem Kampf, Ruhm lockte als Preis, und der Lohn war ungeheuer. Titel, Schlösser, Landbesitz. D'Albret versuchte vergeblich, eine Schlachtordnung einzurichten. Menschengruppen versammelten sich, jeder Lehensherr versammelte die eigenen *gens d'armes*[40] unter seiner Fahne. Die Armbrustschützen und die Fußsoldaten wurden von ihren Anführern hastig zu ihren Linien getrieben und begannen langsam vorzurücken. Der Boden war schwer, ihr Schritt war langsam. Hinter ihnen wartete die französische Kavallerie ungeduldig auf ihren mächtigen Kriegsrössern auf das Signal zum Vorrücken.

Heinrich beobachtete die Entwicklung. Sobald die französische Vorhut der Armbrustschützen auf fünfhundert Schritt herangekommen war, spannten einige seiner Langbogenschützen, die speziell ausgewählt worden waren, weil sie auch auf große Entfernungen ihre Bogen meisterhaft beherrschten und Treffsicherheit garantierten. Sie schossen ihre Pfeile ab. Ein halbes Dutzend erreichte das anvisierte Ziel und brachte ein paar Armbrustschützen zu Fall. Ein Teil der französischen Linie zögerte und schwankte.

Diese Schmähung war für die aufgeregten Ritter zu viel. Ihr Stolz und ihr Ungestüm machten sie ungehorsam, und die tiefe Verachtung für den Feind machte sie leichtsinnig. Der letzte Versuch des Konnetabel d'Albret die Heftigkeit zu mäßigen, indem er eine Gruppe Armbrustschützen vorschickte, die die englischen Bogenschützen erledigen sollten, wurde voller Hochmut abgelehnt.

„Ihr versucht, uns unseren Ruhm vorzuenthalten."

Einige Hitzköpfe gaben ihren Kampfrössern die eisernen Sporen. Von undisziplinierten Feudalherren angeführt, fielen ungeordnete Truppen in Trab, bald gefolgt von denen, die den Spaß keinesfalls versäumen wollten. Der Rest jagte schreiend und brüllend hinterher. Im blinden Voranpreschen drängten sie ihre Fußsoldaten beiseite und brachten die Linie der Armbrustschützen in komplette Verwirrung. Zudem konnten jetzt die Wurfgeschütze nicht mehr eingesetzt werden, sonst hätten die Schützen ihren eigenen Herren die Stahlgeschosse in den Rücken geschleudert. Zwei voneinander unabhängige Kolonnen von ungefähr sechshundert bewaffneten Reitern unter Guillaume de Saveuse und Clignet de Brébant trafen auf die englische Linie. Wie der Konnetabel vorausgesagt hatte, versanken die Pferde im Morast. Was als stürmischer, rasanter Angriff gedacht war, war in Wirklichkeit nur ein langsames Vorwärtsschleichen. Bei jedem Schritt saugte der Boden sich an den Hufen fest, und die sonst so schnellen Reitpferde kamen nur im Schneckentempo voran. Die Rosse stolperten, die Reiter plumpsten auf dem morastigen Boden aufeinander. Die Ritter versuchten ihre Pferde anzutreiben, um in voller Geschwindigkeit zu den englischen Bogenschützen aufzuschließen. Aber es war unmöglich, denn ihre Pferde waren Gefangene des schlammigen Bodens.[41]

Die englischen Bogenschützen, die vor den Piken postiert waren, starrten dem Ansturm grimmig schweigend entgegen. In ihren Lederwämsern gaben sie ein düsteres Bild ab, ganz anders als die auf Hochglanz polierten Rüstungen, die da näher kamen. Der Klang einer Trompete erschallte. Die Reiter schwärmten aus, zweihundert auf gleicher Höhe, die Linie hielt, als die Speere einfielen.

Heinrich beobachtete besorgt diese riesige Schar von Rittern, die auf ihn zukam. Als erfahrener Turnierkämpfer erkannte er jedoch schnell, daß der Angriff viel zu langsam ablief und daß die gegnerischen Reiter ein ideales Ziel für seine Bogenschützen abgaben. Er wartete geduldig den richtigen Moment ab. Als sie nur mehr dreihundert Schritte von seinen Piken entfernt waren, erhob er das Schwert:

„For England and St. Georg!" rief er.

Und überall entlang der Linien wiederholten seine Bogenschützen und Bewaffneten den Ruf:

„For Henry, England and St. Georg!"

Fast tausend Langbogenschützen spannten ihre Bogensehnen und zogen die schußbereiten Pfeile bis an die Wangen.[42] Dann gab es einen zischenden Laut wie von einer Million Harfen, und ein Schwarm von Pfeilen verdunkelte den Himmel. Die anstürmenden Franzosen wurden von einem Hagel gefederter Pfeile getroffen. Die Langbogen waren die effektivste Waffe ihrer Zeit und sollten erst vierhundert Jahre später durch die geballte Feuerkraft der Napoleonischen Infanterie abgelöst werden. Als die Wolke von geballten, scharfen Pfeilspitzen auf den Stahl aufprallte, gab es einen ohrenbetäubenden Lärm. Der *bascinet* [43] schützte Kopf und Schultern der Ritter, doch die weniger geschützten Pferde wurden getroffen. Unmittelbar nach der ersten Salve flog bereits die zweite heran. Jede Minute surrten etwa 40.000 Pfeile durch die Luft und erreichten die französische Kavallerie. Der Erfolg war unmittelbar und verheerend. Auf Befehl König Heinrichs feuerten die Bogenschützen indirekt (in schräger Richtung), und ihr Ziel waren nicht die gepanzerten Reiter, sondern die ungeschützten Hinterteile der Streitrosse. Die getroffenen Pferde schlugen aus, warfen ihre Reiter ab, die dann wie riesige silberne Käfer hilflos auf dem Rücken lagen und durch die schweren Rüstungen zur Unbeweglichkeit verdammt waren. Viele *chevaliers* wurden zu Boden geschleudert, während die englischen Langbogenschützen die zusammengedrängten Franzosen mit einem Schwarm von tödlichen Pfeilen nach dem anderen überschütteten.[44]

Man hörte unaufhörlich das Zischen der Pfeile. Die französischen Ritter, die noch auf ihren Pferden saßen, riefen weiterhin ihre Befehle aus. Der geflügelte Tod umschwirrte sie, und ein Angriff nach vorn war die einzige Lösung. Noch dreimal senkte sich die Pfeilwolke auf die anstürmende französische Reiterei. Anstatt auf ihrem Platz stehenzubleiben, schlüpften die Bogenschützen zwischen den in den Boden gerammten Piken durch und suchten Schutz vor dem gewaltigen Zusammenstoß Pferd gegen Mann. Die angreifenden Franzosen, die dem anfänglichen Pfeilhagel standgehalten hatten, sahen sich plötzlich einem neuen, sogar noch tödlicheren Hindernis gegenüber – den geschärften Pfählen. Bei den in vorderster Front angreifenden Franzosen bohrten sich die Spitzen der tödlich zugeschnittenen Äste in die Körper der Pferde. Manchen Rittern gelang es, ihre Pferde rechtzeitig zum Stehen zu bringen. Sie wurden aber durch den Aufprall, den die Nachhut verursachte, als sie in sie hineinkrachte, aus dem Sattel geworfen. Einige Pferde scheuten vor dem Hindernis, konnten aber nicht mehr springen und blieben so plötzlich stehen, daß ihre Reiter über den Hals ihres Pferdes hinweg auf die eingerammten Pfähle geschleudert wurden. Einer der ersten, der auf den Piken den Tod fand, war Guillaume de Saveuse. Mittlerweile kamen die Pfeile nicht mehr in Massen angeflogen. Die Bogenschützen suchten sich jetzt sorgfältig einzelne Ziele heraus, und bei dieser geringen Entfernung war die Schußkraft so groß, daß die Pfeile sogar die Eisenpanzer der Ritter durchbohrten.

Heinrich saß auf seinem mächtigen Schlachtpferd und beobachtete die *bataille*. Er preßte die Lippen fest aufeinander. Er hob die Fahne, um seinem rechten Flügel ein Zeichen zu geben. Die Ritter des Grafen von Oxford schwenkten um ihre Piken, um mit dem Feind zusammenzutreffen. Die Franzosen unmittelbar vor Heinrichs Stellung wurden von einer Mauer aus gespitztem Stahl der Lanzen Oxfords gefangengehalten. Schwerter krachten auf Panzer, Helme splitterten, Lanzen stachen unter Achselhöhlen. Doch noch immer wollten die Franzosen nicht aufgeben. *L'honneur de la chevallerie*[45] stand auf dem Spiel. Sie dachten nicht daran, daß schon mehr als eine Schlacht aus mißverstandenem Ehrgefühl verloren worden war.

Doch der Schwung der nächsten Angriffswelle der französischen Reiterei wurde durch das Spektakel, das sich vor ihnen abspielte, nicht gerade erhöht. Im Gegenteil, sie wurde in Unordnung gebracht, denn die Pferde stolperten bei dem unkontrollierten Vormarsch über tote Pferde und gefallene Ritter. Reiterlose Rosse stürmten in großer Panik davon, krachten in die anrollenden Wellen der französischen Reiterei und warfen Bewaffnete aus dem Sattel. Zurückweichende Ritter und reiterlose Pferde stießen mit ihren eigenen heranmarschierenden Fußsoldaten zusammen und warfen sie wie Kegel um. Doch obwohl sie von diesem Rückzug in die Enge getrieben und außer Tritt gebracht wurden, marschierten die französischen Fußsoldaten in drei dichten Kolonnen auf die drei englischen Schlachtfahnen zu. Durch diese dreifache Konzentration auf einer relativ engen Frontlinie drängten sich die Franzosen zusammen und konnten ihre große zahlenmäßige Überlegenheit gar nicht entfalten. In einem letzten Sturm über den schlammigen Boden erreichten sie außer Atem die Linie der Engländer. Beide Linien stießen ihre Speere gegeneinander. Die erste Reihe der französischen Bewaffneten wurde durch den furchtbaren Druck der Hintermänner in die Lanzen der Engländer gestoßen. Es gab mehr als zwanzig Nachhutglieder, die versuchten in den Kampf einzugreifen, ohne dabei die Verwirrung weiter vorne sehen zu können. So entstand eine wellenförmige Linie, die den Franzosen jede Hoffnung auf einen schnellen Durchbruch raubte. Die Lanzen zerbrachen, die Entfernung zwischen den Kämpfern verringerte sich zusehends, und es begann nun ein Kampf Mann gegen Mann, schrecklich in seiner Heftigkeit, geführt mit Streitaxt, Streitkolben, Morgenstern und Schwert. Die Einzelgefechte der Bewaffneten fanden in den ersten Reihen statt. Ritter fielen, andere nahmen ihren Platz ein, stolperten über die Rüstungen der Gefallenen, und wenn sie ausglitten, waren sie verloren, denn ein rascher Stoß ins Visier oder unter die Achseln beförderte sie dann sofort ins Jenseits. Die Leichenberge türmten sich immer höher auf, und die nachfolgende Linie konnte nur in die Schlacht eingreifen, wenn sie mit ihrer schweren Rüstung über die blutigen Hindernisse am Boden kletterte. Der Schlachtenlärm war auf dem Höhepunkt. Auf allen Linien fand ein verzweifelter Kampf statt. Noch immer stießen die Massen der französischen Kolonnen unbarmherzig aus dem Hintergrund nach, ihre Frontlinie wurde vorwärts getrieben. Sie mußten sich über die Gefallenen vor ihnen quälen und kamen dabei zu Fall. Es war der ungeeignetste Augenblick für einen neuerlichen Angriff. Doch, anstatt zunächst einmal ihre ursprüngliche Schlachtordnung wieder herzustellen, griff die französische zweite Linie der Fußsoldaten völlig ungeordnet ein. Dabei erging es ihnen auch nicht besser als ihren Vorgängern. Die Schlacht Mann gegen Mann war so grausam, daß sich die Toten anhäuften. Es war wie ein *„Mauerbau mit toten Rittern"*. Bald waren die unförmig sich ausbreitenden Menschenhügel so hoch, daß sie die nachfolgenden Angriffswellen der französischen Bewaffneten behinderten. So wurde in den ersten fünfzehn Minuten des Gemetzels der Ausgang der Schlacht von Azincourt entschieden.

Heinrich erhob sein Schwert, klappte das Visier seines Helmes herunter und rief: *„St. George!"*

Er führte seine Lanzenträger von den aufgestellten Pfählen weg, um die zurückweichenden Franzosen anzugreifen. Die *chevaliers* von Charles d'Albret wurden in verstreute Gruppen aufgesplittert, sie boten nicht mehr die solide Welle glänzender Rüstungen, sondern eine unordentliche Horde von Flüchtlingen. Ihre Fluchtwege waren mit toten Rittern und Pferden übersät. Der Herzog von Alençon, der den Angriff seiner Angehörigen gegen das Banner des Herzogs von Gloucester geführt hatte, war von englischen Bewaffneten umzingelt worden. Über den Schlachtenlärm hinweg schrie Alençon König Heinrich seine Unterwerfung zu, doch bevor der König seine Männer aufhalten konnte, wurde der edle Herzog niedergeschlagen.

Die englischen Bogenschützen hatten fast alle Pfeile aufgebraucht. Auf dem schlüpfrigen Boden vor ihren Piken lag die Blüte der französischen Ritterschaft am Boden, niedergedrückt vom Gewicht ihrer sechzig Kilogramm schweren Rüstung. Sie lagen dort wie hilflose Käfer auf dem Rücken, strampelten mit den Beinen und ruderten mit den gepanzerten Armen in der Luft. Der Schutz, den die Harnische boten, forderte den hohen Preis der Unbeweglichkeit. Als die Bogenschützen die Unordnung in den französischen Reihen erkannten, stießen sie vorwärts und begannen die isolierten Ritter anzugreifen. Sie gingen zu dritt oder zu viert auf sie los, das *barfüßige Gesindel* schlug mit denselben Holzhämmern auf die Köpfe der Adeligen ein, die sie verwendet hatten, um die Stangen in den Boden einzuschlagen. Es war ein schreckliches Abschlachten. Diese unerwartete Attacke, durchgeführt von einem Feind aus niederem Stand, dem sie nur Verachtung entgegenbrachten, machte das französische Debakel vollständig. Die Bogenschützen raubten den Verwundeten und Sterbenden noch schnell die wertvollen Juwelen. Sie schlitzten Kehlen auf und schnitten Finger ab, um an die kostbaren Ringe der Edelleute heranzukommen. Diese Burschen aus den Elendsvierteln von London oder den Lehensgütern von Wales, Kent und Sussex dachten nicht mehr an die Schlacht. Sie wollten nur soviel wie möglich von diesen ungeheuren Reichtümern in ihre Köcher stopfen.

Einige englische Ritter eilten zum Schauplatz des Schreckens, um ihre Männer davon abzuhalten, die Geiseln einfach brutal abzuschlachten. Das rettete vielen französischen Rittern das Leben. Ihrer Handschuhe und Helme entkleidet, wurden die unglücklichen Überlebenden im Hintergrund zusammengetrieben und von einer beträchtlichen Anzahl von englischen Rittern bewacht, die sich schon insgeheim das Lösegeld ausrechneten, das ihnen jeder Franzose einbringen würde.

Zu diesem Zeitpunkt war König Heinrich sicher, er hätte die Schlacht bereits gewonnen. Doch dann sah er zwei neue Gefahren auf sich zukommen. Die erste kam von der Nachhut. Plünderer hatten die nur spärlich bewachte Wagenkolonne angegriffen, die Posten getötet und versucht, an den Königsschatz heranzukommen. Heinrich, der es für eine neuerliche Attacke gegen seine verwundbare Flanke hielt, befahl einer großen Abteilung, nach dem Rechten zu sehen. Mit großer Brutalität gingen seine Männer gegen die vermeintlichen französischen Angreifer vor. Es stellte sich heraus, daß die Plünderer ortsansässige Bauern waren, die auf einen schnellen Gewinn aus waren. Doch Heinrichs Linie, die dadurch eines Teils der Bewaffneten beraubt war, mußte sich bereits einer neuen Gefahr stellen. Seine linke Flanke wurde von einer großen Reiterschar von Franzosen, Bretonen, Gasconen und Poitevins ernsthaft auf die Probe gestellt. Ohne Rücksicht auf Verluste gaben die Angreifer ihren Pferden die Sporen und schlugen sich durch die Linie der Bogenschützen durch. Die französischen Ritter kämpften tapfer und mischten sich unter die Pikeniere, wo sie die dünne Linie der englischen Knappen niederschlugen. Im darauffolgenden Kampf stießen immer mehr französische Reiter in die sich lichtenden Reihen vor. Heinrich ritt nach vorne, um durch seine Anwesenheit die Kämpfer zu beeinflussen. Doch plötzlich fand er sich von seinen Männern getrennt. Ein junger französischer Ritter, der Chevalier de Rohan, sah die Gelegenheit gekommen, sich einen Namen zu machen und griff den König direkt an. Noch ehe Heinrich sich zur Seite werfen konnte, erhielt er einen Schlag auf den Helm.[46] Daraufhin teilte er dem jungen Rohan einen derart mächtigen Streich aus, daß dessen Kopf in zwei Hälften gespalten wurde. Doch er war nicht außer Gefahr. Der Druck der Franzosen war einfach zu groß, die englischen Pikeniere und Bogenschützen fielen zurück, bald würden sie bei dem königlichen Banner zusammentreffen. Sobald die Franzosen die Flanke durchbrechen konnten, würden sie auch die Mitte überrennen. Der kritische Augenblick der Schlacht war gekommen. Die englischen Pikeniere waren ohne Unterstützung der bewaffneten Ritter verloren. Die Franzosen griffen die Massen ungestüm an und zerstreuten sie dann schnell. Es gab nichts, was Heinrich tun konnte, da seine eigene Kolonne im Zentrum stark beansprucht war. Er rief nach weiteren Lanzenträgern, doch es gab ganz einfach keine mehr. Ein Teil seiner Reserve mußte die Plünderer rund um die Gepäckwagen abwehren, und einige seiner besten Lanzenträger – eben die, die er so verzweifelt benötigte, um den französischen Angriff zurückzuschlagen – bewachten ihre französischen Gefangenen. Wenn er jedoch diesen französischen Angriff nicht aufhalten konnte, würden die Ritter seine Linie überrennen und ihre Landsleute befreien. Diese würden dann die Schwerter der Gefallenen aufnehmen und seine Männer aus dem Hinterhalt überfallen.

Aus einem Gefühl größter Sorge heraus unternahm König Heinrich V. nun einen Schritt, der dem ritterlichen Verhalten der Zeit völlig widersprach, einen Schritt, durch den er in die Geschichte eingehen sollte. Er wußte sich keinen anderen Rat und erließ einen der widersprüchlichsten Befehle der ritterlichen Kriegsführung:

„Jeder meiner Lanzenträger soll seinen französischen Gefangenen töten."

Seine Ritter warfen ihrem König vor: „Das verstößt gegen das Kriegsrecht!" und weigerten sich, dem Befehl zu gehorchen. Vielleicht geschah es nicht nur aus humanitären Gründen, sondern auch deshalb, weil jeder Gefangene sein Gewicht in Beutegold wert war. Nach dieser Weigerung rief der König nach seinem treuen Bogenschützen, *Sergeant at armes*, Fluellen aus Wales. Nach dem Ehrenkodex drohte den Rittern wegen einer solch niederträchtigen Tat Entehrung. Die Bogenschützen aber konnten ohne weiteres an Mordanschlägen teilhaben, denn sie waren nicht in das ritterliche System eingebunden. Außerdem waren viele von ihnen abgeurteilte Kriminelle, Diebe und Mörder, die sich Heinrichs Truppe angeschlossen hatten, um dem Galgen zu entkommen. Auf Anordnung ihres Sergeanten zwangen zweihundert Bogenschützen die Gefangenen, sich in einer langen Linie aufzustellen. Wahrscheinlich waren es zwei- bis dreitausend Ritter. Die meisten der Gefangenen waren in einem mitleiderregenden Zustand und viel zu erschöpft, um ihren wenigen Bewachern Widerstand zu leisten. Sie ahnten nicht, welches Schicksal sie erwartete und stolperten teilnahmslos ihrem Ende entgegen. In der Nähe eines Dorfes wurden sie wie Schlachtvieh zusammengetrieben. Als Fluellen seine Keule auf den ersten Ritter niedersausen ließ, ging ein Raunen der Verzweiflung durch die angreifende französische Linie. Immer mehr Köpfe der Gefangenen wurden eingeschlagen. Nur diejenigen wurden verschont, die ein hohes Lösegeld versprachen. Heinrichs Vollstrecker schlachteten kaltblütig einen Großteil des französischen Adels ab. Das Blut floß, Kehlen wurden durchgeschnitten, die Schreie der Sterbenden übertönten den Schlachtenlärm. Die attackierenden Franzosen beobachteten wütend das grausame Schauspiel, waren aber machtlos. Es war ein so schauerlicher Lärm und ein so fürchterlicher Anblick, daß der französische Ansturm dadurch geschwächt wurde.[47] Heinrich rief nach seinen wenigen Lanzenträgern und führte sie nach vorne, um seine zurückweichende Linie der Pikeniere und Bogenschützen zu verstärken. Die französische Angriffswelle brach, sie wendeten und ritten davon, eilig verfolgt von der Kavallerie des Herzogs von York. Nur die Berittenen konnten sich retten, alle anderen kamen um. Und schließlich, nach einer vierstündigen Schlacht, wurde auch der Herzog von York von einer Lanze niedergestreckt.

Einen kurzen Augenblick lang öffnete Heinrich sein Visier, um die Masse der abgeschlachteten Gefangenen zu betrachten. Diese Ritter hatten gut gekämpft und hatten ein solches Ende nicht verdient. Er hatte diesen Befehl gegeben, weil er es mußte, aber er wußte, daß ihn die Geschichte als kaltherzigen, grausamen Mann brandmarken würde.

König Heinrich V. hielt sein Banner hoch, den Sieg vor Augen. Hurrageschrei erhob sich entlang der Front. Der König kniete nieder, um Gott zu danken. Dann sandte er nach Montjoie, den französischen Herold, dessen Aufgabe es gewesen war, den Kampf zu beobachten und als unparteiischer Schiedsrichter zu agieren. Der Ritter erschien, in makelloses Weiß gekleidet. Er preßte seine gepanzerte Faust an seine Rüstung:

„Hoheit, Ihr habt nach mir gesandt."

„Herold, wie nennst du die Schlacht?"

„*Une victoire anglaise* – einen englischen Sieg."

Der Herold war außer sich über die schändliche Abschlachtung, die von den Lancastern begangen worden war, aber sein Gesicht blieb unbewegt. Seine Aufgabe war es, zu berichten, nicht zu richten. Dieser abscheuliche Schurke sollte von seinesgleichen gerichtet werden. Oder von der Geschichte.

„Sprich, Herold, wie heißt das Schloß dort drüben?"

„Azincourt, Hoheit."

„So gib bekannt, daß starke und tapfere Engländer den Sieg in der Schlacht von Azincourt errungen haben."

Als die Nacht hereinbrach war der Boden mit den Hingemordeten bedeckt. Die Franzosen lagen zuhauf übereinander, 1.500 Ritter, unter ihnen die Herzöge von

Brabant, Alençon und Bar, der Graf von Nevers, Jacques de Chatillon, Sieur Guichard und der Konnetabel Charles d'Albret. Außerdem zählten die Männer des Herolds mindestens zehntausend niedergemetzelte französische Fußsoldaten.[48] Für einige Franzosen war Azincourt ein erfolgreicher Tag gewesen: die Plünderer, die der Armee folgten, sammelten den „Abfall der Schlacht". Als die Wirren der Schlacht ihren Höhepunkt erreicht hatten, war es ihnen sogar gelungen, die königliche Krone Heinrichs zu stehlen.

Unter den wenigen englischen Opfern waren der Herzog von York und der Graf von Oxford sowie einige hundert Bürgerliche. Heinrichs Heer legte sich siegestrunken und müde von dem Gemetzel zu einer Rast nieder.

Am darauffolgenden Morgen blickte Heinrich V. von England ein letztes Mal auf das Feld, auf dem er fast eine Katastrophe erlebt hätte. So weit das Auge reichte, bot sich ein jämmerliches Bild. Das ganze Schlachtfeld war mit Gefallenen des französischen Hochadels bedeckt. Sie alle waren für ihren Herrscher, *le roi de France*, Karl VI., gestorben, einen geistig behinderten Krüppel, der sein Gebrechen hinter den Mauern eines weitentfernten Schlosses verbarg. Plünderer hatten die Rüstungen geraubt, und die gefallenen Ritter lagen nun nackt vor dem Sieger. Sie hatten für ihren Stolz und ihre Eitelkeit teuer bezahlt.

König Heinrich bestieg sein Pferd und machte sich auf den Weg nach Calais.

Was wäre, wenn ...

Was wäre, wenn es in der Nacht vor der Schlacht nicht geregnet hätte?

Die Bogenschützen Heinrichs V. wären durch die Wucht der heranstürmenden Reitertrupps in den Boden gestampft worden, und der Hundertjährige Krieg wäre ein halbes Jahrhundert früher zu Ende gegangen.

Die Tatsachen

Bei Azincourt wurde die Blüte der mittelalterlichen Ritterschaft vom Pöbel der niederen Fußsoldaten Heinrichs V. niedergerungen. Die Franzosen hatten ihre Lektion aus der Schlacht von Crécy 1346 nicht gelernt, und ihre veralteten Wertvorstellungen von Ehre und Tapferkeit führten sie ein zweites Mal in die Katastrophe, als sie mit der überlegenen Waffe ihrer Zeit, dem Langbogen, konfrontiert wurden.

Am Plantagenet-König haftete von nun an das Stigma des Massakers an den Gefangenen. Er hatte die mittelalterliche Ritterschaft zutiefst schockiert.[49] Mehr noch als die Niederlage auf dem Schlachtfeld rief das bei den Franzosen einen Haß auf alles Englische hervor, und die französischen Revanchegedanken sollten Jahrhunderte überdauern.[50]

47

1429, Orléans. Durch Jeanne d'Arc wurden die Franzosen von ihrer Zwangsvorstellung der unabwendbaren Niederlage befreit. Die Zeiten änderten sich. Die Jungfrau von Orléans wurde auf dem Scheiterhaufen zur Märtyrerin, und ihr Geist lebte weiter. Frankreich wurde eine geeinte Nation. Der Hundertjährige Krieg wurde am 17. Juli 1453 bei Castillon beendet, als der letzte große englische Kommandant, der alte Talbot, mit seiner Kavallerie Hals über Kopf gegen Kanonen anritt. Diese neue Waffe revolutionierte die Kriegsführung. Das Zeitalter des Feudalismus war vorüber. Das Zeitalter des Schießpulvers hatte begonnen.

DER HINGE-FAKTOR DER SCHLACHT VON AZINCOURT war das Wetter, ein Schlachtfeld mit regennassem Boden und die Todesverachtung der Adeligen gegenüber dem niederen Stand der feindlichen Fußsoldaten.

Ein Faß Schnaps

„Ich soll die Welt von dieser barbarischen Rasse befreien."
Joseph II., römisch-deutscher Kaiser, Feldzug von 1788.

Dem nahen Lärmen und Schreien folgte ein weiterer lauter Knall. In der kurzen Zeitspanne zwischen Schlaf und Erwachen bemühte sich der Verstand des Soldaten die Verwirrung zu durchschauen. Die Nacht war finster, kein Stern stand am Himmel. Er spürte den feuchten Boden unter sich, seine Finger gruben sich in die Erde. Warum wird hier geschossen? Wo sind meine Stiefel? Deutlich hörte er den Schlachtenlärm. Den Lärm und das Stöhnen der Sterbenden. „Nicht ich, mein Gott, nicht ich ..." Sein Mund öffnete sich zu einem lautlosen Schrei. Er war starr vor Schreck und konnte sich nicht bewegen. Immer und immer wieder betete er „Nicht ich ...". Kalter Schweiß rann über sein Gesicht, seine Brust hob und senkte sich, er rang nach Luft. Panik erfaßte ihn. Diese wirren Gedanken in seinem Kopf: „Jetzt werde ich sterben." Es gab keine Hoffnung für morgen, es würde einsam werden, tot zu sein ... war das alles ein böser Traum? Nein, das war kein Traum, die Blitze in der Nacht, das Rollen des Kanonendonners, die Schreie der Verwundeten und das Wimmern der Sterbenden:

„Rettet euch. *Turci! Turci!* Alles ist verloren, der Türke ist da." [51]

* * *

Joseph II., römisch-deutscher Kaiser von Gottes Gnaden, hatte eine große Schwäche. Er wollte als militärisches Genie in die Geschichte eingehen, ein Held wollte er sein, genauso groß, wenn nicht größer, wie sein Idol Friedrich der Große von Preußen. Das Hauptproblem des gütigen österreichischen Herrschers bestand jedoch darin, daß er die Voraussetzungen dafür nicht mitbrachte. Weder sein diplomatisches Geschick noch sein Marschallstab war der politischen Situation gewachsen. Trotz seines fortgeschrittenen Alters beschloß er urplötzlich, den Balkan von den Türken zu befreien. Der preußische König, Friedrich Wilhelm, bot zuvorkommend seine Kanzlei an, um in der Kontroverse zwischen der Pforte und dem Haus Habsburg eine friedliche Lösung herbeizuführen. Doch, anstatt dieses großzügige Angebot zu akzeptieren, gelang es Kaiser Joseph, den Preußenkönig durch eine schriftliche Mitteilung zu beleidigen: „Das Haus Hohenzollern kam mit denselben wankelmütigen

Mitteln an die Macht wie die teuflischen Türken." Dieser Affront genügte, um den König der Preußen zu veranlassen, mit dem König von Schweden ein militärisches Bündnis zu unterzeichnen. Gemeinsam marschierten sie gegen den einzigen Verbündeten der Österreicher, gegen Kaiserin Katharina von Rußland. In der Zwischenzeit hatte Joseph sich aufgemacht, an die Tore des Balkans zu klopfen. Vergaß jedoch, den türkischen Gesandten darüber zu informieren, daß Österreich bereits Krieg führte und daß seine Armee bereits sechs Monate zuvor türkisches Territorium[52] betreten hatte. Um dieses Versehen zu bereinigen, sandte er eine kurze Mitteilung an seinen Staatskanzler Fürst Kaunitz: „Es tut mir leid, mitteilen zu müssen, daß die Osmanische Pforte mit meiner Verbündeten, der Zarin, in einen Krieg eingetreten ist. Wegen der Bündnisverträge zwischen Rußland und uns bin ich verpflichtet, der Kaiserin zu Hilfe zu kommen. Ich befehle Euch, die Osmanische Pforte zu informieren, daß zwischen Österreich und der Türkei Kriegszustand herrscht."[53]

Im März 1788 begann Joseph seine lange und ermüdende Reise von Wien in die Walachei,[54] zu der strittigen Grenze der Auseinandersetzung zwischen Islam und Christenheit. Er versuchte alles, um Ruhm zu erlangen und in die Geschichte einzugehen. Und er ging wirklich in die Geschichte ein, wenn auch nicht in der Weise, die er sich erträumt hatte.

* * *

Das anfängliche Ziel der Österreicher war die Freikämpfung der Save, einem strategisch wichtigen Wasserweg, indem sie die türkischen Festungen von Schabac, Belgrad und Vidin in ihre Gewalt brachten. Und später wollten sie nach der Eroberung der beherrschenden Festung von Niš ganz Serbien in das österreichische Reich eingliedern. Um das zu erreichen, hatte der Kaiser die nötigen Militärkräfte versammelt. Sechs Armeekorps, insgesamt 245.062 Männer mit 36.725 Pferden. Eine Hauptmacht mit 125.000 Soldaten und 22.000 Pferden stand unter seinem persönlichen Kommando. Seine Artillerie hatte 898 Feldkanonen mit 176.700 Kanonenkugeln und 1.000 Tonnen Schießpulver. Um eine solche Armee während des Marsches zu ernähren, benötigte man täglich 800 Tonnen Mehl und 200 Rinder.[55]

Die Armee wurde von Männern geführt, die sich in der österreichischen Militärgeschichte durch ihre Dummheit und Unfähigkeit bereits besonders hervorgetan hatten. Coburg, Fabius, Wartensleben, Mitrovsky, Devins, Liechtenstein. Der einzig kompetente Führer, der alternde Feldmarschall Laudon, der bereits Kaiserin Maria Theresia gute Dienste geleistet hatte, wurde zurückgelassen. Der Kaiser hielt ihn für zu alt, eine solche Aufgabe bewältigen zu können. Das einzig wahre Talent des österreichischen Herrschers bestand darin, immer den falschen Mann auf den falschen Platz zu stellen. Dieses Mal setzte er auf den dümmsten von allen, Feldmarschall Lacy, dessen einziges Bemühen während seiner ganzen Karriere war, mit seinem

jeweiligen Vorgesetzten einer Meinung zu sein. Er war mit anderen Worten ein Jasager, der der begrenzten militärischen Erfahrung seines Kaisers nur wenig hinzuzufügen hatte.

*„Die Österreicher blickten der Anwesenheit ihres Herrschers in einer militärischen Ak-
tion mit großer Besorgnis entgegen. Er war für seine humanitären Ansichten bekannt,
und niemand war klar, wie seine Anwesenheit für den Gewinn eines Krieges von Nutzen sein konnte. Da aber für ihn der Ruhm wichtig war, der mit dem Sieg Hand in
Hand geht, konnte Joseph nicht davon abgebracht werden. Daher sagten viele bereits
am Beginn des Feldzuges ein böses Ende voraus, und die weiteren Ereignisse sollten
ihnen recht geben.“* [56]

Sofern Joseph einen Originalplan für den Feldzug gehabt hatte, so sah dieser vor,
seine übermächtigen Streitkräfte nicht, wie man erwarten könnte, in einem Ent-
scheidungsschlag einzusetzen, sondern er entschied sich für eine Art defensive Sack-
gasse. Daher begann der Herrscher aller Österreicher seinen Feldzug mit einem
Wimmern, nicht mit einem Knall.

Der Angriff auf die türkische Festung Belgrad war für den 16. Mai geplant. Die
Kanonen waren in Stellung, die Infanterie stand bereit. Aber am Abend des 15. änderte der Kaiser plötzlich seine Meinung und ordnete einen Rückzug an, obwohl er
wußte, daß die Belgrader Garnison nur schwach verteidigt war. Er begründete seine
Entscheidung damit, daß die Russen nicht zu seiner Unterstützung gekommen waren.[57] Josephs Mut war dem Friedrichs des Großen beim besten Willen nicht ähnlich, wenn er auch verzweifelt versuchte, diesen zu imitieren. Der „Alte Fritz“ war
ein Menschenführer, dessen große Auffassungsgabe Joseph nie begriff.[58] Um alles
noch schlimmer zu machen, verschlechterte sich der Gesundheitszustand des Kaisers, und seine Unentschlossenheit wuchs. Durch sein Zögern saßen die Truppen
unnötig lange im Lager herum, das auf seinen Befehl hin in den moskitoverseuch-
ten Sümpfen entlang der Donau aufgeschlagen worden war, und es kam zum Ausbruch einer Malariaepidemie. Die Lage im österreichischen Lager wurde bald sehr
ernst. Doch der Kaiser lehnte es ab, die Zelte abzubrechen. Die tödliche Krankheit
schwächte seine Regimenter, und wegen der vielen Todesfälle mußten Massengrä-
ber ausgehoben werden. Innerhalb kurzer Zeit wurden 172.000 Soldaten von Mala-
ria- und Ruhranfällen heimgesucht, und 33.000 seiner besten Männer starben einfach weg. Joseph hätte Belgrad einnehmen oder eine große türkische Armee allein
besiegen können, wenn er nicht eine so große Anzahl von Truppen fahrlässig dem
tödlichen Fieber geopfert hätte. Diejenigen, die nicht von der Krankheit befallen waren, litten unter der militärischen Untätigkeit. Während das unheilvolle Klima weiterhin seinen Zoll von den Kameraden forderte, saßen die gesunden Männer untätig
herum und spielten Karten. Unter den zusammengewürfelten Hilfstruppen ver-

51

schiedener Nationen brachen Streitigkeiten aus, die Ungarn rauften mit den Kroaten, die Lombarden haßten die Slowenen, und keiner von ihnen mochte die österreichischen Offiziere leiden. Noch immer hielt sich der Kaiser zurück und wartete auf die versprochene russische Verstärkung, die niemals eintraf.[59] Bald gab es im Lager kein Brot mehr, die Mehlrationen waren aufgebraucht, und neue Güter mußten per Schiff vom weit entfernten Österreich, die Donau abwärts, herantransportiert werden. Als die langersehnten Lebensmittel endlich ankamen, waren sie von Würmern verseucht. Und um das Maß voll zu machen, war auch noch die Kriegskasse für die Entlohnung der Soldaten leer.

In der Zwischenzeit war es den Türken gelungen, die Belgrader Festung mit 9.000 Mann frischer Truppen zu verstärken, und der türkische Gouverneur der Stadt bot für jeden abgeschlagenen österreichischen Kopf eine Belohnung von zehn Golddukaten. Das wurde bei den Österreichern bekannt. Wann immer ein Soldat verschwand (vielleicht, weil er in den Fluß gefallen war oder einfach, weil er zu seiner Familie zurückwollte), wurden im ganzen Lager Schauergeschichten über türkische Greueltaten verbreitet. Die Truppen verloren das Vertrauen in ihre Offiziere, und die Offiziere murrten über ihren Kaiser. Schließlich war Joseph gezwungen, den alten Laudon zu bitten, den Oberbefehl zu übernehmen. „Ich befehle Ihnen nicht, mein lieber Feldmarschall Laudon, das Kommando meiner Truppen zu übernehmen, sondern ich bitte Sie demütig, tun Sie es zum Wohl des Staates und aus Liebe zu Ihrem Kaiser."

Laudon nahm an, wenn auch nicht aus Ehrfurcht vor seinem Kaiser, sondern um seine geliebte österreichische Armee zu retten. Am 18. Juli erreichte er das kaiserliche Hauptquartier, und am 19. eroberte er die Festung von Dubicza. Endlich war die Armee in Bewegung. Unglücklicherweise waren seine Generäle nicht so fähig wie „der Alte" und erlitten eine Reihe von Rückschlägen. Jedoch gab es einige bemerkenswerte Fälle von Heldentum. Im Schloß Rama harrten der junge Leutnant Lopresti und 23 Männer gegen 4.000 Türken aus bis – getreu der Legende von Leonidas und seinen vierzig Spartanern – alle tot waren.[60] Auf dem Boza-Paß schlug eine Division von 4.000 Österreichern 10.000 Türken die Nasen blutig. Doch derart ruhmreiche Ausgänge bildeten die Ausnahme und blieben für den Gesamtverlauf des Krieges ohne spürbare Auswirkung.

Da der Kaiser keine bessere Idee hatte, bat er die Kirchen im ganzen Königreich für einen guten Ausgang beten zu lassen: „O Herr, der Du Deine Feinde schlägst, gewähre uns Deine allmächtige Hilfe. Schone Deine Kämpfer vor den Gefahren, die ihnen von den Ungläubigen drohen."

Es scheint aber, daß die Gebete der Ungläubigen mehr Wirkung zeigten. „Allah, der Du die Sonne, die Sterne und das ganze Universum in Deiner Hand hältst, Du, der uns den Propheten gesandt hast, um unseren Kindern vom wahren Glauben zu erzählen, warum läßt Du es zu, daß der Feind unser Land zerstört? Steh auf, Allmächtiger, und gib Deinem Volk die Kraft, um Deinen Ruhm im Tempel von Mekka zu verkünden."

Laudon wirkte Wunder und eroberte eine Anzahl kleinerer Plätze, aber sein Arm war nicht lang genug. Eine Division unter General Papilla stand 13.000 Türken gegenüber und wurde dezimiert, und am 18. August mußte Major von Stein die strategisch wichtige Position bei Dubowa aufgeben. Nach diesem Rückzug räumten die Österreicher das ganze Donautal bis Belgrad. Dann kam die Meldung, daß eine türkische Streitmacht von 70.000 unter der Führung des Großwesirs Jussuf Pascha auf dem Marsch nach Vidin war, während eine andere Armee von 30.000 Mann unter dem Serasker von Rumelia[61] nach Niš unterwegs war. Für die Österreicher wurde es höchste Zeit, sich einer großen Schlacht zu stellen. Die Karten wurden studiert und die ideale Stelle ausgesucht. Der österreichischen Hauptstreitkraft von etwa 100.000 Mann wurde befohlen, entlang des Flusses Temes (heute: Timis) bei der kleinen Stadt Karansebes [62] Position zu beziehen.

„Hier müssen wir gewinnen", rief der Kaiser freudig aus, „der Lauf der Geschichte will es so. Hier hat Prinz Eugen einen glänzenden Sieg über die Türken errungen, und hier ist auch der geeignetste Ort, sie erneut zu schlagen."

Es sollte also eine zweite Schlacht von Karansebes stattfinden. Was dann wirklich dort stattfand, ist vermutlich einzigartig in der Geschichte der Kriegskunst. Es ereigneten sich Dinge, die mehr als alles andere den moralischen Verfall zeigen, an dem die österreichische Armee litt, *„der schlechtere Teil bestand aus Leuten von barbarischen Horden, und der bessere Teil mißtraute seinen Führern."*[63]

Die Nacht dieses 19. September 1788 war mondlos. Eine Vorhut kaiserlicher Husaren überquerte die hölzerne Brücke, die bei Karansebes über den Timis führte. Als sie das gegenüberliegende Ufer erreicht hatten, fanden sie zwar keine feindlichen Türken. Statt dessen entdeckten sie ein Wagenlager umherziehender Walachen,[64] die die Reiter freudig willkommen hießen und ihnen Schnaps und Mädchen anboten. Nach kurzer Beratung wurden sie handelseinig, und die Husaren sprangen von ihren Pferden, um sich den ihnen gebotenen Freuden hinzugeben. Nach einigen Stunden überquerten die ersten Kompanien von Fußsoldaten die gleiche Brücke, auch ihre Kehlen waren ganz ausgetrocknet. Doch mittlerweile hatten die Husaren den ganzen Schnaps aufgekauft. Um den köstlichen Tropfen gegen die unerwünschten Neuankömmlinge zu schützen, verbarrikadierten sich die Husaren in Windeseile rund um ihr Schnapsfaß und verscheuchten die Fußsoldaten. Die durstigen Männer waren daraufhin höchst ärgerlich.

Ein Schuß ertönte, gefolgt von einem Schrei, und ein Körper stürzte nach vorne. Die Husaren zogen ihre Säbel und griffen die Infanterie an, indem sie die Soldaten zurücktrieben. Die Fußsoldaten waren vor allem vom Lärm des Schusses erschreckt worden, doch sobald sie sich von ihrem ersten Schock erholten, begannen auch sie zu schießen. Bald war eine richtige kleine *bataille* im Gang. Es wurden immer mehr Schüsse abgefeuert, und es gab die ersten Toten. Bald darauf versuchten die Soldaten einen Fluchtversuch, aber die Husaren wollten auch das nicht zulassen. Um die Reiter aus ihrer Befestigung zu vertreiben, schrien die Fußsoldaten: *„Turci! Turci!"* Allein der Gedanke, einem türkischen Heer gegenüberzustehen, erschreckte die betrunkenen Husaren derart, daß sie in wilder Flucht über die Brücke galoppierten, obwohl weit und breit kein Türke zu sehen war. Doch auch die Fußsoldaten strömten zurück, von ihren eigenen Schreien verschreckt. Ihr Oberst versuchte den Rückmarsch zu stoppen, indem er ihnen den Weg versperrte: „Halt! Stehenbleiben! Halt!" Es hatte keinen Sinn, diese Männer waren Ungarn, Lombarden oder Slowaken, die kaum ein Wort Deutsch verstanden. In ihrem begrenzten Vokabular gab es keinen solchen Befehl. Sie hatten das Wort „Vorwärts!" gelernt, aber niemals „Halt!". Vielleicht haben sie es ganz einfach falsch verstanden, vielleicht wollten sie aber auch lieber rückwärts gehen, als vorwärts gegen die Türken zu marschieren.

„Halt! Halt!" rief der österreichische Offizier weiter. Einige junge Soldaten verwechselten dieses Kommando mit: *„Allah! Allah!"* und begannen allen Ernstes zu schießen.

Kurz zuvor war die ganze österreichische Armee auf der anderen Seite des Flusses schlafen gegangen und wurde nun plötzlich durch Schüsse auf dem gegenüberliegenden Ufer aufgeweckt. *Die Vorhut war auf die Türken gestoßen!* Sie konnten sich das Schießen und Schreien nicht anders erklären, zumal die Szene in völliger Finsternis lag. Die Dunkelheit, das Musketenfeuer sowie die Schreie der Verwundeten und Sterbenden machten ihnen höllisch angst. Was sie da hörten, ohne etwas sehen zu können, verstärkte ein Gefühl tief in ihrem Inneren: die nagende Todesangst.

In der Mitte des Lagers war eine Herde von Zugpferden in einem Pferch. Diese Tiere waren durch das zunehmende Chaos so verängstigt, daß sie das Gatter niederstießen und davonstürmten. Dabei machten sie einen Lärm wie eine angreifende Kavallerie. Ein Korpskommandant hielt dies irrtümlich für eine Attacke und befahl seinen Kanonieren, das Feuer zu eröffnen. Die Nacht wurde von blauen Blitzen und Donnerschlägen erhellt, und immer mehr Soldaten fielen. Ein Schrei machte die Runde: „Die Türken! Die Türken! Rettet euch! Alles ist verloren!"

Bald war die ganze österreichische Armee in Panik, und es war müßig, den Versuch zu unternehmen, dem vielsprachigen Heer zu erklären, was am anderen Ende der Brücke geschehen war. Ein erstes Regiment zog sich zurück, rasch folgten die anderen nach. Bald floh eine Masse von Soldaten in einer menschlichen Flutwelle zurück. Je nach ihren verschiedenen ethnischen Abstammungen konnten sich die meisten Regimenter nicht mit den anderen verständigen, was dazu führte, daß sie oft nicht erkennen konnten, ob sie Feind oder Freund vor sich hatten. Sie waren von der fixen Idee besessen, daß jederzeit Horden von Türken mit ihren Krumm-schwertern über sie herfallen könnten, und so kam es, daß sie in ihre eigenen Rei-hen feuerten, die gerade das Lager abbrachen.

Der Kaiser, noch immer von Krankheit geschwächt, hatte in seinem Wagen ein wenig geschlafen. Vom Schlaf und von Medikamenten noch etwas benommen, stol-perte er von seinem Lager auf, rieb sich die Augen und betrachtete das Chaos. Er hörte, wie die Schreie des rasenden Pöbels immer näher kamen. Man half ihm auf sein Pferd. Kaum saß er im Sattel, riß ihn auch schon der fliehende Pöbel mit sich fort. Einer seiner Helfer stand unbeirrt vor ihm. Er schlug auf die vor Angst halb wahnsinnigen Soldaten ein, streckte einige von ihnen mit seinem Säbel nieder, be-vor er selbst zu Boden gerissen wurde und seinen letzten Atem aushauchte. Der Kai-ser wurde von seinem Pferd geschleudert und landete im Fluß. Völlig durchnäßt schleppte er sich am Ufer entlang, und von der Angst besessen, die Türken könnten ihn gefangennehmen, suchte er in einem Haus in Karansebes Unterschlupf. Dort fanden ihn seine persönlichen Bewacher schließlich und nahmen ihn mit. (Fast das gleiche Schicksal erlitt sein Neffe, der Erzherzog Franz, der zu guter Letzt von einem *carré* seines Regiments aufgenommen wurde.)

Die Fahrer der Munitionswagen flüchteten auf ihren Zugpferden, unmittelbar ge-folgt von den Kanonieren, die die Zügel zwischen Pferd und Kanone durchschnit-ten, bevor sie ohne Sattel davonjagten und ihre Feldstücke im Stich ließen. Diese verrückte Kavalkade trampelte alles nieder, was sich ihr in den Weg stellte. Auf diese Weise wurden viele Offiziere getötet, und die Panik wuchs in schier unvorstellbare Ausmaße. Alle rannten, fluchten, beteten, schossen oder starben. Häuser wurden geplündert, Frauen vergewaltigt, und ganze Dörfer gingen in Flammen auf. Der Weg, den diese panische Flutwelle nahm, war mit weggeworfenen Musketen, Sät-teln, Zelten, toten Pferden und sonstigem „Strandgut" einer besiegten Armee ge-pflastert. Erst nach geraumer Zeit gelang es den Generälen, diese wilde Flucht zum Stillstand zu bringen. Die österreichische Armee war ein Trümmerhaufen, der dann folgende Schock wirkte wie eine Narkose.

Zwei Tage später erschien endlich der Großwesir mit seiner Armee vor Karanse-bes. Was sie dort vorfanden war kein österreichisches Heer, sondern nur etwa 10.000 tote und verwundete Österreicher. Schnell machte sich die Türken daran, ihre Köpfe abzuhacken.

WAS WÄRE, WENN …

Was wäre, wenn österreichische Offiziere die Muttersprache all ihrer Soldaten ge-sprochen hätten?

Vielleicht wäre keine Panik aufgekommen.

Die Tatsachen

Nach dem Debakel von Karansebes sandte der Kaiser einen Bericht an seinen Bruder: „Ich weiß nicht mehr, wie es weitergehen soll. Schlaflosigkeit plagt mich, und ich verbringe die Nacht mit dunklen Gedanken."

In einer Botschaft an seinen Staatskanzler Kaunitz schreibt der Kaiser:

„Diese Katastrophe, die unsere Armee wegen der Feigheit einiger Einheiten erlitt, ist im Augenblick noch gar nicht ganz abzuschätzen. Die Panik hatte von allen Besitz ergriffen, von der Armee, den Leuten in Karansebes und den ganzen Weg zurück bis Temesvar, gute zehn Meilen von hier entfernt. Ich kann dieses schreckliche Rauben und Töten gar nicht in Worten ausdrücken."

Nur die Tapferkeit des Grafen Kinsky und seines Kavallerieregimentes konnte die Reiterhorden des türkischen Paschas davon abhalten, die außer Rand und Band geratene österreichische Armee nach Karansebes zu vernichten. Der alte Laudon stellte im Spätherbst dieses Jahres die Ordnung in der Armee wieder her und führte Österreich in eine Reihe von Siegen. Dann kam der Winter. Der Kaiser war dem Tode nah. Damit war der Feldzug von 1788 beendet.

Im Frühjahr 1789 bestieg der junge Selim III. den Thron des Sultanats und führte sein Heer in den Krieg. Doch diesmal bissen die Türken bei Feldmarschall Laudon auf Granit, der mit ihnen kurzen Prozeß machte und sie aus dem Banat vertrieb. Die Donau wurde wieder ein österreichischer Fluß. Während dieser Krieg noch andauerte, starb Kaiser Joseph II. Seine letzten Worte waren: „Alles, was ich wünsche, ist ein dauerhafter Friede für ganz Europa."

Zwei Monate später, am 14. Juli 1789, stürmten die Bürger von Paris die Bastille, und ein neues Zeitalter begann. Europa sollte in den nächsten fünfundzwanzig Jahren keinen Frieden finden.

Der Hinge-Faktor bei der Schlacht von Karansebes war ein Faß Schnaps.

Eine Handvoll Nägel

*„Ein Plan, der Erfolg hat, ist verwegen,
einer der schiefgeht, ist leichtsinnig."*

General Karl von Clausewitz, „Vom Kriege," 1832.

Der General ritt dreißig Schritte vor dem Korps, er saß fest im Sattel. Die Augen in dem gebräunten Gesicht schienen blauer als gewöhnlich. Ruhig und gelassen beobachtete er seine Reiter. Sie waren die Besten der Besten, *les Cuirassiers de l'Empereur* (Kürassiere des Kaisers), harte Männer, die voller Stolz ihre glänzenden Brustpanzer und griechischen Helme trugen. Ein Lächeln der Genugtuung lag auf seinem Gesicht. Ja, mit diesen Männern konnte er in die Hölle und wieder zurück reiten. Er war sich des Sieges gewiß und vertraute auf die Schnelligkeit, mit der sie schon so oft die Verteidigung des Feindes durchbrochen hatten und die ihnen schon so oft zum Sieg verholfen hatte.

Die Luft roch schwer nach den Ausdünstungen der Tiere und Schießpulver. Die Stimmung war aufgeheizt von der wütenden Kampfeslust der Soldaten, die sich gegen einen Feind richtete, der auf einem entfernten Höhenzug stand. Jeder hing seinen eigenen Gedanken nach, der Rest war nicht mehr von Bedeutung. Die Angst hatte keine Macht mehr über sie. Sie waren alle altgediente Krieger, darauf gedrillt, stillschweigend zu gehorchen. Fünftausend Männer, die über das fruchtbare Land von Österreich, Preußen, Italien, Rußland gestürmt waren. Sie hatten in Orten mit unsterblichen Namen gekämpft – Austerlitz, Wagram, Jena, Friedland, Borodino –, und waren dort zu ewigem Ruhm gelangt.

Der General ließ seinen Blick über die lange Reihe der Gesichter schweifen, die grausames Zeugnis der vielen Schlachten waren, die sie für ihren Kaiser gefochten hatten. Loblieder des Ruhmes und des Todes. Er blickte auch in viele junge Gesichter, Rekruten, die die gelichteten Reihen auffüllen mußten, Jugendliche, die viel zu schnell erwachsen geworden waren. Buben, die noch nie Gefechtslärm gehört und noch nie den Moment des Sieges erlebt hatten. Sie ahnten, daß Schlacht nicht nur gleichbedeutend mit Lärm und Ruhm, sondern auch mit Tod war.

Es war später Nachmittag. Die gesamte Linie stand in höchster Bereitschaft, aufmerksam nach vorne blickend, neben den Pferden. Seit dem Kanonendonner um zwölf Uhr mittags hatte ihre absolute Wachsamkeit nicht nachgelassen. Der zweiunddreißigjährige Pascal le Meunier aus Maubeuge, ein Gefreiter im *4me Corps de Cavalerie* (4. Kavalleriekorps) von Milhaud, litt an einer bösen Schnittverletzung quer über der Stirn. Er hatte sie sich vor zwei Tagen während des Geplänkels mit der Kavallerie Lord Uxbridges in der Nähe der strategisch wichtigen Straßenkreuzung von Les Quatre-Bras zugezogen. Fliegen hatten sich auf die eitrige Wunde gesetzt, aber le Meunier beherrschte sich und verscheuchte sie nicht. Selbstkontrolle stand an erster Stelle, und ruhig zu leiden war vermutlich die bitterste Lektion, die ein Kürassier zu lernen hatte.

Eine Gruppe von Offizieren mit federgeschmückten Tschakos[65] sprengte auf die Truppe zu. Voran ritt ein kleiner stämmiger Mann. Seine glänzende dunkelblaue Uniform wies ihn als einen *Maréchal de France* aus. Es war der legendäre Michel Ney, Fürst von der Moskwa, *le Brave des Braves*. Ein berittener Offizier ritt aus der Reihe und kam vor dem Marschall zum Stehen. General Delort, Kommandant der *division des cuirassiers*.

Ney lächelte. „Ich freue mich, Sie wieder bei uns zu haben, General."

„Toujours heureux de servir aux ordres de mon Maréchal!" [66]

Delort hatte einen bevorzugten Platz im Herzen des Marschalls. An dem Tag, als die Preußen 1805 in Jena ihre Artillerie direkt auf die Angriffswellen der *cuirassiers* ausgerichtet hatten, war Ney von seiner Kavallerie abgeschnitten gewesen. Delort, damals nur ein einfacher *cuirassier*, war auf den freien Platz gesprengt, um sich wie ein lebender Schild vor den Marschall zu stellen. Napoleon selbst hatte ihn daraufhin zum Leutnant befördert. Die Kriegserfahrenheit Delorts, sein Leben in den verschiedenen Lagern, aber vor allem die Ergebenheit, die er seinem Kaiser gegenüber an den Tag legte, hatten seine Karriere sprunghaft vorangetrieben. Seine Narben standen für seinen Mut. In der darauffolgenden Stunde konnte nur die eiserne Disziplin des erfahrenen Kommandanten den Jüngeren helfen, die Gefahren der Schlacht zu überstehen. Delort wußte auch, daß viele sterben mußten, doch die Überlebenden würden stolz erklären, daß sie für ihren Kaiser und für Frankreich gekämpft hatten.

Ney wandte sich zum Korpskommandanten General Milhaud.

„General, prenez le commandement du corps!" [67]

„A vos ordres, mon Maréchal!" [68]

Milhaud nickte Delort zu.

„Division des Cuirassiers, aufsitzen!"

Fünftausend Berittene stellten sich auf – die Abordnungen von Dormons und Dubervies *Brigades légères* mit eingeschlossen. Sie alle wußten, daß der Feind 156 Kanonen auf sie richten würde und bereiteten sich innerlich auf eine heftige Schlacht vor. Die Kommandanten der Reitereskadron stellten sich zwanzig Schritte vor ihnen auf, sechzig Mann der ersten Linie, sechzig in der zweiten.

„*Première division?*"

„Bereit."

„*Deuxième division?*"

„Bereit ...", ertönte die Antwort der Männer entlang der ganzen langen Linie. Milhaud ließ sein Pferd einige Schritte vorgehen, zog seinen Säbel und salutierte vor dem Mann mit dem schwarzlackierten Hut, auf dem eine weiße Straußenfeder hin und her wippte.

„*Mon Maréchal, le 4ᵐᵉ Corps de Cavalerie* erwartet Euer Kommando."

Einen kurzen Augenblick lang blickte Ney gen Himmel, wohl wissend, daß von dort weder Gnade noch Mitleid kommen würde. Dann blickte er auf die Schwadronen: *cuirassiers, lanciers, rouges, chasseur à cheval de la Garde* (Kürassiere, Lanciers, Rouges, Gardejäger zu Pferd). Die Sonne spiegelte sich in fünftausend glänzenden Kürassen und den Stahlspitzen ihrer Lanzen.

„*Pour le salut de la France! En avant!*"[69]

Fünftausend Säbel schlugen gegen den Stahl ihrer *cuirasses*.

„*Vive l'Empereur!*"[70]

Ein Hornsignal ertönte. Der Fürst von der Moskwa hob seinen Säbel. Soweit das Auge reichte, begannen über fünftausend Männer – zusammengeschweißt durch einen echten *esprit du corps* – langsam den Hang hinaufzuziehen.

Es war drei Minuten nach vier Uhr nachmittags.

Man schrieb den 18. Juni 1815.

Der Ort hieß Waterloo.

* * *

Der 27. Februar 1815, der Tag an dem Kaiser Napoleon I. von Elba floh, gilt als der Beginn der Herrschaft der Hundert Tage, eine Zeit, in der man in den europäischen Hauptstädten nicht ruhig schlief. Napoleon hatte Paris erobert und eine Armee organisiert. Diese war nun bereit, zwei feindlichen Armeen in Flandern gegenüberzutreten. Napoleon wußte, daß sein Erfolg von der Schnelligkeit und der Überraschungswirkung seines Angriffs abhing, denn ihm standen zwei gefürchtete Gegner gegenüber. Arthur Wellesly, Herzog von Wellington, Held des Krieges auf der Pyrenäenhalbinsel[71], und sein alter Widersacher, Feldmarschall Gebhard von Blücher, der „eiserne Preuße".

Blücher kannte er gut, aber niemals zuvor hatte der französische Kaiser eine Armee Wellingtons in Aktion gesehen. Er hatte die französischen Niederlagen im Krieg auf der Pyrenäenhalbinsel immer ausschließlich der Unfähigkeit seiner Untergebenen zugeschrieben und nicht der taktischen Überlegenheit von Wellingtons Truppen. Und daher geschah es, daß eines der größten Militärgenies den Kardinalfehler beging, seinen Feind zu unterschätzen. Zunächst aber hatte Napoleon dank seiner einzigartigen Auffassungsgabe den vorhandenen Fehler im Aufmarsch der Alliierten entdeckt: Sie hatten ihre Streitkräfte geteilt. Er nutzte die Gelegenheit, um in Belgien einzumarschieren und nacheinander Engländer und Preußen zu schlagen, bevor sie überhaupt die Möglichkeit hatten, sich zusammenzuschließen. Am 12. Juni vereinigte er sich mit Ney, der einmal mehr die Fronten gewechselt hatte, nur drei Monate nachdem er dem zurückgekehrten König Ludwig XVIII. versprochen hatte, ihm „Napoleon in einem eisernen Käfig" zu übergeben.

Der Napoleon von 1815 war jedoch nicht mehr der gefürchtete Kriegsheld von Austerlitz oder Jena. Der Napoleon von Waterloo war psychisch und physisch angeschlagen, er litt an chronischem Durchfall sowie an einem Bandscheibenvorfall, wodurch es überaus beschwerlich für ihn war, sein Pferd zu besteigen. Er traf Fehlentscheidungen und übertrug zu viel Verantwortung auf andere. Napoleons erster Fehler während der Schlacht von Waterloo lag in der Art, wie er die wichtigsten Rollen verteilte. Die meisten seiner größten Marschälle, die fähig waren, unabhängige Kommandos zu übernehmen, waren tot oder hatten ihm die Treue gekündigt. Devaix war bei Marengo getötet worden, Lannes bei Aspern gefallen, und Junot hatte sich das Leben genommen. Außerdem waren Männer wie Masséna, Murat, Macdonald, Suchet, St. Cyr oder Augereau nicht mehr verfügbar. Der größte Verlust aber war Berthier, der hochqualifizierte Generalstabschef, den Napoleon durch den strategisch unbegabten Soult ersetzen mußte. Um seine Reservetruppen in der französischen Hauptstadt vor einer royalistischen Revolte zu bewahren, ließ der Kaiser Davout – seinen besten Mann – als Statthalter in Paris zurück und übergab seinen linken Flügel an Ney, einen fähigen Kavallerieführer mit unglaublichem Heldenmut, der aber leider einen Hang zur Hitzköpfigkeit hatte. Der rechte Flügel wurde von einem verknöcherten General namens Grouchy befehligt, der aus dem Ruhestand geholt wurde und dem kein Funke Angriffsgeist geblieben war. Die Truppen selbst waren dagegen hochmotiviert, und ihr *esprit de troupe* machte sie stark. Ein Bericht an Wellington verglich die Armee Napoleons von 1815 mit den begeisterten Revolutionären der Schlacht von Valmy 1792 und ihren heldenhaften Leistungen. Oder, wie General Foy in sein Tagebuch schrieb: „Unsere Linientruppen sind nicht nur voll Patriotismus und Kampfeslust, sondern auch voller Begeisterung für den Kaiser."

Napoleons Nordarmee bestand aus fünf Infanteriekorps sowie der kaiserlichen Garde und dem Kavalleriekorps. Die Kommandanten der Infanteriekorps waren D'Erlon, Reille, Vandamme, Gérard und Lobau. Die Garde stand unter dem Kommando von Friant, Morand und Duhesme, die Kavallerie unter Milhaud, Kellermann, Guyot und Lefebvre. Die Reserven wurden von Grouchy befehligt.

Dieser eindrucksvollen Aufstellung stand Wellingtons bunt zusammengewürfelte Streitmacht gegenüber, mit insgesamt 93.000 Briten, Hannoveranern, Holländern, Belgiern, Braunschweigern, Nassauern sowie Blüchers 117.000 Preußen. Die

210.000 Österreicher unter Fürst Schwarzenberg und die 150.000 Russen von Barclay de Tolly waren noch zu weit entfernt, um unmittelbar in das Geschehen eingreifen zu können. Doch viel wichtiger als die genaue Anzahl der Männer waren ihre Anführer. Die militärische Fähigkeit von Wellington und die Beharrlichkeit Blüchers würden über Erfolg und Mißerfolg entscheiden.

Und was tat Wellington, während Napoleon mit seinem Heer nach Norden zog? Offensichtlich nichts, wenn man dem Reverend Spencer Madan Glauben schenken darf, der am 13. Juni aus Brüssel schrieb: „Heute begleitete der edle Herzog Lady Jane Lennox zu einem Cricket-Match, um der Gnädigsten ein wenig Abwechslung zu bieten …"

In der Nacht vom 14. auf den 15. Juni 1815 drangen Franzosen plötzlich nach Charleroi vor und überraschten die Preußen im Lager. Blücher sah sich gezwungen, den Rückzug nach Ligny anzutreten. In diesem Augenblick lief ein französischer General, Chouan Bourmont, zu den Preußen über und verriet Napoleons Strategie. Kaum hatte der Kaiser von dem Verrat erfahren, entsandte er Ney, um die strategische Straßenkreuzung bei Les Quatre-Bras zu besetzen, was eine Vereinigung von Wellington und Blücher verhindern sollte. Obwohl sich Ney nur einer kleinen Gruppe des britischen Kontingents gegenübersah, verfehlte er es, das Dorf einzunehmen. Geschwächt durch starke Medikamente und die andauernden Ruhranfälle, war Napoleon früh zu Bett gegangen und erfuhr erst am folgenden Morgen von Neys Unterlassung. Blücher konnte derweil die Nacht nutzen, um seine Verteidigungsstellungen um Ligny auszubauen. Der alte Fuchs wußte, daß er als erster angegriffen werden würde. Soult schickte folgende Nachricht nach Les Quatre-Bras, zu Händen Neys. „Seine Majestät befiehlt, daß Ihr alles angreift, was vor Euch liegt. Sobald Ihr sie energisch zurückgeworfen habt, setzt Euch mit uns in Verbindung, wir werden dann gemeinsam die Preußen umfassen."

Am Morgen des 16. griff Ney erneut bei Les Quatre-Bras an. Inzwischen hatte Wellington die strategische Wichtigkeit dieser Straßenkreuzung erkannt und entsandte zusätzliche Einheiten, die ein starkes Befestigungsnetz errichteten. Während Ney die Truppen allmählich in Stellung brachte, befahl Napoleon dem Korps von D'Erlon, Ney zu unterstützen. Aber wegen eines eilig hingekritzelten Befehls des Kaisers, den Ney falsch verstand, brach große Verwirrung aus. Der Marschall leitete das Korps D'Erlon von Les Quatre-Bras weg. D'Erlons Truppen begannen ein sinnloses Hin und Her zwischen zwei Kampffronten. Dieses Manöver beanspruchte ein Drittel der kaiserlichen Heeresmacht, und es bedeutete, daß das Korps D'Erlon nun weder bei Les Quatre-Bras zum Einsatz kam noch bei Ligny, wo Napoleon Blüchers Mitte angegriffen hatte. „Die preußische Armee ist verloren, wenn ihr mit äußerstem Nachdruck handelt. *Soldats de l'Empire*, das Schicksal Frankreichs liegt in eurer

Hand", ermunterte der Kaiser seine Truppen vor dem Angriff. Die Macht des französischen Elans brachte Blüchers Linie ins Wanken. In der Nähe einer Windmühle stand der Kaiser und beobachtete den Angriff. Er rechnete damit, daß Ney nun Blüchers Flanke zertrümmern würde, und sagte zu Gérard: „Der Krieg kann in nur drei Stunden entschieden sein. Wenn Ney seinen Befehl ausführt, wird kein einziges Gewehr der preußischen Armee entkommen." Aber Ney kam nicht. Wäre er gekommen, dann wäre es das Ende der Preußen gewesen. Preußen wäre keine Militärmacht mehr gewesen, und die Zukunft Europas hätte vielleicht anders ausgesehen.

Die Dinge nahmen eine äußerst ungünstige Entwicklung für die Preußen. Blücher wurde das Pferd unter dem Hintern weggeschossen, und der massige Körper rollte über den alternden Feldmarschall. Im Glauben, er sei tot, ließen ihn seine Leute auf dem Schlachtfeld zurück. Nur die Geistesgegenwart seines Begleiters Nostitz, der blitzschnell seinen Mantel über Blüchers Körper warf, um ihn vor der vorüberziehenden französischen Kavallerie zu verstecken, rettete dem preußischen Marschall das Leben. Die Schlacht endete mit sechzehntausend gefallenen Preußen und elftausend Toten im napoleonischen Heer. In Abwesenheit des vermeintlich gefallenen Blücher übernahm dessen Generalstabschef Graf August von Gneisenau das Kommando. In einer Reihe von großartig durchgeführten Manövern gelang es ihm, seine zerrütteten Divisionen aus dem Kampf herauszuführen. Gneisenau, der mit seinem englischen Verbündeten ständig im Clinch lag, glaubte sich selbst von Wellington verraten, denn der Herzog hatte versprochen, ihnen zu Hilfe zu kommen. Deshalb befahl Gneisenau seinen Preußen, sich nach Lüttich zurückzuziehen, was bedeutete, daß sie sich von den Briten weg bewegten. Doch der „eiserne" Blücher war noch lange nicht tot. Sie fanden ihn auf einem Bauernhof, wie er in der Küche gerade seine Prellungen mit Knoblauch einrieb und Bier trank. Sofort widerrief er sämtliche Befehle Gneisenaus und befahl den drei Korps von Bülow, Pirch und Ziethen, sich umgehend auf den Weg zur letzten bekannten Position Wellingtons zu machen. Es war dies ein Ort namens Waterloo.

Napoleon, der sich seines Sieges über Blücher nicht sicher war, kommandierte Grouchy mit dreiunddreißigtausend Mann ab, damit sie die Preußen zum Rhein jagten. Der schlaue Blücher hatte etliche schon ziemlich aufgeriebene Divisionen nach Osten geschickt. Grouchy ging den Preußen auf den Leim und folgte mit seinem Korps einigen Nachzüglern in Richtung Osten. Als Wellington von Blüchers Niederlage hörte, wurde ihm klar, daß seine eigene Position bei Les Quatre-Bras unhaltbar geworden war. Er begann allmählich zu verstehen, worin der Plan des französischen Kaisers bestand. Napoleon beabsichtigte, seinen Truppen auf dem Rückzug den Weg abzuschneiden und wollte ihn in der Flanke treffen. Er befahl einen sofortigen Rückzug zur nächstgelegenen Anhöhe am Mont St-Jean, der auf dem Weg nach Waterloo lag. Hier wollte er sich der Schlacht stellen – vorausgesetzt, der preußische Feldmarschall konnte ihm mit wenigstens einem Korps zu Hilfe eilen.

Ney hatte all seine frühere Kühnheit verloren. Statt die zurückweichenden Engländer energisch zu verfolgen, ließ er seine Männer biwakieren. Napoleon war über diese versäumte Gelegenheit außer sich vor Wut, nahm die Sache selbst in die Hand und begann eine massive Verfolgungsjagd. Doch dann mischte sich das Schicksal in Form eines Gewitters ein, das den französischen Vormarsch genau in dem Moment zum Stillstand zwang, als sie die flüchtenden Engländer gerade eingeholt hatten. Wellingtons Armee wurde vor der Zerstörung gerettet. Ehe er sich schlafen legte, diktierte der Kaiser eine Mitteilung an Grouchy:

„Seine Majestät ist im Begriff, die englische Armee anzugreifen, die ihre Position bei Waterloo bezogen hat. Seine Majestät wünscht, Ihr sollt nach Wavre gehen, um in unsere Nähe zu kommen und mit unserer Operation in Verbindung zu bleiben. Ihr sollt diejenigen Teile der preußischen Armee vor Euch hertreiben, die diese Richtung eingeschlagen haben."

Um zwei Uhr morgens kam von Grouchy die Antwort zurück, daß sich die Preußen in zwei Kolonnen geteilt hätten: „Kleine Teile der preußischen Kräfte dürften sich mit Wellington verbünden, während sich die Hauptmacht unter Blücher nach Lüttich zurückzieht." Unglücklicherweise verhielt es sich jedoch genau umgekehrt: Während der Kaiser schlief, marschierten nicht kleine Teile der preußischen Truppen, sondern Blüchers gesamte Hauptstreitmacht auf Waterloo zu.

* * *

18. Juni 1815. Die sintflutartigen Regengüsse hatten aufgehört, und ein strahlender Morgen brach an. Um neun Uhr frühstückte Napoleon mit seinen Generälen auf Gut Rossomme, dem Hauptquartier des Kaisers. Marschall Soult war wegen der starken Stellung Wellingtons am Mont St-Jean in Sorge.

„Nur weil er Euch einmal besiegt hat, haltet Ihr ihn nun für einen großen Feldherrn?" spottete der Kaiser. „Unsere Chancen stehen neunundneunzig zu eins."

Und mit seinen 72.000 Männern und 246 Kanonen war er den 67.000 Männern und 156 Artilleriestücken Wellingtons klar überlegen. Das Artilleriegenie Napoleon verstand, daß nicht die Stoßkraft von Menschen und Bajonetten zählte, sondern der Aufmarsch der Kanonen. Darin hatte er es zu einer wahren Meisterschaft gebracht. Die Verbesserung der modernen Artillerie hatte sich für die moderne Kriegführung als ebenso entscheidend erwiesen, wie die Weiterentwicklung des Bajonettangriffes ein halbes Jahrhundert früher, unter Friedrich dem Großen von Preußen. In den strategischen Überlegungen des Kaisers kam der Kanone mehr Bedeutung zu als der Infanteriemuskete. Der Mann, der diese Entwicklung eingeleitet hatte, war Gribeauval, der Generalinspektor der französischen Artillerie unter Ludwig XVI. Durch die Einführung einheitlicher Protzkästen und Lafetten hatte er es möglich gemacht, Feldkanonen für einen Angriff rasch in Stellung zu bringen. Die französische und alliierte Artillerie setzte überwiegend 12- und 16-Pfünder-Vorderlader-Bronzekanonen ein, die vor allem gegen breit aufmarschierende Infanteriekolonnen verheerende Wirkungen erzielten. Ihre Geschoße – runde Kugeln oder Kartätschen – wurden durch brennende Lunten gezündet, die man zu diesem Zweck an eine Zündöffnung hielt, die in den Bronzekörper des Geschützes gebohrt war.

Napoleon trug seinen grauen Staubmantel, eine malvenfarbene Seidenweste und weiße Hosen, die in Husarenstiefeln steckten. Er ritt das kleine graue Pferd, das ihm seinerzeit der türkische Sultan geschenkt hatte. Seine Truppen waren bereits in Schlachtformation aufgestellt.[72] *Chasseurs, fantassins, hussards, dragons, lanciers, cuirassiers, la Garde Imperiale.*[73] Ein tausendfacher Ruf ertönte:

„Vive l'Empereur!"

Der Kaiser wandte sich an Ney. „Wenn meine Befehle ordnungsgemäß befolgt wurden, können wir heute Nacht in Brüssel schlafen." Er hatte vollkommen recht. Es wäre gelungen – wenn sie sofort ausgeführt worden wären!

„Sire", warf Marschall Druot, ein fähiger Artillerist ein, „der Boden ist zu naß. Unsere berittene Artillerie kann hier keine Geschütze auffahren. Wir sollten noch eine Stunde warten." Napoleon hörte leider auf Druot – zum großen Schaden Frankreichs. Der Kaiser, der nach wie vor an seinen Unpäßlichkeiten litt, zog sich auf den Gutshof *La Ferme du Caillou* zurück, um dort zwei Stunden zu schlafen. Auf jeden Fall wollte er die Ankunft der Reserven Grouchys aus Wavre abwarten. Das sollte er bereuen, denn es war nicht Grouchy, der auf ihn stieß, sondern Blüchers bestes Korps unter General von Bülow.

Blücher hatte sich zwar noch nicht ganz von seinem Sturz erholt, war aber geistig voll auf der Höhe und diktierte Generalquartiermeister Müffling einen Brief an den Herzog von Wellington, der „mit großer Eile befördert werden sollte":

Wavre, 18. Juni 1815, ½ 10 Uhr.

Ew. Hochwohlgeboren ersuche ich, namens meiner dem Herzog Wellington zu sagen, daß, so krank ich auch bin, ich mich dennoch an die Spitze meiner Truppe stellen werde, um den rechten Flügel des Feindes sofort anzugreifen, sobald Napoleon etwas gegen den Herzog unternimmt; sollte der heutige Tag aber ohne feindlichen Angriff hingehen, so ist es meine Meinung, daß wir morgen vereint die französische Armee angreifen.[74]

Sorgenvoll und unentschlossen blickte Herzog von Wellington von seiner Aussichtswarte an der Brüsseler Chaussée auf Napoleons angetretene Armee. Dieser listige

Fuchs von Bonaparte hatte sein Heer klug aufgeteilt. Grouchy würde höchstwahrscheinlich von der Flanke her auf seine alliierten Streitkräfte stoßen. Sollte er sich zurückziehen? Nur er allein konnte eine Entscheidung treffen: Widerstand oder Rückzug? Während sich Napoleon schlafen legte, kam ein preußischer Meldereiter auf einem schaumbedeckten Pferd an, um den Brief des Marschalls zu überbringen. Er sagte:

„Euer Lordschaft, Feldmarschall Blücher will Euch informieren, daß das Korps von General von Bülow seit Tagesanbruch auf dem Marsch ist, gefolgt vom Korps Pirch. Er möchte Euch weiter wissen lassen, daß sowohl die Kavallerie von Ziethen als auch das erste und dritte Preußische Korps als Reserve bereitstehen und jederzeit losmarschieren können."

Diese Meldung beinhaltete eine weitere Information, und Wellington konnte sein Glück kaum fassen. Dieser Narr Grouchy eilte mit Bonapartes Reserven nach Osten! Seine Flanke war plötzlich nicht mehr bedroht! So fällte Wellington die Entscheidung, die Stellung zu halten, und unter dem Einsatz aller Kräfte zu kämpfen. Alles hing nun von seinen kostbaren 156 Kanonen ab, die so lange der massiven Infanterieattacke standhalten mußten, bis die Preußen zur Stelle waren.

Feldmarschall Blücher bestieg sein Pferd und richtete sich an seine Armee:

„Kinder, wir müssen vorwärts. Es heißt wohl, es geht nicht, aber es muß gehen, ich habe es meinem Bruder Wellington versprochen. Hört ihr wohl? Ihr wollt doch nicht, daß ich wortbrüchig werde?" [75] Die preußische Armee schulterte ihre Musketen auf und marschierte los.

Elf Uhr vormittags. Der Kaiser quälte sich in den Sattel, umgeben von seinen Generälen. Er war noch sehr blaß, und obwohl er sich wirklich nicht besonders wohl fühlte, sagte er achselzuckend: „Augenblickliche Indisposition." Er zeigte auf die Windmühle von Mont St-Jean und sagte: *„Messieurs,* dort ist euer Feind. Als erstes müssen wir die feindlichen Stützpunkte bei Hougoumont und *La Haye-Sainte* ausschalten. Wir können keine größere Aktion beginnen, bevor wir nicht diese zwei flankierenden Bastionen eingenommen haben." Seine Gedanken wanderten zurück zu anderen großen Schlachten, zu lange begrabenen Eroberern.

„*Sire*, die Kavallerie ist bereit."

„Haltet sie in Reserve. Das Korps von Reille muß zuerst angreifen. Mit der Unterstützung von Jerome."

Napoleon beobachtete seinen engsten Mitarbeiter. Ney, der ein ausgezeichneter Korpskommandant der Kavallerie war, manchmal unbeständig, aber immer aggressiv, befehligte heute einen ganzen Flügel, Infanterie und Kavallerie. Würde er damit zurechtkommen?

„Messieurs, begeben Sie sich zu Ihren Einheiten."

Um 11.30 Uhr gab Napoleon das Signal zur Schlacht, und die einhundertzwanzig Kanonen starke *Grande Batterie* heulte auf, als das zweite Korps von Reille das Chateau von Hougoumont angriff, das von der zweiten Brigade der *Coldstream Guards* unter Oberst Macdonald verteidigt wurde. Doch anstatt ihre bewegliche Artillerie dazu zu verwenden, die Gebäude unter intensiven Feuerbeschuß zu nehmen, griffen Jerome und Reille mit dicht aufeinanderfolgenden Infanteriewellen an. Die Operation schlug eine große Lücke in die französischen Bataillone, doch die Partie war noch nicht entschieden. Hougoumont hielt stand, obwohl es einem Trupp französischer Infanterie gelungen war, das Tor des Schlosses zu durchstoßen. Mit einemmal wimmelte es im Schloßhof von Füsilieren, die jedoch von einer beherzten englischen Bajonettattacke, geführt von Captain Wyndham und Sergeant James Graham, zurückgeschlagen wurden. Mit Hilfe von drei hinzueilenden Soldaten gelang es, das Tor wieder zu schließen. Kaum war dies erledigt, stürzte Sergeant Graham in Richtung eines brennenden Außengebäudes, wo er seinen verwundeten Bruder wußte. Nachdem er ihn unter Lebensgefahr aus den Flammen gerettet hatte, begab er sich wieder zu seinem Platz an der Schießscharte, um die heranstürmenden Franzosen zu befeuern.

Wellington, der seinen Beobachtungsposten unter einer knorrigen Ulme auf dem Mont St-Jean bezogen hatte, konnte sehen, wie sich die französischen Angriffswellen an den Steinmauern des Schlosses brachen. Mittlerweile lag der Hang zum Mont St-Jean im größten Kugelhagel. Wellington hatte aber gelernt, Truppen niemals in der direkten Gefahrenzone eines Artilleriebombardements aufzustellen. Er hielt den größten Teil seiner Truppen direkt hinter der Bergkuppe in Reserve, wo sie die in flacher Flugbahn herankommenden französischen Geschoße nicht erreichen konnten. Nur eine einzige Streitmacht wurde vorgeschickt: die Flamen unter General Bylandt. Sie waren schrecklichen Schlägen ausgesetzt.

Während diese Aktion bereits in Gange war, blieben die dreißigtausend Mann Reserve von Grouchy untätig, und ihr Kommandant nahm mit General Gérard das zweite Frühstück ein. Plötzlich hörten sie das tiefe Grollen von entferntem Geschützfeuer.

„Die *bataille* ist eröffnet", rief Grouchy und verzog mißbilligend das Gesicht.

„Mon Maréchal, wir müssen unverzüglich auf den Kanonendonner marschieren", forderte Gérard. Doch Grouchy wollte nichts davon hören. Er mußte den Befehlen seines Kaisers gehorchen, die er aufgrund seiner mangelnden Intelligenz allesamt mißverstanden hatte.

Die Korps von Reille und Jerome waren gegen Macdonalds *Coldstream Guards* vor Hougoumont zum Stillstand gekommen. Der Kaiser befahl Ney nun, das Gehöft *La Haye-Sainte* einzunehmen. Eine Division griff das Gehöft an, das von einer

Steinmauer umschlossen war. Dahinter lagen die Infanteristen von Major Barings *King's German Legion*, die die anstürmenden Franzosen heftigst unter Beschuß nahmen. Es kam zu einem wilden Handgemenge vor der Mauer. Die französischen Bajonette waren in der Überzahl, und Napoleons Männer sprangen flink über die Mauer. Sie trampelten durch den Gemüsegarten, wo schon die ersten Gefallenen in den Salatbeeten lagen. Aus allen Fenstern und Mauerspalten zischten Kugeln und pfiffen ihnen um die Ohren. Der französische Angriff kam ins Stocken. Die beiden Bastionen stellten nach wie vor eine ernsthafte Bedrohung dar, bevor Napoleon einen Angriff auf Wellingtons Zentrum wagen konnte.

Kurz vor ein Uhr kam es zu einer entscheidenden Wende in der Schlacht. Ein Berater des Kaisers erblickte eine Staubwolke, die vom Horizont auf ihn zu kam. Napoleon starrte durch sein Fernrohr und sah eine große Anzahl von Truppen, die sich der linken Flanke Wellingtons näherten. Er stieß einen Seufzer der Erleichterung aus – Grouchy deckte die offene Flanke des Herzogs ab. Doch seine Erleichterung hielt nicht lange an. Ein deutschsprachiger Gefangener wurde zu ihm gebracht. Die Nachrichten trafen ihn wie ein Schlag ins Gesicht. Es war nicht Grouchy, der da am Horizont den Staub aufwirbelte, sondern es waren Bülows Preußen, die sich mit Wellington verbünden wollten! Der Kaiser war zwar davon überzeugt, daß die dreiunddreißigtausend Mann von Grouchy die Preußen bald aufhalten könnten. Um bösen Überraschungen vorzubeugen, sandte er jedoch eine Meldung an Grouchy: „Bülow steht im Begriff, unsere rechte Flanke anzugreifen. Ihr müßt so schnell wie möglich näher an uns heranrücken, damit wir gemeinsam Bülow vernichten, den Ihr bei dieser Gelegenheit in der Flanke erwischt."[76] Weiter befahl er den *Brigades légères* von Dubervie und Dormon, seine rechte Flanke gegen die langsam anrückende preußische Formation abzuschirmen, und das *6me Corps* von Lobau sollte mit seiner Infanterie folgen. Der Kaiser wußte, daß er über ausreichend Mittel verfügte, Wellington zu vernichten, noch bevor die Preußen herangekommen waren und die französischen Truppen ihren zahlenmäßigen Vorteil verlieren würden. Napoleon überprüfte seine Lage. Sowohl Hougoumont als auch *La Haye-Sainte* befanden sich noch in Feindeshand, und ein unaufhaltsamer Strom von Preußen bedrohte seine Flanke. Es war höchste Zeit, Wellingtons Zentrum anzugreifen.

„Soult, schickt den Befehl an das *1er corps* von D'Erlon und sagt Ney, er soll ihn mit Milhauds Kavallerie unterstützen."

„Aber, *Sire*, die Preußen …"

„Zum Teufel mit den Preußen, wir holen uns Wellington, bevor sie hier eintreffen …"

Er wußte, daß er recht hatte. Der preußische Vormarsch war zu vorsichtig, um von Bedeutung zu sein. Seine dringendste Aufgabe bestand nun darin, die englische Hauptmacht zu zerbrechen.

Wellington hatte sich nicht von seiner Ulme wegbewegt. Die Kugeln schwirrten nach wie vor über seinen Kopf hinweg und landeten auf dem Hang hinter ihm, ohne größeren Schaden anzurichten. Die Sonne brannte, doch er spürte die Hitze nicht. Seine Gedanken konzentrierten sich auf die Geschehnisse, die sich vor ihm abspielten. Dort war eine neue Bewegung im Gange. Große Mengen Infanterie traten aus dem Qualm der Kanonen hervor. Es war D'Erlons Korps, bestehend aus vier Divisionen Infanterie, unterstützt von leichter Artillerie. Bald überrannten sie die Gutshöfe *Le Sandpit* und *Papelotte*, doch *La Haye-Sainte* hielt stand. Wellington war beunruhigt, die Verbindung zwischen seinen Regimentern begann zu zerbröckeln. An Bylandt und seine Flamen gewandt, sagte er: „General, Ihr könnt Euch nicht zurückziehen. Wenn Ihr das tut, wird unsere Linie eingeschlossen." Bylandt verstand. Doch wie sollte Bylandts geschwächte Streitmacht vier frische Divisionen aufhalten?

D'Erlon beobachtete seine Männer, die im Takt der Trommeln marschierten. Es war ein atemberaubender Anblick: Tausende Bajonette glitzerten in der Sonne. Seine Korps erstiegen langsam das Plateau des Mont St-Jean. Es war ein langsamer Vormarsch, vier Divisionen näherten sich in Bataillonformation – eine schwerfällige und noch dazu höchst riskante Methode für einen Frontalangriff. Von Rossomme aus verfolgte der Kaiser das Manöver wutschnaubend durch sein Fernglas. Was er sah, waren aus vierundzwanzig Reihen bestehende Karrees, die durch von der Artillerie plattgetrampelte Weizenfelder den Hügel hinaufzogen. Eine derartige Angriffsformation machte die dichte Kolonne anfällig für die Hagelgeschosse aus den Kanonen Wellingtons. Doch jetzt war es zu spät, den Befehl herauszugeben und D'Erlons Korps in die weite Angriffsformation entlang der Divisionslinien zu integrieren, die nur drei Reihen tief waren. Jetzt konnte der Kaiser nur noch hoffen und beten. Zum ersten Mal in seinem Leben sah der größte General seiner Zeit sich einem Gegner gegenüber, der ebenso scharfsinnig war wie er selbst, und der vor allem den Fehler von D'Erlon erkannt hatte und mit einem Befehl darauf reagierte, der diesem verzweifelten Kampf ein neues Gesicht gab.

Sergeant Jacques Gourmelin war in Austerlitz, Wagram und Borodino gewesen, aber niemals zuvor hatte er eine Angriffsordnung von ähnlicher Perfektion gesehen. Sein Gesicht war vom Aufstieg schweißüberströmt, er sah die offenen Mäuler der britischen Kanonen, die die Angriffslinie bildeten. Aber, warum schwiegen die Kanonen? Ein seltsames Gefühl überkam ihn, irgend etwas Unbestimmbares lag in der Luft. Dann war er sicher: Zwischen seiner Formation und den britischen Kanonen war noch etwas anderes. Trommelwirbel ertönten, die Kolonnen rückten im Gleichschritt vor.

General D'Erlon wußte nicht, was vor seiner Truppe lag. Wütend schrie er. „Wo bleibt die verdammte Kavallerie, die uns aufklären und unterstützen soll?" Eine Infanterie ohne Kavallerie war genauso miserabel wie eine Kavallerie ohne Infanterie. Die Kavallerie waren seine Augen, und er mußte blind angreifen.

Napoleon beugte sich an seinem Beobachtungsposten bei Rossomme über eine Karte. „Schickt Ney hinein, um D'Erlon zu helfen."

„*Sire*, Ney ist bei *La Haye-Sainte* beschäftigt."

„Dann soll Kellermann reiten."

„Ich gebe den Befehl unverzüglich weiter", antwortete Soult. Ein Meldereiter preschte über das Feld davon, das unter ständigem englischen Artilleriefeuer stand. Aber der Reiter kam nie an, und der Befehl des Kaisers an seine Kavallerieeinheit wurde niemals ausgeführt. Kellermann und seine 3.678 Reiter warteten in Reserve, während die Formation D'Erlons ohne Kavallerieunterstützung auf den Mont St-Jean hinaufkletterte. Seine Kolonnen erreichten die erste Verteidigungslinie. D'Erlons geballte Macht traf auf Bylandts erschöpfte Division, und Bajonett gegen Bajonett lieferten sie sich einen erbitterten Kampf. Todesschreie gellten durch die Luft. Binnen weniger Minuten war der Spuk vorüber, und Bylandts Männer rasten in wilder Flucht den Hügel hinauf. D'Erlons Bataillone sprangen über die Gräben und marschierten hinterher. Napoleon freute sich schon und glaubte den Tag gewonnen, als er sah, wie die englische Verteidigungslinie zusammenbrach.

Auf der Spitze des Höhenzuges saß der britische General Picton steif und starr wie ein Reiterdenkmal im Sattel. Er überblickte das Feld vor ihm, beobachtete die erste Kolonne der französischen Infanterie, die die Steigung erklomm. Mit kühler Stimme befahl er seinen Kommandeuren: „Sagt euren Männern, sie sollen erst feuern, wenn ich meinen Hut hebe."

Füsilier-Sergeant Gourmelin marschierte in vorderster Reihe seines Bataillons und war nur noch wenige Meter von der tiefliegenden Wavre Road entfernt. Da bemerkte er einen Mann zu Pferde, der seinen Hut schwenkte und dann direkt auf ihn zeigte. Plötzlich sprangen rotgekleidete Soldaten in doppelter Linie vor ihm auf – wie Phantome aus einem Grab. Ihre Musketen gingen auf vierzig Schritt los, und die erste Linie der Franzosen zersplitterte. Einige *fusiliers* schwankten. Andere drängten weiter, wieder andere blieben stehen, um zu schießen, viele machten einfach kehrt. Gourmelins Herz klopfte. „Gott sei Dank, ich lebe noch!" Aus dem dicken Pulverrauch kam eine weitere Salve, und er stand noch immer. Benommen von Lärm und Rauch verlor er den Überblick, er sah nur mehr den Tod und eine zurückweichende Linie. „*Vive l'Empereur*", brüllte er voll rasender Wut. Sein Schrei wurde von tausend Kehlen aufgenommen, von allen, die in dem tödlichen Musketenfeuer überlebt hatten. Für diesen Angriff benötigten sie keinen Befehl ihres Generals! Gruppen und einzelne Soldaten rasten mit aufgepflanzten Bajonetten den Berg hinauf. Ein britischer Rotrock warf seine Muskete weg und versuchte davonzulaufen, doch Gourmelin war bereits auf ihm. Eine weitere rote Formation erhob sich aus der Deckung eines goldgelben Weizenfeldes, doch diesmal waren die Franzosen vorbereitet und feuerten als erste. Ein Rotrock nach dem anderen ging zu Boden und verschwand wieder zwischen den Getreidehalmen. Mit jähem Elan trieben sie die Briten zurück. Nur waren sie so stürmisch vorgepresst, daß sie die enge Verbindung zu ihrer Linie verloren hatten. Kleine Gruppen von Soldaten schoben sich nach vorne, in den Nahkampf Mann gegen Mann. Sie kletterten über die Körper von Toten, Sterbenden und Verwundeten. Grausame Szenen spielten sich vor ihren Augen ab, und die Bilder von Bajonettklingen, die Bäuche aufschlitzten, oder von Musketenkugeln, die Brustkörbe zerfetzten, sollten sich für immer in ihr Gedächtnis einbrennen. Jeder einzelne war in einem fürchterlichen Handgemenge gefangen, sie brüllten wie wahnsinnig gewordene Tiere. Einige drehten um und rannten, so schnell sie konnten. Das Chaos dauerte noch an, bis ...

Die englischen Obersten Pack und Kempt hielten ihre Regimenter hinter den Hecken verborgen, die die Wavre Road säumten. Die Linie entlang ertönte ein Befehl: „Bajonette bereitmachen!" Die Franzosen waren fast über ihnen, als einer der Obersten sein Schwert erhob und aus voller Kehle schrie: „*Charge!!*" („Attacke!!") Die zwei Regimenter erhoben sich wie ein Mann, kamen über die Anhöhe und stießen herunter. John McGrath, ein unerfahrener Rekrut aus den Slums von Glasgow, nahm das Zischen der Kugeln, die durch die Luft sausten, gar nicht wahr, denn er sah nur diese verhaßten Franzosen vor sich, die verwirrt und voller Schrecken waren. Um ihn herum brüllte und schrie es. Wie taub von dem Gebrüll der Männer im Gemetzel, rannte er nach vorn und stach mit seinem Bajonett zu. Dann strauchelte er, fiel in ein Granatloch, kroch heraus, lief weiter und fiel erneut. Dann schrie er sich das Herz aus dem Leib, als er selbst den stechenden Schmerz einer Klinge in der Seite spürte. Wie eine mächtige Stichflamme fuhr der Bajonettangriff in die auseinandergetriebene französische Linie hinein. Alle feuerten wie wild gegen den Feind, hieben und stachen um sich. Der Tod ergriff sie wie eine Flutwelle. Sergeant Gourmelin war mitten im Kampfgeschehen. Zwei Männer fielen, Seite an Seite, und ließen eine große klaffende Lücke in der Linie zurück. Gourmelin, dessen Gesicht vom Rauch geschwärzt war, bemerkte das Loch und sprang hinein, um es mit seinem Körper aufzufüllen. Er sah Rotröcke auf sich zukommen, die im Laufen feuerten. Musketen fielen zu Boden. Gourmelin sah seine Linie schwanken und zerbrechen. Er wurde in die Brust getroffen und sank auf die Knie. Blut floß aus seinem Mund. „Werde ich jetzt sterben?" Mit letzter Kraft hob er seine Muskete auf. „Ein Ziel, bitte, gib mir ein Ziel." Sein Gebet wurde erhört, ein Offizier zu Pferd erschien auf der Anhöhe ... ein schwer verwundeter französischer Sergeant zielte und drückte langsam den Abzug.

Ein reiterloses Pferd stand auf der Höhe. General Picton war tot. Die wenigen

Überlebenden rund um Gourmelin wurden erstochen, während der Rest von D'Erlons Kolonne den Hang hinab floh.[77] Überall lagen Leichen und verwundete Männer, ihr Blut floß in Strömen und bedeckte den niedergetretenen Weizen mit dunklen Flecken. Hier starb ein viel zu junger Engländer, dort stammelte ein Franzose sein letztes Wort, tödlich verwundet von der Klinge eines Bajonetts. Ein Leutnant saß am Boden und versuchte, das Blut an einem Stumpf zu stillen, der einst sein Arm gewesen war.

„Verfolgt sie!" befahl der Kommandant der englischen Kavallerie. Lord Uxbridge trieb die Reiter der Brigaden Somerset und Ponsenby in den Kampf. Es gelang ihnen, den französischen Nachzüglern den Weg abzuschneiden. Sie ritten über die französischen Außenposten, doch dann entblößten sie sich unnötig und boten sich der feindlichen Artillerie geradezu als Zielscheibe dar. Uxbridge erkannte die Gefahr und ordnete verzweifelt den Rückzug an, doch nichts konnte den wahnsinnigen Ansturm der britischen Reiter aufhalten.

Bis zu diesem Augenblick hatten Oberst Martigue und seine *Lanciers* nicht eingegriffen. *„Vive l'Empereur"*, rief er und stieß in die Flanke von Ponsenbys *Scots Grays*. Oberst Ponsenby wurde abgedrängt und von einem halben Dutzend *Lanciers* über ein Feld gejagt. Drei Lanzen durchbohrten seinen Körper.[78] Den französischen Reitern war nicht bewußt, wen sie soeben getötet hatten. Bald befand sich die englische Kavallerie in wilder Flucht. „Wenn wir hundert Mann hätten formieren können, hätten wir einen ordentlichen Rückzug durchführen und viele retten können. Doch wir waren gegen ihre Attacken ebenso hilflos, wie ihre Infanterie gegen unsere." Der Angriff von Uxbridge hatte ein gut Teil von Wellingtons Kavallerie vergeudet. Von den 2.407 Reitern der Brigaden Somerset und Ponsenby wurden 1.058 getötet.[79]

Allmählich wurde die Zeit knapp für Napoleon. Immer mehr Preußen strömten heran, und noch immer keine Nachrichten von Grouchy. Maréchal Ney ritt auf und ab und feuerte seine Truppen an. Diese verflixte Bastion von *La Haye-Sainte* hielt noch immer stand. Aber Ney hatte zu diesem Zeitpunkt bereits ganz andere Dinge im Kopf. In völliger Selbstüberschätzung glaubte er, nur er allein könne den ruhmvollen Sieg noch herbeiführen. Mit diesen Gedanken ritt er zum *4me Corps de Cavalerie* von General Milhaud. Französische Reiter standen in großer Zahl bereit, vierzig Eskadronen. Mit einem vernichtenden Stoß seiner Kavallerie würde er die verdammten Engländer einfach vom Plateau fegen.

Ney war wirklich dabei, Geschichte zu schreiben, aber nicht so, wie er es sich vorgestellt hatte. Er beging nun einen schwerwiegenden Fehler, indem er seine Kavallerie die verankerten gegnerischen Infanteriekarrees angreifen ließ, ohne dabei für Rückendeckung durch die eigene Infanterie zu sorgen. Ein solcher Fehler hatte schon 400 Jahre zuvor für die französischen Ritter bei Azincourt fatale Folgen gehabt. Neys Stärke war immer der Angriff durch Elitekorps der Kavallerie gewesen. Er überließ es anderen, sich über die nachfolgende Infanterie den Kopf zu zerbrechen. Was ihm diesmal entging, war die Tatsache, daß er nicht nur Korpskommandant der Kavallerie, sondern nunmehr Kommandant eines ganzen Armeeflügels war und daß die Infanterie ohne seinen ausdrücklichen Befehl nichts unternehmen würde. Ney vergaß die Infanterie, denn er blickte nur nach vorn. Reilles zwölf Infanteriebataillone, die in einiger Entfernung vom Korps Milhaud in Bereitschaft standen und jederzeit die Reiterattacke unterstützen konnten, wurden niemals angefordert. Das Schicksal nahm seinen Lauf.

„*Mon Maréchal*, das vierte Korps der Kavallerie ist bereit."

Einen kurzen Moment lang blickte Ney gen Himmel, wohl wissend, daß von dort auch diesmal weder Gnade noch Mitleid zu erwarten war. Dann schaute er auf seine Reitereskadronen. Fünftausend glänzende Kürassen und Lanzenspitzen blitzten in der Sonne. Die Wimpel flatterten. Noch einmal überprüfte der Marschall die Lage. Ein kühner Streich, dann ein Zurückdrängen des Feindes von seinen Kanonen, dann das Zerstören seiner Karrees. Ja, so würde es gehen. Es mußte! Er wußte aus früherer Erfahrung, daß eine gutgeführte Kavallerieattacke dem Feind einen moralischen Schlag versetzen kann, der vernichtender sein kann als die tatsächlichen Verluste. Die Briten würden die Flucht ergreifen, wenn seine *chevauché* hervorstürmen würde, und das war auch der Grund, weshalb er seine Divisionen nicht teilte, sondern in einer einzigen breiten Front angriff. Marschall Ney stand aufrecht in den Steigbügeln. „*En avant, pour le salut de la France!*" Fünftausend Reiter, durch den *esprit de corps* zu einer festen Einheit zusammengeschweißt, bewegten sich langsam den Hang hinauf. Es war drei Minuten nach vier Uhr nachmittags.

Die französische Kavallerie rückte gestaffelt vor, unterstützt von ihrer Artillerie. Doch bald stellten die französischen Batterien das Feuer ein. Einen Augenblick lang herrschte Stille auf dem Schlachtfeld, die Divisionen schwärmten aus und bildeten Angriffsformationen. Es gab Linienformationen, soweit das Auge reichte. Die Division Derlorts befand sich im Zentrum des Angriffs, seine Reiter standen den britischen Batterien direkt gegenüber. Ney zeigte mit seinem Säbel nach vorn. Das war das Signal zur Attacke, *la charge!* Fünftausend Pferde fielen in vollen Galopp, der Boden dröhnte unter dem Stampfen der Hufe. „*Vive l'Empereur!*"

Oberst Cornelius Frazer, ein Bataillonskommandant in Maitlands Brigade, schaute die Brüssel–Charleroi-Chaussee entlang. Vor ihm bot sich ein unglaublicher Anblick. Von Hougoumont bis *La Haye-Sainte* erstreckte sich eine endlose Flut aus Stahl, die sich bis zu seiner Position hinter der Wavre Road vorschob. „Mein Gott! Sie werden uns überrollen", dachte er, aber sein Gesicht zeigte keine Furcht. Dazu hatte er keine

Zeit. „Bildet Karrees!" Bald würden sie in Reichweite der Kartätschen sein. Wie viele Salven konnten seine Kanoniere abfeuern? Zwei, drei? Sicher nicht mehr, bevor die Reiter ihre Kanonen überrollen würden. Und die britischen Kanonen donnerten mit doppelt geladenen Kartätschen. Diese riesigen Schrotflinten feuerten Salven von Tausenden Bleikugeln gegen die perfekte Reiterformation.

Sie kamen heran, zwei dichtgeschlossene Reihen bewegten sich direkt auf die weißgelb leuchtenden Feuerbälle zu. Kartätschen rissen ganze Glieder ab, Pferde stolperten, Reiter gingen zu Boden, aber nichts konnte den Angriff stoppen. Dann ertönte ein Hornsignal zum Angriff mit der Lanze. Sofort senkten sich die fünftausend Speerspitzen der Reiter und zeigten auf den Feind, wie ein Rammbock aus spitzen Pfählen. Doch in diesem Moment kam noch eine letzte Salve aus den Kanonen und zerbarst mitten unter ihnen.

„Laden! … Feuer! … Laden! … Feuer! …"
„Es geht nicht schneller …"
„Spart euren Atem, Laden und Feuer! … Feuer! …"
John Cutler, ein griesgrämiger Artillerie-Sergeant in Kapitän de Cleeves Batterie, fühlte sich hundert Jahre alt. Er hatte auf der Iberischen Halbinsel sozusagen die Generalprobe bestanden. Aber niemals zuvor hatte er etwas Ähnliches erlebt wie diesen selbstmörderischen Angriff direkt auf seine brüllenden Kanonen zu. Jede Kanone, jede Batterie auf dem Hügel feuerte, was das Zeug hielt. Nichts hielt den heldenhaften Angriff der fünftausend Reiter auf.

General Delort hatte die Lage mit einem Blick erfaßt. Seine Reiter bewegten sich in höchstem Tempo. Zu schnell für den Feind vor ihnen, um die Kanonen nochmals zu laden. Seine Männer rasten nach oben, rachsüchtig darauf bedacht, möglichst viele Engländer niederzumetzeln.

Die Kanoniere Cutlers schafften es, noch eine letzte Salve von doppelgeschossigen Kartätschen in siebzig Schritt Entfernung abzufeuern. Reiter und Pferde stürzten und wirbelten durcheinander. Teilweise wurden Soldaten im Sattel getötet und dann von ihren weiterrasenden Pferden direkt zur Batterie getragen. Cutler brüllte: „Kanoniere in die Karrees!" bevor er sich selbst unter eine der Kanonen warf.

Ney war in vorderster Linie. Die letzte Salve schlug mitten in seine Reiter ein, mehrere Pferde stolperten, und die Reiter stürzten aus dem Sattel. Die britische Infanterie hatte Verteidigungskarrees gebildet. Er sah, wie die Kanoniere ihre Ladestöcke wegwarfen und ihre Kanonen im Stich ließen, um innerhalb der Infanteriekarrees Schutz zu suchen. Dann hatten seine Reiter die Linie der feindlichen Artillerie erreicht, die zwanzig Meter vor dem Karree stand. Sein Pferd trug ihn über die Stellung der Kanone, und er hackte mit seinem Säbel um sich. Als er sich zum Karree wandte, wurde sein treuer Gaul von einer Musketenkugel getroffen, und der

Marschall flog über den Kopf des Pferdes, blieb aber unverletzt. Er schnappte sich die Zügel eines reiterlosen Pferdes und schwang sich im Lauf in den Sattel.

Der Angriff war so schnell vor sich gegangen, es waren höchstens fünf Minuten vergangen, seit sie im den Sattel saßen. Nun waren sie auf der Anhöhe, mitten unter den englischen Karrees und verlassenen Kanonen.

Als die Hauptmacht der Reiter zu seinem Karree stürmte, hob Oberst Cornelius Frazer sein Schwert: „Feuer!" Die Musketen feuerten, Musketenkugeln prallten von den erhabenen Kürassen ab, wie Hagel von einem Schindeldach. „Zielt auf die Pferde!" schrie ein Sergeant. Einige Reiter wurden abgeworfen, aber andere preschten nach vorne, ihre Speere bohrten sich tief ins Fleisch der gegnerischen Soldaten, ihre Pferde holperten über Wagen und tote Körper, sie drehten sich um das dicht geschlossene Karree. „Zweite Reihe – Feuer!" Eine weitere Salve. Während eine Reihe ihre Bajonette auf die galoppierenden Pferde richtete, stopfte die dahinter liegende Reihe Bleikugeln in ihre Musketen.

Das erste Mal, seit Ney seine fünftausend Reiter den Hang hinaufgeführt hatte, hielt er inne, um die Entwicklung zu beobachten. Während des Angriffs hatte er seinen federgeschmückten Hut verloren, der Waffenrock über seinem Küraß war von zahlreichen Einschüssen durchlöchert. Doch all das war unwichtig, seine Divisionen hatten die britische Linie überrannt. Sie hatten die Division des General Alten zurückgetrieben, und die Männer Maitlands waren in völliger Unordnung. Versprengte, die zur Nachhut gelangen wollten, wurden von seinen Kürassieren niedergeschlagen, es war ein schreckliches Gemetzel unter den Fußsoldaten. Der Tag war siegreich und er, Michel Ney, Fürst von der Moskwa, hatte es ganz allein geschafft. So lange Männer über ruhmreiche militärische Leistungen sprechen würden, würde sein Name mit all den anderen großen militärischen Führern in einem Atemzug genannt werden. *Ney von Waterloo.* Unter den Trümmern aus der Schlacht standen unbeachtet all die zurückgelassenen Artilleriestücke Wellingtons.

Irgend etwas schlug in die alte Ulme ein und schnitt ein kreisrundes Loch in die Rinde. Der Eiserne Herzog bemerkte es kaum. Seine ganze Aufmerksamkeit galt der Attacke Neys. Mit großer Sorge beobachtete er, wie seine Engländer, Hannoveraner, Braunschweiger und andere Deutsche zwanzig abgeschnittene Karrees bildeten. Zunächst hielt die Linie stand, aber sobald sich auch nur eines von ihnen zurückzog, war alles verloren. Die größte Sorge bereitete ihm der Verlust seiner Kanonen. Ohne seine Geschütze konnte er keinem weiteren Infanterieangriff entgegentreten. Und er wußte, daß dieser bald folgen würde. Es würde ihm nichts anderes übrigbleiben, als sich zurückzuziehen oder aber standzuhalten und der sicheren Vernichtung ins Auge zu blicken. Er sah, wie immer mehr Reiter das Plateau erklommen. Wo war die französische Infanterie, die Bonapartes Sieg festigen sollte? Wann würden französische *grenadiers* seine englischen Kanonen auf seine englischen Karrees richten?

Der Eiserne Herzog stieß einen Seufzer aus: „Ich wünschte, es wäre Nacht, oder die Preußen kämen ..."

Aber die Preußen waren bei Plancenoit aufgehalten worden.

Der Kaiser war von einer heftigen Kanonade an seiner rechten Flanke abgelenkt worden. Die Artillerie von Bülows hatte sich in die Aktion eingemischt. Dadurch bemerkte Napoleon nicht sofort den vorschnellen Angriff Neys im Zentrum. Als er es sah, schrie er: „Das ist zu früh, Ney ist viel zu schnell. Er wird uns ins Unglück führen."

„Dieser Mann ist noch immer der alte", stellte Soult fest, „wie in Jena will er alles allein erledigen und den Sieg Seiner Majestät kompromittieren."

„Wo bleibt die Infanterie zu seiner Unterstützung?" fragte der Kaiser. „Wirf sie hinein, Soult, wirf sie hinein, Gott! Laß es nicht zu spät sein."

Die ganze Hochebene des Mont St-Jean war von Neys Reiterscharen überflutet, die wild die britischen Karrees umrundeten. Die Karrees hielten stand, drei Reihen Bajonette stachen heraus wie die Borsten eines schrecklichen Stachelschweins. Nur direkte Artillerie oder ein Angriff der Infanterie mit Musketenfeuer konnte ein Karree zertrümmern. Die französische Artillerie konnte nicht feuern, ohne die eigenen Reiter zu gefährden. Aber da waren doch noch andere Kanonen zur Stelle – der ganze erbeutete englische Artilleriepark.[80]

Das Karree des Oberst Frazer stand. Obwohl er seinen Truppen vollstes Vertrauen entgegenbrachte, zweifelte er an der Klugheit des Herzogs, der einen derart exponierten Standort entlang des Kammes ausgewählt hatte. Als er sah, wie die Kürassiere über seine Kanonen sprangen, wurde ihm schlagartig klar, daß die Schlacht verloren war. Die Frage war nur, zu welchem Zeitpunkt die Franzosen seine eigenen Artilleriestücke auf das Karree richten würden. Erstaunlicherweise taten sie es aber nicht. Statt dessen vergeudeten sie ihre Zeit damit, versprengten Soldaten nachzujagen. Noch immer harrten seine Soldaten aus und standen bei ihren drei Fahnen, dem Union Jack, der Fahne des Königs und dem Wimpel des Bataillons. Frazer wußte, sollte eines dieser Banner fallen, würde die Hälfte seiner Einheit versuchen, sich schleunigst in Sicherheit zu bringen. Das Karree war ständig in Bewegung, es dehnte sich aus, trat hervor und formierte sich aufs neue. Sobald eine Reihe abgefeuert hatte, trat sie hinter die nächste Reihe zurück, um nachzuladen. Die weitreichenden französischen Lanzen forderten ihren Tribut unter den Fußsoldaten. Frazer spürte einen Stoß und einen brennenden Schmerz im Bein. Ein gesplitterter Knochen stach durch seinen Uniformrock hervor. Er griff nach der Muskete eines gefallenen Soldaten und benützte sie als Krücke. Ein anderer Schuß hatte einen Fahnenträger niedergestreckt. Mit übermenschlicher Anstrengung hob er die Fahne auf und hielt sie hoch empor. Die britischen Soldaten wankten nicht. Frazer konnte nachher berichten: „Niemals zuvor hat sich die Kavallerie so großartig verhalten, und niemals zuvor wurde sie von der Infanterie so fest empfangen."

Die wahre Qualifikation eines großen Kommandanten zeigt sich immer im Augenblick der größten Gefahr. Wellington wandte sich an seinen General der Kavallerie, Lord Uxbridge: „Was habt Ihr noch aufzubieten?"

„My Lord, die berittenen Männer von Dörnberg, Arenschild, Brunswick, van Merlen und Ghingy."

„Wie viele sind es noch?"

„Vier-, fünftausend."

„Werft sie sofort hinein! Beeilt euch, bevor Bonaparte seine Infanterie in Marsch setzt. Wenn wir unsere Kanonen nicht zurückerobern, sind wir verloren." Die britische Kavallerie saß auf zur Attacke. In der vordersten Reihe waren die prächtigen Uniformen der *Inniskillings* und der *Scots Grays*.

Oberst Heymés, Neys persönlicher Adjudant, hörte das Brausen einer heranstürmenden Flutwelle, noch bevor der Boden zu zittern begann. Er wußte genau, was dies bedeutete. Es war Wellingtons schwere Kavallerie! Er wandte den Kopf, um nach der Gefahr Ausschau zu halten, und was er sah, waren die stummen Mäuler der englischen Kanonen. Sie standen immer noch, wo Neys *cuirassiers* sie überritten hatten. Unbemannt, aber tödlich. In den ersten Minuten der Aufregung über den gelungenen Angriff hatten wohl alle diese Gefahr übersehen und sich nicht darum bemüht, die Geschütze wegzufahren, geschweige denn sie unschädlich zu machen. Nun drohte Gefahr von Kanonen *und* Kavallerie. Sollte es Uxbridges Reitern gelingen, seine Franzosen vom Plateau zu jagen, so konnten diese Kanonen wieder gegen seinen Kaiser und dessen Infanterie gedreht werden.

Verzweifelt versuchte Heymés, Blickkontakt mit seinem Vorgesetzten aufzunehmen, aber Ney war damit beschäftigt, seine Reitereskadronen in Gefechtsposition zu bringen, um den Ansturm der englischen Kavallerie aufzufangen. Heymés mußte handeln, und zwar schnell. *„Des clous!"* brüllte er. „Haut Nägel in die verdammten Zündlöcher!" Es war ein allgemein bekannter Trick, Bronzekanonen durch Vernietung der Zündlöcher mit kopflosen Nägeln lahmzulegen. In jeder Kavallerieeinheit gab es Reiter, die zu diesem Zweck Hammer und Nägel in ihren Satteltaschen transportierten.

156 Nägel für 156 Kanonen, und Wellington war erledigt! Wenn nur seine Artillerie außer Gefecht gesetzt war, konnten die Garderegimenter in aller Ruhe den Berg hinaufspazieren.

„Des clous, Nägel ... verdammt, hat denn keiner Nägel?!"

Niemand in seiner Truppe konnte auch nur einen einzigen Nagel auftreiben. Diejenigen, die Nägel im Gepäck hatten, waren alle tot, und keiner kam auf die Idee, die hölzernen Ladestäbe zu zerbrechen. Nur eine Handvoll Nägel hätte gereicht, um Wellington den Garaus zu machen! Nur eine Handvoll Nägel, und nichts, nicht einmal die Preußen hätten Wellington über diesen Tag retten können.

Ein dichter Pulverschleier hing über dem Schlachtfeld, die Sonne war nur mehr ein dunkelroter Ball. Der Hang um die Brüsseler Chaussee war von Pferdehufen und Granateinschlägen aufgewühlt. Es donnerte und krachte von Papelotte bis Hougoumont, *La Haye-Sainte* brannte lichterloh, die Mühle auf dem Mont St-Jean war nur noch ein nacktes Gerippe. Tote lagen überall, Verwundete krochen wie Ameisen den Berg hinauf und das Feld hinunter. In der Ferne waren die ersten schwarzen Uniformen der Preußen zu sehen, die über die Felder bei Plancenoit herankamen. Plötzlich war alles still auf dem Schlachtfeld. Es war 4 Uhr 40 nachmittags. Ein ganz entsetzliches Schauspiel stand kurz bevor. *Der Walkürenritt der zehntausend.*

Was nun geschah, ist absolut einzigartig in der Geschichte der Kavallerie. Niemals zuvor oder je nachher sind gegnerische Truppen in einer Schlacht auf ähnlich brutale Weise aufeinandergeprallt. Das letzte Aufeinandertreffen zweier Giganten. 10.000 schwerst bewaffnete Männer stürmten in wildem Galopp gegeneinander. Napoleons *Cuirassiers Impériaux* gegen Wellingtons *Heavy Brigades*. Die Rosse waren nicht zu halten, und die Wucht des Aufpralls war so gewaltig, daß es Hunderte von Reitern aus dem Sattel warf. Sie wurden sofort unter den stählernen Hufen der Nachfolgenden zermalmt. Reiterlose Pferde stieben orientierungslos in wilder Panik in alle Richtungen davon. Wie ein Rammbock durchquerten ganze Schwadronen das Gewühl, um dann von der gegenüberliegenden Seite erneut anzugreifen.

Stahl gegen Stahl, Lanzen gegen Kürasse, Säbel gegen Pistolen. Es waren Szenen aus einem dantesken Inferno. Ein unübersehbares *melée* von Uniformen und Lanzenwimpeln: Husaren von Arenschild, *Cuirassiers* von Delort, *Black Lancers* von Brunswick, *Lanciers Rouges* von de Stuers und Dragoner von Doernberg. Allen voran waren die *Scots Grays*, die *Inniskillings* und Neys *Cavalerie Impériale*. Die Reiterschlacht wurde zu einem richtungslosen Chaos. Befehle gab es schon lange nicht mehr, die Signalisten hatten ihre Trompeten gegen Schwerter eingetauscht. Es gab nur tödliches Ringen, Reiter gegen Reiter. Generäle fochten neben dem einfachsten Mann, und der Tod machte keine Rangunterschiede. Kein einziger der zehntausend kam ohne Verletzung davon. Die meisten starben, sobald sie vom Pferd fielen, denn am Boden hatten sie keine Chance. In vielen Fällen wurden die Soldaten von ihren eigenen Formationen niedergetrampelt.

Ein Leutnant der *Scots Grays*, Hamilton, sah sich plötzlich allein einem Trupp von *Lanciers Rouges* gegenüber. „Ich sah, wie eine Lanze auf mich zuraste. Ich gab meinem Pferd die Sporen und hieb mit aller Kraft mit meinem Säbel auf den Arm des *Lanciers*. Blut spritzte, und dies rettete mein Leben. Ich hatte es aus der Angst getan, er würde seine Pistole ziehen, denn bekanntlich sind die *Lanciers Rouges* gute und schnelle Schützen. Aber der Rote stürzte aus dem Sattel."

Ein anderer *Scots Gray* kam nicht so glücklich davon. *Cuirassier* Pascal le Meunier zog seine Pistole und schoß ihm ins Gesicht. Sofort kam ein anderer *Gray* hinzu, stach mit seiner Lanze nach le Meunier und traf dessen Sattelgurt. Pascal parierte den Stich und hieb mit seinem Säbel den Feind aus dem Sattel. Kurz darauf traf ihn ein höllischer Schlag auf den Helm, er wankte, ließ das Schwert fallen und klammerte sich verzweifelt an den Sattel. Sein Pferd trabte verloren zwischen den kämpfenden Soldaten umher. Langsam rollte Pascal le Meunier von seinem Pferd. Einmal schaute er noch auf und sah über sich ein wieherndes, aufgebäumtes Schlachtroß. Dann stießen die stahlbeschlagenen Hufe auf ihn herab.

Da lagen sie in ihren blauen, weißen und grauen Uniformen, vereint durch die rote Farbe des Blutes. Es dauerte nicht lange, und die französischen Reiterscharen begannen zu wanken, ihre Rosse waren schon zu lange im Gefecht und übermüdet von dem rasenden Tempo ihres Angriffs auf die Anhöhe. Ney sah das Unvermeidliche auf sich zukommen, er preschte auf und ab und versuchte seine Reiterschwadronen für einen letzten Angriff um sich zu sammeln. Der Mann hatte Mut. Zwei Pferde waren unter ihm weggeschossen worden, aber er wich nicht zurück. Die blinde Wut hielt ihn im Sattel, aber seine verzweifelten Versuche, die *cuirassiers* zum letzten Aufgebot zu motivieren, scheiterten. Diesmal war der Held von der Moskwa auf einen ebenbürtigen Gegner gestoßen, und seine unbesiegbare Kavallerie war zusammengebrochen.

Oberst Frazer erhob seine durchlöcherte Regimentsfahne und gab als erster das Zeichen zum Vormarsch. Langsam setzte sich das Karree in Bewegung. Zwanzig andere Karrees folgten. Dieser Infanterieangriff war das Ende für die französischen Reiterscharen, die nur noch in der Flucht ihr Heil suchten. Ney war einer der letzten, die das Plateau verließen, es quälte ihn, einen solch fatalen Irrtum begangen zu haben. Warum zum Teufel hatte er keine Infanterieunterstützung angeordnet! Er hatte die wertvollste Streitmacht seines Kaisers sinnlos vergeudet – und dann erkannte auch er, daß Wellingtons Artillerie noch immer entlang der Kammlinie stand. Noch schwiegen ihre Mäuler.

Hilflos hatten alle Einheiten von beiden Seiten das Gemetzel auf der Höhe verfolgt. Die Infanteriebataillone in der Ebene, die Karrees am Plateau, die Generäle um Napoleon und Wellington. Die Überreste der englischen Kavallerie sammelten sich um ihre Obersten. Jetzt mußten sie den Hang hinunter, den flüchtenden Franzosen nach. Ein Trompetensignal! Der Ton hing in der Luft: „Kein Kavallerieangriff!"

Die englischen Karrees öffneten ihre dichten Ränge, und hervor stürzten die Kanoniere. Sie besetzten ihre zurückeroberten Geschütze. Und dann geschah das Unvermeidliche. Ein Knall, ein Sausen, und die erste Kugel flog durch die fliehende französische Kavallerie. Wenige Sekunden später war entlang der Hügelkette nur das gewaltige Ballern von 156 Kanonen zu hören, ein lohender Feuerhagel spuckte Eisen und Tod auf Pferde und Reiter.[81] Wer nicht am Hang gestorben war, fiel in diesen schrecklichen Sekunden. Napoleon ballte vor Erregung die Fäuste, als er mitansehen mußte, wie seine *Cavalerie Impériale* unter einem Hagel von Eisenkugeln begraben wurde.

Sein Gegner saß kerzengerade im Sattel seines Pferdes unter der knorrigen Ulme und beobachtete mit zunehmender Erleichterung den erfolgreichen Angriff seiner englischen Kavallerie. Im Sattel neben Wellington verharrte sein Kavalleriegeneral, Lord Uxbridge. Beide sahen zu, wie Napoleons Artillerie das Feuer eröffnete, um Neys Rückzug zu decken. Und dann trug sich eine der bekanntesten Anekdoten der Kriegsgeschichte zu. Lord Uxbridge hatte sich gerade einem Adjudanten zugewandt, um einen Befehl zu erteilen, als er einen fürchterlichen Schlag erhielt, der ihn aus dem Sattel schleuderte. Eine Kugel hatte sein Bein weggerissen. Er rief aus:

„Bei Gott, *Sir*, ich habe mein Bein verloren."

Worauf der Eiserne Herzog kaltblütig erwiderte: „Bei Gott, *Sir*, ich glaube, Sie haben recht."

Von Rossomme aus sah Napoleon das Debakel seiner geliebten Kavallerie. Wo blieb denn nur seine verdammte Infanterie!

„Soult, schickt sofort das Korps von D'Erlon aufs Plateau."

„*Sire*, Eure Infanterie formiert sich noch in *ligne de bataille.*"

Napoleon rief einem General zu: „Flahaut, reitet zu Kellermann, er muß mit seinen Schwadronen sofort Ney unterstützen." Obwohl der Kaiser wußte, daß es bereits zu spät war, konnte er seinen *Maréchal* nicht im Stich lassen. Dies würde zu einer Panik unter seinen Linientruppen führen. Als Kellermanns Schwadronen aufsaßen, ritt Ney zu der Stelle, wo sich D'Erlons Infanterie in Angriffsformation aufstellte.

„D'Erlon, *mon ami*, wir müssen durchhalten, denn wenn wir nicht hier auf diesem Felde sterben, dann werden wir sicher durch die Kugeln der *Emigrées* umkommen!" Das waren prophetische Worte.[82]

Es half nichts. Die Verwirrung im französischen Lager war total, und sie hatten immer noch nicht aus ihren Fehlern gelernt. Noch einmal warf der verzweifelte Marschall seine letzten Kavalleriereserven ohne Infanterie in die Schlacht. In der Vorhut war die *1ère division* von L'Heritier, dann die *2ème* von Roussel. Dahinter kamen Guyot und Lefebvre. 10.000 Reiter, eingepfercht zwischen Hougoumont und *La Haye-Sainte*, auf einer Frontlinie von weniger als fünfhundert Metern! Und alles ohne Plan oder Koordination. Die gesamte Ebene vor dem Plateau des Mont St-Jean war vollgestopft mit Reiterscharen, die jegliches Manöver unmöglich machten, jedoch ein ideales Ziel für die englischen Kanoniere abgaben.

Denn auf der Hügelkante standen die verfluchten 156 Geschütze Wellingtons und feuerten eine todbringende Salve nach der anderen in die zusammengepferchten Schwadronen. Nur wenige der Formationen brachen durch die englischen Karrees hindurch, der Rest wurde von Kartätschen und Kugeln niedergemacht.

Ein ohnmächtiges Schweigen breitete sich über Napoleons Zentrum aus, als sich nun das Kampfgeschehen an seine rechte Flanke verlagerte. Dort hatte sich das *zweite preußische Kavalleriekorps* des grauzöpfigen Ziethen mit von Bülows *erstem Infanteriekorps* vereint. Unter dem Donner der preußischen Artillerie stürmten von Bülows schwarz uniformierte Männer in das Dorf Plancenoit und trieben Napoleons junge Garde in die Flucht. Napoleon setzte seine beste Truppe ein. Ein einziges Bataillon der alten Garde marschierte wie eine Hundert-Kanonen-Fregatte durch eine Flotte von Fischerbooten und warf die Preußen aus Plancenoit.

Befreit vom Druck der Preußen auf seiner rechten Flanke befahl Napoleon den Sturm auf diesen Igel in seinem Zentrum, den Stützpunkt von *La Haye-Sainte*. Um seine Schlappe wiedergutzumachen, ritt Ney wie ein Besessener auf die Gebäude zu. Seine Franzosen erstürmten die Bastion. Damit war der Weg aufs Plateau frei, Wellingtons Zentrum war in Gefahr zusammenzubrechen, und die Preußen spielten noch immer keine Rolle, denn sie waren noch immer nicht zur Stelle. Der entscheidende Augenblick war gekommen.

Mit der Eroberung von *La Haye-Sainte* hatte sich Ney von seiner verheerenden Kavallerieattacke erholt. Zum ersten Mal vereinigte er die Infanteriebataillone und trieb sie in großer Hast entlang der Brüsseler Chaussee den Berg hinauf. Noch nie hatte er eine bessere Chance gehabt, die Alliierten aufzurollen. Aber es fehlte ihm das gewisse Etwas, und dazu hätte er die Eliteveteranen benötigt. Nur ein wenig mehr, nur ein einziges Bataillon der gefürchteten *Garde Impériale,* und der Sieg wäre ihm nicht zu nehmen gewesen. Der Kaiser mußte ihm eine Einheit zur Verfügung stellen. Hatte doch Napoleon selbst gesagt: „Das Geschick jeder Schlacht liegt in einem einzigen Augenblick, einem einzigen Gedanken. Wenn dieser Moment gekommen ist – dann kann die kleinste Reserve die Angelegenheit entscheiden."

Mit diesem Gedanken befahl Ney seinen Adjudanten, Oberst Heymés, ins Schlachtquartier des Kaisers. „Eure Majestät, der Marschall wünscht Infanterieunterstützung."

Napoleon hatte seinen Ärger über Neys unüberlegten Angriff noch immer nicht verdaut. „Infanterie!" rief erbost der Kaiser. „Wo soll ich die hernehmen? Glaubt er, ich kann die Infanterie aus dem Hut zaubern?" Natürlich hatte er große Reserven gegen die Preußen geworfen, aber es standen ihm immer noch seine vierzehn Gardebataillone zur Verfügung, sechs der mittleren Garde und acht vollständige Elite-truppen der *vieille Garde*. Eines davon hätte ausgereicht, Wellington den Garaus zu machen. Aber Napoleon tat nichts! Hätte Berthier dem Kaiser als Generalstabschef zur Seite gestanden, dann wäre die Schlacht anders ausgegangen. Aber Soult war eben kein Berthier. Und so verpaßte Napoleon seine letzte Siegeschance.

In diesem kritischen Moment rollten Blüchers endlose Kolonnen aus dem Pariser Wald und griffen zwischen Couture und Frichermont an. *„Vorwärts, meine Kinder!"* rief der „Alte". Blücher kam genau im rechten Moment, da Neys Infanterie bereits auf dem Anmarsch war, und dadurch die französische Flanke entblößt war. Blüchers Wellen überrumpelten Plancenoit und stießen in Richtung auf Napoleons Hauptquartier bei La Belle Alliance vor. Zur selben Zeit befahl Ziethen seinem Adjudanten, Oberst von Reiche, das Kavalleriekorps dem englischen Zentrum anzuschließen.

Dies alles geschah in weniger als zehn Minuten. Napoleon hatte sich von seinem Wutanfall erholt und seinen Kapitalfehler erkannt. Warum hatte er bloß Ney seine Unterstützung verweigert, der Mann hätte inzwischen längst über den Hügel sein können und die Briten in die Flucht geschlagen! Aber Napoleon war noch nicht geschlagen. Beide Seiten hatten fürchterlich gelitten, das Ausmaß der Verluste war ins Gigantische gestiegen. Napoleon setzte alles auf eine Karte. Er warf seine *Vieille Garde* in die Schlacht ums englische Zentrum. Wenn er Wellington aus dem Weg schaffte, war auch Blücher erledigt.

„Druot, sagt Friant, er soll mit fünf Bataillonen dorthin marschieren." Er zeigte auf die zerschossene Windmühle am Mont St-Jean. *„Exécution!"*

„Oui, Votre Majesté."

Angeführt von der Gardekapelle und 150 Trommlern marschierten Friants 6.000 Grenadiere zur letzten Parade vor ihrem Kaiser auf. Schmerzgekrümmt erkletterte Napoleon sein graues Lieblingspferd und führte höchstperönlich seine Grenadiere in die vorderste Linie zu Marschall Ney. „Da habt Ihr Eure Infanterie, *Maréchal*, und nehmt mir nur ja diesen verdammten Hügel."

General Friant richtete seine sechstausend Getreuen in Gefechtsorder aus. Sie boten einen prächtigen Anblick. Seit mehr als einem Jahrzehnt hatten sie den europäischen Kriegern Furcht eingeflößt. Blaue Überröcke, breite Schulterstücke, roter Wedel auf hoher Bärenmütze. Jedes Gesicht war mit einem mächtigen Schnurrbart geziert, wie ihn nur die Grenadiere des Kaisers tragen durften. Mit geschulterten Musketen standen sie bereit. Und in ihren Tornistern trugen sie die Galauniform für die Siegesparade durch Brüssel.

„En avant en bataille!" Die Trommeln rollten, die Trompeten bliesen, und fünf Gardebataillone marschierten allein gegen die englische Armee. In diesem Augenblick lief ein französischer Offizier zu Wellington über und verriet die Pläne seines

Kaisers. So wendete sich das Schicksal für Wellington und er konnte die Schlacht doch noch gewinnen. Er sprach von einem „close run thing", was in diesem Zusammenhang so viel bedeutet wie: „Es ist gerade noch mal gutgegangen." Die Preußen waren noch nicht zur Stelle, und seine zerstückelten Einheiten waren nicht mehr imstande, die *Vieille Garde* aufzuhalten. Seine Karrees waren aus vielen geschlagenen Regimentern zusammengewürfelt, ein regelrechter Blumengarten von Uniformen. Generäle leiteten Kompanien, und Korporale kommandierten Regimenter. Einheiten von pferdlosen Reitern, Leichtverwundeten und Sanitätern ergriffen die Waffen der Gefallenen. Es gab Kanonen ohne Pulver und Munitionsfässer auf Lafetten ohne Pferde. Und vor ihnen kamen gemessenen Schrittes die perfekten Formationen der *Vieille Garde*.

7 Uhr. Die Sonne stand niedrig. Die 120 Kanonen der *grande batterie* donnerten los und konzentrierten ihr Feuer auf eine Breite von knapp dreihundert Metern. Diesmal zielten sie nicht zu hoch. 120 glühende Eisenbälle regneten herab, zerfetzten die englischen Karrees, und was übrigblieb, waren kümmerliche Haufen. Das Trommelfeuer erreichte seinen Höhepunkt. Der Hagel traf Maitlands *Guards* und Adams *Light Brigade*. Die Wirkung war unmittelbar und verheerend. Wellington hatte kein Zentrum mehr. Und die *Vieille Garde* stürmte unaufhaltsam den Hügel herauf.

Kapitän Powell von der *1st Footguards* sah hilflos zu, wie seine Männer von den Granaten niedergemacht wurden. Geschoße wühlten die Erde auf, seine Linie existierte nicht mehr. Lafetten der berittenen Artillerie irrten ziellos umher, reiterlose Pferde rasten den Hang entlang, Leichen lagen am Boden wie zerbrochenes Spielzeug. Vor ihm lag ein Feld von stöhnenden Verwundeten und für immer verstummten Toten. Dann kam das Krachen der eigenen Geschütze, die über ihn hinwegfeuerten. Die *Vieille Garde* schien dies gar nicht zu bemerken. Sobald sich an einer Stelle eine Lücke auftat, sprang sofort ein Mann hinein, um sie zu schließen. Powell wußte, daß seine letzte Stunde geschlagen hatte. Einige Kompanien suchten Zuflucht hinter der flachen Böschung der Wavre Road, andere kauerten hinter den Erdklumpen, die die Granateinschläge aufgeworfen hatten oder gingen hinter den Körpern ihrer toten Kameraden in Deckung. Der Donner der Kanonen war gewaltig und wurde zum letzten Wiegenlied der Schwerverletzten. Sie krallten ihre Finger in die Erde und warteten auf ihr Ende. Wie sollten sie denn auch einen Angiff zurückschlagen, wenn sie sich nicht erheben konnten, um die Musketen zu laden? Powell hatte nur einen Befehl: Die Position um jeden Preis halten. Aber wie hoch war dieser Preis! Wie viele Männer hatte er noch, die schießen konnten? Der Herzog hatte ihm befohlen: „Wenn es so sein muß, dann kämpft bis zum letzten Mann. Ihr müßt den Preußen Zeit lassen, heranzukommen."

Plötzlich hörte das Feuer auf. Ein leichter Wind blies die dichten Rauchschwaden hinweg. Den Überlebenden dieser „dünnen roten Linie"[83] bot sich ein schauererregender Anblick: das systematische Vorrücken der fünf Grenadierbataillone der *Vieille Garde*, ihre polierten, messerscharfen Bajonette nach vorne gerichtet.

Ihre Kommandanten führten mit gezogenem Säbel die Regimenter an. Friant, Porret de Morvan, Harlet, Michel, Mallet, Henrion. Allen voran ritt *Maréchal* Ney. Sein Pferd strauchelte, und er wurde aus dem Sattel geschleudert. Er rappelte sich auf, und deutete mit gezogenem Säbel auf den nahen Kamm. Entschlossenheit lag im Blick der *grenadiers de la Garde*. Sie kannten kein Pardon – weder für sich selbst, noch für den Feind. Vor ihnen waren die aufgerissenen Mäuler der englischen Artillerie, Kanonen, die eine simple Handvoll Nägel für immer hätte versiegeln können. Dann traten sie in Aktion. Gelbe Zungen fuhren aus den Rohren, Tausende von Bleikugeln flogen in die Reihen der Grenadiere. Doch nichts hielt die Garde auf. Napoleons Garde marschierte weiter. Die Lücken in ihren Reihen wurden von den Hintermännern aufgefüllt. *„Avance rapide!"* Der Trommelschlag wurde immer schneller, und die Bataillone kamen im Eilschritt die Anhöhe herauf, geradewegs auf die Mündungen der englischen Kanonen zu.

Eine schnell zusammengeworfene Artillerieeinheit, sechs Geschütze der Holländer unter dem belgischen General Chasse, raste entlang der Wavre Road, und er protzte sie in einer Flankenposition auf. Die häßlichen Rohre ragten schußbereit über die Böschung.

General Colin Hacketts *33rd Regiment* fiel zurück. Der General ergriff selbst die Regimentsfarben und versuchte verzweifelt die Überlebenden um seine Fahne zu sammeln. Wenige Augenblicke später war er tot. Ein anderes Regiment trat an seine Stelle. Oberst Sir John Colborne, ein Adeliger hohen Ranges, der von seinen Männern „der Feuerfresser" genannt wurde, verbarg seine *52nd Light Infantry* in einem Hohlweg, der parallel zur französischen Angriffskolonne lag. 250 Mann in der ersten Reihe, drei gleich starke Reihen dahinter. Dies bedeutete eine Salve von 1.000 Kugeln aus einer Entfernung von etwa fünfzig Metern. Hinter den *Zweiundfünfzigern* stand noch eine Anzahl von *Fünfundneunzigern*, Überlebende eines zerfallenen Regiments.

Das *1er* und *3ème bataillon des chasseurs* hatte den Kamm erreicht. Plötzlich erhob sich an ihrer Flanke ein Wall von roten Uniformen. *„Fire!"* 500 Musketen knallten. Dann noch weiter 500. Nahezu 300 *chasseurs* gingen sofort zu Boden oder ließen ihre Waffen fallen.

Kapitän Powell, der mit seiner *1st Footguards* im Anmarschweg der Franzosen stand, beschrieb die Szene folgendermaßen: „Unter den Rufen *Vive l'Empereur!* kamen sie den Hügel herauf. Als sie auf fünfzig Schritte an unsere Frontlinie herangekommen waren, erhielten wir den Befehl aufzustehen. Ich kann nicht sagen, was vernichtender auf sie wirkte, unser plötzliches Auftauchen aus dem Nichts so dicht vor ihnen oder unser fürchterliches Musketenfeuer. Was immer es auch gewesen sein mag, die *Garde de l'Empereur* kam plötzlich zum Stillstand."[84]

83

Oberst Colbornes Männer hatten keine Zeit zum Laden, sie stürmten durch den Rauch ihre Musketen die letzten Meter auf die Garde zu. Leutnant Gawler von der *52nd* war Chef der *1st Company*. Noch bevor er den plötzlichen Halt der Garde sah, hörte er:

„Demi bataillon gauche … joue! … feu!" [85] Die Garde drehte sich wie ein Mann, die Musketen kamen hoch, und von dreißig Schritten Entfernung mähte die Salve Gawlers Männer nieder. Einer seiner Sergeanten brüllte: *„Come on, boys*, jetzt heißt es, so schnell wie möglich so viele wie möglich umzubringen!"

Colborne wußte, daß seine Einheit keine weitere Salve überleben konnte. Er pflanzte seinen Hut auf den Säbel: „Auf *52nd!* Auf und gegen sie!" Er preschte an die Spitze seines Haufens und ritt, allen voran, auf die Franzosen zu. Deutlich hörte er das Klappern der französischen Ladestöcke. Er wußte genau, daß ein Ladevorgang etwa dreißig Sekunden dauerte. *„Hurry up!"* Dann gab es einen schrecklichen Knall neben seinem Ohr. Seine Männer fielen um wie wackelige Kegel. Lt. Gawler stolperte, sein Waffenrock war blutüberströmt. Neben ihm lag ein junger Bursche, das Gesicht halb weggeschossen. Nur einen kurzen Moment lang hielt Gawler inne und gedachte des Jungen, der die für ihn bestimmte Kugel abgefangen hatte. Irgendwo im Himmel gab es sicher ein kleines Plätzchen für junge Helden … dann schlug eine weitere Salve in seine Reihen.

In diesem Augenblick wurde die *52nd* vor ihrer absoluten Vernichtung bewahrt. Die *Garde* hatte sich nach links gewandt, um die britische Attacke aufzufangen. Dadurch standen die französischen Bataillone nun in schräger Ausrichtung zu den belgisch-flämischen Kanonen des General Chassé. Vom Hohlweg kam ein Grollen, als würde sich der Berg öffnen. Auf eine Entfernung von nur sechzig Metern rissen sechs Kartätschen das Bataillon Reihe für Reihe in Stücke. Grenadiere fielen um wie Kegel. Aber die Überlebenden gaben nicht auf und folgten treu ihrem Motto: *Die Garde gibt sich niemals geschlagen!*

Oberst Osborne kroch unter seinem gefallenen Pferd hervor und erkannte die momentane Verwirrung in der französischen Attacke. „Mir nach!" schrie er und ergriff die Fahne seines toten Fahnenjunkers. Leutnant Gawler war noch immer am Leben. Wie ein Schlafwandler stürmte er auf die Franzosen zu – ein Loch klaffte in seinem Tschako. *„For King and Country!"* Er war nicht mehr in der Lage, klar zu denken, all seine Bewegungen liefen im Zeitlupentempo auf mechanische Weise ab. *„For King and Country!"* Stich, Hieb. *„Vive l'Empereur!"* Musketenrauch in den Augen, Männer ohne Namen fielen, andere standen vor ihm. *„For King and Country!"* Musketen krachten … Unsere? … Ihre? … Männer taumelten aus dem Rauch hervor … Schreckliche Todesschreie. Da! Ein Bajonett vor seinem Gesicht, irgendwie parierte er den Todesstoß mit seinem Säbel, das Bajonett prallte ab, stieß aber noch durch seinen Waffenrock, bevor er den Feind erschlug. Schmerz in der Seite, warmes Blut rann seine Brust herunter, er sank in die Knie … *„For King and Country!"* … mühsam richtete er sich wieder auf … und drei Schritte vor ihm stand ein schnauzbärtiger Gardist. Er wurde von einer Kugel getroffen, warf die Arme in die Luft und brach tot zusammen …

„*52nd vorwärts!*" schrie Oberst Colborne.

„Wir sind die *71st*, Sir!"

„Jetzt seid ihr die *Zweiundfünziger!* Vorwärts, sie können uns nicht standhalten …", und der Haufen stürzte sich in das Getümmel. *„For King and Country!"*

Die Rufe *„Vive l'Empereur!"* wurden immer schwächer. Die französischen Kommandanten war alle tot, ihre perfekten Kolonnen zerbrochen. Ney, der wieder einmal auf einem neuen Gaul saß, versuchte ein letztes Mal, seine Grenadiere zum Angriff zu führen. Er richtete sich in seinen Steigbügeln auf: *„Mes amis! avec moi*, oder seht zu, wie ein *Maréchal de France* stirbt!" Fünf Pferde wurden insgesamt in seiner Karriere unter ihm weggeschossen, aber auch an diesem Tag kam Ney mit dem Leben davon.

Auf der Ebene sah er Scharen von Reitern. Er wußte: Jetzt war alles vorbei. In seinem Rücken war Ziethens *zweites preußisches Kavalleriekorps* im Anritt auf *La Haye-Sainte*, die Bastion, die er so blutig erkämpft hatte. Er war nicht der einzige, der die Preußenhorden sah. *Maréchal* Ney konnte das Unvermeidliche nicht aufhalten, und dann geschah das Unglaubliche: *La Garde Impériale* wankte und trat den Rückzug an!

Ein Raunen ging durch die französische Armee. „Wir sind verraten, *sauve qui peut!*"[86] Napoleon mußte mitansehen, wie sich seine so perfekt konstruierten Pläne zerschlugen, seine Garde aufgab und seine stolze Armee zerbrach. Seine Garde kam den Berg herunter, ein ungeordneter Haufen von blutenden, hinkenden Gestalten, die ein paar armselige kaiserliche Adler ohne jeden Stolz vor sich her trugen. Wie recht doch Metternich gehabt hatte, als er ihm prophezeite: „Mein habsburgischer Kronherr kann eine Schlacht verlieren, aber Ihre Majestät kann dies nicht." Napoleon blickte auf und sah auf dem Hügelkamm unter einer knorrigen Ulme eine einsame Gestalt in einem schwarzen Waffenrock. Dann hörte er, wie die feindliche Armee ihre Musketen erhob und dem Mann zujubelte.

Wellington gab seinem Pferd die Sporen und trieb es in die Nähe seiner wertvollen Geschütze. Er hob seinen Hut und senkte ihn langsam in die Richtung der Franzosen. *Das Signal!* Sein „polyglotter Haufen", von Napoleon verpönt und auf so tragische Weise unterschätzt, erhob sich. Vierzigtausend waren noch übrig von den fast siebzigtausend, die den Tag begonnen hatten. Angeführt von Vivians *Hussars* und Vandeleurs *Dragoons*, zogen sie einen aufgewühlten, blutbedeckten Hang hinunter. Entlang der ganzen Linie warfen Franzosen ihre Waffen weg und rannten. Nur achttausend entkamen.

Napoleon hatte noch sechs Bataillone der Garde, der letzte und treuste Kern einer siegreichen Armee. *L'élite des élites*. Vereint im heiligen Schwur, zu kämpfen oder zu sterben. Sie schlossen sich in drei Karrees um ihren *Empereur*. Auf Wellingtons Befehl wurden Geschütze bis auf sechzig Meter an die Karrees herangefahren. Es waren dieselben Kanonen, die zuvor den Angriff der Garde zertrümmert hatten und die Ney vergessen hatte, unschädlich zu machen.

Absolute Stille lag über dem Feld ... *Our Lord* ... *Mon Dieu* ... *Mein Gott* ... Briten und Hannoveraner, Belgier, Holländer und Preußen umschlossen die kläglichen Überreste des napoleonischen Kaiserreichs. Alle wußten, daß das *Bataillon Sacrée* der *Garde Imperiale* nie aufgeben würde. Bis zum Ende blieben sie ihrem Eid treu: *Die Garde stirbt, aber sie ergibt sich nicht!*

General Cambronne, der Kommandant des *Bataillon Sacrée*, saß auf seinem Pferd im vordersten Karree. Wellington forderte ihn auf, die Waffen niederzulegen. Cambronne antwortete mit heldenhafter Grobschlächtigkeit: *„Merde!"* [87]

Seine Grenadiere wußten, was sie erwartete. Dennoch starrten sie mit ungebrochener Verachtung auf die drohenden Mäuler der britischen Kanonen. Langsam drehte Wellington sein Pferd und hob seinen Hut. Mit einer schnellen Handbewegung brachte er ihn herunter. Das *Bataillon Sacré* verschwand in Rauch und Donner ...

Die Schlacht von Waterloo war vorbei. Dunkelheit legte ihren gütigen Mantel über die Verwüstung. Während die Briten *„God save the King"* spielten und die Preußen *„Großer Gott wir loben Dich"* sangen, trafen sich endlich der englische Herzog und der alte Feldmarschall.

„Mein lieber Kamerad", sagte der alte Blücher ruhig, *„quelle affaire."* [88]

7.000 Preußen, 15.000 Engländer und 25.000 Franzosen lagen tot auf den Weizenfeldern eines Ortes, der für ewig in das Buch der Geschichte eingetragen wurde: Waterloo.

Die Tragödie ist wohl am treffendsten mit den Worten des Herzogs von Wellington beschrieben:

„Nichts, außer einer verlorenen Schlacht kann so traurig sein wie eine gewonnene Schlacht."

WAS WÄRE, WENN ...

Was wäre, wenn Blücher getötet worden wäre, als er bei Ligny von seinem Pferd fiel, und Gneisenau seinem Plan nachgegangen wäre, die preußische Armee nach Lüttich zurückzubeordern?

Ohne die Preußen wäre Wellington geschlagen worden.

Was wäre, wenn Grouchy aufgrund der Berichte seiner Kundschafter gehandelt hätte, anstatt zwei Divisionen zu verfolgen, die als Lockvögel dienten, oder wenn er auf Gérard gehört hätte, und auf den Geschützlärm zugegangen wäre?

Die Preußen wären abgehalten worden, Wellington zu Hilfe zu kommen.[89]

Was wäre, wenn Delorts Reiter eine Handvoll Nägel hätten auftreiben können und damit Wellingtons Kanonen erfolgreich vernagelt hätten?

Die englische Artillerie wäre aktionsunfähig geworden und nichts – nicht einmal die Preußen – hätten diesen Tag für Wellington retten können.

Was wäre, wenn Napoleon bei Waterloo siegreich gewesen wäre?

Er hätte an einem anderen Tag verloren.

DIE TATSACHEN

Die Schlacht von Waterloo veränderte wenig, wenn sie auch einzeln betrachtet sicher die folgenreichste und bedeutendste Schlacht der Napoleonischen Kriege war.

Von 1805 an, als Großbritanniens Seehoheit bereits durch den entscheidenden Sieg bei Trafalgar gefestigt war, wurde England zum Maßstab für die Welt. Die nächsten hundert Jahre herrschte die *Pax Britannica* absolut.

1806 brach das 800jährige Heilige Römische Reich mit der Proklamation des Kaisers Franz II. von Österreich zusammen. Es wurde durch einen losen Deutschen Staatenbund aus vierzig souveränen Staaten ersetzt, die alle unter der Führung der aufstrebenden Militärmacht Preußen standen.

Bei Jena und Auerstadt zerstörte Napoleon die letzten Spuren des europäischen Feudalismus. Daraus entstand der europäische Nationalismus, der sieben Jahre später, 1813, während der Völkerschlacht bei Leipzig, ihn selbst zerstörte.

Waterloo besiegelte endgültig Napoleons Fall.

Die Französische Revolution vernichtete die Alte Welt. Napoleon baute eine neue Welt auf. Ob wir es nun wollen oder nicht – unser gegenwärtiges Zeitalter hat in Napoleon sozusagen seinen Ursprung. Wenn eine Tat so lange dauert und so viel Frucht bringt, rechtfertigt sie sich selbst …

DER HINGE-FAKTOR BEI WATERLOO ist fast zu ironisch. Eine Handvoll Nägel ohne Köpfe und einige Hämmer hätten alles ändern können.

Der vierte Befehl

Ihrer ward nicht fragen warum
Ihrer ward nur zu sterben im Sturm
Hinein ins Tal des Todes ritten die Sechshundert.

Alfred Lord Tennyson, 1809–1892.

Man schrieb den 25. Oktober. Es war ein strahlender Herbsttag. Die Beobachter hatten von der Spitze des Berges einen herrlichen Blick auf das *South Valley*, das sich im leuchtenden Sonnenschein unter ihnen ausbreitete. Zwei Kavallerieeinheiten standen einander gegenüber. Eine war riesig und grau – die Russen. Die andere war klein und rot – die *British Heavies* von General Scarlett. Der Zusammenstoß stand unmittelbar bevor. Plötzlich tat die kleine rote Einheit das Unerwartete – sie zog den Hügel hinauf und griff an!

Nur fünfhundert Meter von der offenen Flanke der russischen Kavallerie entfernt, saß eine andere Kavallerieeinheit untätig und fluchend herum – die *Light Brigade*. Einige Tage zuvor hatte Lord Lucan ein Rundschreiben herausgegeben:

„Die Hauptaufgabe der *Light Brigade* besteht darin, die Armee vor Überraschungsangriffen zu schützen. Es soll auf keinen Fall ihre Aufgabe sein, unnötig und ohne Befehl den Feind anzugreifen oder dessen Verfolgung aufzunehmen, bevor nicht ein entsprechender Befehl vorliegt."

Wegen dieses Verbots blieb der Kommandant der Leichten Brigade, Lord Cardigan, untätig. Aus eigener Initiative zu handeln wäre ihm nie in den Sinn gekommen. Und so saßen seine sechshundert Mann da und sahen zu, wie der weißbärtige General Scarlett das Schwert zog, um seine dreihundert *Heavies* in eine mörderische Attacke gegen die geballte Masse von fünftausend Mann russischer Kavallerie zu führen.

Es war elf Uhr morgens.

* * *

Wenn man sich an den Krimkrieg von 1854 erinnert, muß man wirklich feststellen, daß die Dummheit der Kommandanten in direkter Proportion zu ihrem Rang stand. Zur Führung der Eliteeinheiten der britischen Kavallerie benötigte man nur zwei Befähigungsnachweise: Titel und Geld. Die Kavallerie wurde von Lord Lucan befehligt, der sich weder durch Intelligenz noch durch Erfahrung auszeichnete. Und zu allem Überfluß wurde auch noch sein Schwager Lord Cardigan unter sein unmittelbares Kommando gestellt. Die tiefe Abneigung, die die beiden gegeneinander hegten, wurde nur durch ihre Arroganz gegenüber den Truppen und ihre Vorliebe für prachtvolle Uniformen, glänzende Medaillen und Ruhm übertroffen.

Das einzig Positive, das über den Oberkommandanten Lord Raglan[90] gesagt werden kann, ist, daß er niemals in irgendeiner Form an einer entscheidenden Aktion beteiligt gewesen war. Er liebte es, Schlachten aus sicherer Entfernung zu betrachten. Obwohl er mit Rußland Krieg führte, sprach er vom verbündeten Frankreich nach wie vor als: *der Feind*. Dies waren die drei Schlüsselfiguren, die die *Light Brigade* in die völlige Zerstörung führten. Viktorianische Dichter hielten es für nötig, sie als Helden darzustellen und damit die Unfähigkeit der militärischen Führung zu kaschieren. Erst hundert Jahre später stellte die *Encyclopedia Britannica* fest:

„Der Krimkrieg muß als die Militärkampagne mit der schlechtesten Führung in der britischen Geschichte betrachtet werden."

* * *

In der Kontrolle über die Causeway-Höhen und die strategisch wichtige Woronzoff-Straße, die direkt zum alliierten Lager führte, lag der Schlüssel zu Balaklawa. Die Verteidigung dieser Hügelkette gegen russische Überraschungsangriffe durch die Errichtung von sechs Redouten[91] verstärkt worden, die mit Zwölfpfünder-Kanonen bewaffnet waren. Diese Redouten verteilten sich entlang des Kammes der *Causeway-Höhen*, die *South* und *North Valley* voneinander trennten.

Früh am Morgen waren elftausend Mann russische Infanterie mit achtunddreißig Kanonen auf die Redouten zu marschiert. Lord Lucan, der Kavalleriekommandant, schrieb diesbezüglich eine dringende Meldung an Lord Raglan. Doch das einzige, was der Oberkommandant zu dieser Meldung zu sagen hatte, war: „Sehr gut, bitte richten Sie Lord Lucan aus, er soll mir Bericht erstatten, wenn es etwas Neues gibt."

Lord Raglan war fest davon überzeugt, daß diese Attacke auf seine Kanonen in den Redouten nur ein Scheinmanöver war und die russische Hauptarmee nach wie vor in Sewastopol lagerte. Außerdem war er sicher, daß Fürst Menschikoff[92] nur diejenigen alliierten Truppen anzugreifen beabsichtigte, die seine Festung belagerten. Deshalb ließ Raglan sich nicht aus der Ruhe bringen und betrachtete tatenlos die beginnende Schlacht. Von seinem Feldherrnhügel aus, umgeben von seinen Beratern und einigen britischen Generalsehefrauen, die ihre Männer auf Privatyachten in die Schlacht begleitet hatten, und dem Journalisten William Howard Russel[93] von der „Times", schaute er in die beiden Täler herab, die durch den Schatten der Morgensonne scharf abgegrenzt waren. Was er sah, waren feindliche Regimenter, die sich seinen sechs Kanonenstellungen auf den Causeway-Höhen näherten und wie ein Heer von Ameisen den Talgrund entlangkrochen.

Die 1.000 Türken der alliierten Armee, die diese Redouten hielten, sahen sich plötzlich einer riesigen Menge russischer Infanterie gegenüber, die immer näher kam, doch die britische Kavallerie machte nicht die geringsten Anstalten, ihnen zu Hilfe zu eilen. Bald fielen die Russen über vier Redoutenstellungen her, ein paar Türken wurden getötet, die übrigen Soldaten rannten schreiend weg: „Zu den Schiffen, zu den Schiffen!" Lord Raglan mußte zu seinem großen Unbehagen mitansehen, wie die Russen sieben britische Zwölfpfünder in ihren Besitz brachten. Diese Tatsache spielte eine bedeutende Rolle bei der nun folgenden Katastrophe.

Lord George Paget, der die Leichte Brigade stellvertretend für Lord Cardigan befehligte, zog seine Einheit zurück und ging am Ende der Causeway-Höhen in Stellung. Er war bereit, dann einzugreifen, wenn die Russen, wie erwartet, ihren vorhersehbaren Marsch auf Balaklawa fortsetzen würden. Die Lage war besorgniserregend, und sogar Lord Cardigan erschien sie ernst genug, um das Frühstück auf seiner Yacht im Hafen von Balaklawa zu unterbrechen. Er ritt zu seiner Einheit.

Erst als er erfuhr, daß vier Redouten verloren waren, begann der alliierte Oberkommandeur endlich daran zu glauben, daß sein Lager in Balaklawa tatsächlich das Ziel des Feindes war. Lord Raglan gab den ersten von vier Befehlen heraus:

„Die Kavallerie soll das von den Türken besetzte Gelände links der zweiten Linie von Redouten in Angriff nehmen."

Lord Lucan wußte mit diesem Befehl nichts anzufangen. Es gab keine zweite Linie von Redouten. Es gab nur zwei Kanonenstellungen, die noch von den Türken gehalten wurden. Wenn er seine Kavallerie von ihrer sicheren Position auf der Hochebene von Causeway entfernte, öffnete er einerseits den Eingang in die Balaklawa-Schlucht und beraubte andererseits auch die Soldaten der *93. Argyle & Sutherland Highlanders* jeden Schutzes. Diese waren aber die einzige Einheit, die imstande war, elftausend Russen davon abzuhalten, auf das alliierte Lager herabzustürmen. Lucan war so verärgert, daß er Raglans Meldereiter befahl dazubleiben, um die Ausführung des Befehls mit zu beobachten, damit ihm nachher nicht die Schuld für das offensichtliche Debakel zugeschoben würde. Nichtsdestotrotz war Lucan aber schließlich doch bereit, diesen dummen Befehl auszuführen. Er zog seine Brigade zurück und machte damit den Durchgang frei. Zwischen der russischen Armee und der Katastrophe standen fünfhundertfünfzig *Highlanders*, einhundert Invalide, die man aus ihren Betten geholt hatte, die sich gegen die Felsen stützten um ihre Waffe bedienen zu können, sowie einige wenige Türken, die von den Redouten geflohen und höchst unzuverlässig waren. Langsam begann die riesige Menge Russen zu ihnen herunterzumarschieren. *„Highlanders"*, befahl ihr Oberst, Sir Colin Campbell, „ihr könnt nicht zurückweichen, ihr müßt sterben, wo ihr steht."

Vier Eskadronen der Kavallerie griffen die kleine Gruppe Campbells an. Diese

Reiterattacke versetzte die bereits eingeschüchterten Türken nur noch mehr in Angst und Schrecken. Sie warfen ihre Büchsen in hohem Bogen fort und rannten um ihr Leben. Für die russische Kavallerie, die zum selben Zeitpunkt den letzten Kamm erklomm, schien der Eingang in die Balaklawa-Schlucht weit offen, als ganz plötzlich eine Doppelreihe rotgekleideter *Highlanders* vom Boden aufsprangen. Mit ihrer nun startenden Aktion gingen sie als *dünne rote Linie mit stählerner Front* [94] in die Geschichtsschreibung ein. Die Schotten waren dafür bekannt, daß sie ihr Leben teuer verkauften. Die Russen waren verwirrt, und blieben stehen. Eine tödliche Salve Musketenfeuer brach auf die russische Kavallerie herein. Eine zweite folgte unmittelbar danach. Noch mehr Pferde und Reiter fielen. Die Russen waren fassungslos, die *Highlanders* schickten sich an, mit aufgepflanzten Bajonetten den Hügel zu erstürmen. Ihr Oberst mußte sie zurückhalten: „Bleibt stehen, 93er. Verdammt und zugenäht! Seid nicht so ungeduldig!"

Eine dritte Salve gab zielsicher der russischen Kavallerie den Rest. Die grauen Männer flüchteten in wilder Hast, verfolgt von den triumphierend grölenden *Highlanders*.[95] Die *dünne rote Linie* hielt stand, und ihr kurzer Einsatz ist bis heute unvergessen. Doch dies alles war nur eine Nebenaktion im Vergleich zu der, die nun folgen sollte. Balaklawa wurde nach wie vor von der Hauptarmee der russischen Kavallerie bedroht. Da die Anführer beider Armeen gleichermaßen unfähig waren, hatte keine der beiden Seiten Kundschafter ausgeschickt, und ihre Hauptarmeen waren im Begriff, aufeinander loszugehen, wie bei irgendeinem zufälligen Zusammenstoß auf der Straße.

Lord Raglan hatte seinen Standpunkt so weit vom Ort der Handlung entfernt gewählt, daß der Meldereiter mindestens eine halbe Stunde brauchte, um seine Befehle zu überbringen. Von seinem balkonartig vorspringenden Standort auf den Anhöhen aus, hatte er einen völlig falschen perspektivischen Eindruck: was ihm wie ein flaches und trockenes Gelände erschien, war in Wirklichkeit hügelig und schlammig. Er gab nun seinen *zweiten Befehl* aus:

„Acht Eskadronen der Schweren Dragoner sollen gegen Balaklawa abkommandiert werden, um die Türken zu unterstützten, die bereits schwanken."

Bis diese Botschaft den Kommandeur der *Heavies* erreichte, waren die „schwankenden Türken", zu deren Unterstützung er beordert wurde, schon längst in Richtung Hafen geflohen, um dort irgendein x-beliebiges verfügbares Schiff zu besteigen. Der rotgesichtige General mit dem weißen Rauschebart war durch und durch gutmütig. Sein Benehmen unterschied ihn von den arroganten Grafen. Er befolgte Raglans Befehl, obwohl diese Maßnahme seine Truppe direkt über den Anmarschweg der Hauptstreitmacht der russischen Kavallerie führte. General Scarlett hatte keine Wahl. Er war gezwungen, eines dieser Bravourstücke von Kavallerie gegen Kavallerie durchzuführen, genauso wie seinerzeit Lord Uxbridge bei Waterloo, bei seinem vernichtenden Sturmangriff gegen Neys Kürassiere.

Die russischen Reiter waren ihm zehn zu eins überlegen. Viertausend Russen gegen dreihundert Briten. Scarlett zog seinen Säbel und befahl seinen Reitern, sich in einer Reihe aufzustellen – bergauf! Die Russen waren von der Kühnheit dieses unorthodoxen Manövers so überrascht, daß ihr Hornist das Haltesignal blies. Dies brachte die Russen in eine Position, wie sie für eine Kavallerie nicht ungünstiger sein kann. Sie mußten nämlich jetzt aus einer Stillstandposition heraus einem Reiterangriff standhalten. Dabei kann eine mobile Streitmacht wie die Kavallerie nur in der Bewegung erfolgreich sein. Die *Scots Grays* und die *Inniskillings*,[96] angeführt von General Scarlett, der wild sein Schwert schwenkte, warfen sich gegen die russische Linie und wurden sofort von den großen Mengen russischer Reiter eingekreist. Dem Beobachter auf der Anhöhe bot sich ein unglaubliches Schauspiel. Die roten Röcke der Briten waren kleine Inseln aus wild um sich schlagenden Furien. Aber sie fielen nicht, sie wankten nicht, man konnte ihre Schlachtrufe deutlich hören. Alle Soldaten fuchtelten wie wild mit Pistole und Säbel herum. Die zweite Linie Scarletts, die *5th Heavy Dragoons*, brach in das Handgemenge ein und bahnte sich schlagend ihren Weg durch die verdutzt dreinblickenden Massen grauer russischer Uniformen. Die russische Kavallerie begann sich aufzulösen. Der richtige Augenblick für den alles entscheidenden Angriff war gekommen. Die *Heavy Brigade* hatte keine Reserven mehr, jeder einzelne war in Kämpfe Mann gegen Mann verwickelt. Unterdessen standen die sechshundert Reiter der *Light Brigade* untätig herum und beobachteten die Schlacht aus einer Entfernung von nur fünfhundert Metern, was einem Galoppritt von etwa einer Minute entsprach. Aber sie griffen nicht an! Sie saßen im Sattel und beobachteten verärgert und ohnmächtig die Aktion, während nichts auf der Welt den Kommandeur Lord Cardigan dazu bringen konnte, ohne Befehl von oben zu handeln. Später rechtfertigte er seine Untätigkeit mit dem Rundschreiben seines Vorgesetzten: „Der Generalleutnat Graf von Lucan befahl mir, meine Stellung auf keinen Fall zu verlassen und sie nur gegen einen Angriff der Russen zu verteidigen. Die Russen attackierten jedoch nicht."

Diese Argumentation macht deutlich, daß der Mann nicht nur unfähig war, sondern auch gefährlich dumm. Ein Teil seiner Brigade waren die *17th Lancers*, die einen sehr talentierten und mutigen Kommandeur hatten, Captain Morris, einen Absolventen des *Royal Military College*.[97] Aufgrund seiner untersetzten, kleinen Gestalt hatten ihm seine Männer den Ehrentitel „Taschenherkules" verliehen. Er war bei seiner Truppe ebenso beliebt wie sein engster Freund, Kapitän Edward Nolan. Beide hatten bereits an vier Kavallerieangriffen teilgenommen, und beide verachteten ihre arroganten Kommandeure auf das äußerste. Das Talent eines Kavallerieoffiziers liegt darin, eine sich rasch entwickelnde Situation schnell und richtig einzuschätzen, um dann, genau im richtigen Moment, zuzuschlagen. Vom Mittelalter bis zur napoleonischen Ära hatten alle großen Führer diese Grundregel der Kriegsführung beherzigt. Doch weder Lucan noch Cardigan besaßen derartige Fähigkeiten. Als die Russen die Flucht antraten, ritt Kapitän Morris zu Cardigan: „My Lord, soll die *Brigade* nicht den flüchtenden Feind verfolgen?"

„Nein. Ich habe Befehl, den Posten nicht zu verlassen."

„Aber Sir, es ist unsere eherne Pflicht, diesen Vorteil auszunützen."

„Nein, Sir. Ich werde meinen Befehlen nicht zuwiderhandeln", erwiderte der dritte Earl von Cardigan.

„Dann gestatten Sie mir, Sir, mit meinen *17th Lancers* den Feind zu verfolgen. Sie sehen doch, in welcher Unordnung sie sich befinden."

„Nein, Sir! Das kommt überhaupt nicht in Frage!" antwortete der Lord in überheblichem Ton, offensichtlich verärgert über die Hartnäckigkeit seines Untergebenen. Morris wandte sich wütend an die anderen anwesenden Stabsoffiziere. „*Gentlemen*, Sie haben mein Anliegen gehört!" zischte er durch die zusammengebissenen Zähne. Ein einfacher Soldat des 17. Regiments, der in der Nähe stand, sagte laut, was sie alle fühlten: „Mein Gott, welche Chance haben wir vertan. Dafür werden wir bezahlen müssen!"

Die geschlagenen Russen flüchteten über die Causeway-Hügel. Sie blieben endlich stehen, um ihre berittene Artillerie am Ende des North Valley abzuprotzen. Am Ende dieser siegreichen Aktion sandte Lord Lucan einen Tadel an Lord Cardigan, daß er nicht zur Unterstützung der *Heavy Brigade* gekommen war. Über Jahre hinweg wurde in der „Times" eine hitzige Debatte zu diesem Thema geführt. Scarletts erstaunliche Heldentat ließ die Schlacht in einem anderen Licht erscheinen. Lord Raglan erkannte nun die Gelegenheit, die Redouten zurückzugewinnen und damit auch seine wertvollen Kanonen. Er schickte einen *dritten Befehl* an Lord Lucan:

„*Die Kavallerie soll vorrücken und jede sich bietende Gelegenheit nutzen, die Höhen zurückzugewinnen. Sie wird Unterstützung durch die Infanterie bekommen, ist bereits abkommandiert, rückt an zwei Fronten vor.*"

Die Formulierung dieses Befehls und Transkriptionsfehler bei seiner Übermittlung führten zu einem Mißverständnis. In der Version, die Lord Lucan vorgelegt wurde, folgte ein Punkt nach „abkommandiert" und er las: „Die Infanterie ist bereits abkommandiert. An zwei Fronten vorrücken." Er glaubte, er solle seine *Kavallerie an zwei Fronten vorrücken*, d. h. sowohl mit der *Heavy* als auch mit der *Light Brigade*. Außerdem hatte er verstanden, daß er *mit Unterstützung der Infanterie, die bereits auf dem Anmarsch sei*, die Redouten wiedergewinnen sollte. Er wartete eine halbe Stunde, aber keine Infanterie erschien. Ein Angriff ohne Infanterie wäre jedoch höchst leichtsinnig. Seine Männer von der *Heavy Brigade*, die noch unter dem Eindruck des soeben errungenen Sieges standen, wurden langsam unruhig und wollten weiterkämpfen. Doch Lucan hielt sie zurück. Dann ereignete sich folgendes: Einer der Berater Raglans bemerkte in den von den Russen eroberten Redouten eine Bewegung.

„Bei Jupiter, sie fahren meine Kanonen weg", jammerte Lord Raglan. Erbeutete Kanonen wären der gültige Beweis für einen russischen Sieg. (Tatsächlich hatten die Russen die Artilleriestücke nur bewegt, um sie für den erwarteten Angriff in Position zu bringen.) Nun diktierte Raglan rasch einen Befehl an seinen Berater General Airey. Der General brachte schnell eine Bleistiftnotiz zu Papier.[98]

Es war der verhängnisvolle *vierte Befehl*:

„Lord Raglan wünscht, daß die Kavallerie rasch an die Spitze reitet. Sie soll dem Feind folgen und versuchen, ihn davon abzuhalten, die Kanonen wegzuschaffen. Eine Abteilung der Artillerie soll sie begleiten. Die französische Kavallerie steht links von Euch. Sofort ausführen! (gezeichnet) *R. Airey."*

Airey übergab den schnell hingekritzelten Befehl seinem Adjutanten, Captain Leslie, der einen Meldereiter bestimmte. Das Schicksal wollte, daß Captain Edward Nolan neben ihm stand. Eben jener Captain Nolan, der mit seinem Freund, dem „Taschenherkules" Morris, für die „eingebildeten Grafen" nur Verachtung übrig hatte. Er riß dem Meldereiter die Notiz aus der Hand, sprang aufs Pferd und galoppierte, ehe ihn irgend jemand aufhalten konnte, auf den Pfad zu, der zum *North Valley* führte. Als er bereits den steilen Abhang hinunterritt, rief ihm Lord Raglan nach: *„Captain, meldet Lord Lucan, daß die Kavallerie sofort angreifen muß."*

Jeder andere hätte nachgedacht und versucht, auf die erwarteten Ereignisse Einfluß zu nehmen. Nicht so Captain Nolan, der von Ehrgeiz besessen und über die schändliche Untätigkeit der *Light Brigade* während des heroischen Angriffes durch die *Heavy Brigade* wütend war. Nolan war ein dickköpfiger Mann von fast leichtsinniger Kühnheit. Er ritt zu dem Grafen hinunter, den er so tief verachtete, „diesem eitlen Pfau, der unfähig ist, selbständige Entscheidungen zu treffen" und der in seiner Uniform steif vor den beiden Brigaden zu Pferd saß. „Lord Raglans Befehl, Sir." Er übergab die Bleistiftnotiz an Lord Lucan. Der Graf las den Befehl und war darüber völlig verblüfft. Da er im Talgrund lag und nicht von der Vogelschau wie Raglan profitierte, konnte er die Redouten nicht sehen, sondern nur einen einzigen russischen Soldaten im *North Valley*. Er sah sicher auch keine Kanonen, die zurückgewonnen werden mußten, wie es im Befehl Raglans angeführt war. Er las in aller Ruhe und zwirbelte dabei an seinem Schnauzbart. Nolan zappelte vor Ungeduld und kochte vor Wut. Schließlich konnte der Captain seinen Ärger nicht länger zurückhalten. Sein Gesicht zuckte, und haßerfüllt stieß er hervor: „My Lord, der letzte Befehl Lord Raglans lautete, daß die Kavallerie *sofort angreifen soll."*

Mit einem Blick voller Überheblichkeit schaute der Lord auf seinen Untergebenen: „Angreifen, Sir? Welche Kanonen angreifen, Sir?"

Schicksal ist kein Ereignis, das man unter vielen auswählen kann. Es geschieht einfach und beeinflußt Leben und Tod des Menschen. Das Schicksal des einzelnen kann jedoch in manchen Fällen von der willentlichen Entscheidung eines anderen Menschen abhängen. Wenn zum Beispiel ein dummer Befehl von einer ebenso dummen Person ausgeführt wird. Oder, und das war hier der Fall, ein überheblicher Tonfall kann eine gehässige, schicksalsträchtige Antwort heraufbeschwören. Alle Voraussetzungen für eine militärische Katastrophe waren vorhanden: ein überheblicher Graf, ein wirrer Befehl und ein hitzköpfiger Captain. Edward Nolan, der brillante Kavallerist, der sich als machtloser Zuschauer bei einer verpaßten Gelegenheit erwies, und der Umstand, daß aufgrund der Untätigkeit seines dilettantischen Kommandanten, eines anderen aufgeblasenen Grafen, Nolans Wut über seine Vernunft siegte. Der hochdekorierte Offizier eines ausgezeichneten Kavallerieregiments hob seinen Arm und zeigte direkt nach vorne, nicht in die Richtung der verlorenen britischen Kanonen bei den vier Causeway-Redouten, sondern an das Ende des Tales, direkt zur geballten Artillerie des Fürsten Menschikoff.

„Dort ist Euer Feind. Dort sind Eure Kanonen."

Mit diesem einzigen Satz besiegelte ein empörter Offizier das Schicksal der *Light Brigade*. Nolan wendete sein Pferd von Lord Lucan weg und schloß sich seinem Freund Captain Morris von den *17th Lancers* an. Sie fingen ein lebhaftes Gespräch an, doch Morris verriet niemals, worum es dabei gegangen war. Bis zu seinem Lebensende blieb er im Glauben, Edward Nolan hätte Lord Lucan die Anweisungen wortgetreu übergeben, so wie sie Lord Raglan formuliert hatte.

Lord Lucan sah sich einem Dilemma gegenüber, das er nicht aus eigener Initiative lösen konnte. Er blieb den *Queen's Regulations* (Anordnungen der Königin) treu, und diese waren eindeutig: „… Befehle, die durch Adjutanten übergeben werden, müssen mit ebensoviel Bereitschaft befolgt werden, als seien sie vom befehlenden General persönlich überbracht worden …"

Lucan strich seinen Waffenrock glatt, straffte seine Schultern und begab sich zu Lord Cardigan, der vor seiner Leichten Brigade hielt. Dies war das erste Mal seit Beginn des Krimkrieges, daß der dritte Earl von Lucan den Mann direkt ansprach, den er so sehr verachtete, den siebenten Earl von Cardigan.

„Lord Cardigan, die *Light Brigade* soll das North Valley hinaufrücken. Die *Heavy Brigade* wird Eurer Brigade folgen."

Sowohl Lucan als auch Cardigan mußten erkannt haben, daß dieser Befehl einer Opferung der englischen Kavallerie gleichkam. Hätte zwischen den beiden Grafen nicht dieser abgrundtiefe Haß bestanden, dann hätten sie den Befehl besprochen, statt einander stumm anzustarren, und dann wäre die *Light Brigade* nicht in den Tod geritten. Schließlich sagte Cardigan: „Sir, gestattet mir, Lord Lucan, Euch darauf hinzuweisen, daß die Russen in dem Tal zu unserer Front eine Batterie haben und außerdem Batterien und Schützen auf beiden Seiten."

„Ich weiß", antwortete Lucan und zuckte die Schultern, „aber Lord Raglan will es so."

Lord George Paget, Cardigans Stellvertreter, traute seinen Ohren nicht. Es war der reine Wahnsinn, Kavallerie ohne Unterstützung durch Infanterie in die offenen Mäuler einer großen Artilleriekonzentration zu senden. Er hatte sich soeben eine kostbare Zigarre angezündet, sollte er sie ausdrücken? „Zur Hölle", sagte er zu sich selbst, „ich kann doch wohl meine letzte Zigarre genießen. Hier geht sowieso der letzte meines Clans drauf."

Cardigan kam auf ihn zugeritten. „Lord George, wir haben den Befehl, von der Spitze anzugreifen. Ihr sollt die zweite Linie übernehmen, und ich erwarte Eure vollste Unterstützung."

„Die sollen Sie haben, Mylord." Damit klemmte er seine kostbare Zigarre zwischen die Zähne und ging daran, seine Linie aufzustellen, die 4. Leichten Dragoner und die 8. Husaren.

Zur gleichen Zeit formierte Cardigan seine erste Angriffslinie. Die 11. Husaren, die 13. Leichten Dragoner und die 17. Lanciers. Im letzten Moment wurden die 11. Husaren zurückgezogen, um eine dritte Linie zu bilden. Lord Cardigan begab sich selbst in die Vorhut, zog sein Schwert und befahl mit klarer Stimme:

„Die Brigade vorwärts – Schritt – Marsch – Trab."

In perfekter Paradeordnung begann die Leichte Brigade ihren Ritt in das Tal des Todes.

Stille lag über dem Schlachtfeld. Kein Schuß war zu hören und kein Hurrageschrei. Nur Stille. Den britischen Soldaten, die sich auf dem Kamm aufgestellt hatten, um das Schauspiel der genauen Anmarschbewegung auf den drei Linien zu beobachten, bot sich ein unglaublicher Anblick. Ebenso erging es den russischen Offizieren. Vielleicht fragten sie sich einen Augenblick lang, was im Kopf eines Kommandeurs vorgehen mußte, der seine Einheit ins sichere Verderben führte.[99]

Entlang der Fedioukine-Höhen, an der linken Flanke der Leichten Brigade, hatten die Russen acht Bataillone Infanterie postiert, vier Eskadronen Kavallerie und vierzehn Kanonen. Rechts von der Brigade lagen die Redouten, besetzt durch elf russische Bataillone mit dreißig Kanonen und einer zusätzlichen Batterie von Feldartillerie. Am Ende des Tales wartete die geballte Masse der russischen Kavallerie, unterstützt von zwölf Stücken schwerer Artillerie. Gegen eine derart beeindruckende Menge ritt die Brigade von 673 leicht bewaffneten Männern. Allen voran Lord Cardigan. Dies sollte der größte Tag in seinem siebenundfünfzigjährigen Leben sein. Er war vielleicht nicht mit herausragender Intelligenz ausgerüstet, aber er machte das durch seinen Mut wieder wett. Steif wie ein Brett saß er im Sattel, eine prachtvolle

Gestalt, in seiner kirschfarbenen und königsblauen Uniform mit dem pelzbesetzten Kragen und der großen Straußenfeder auf seinem königlichen Hut.

Die Stille wurde vom Krachen einer russischen Kanone zerrissen. Bald begann ein wahrer Kugelhagel, der die Reiter in Stücke riß. Captain Morris kam sich nackt und ausgesetzt vor, „wie ein winziger Käfer, der den Talgrund entlangkrabbelte". Er warf einen verstohlenen Blick auf die Hügel. Überall hinter den Felsen und Büschen waren die Russen. In diesem Moment geschah etwas, dessen genaue Umstände bis heute nicht geklärt sind. Captain Nolan, der neben Captain Morris ritt, gab seinem Pferd plötzlich die Sporen. „Das sollten Sie nicht tun, Nolan!" schrie Morris – aber Nolan stürmte weiter, führte sein Pferd quer über die erste Linie der Brigade und kreuzte vor Lord Cardigan auf, was einen noch nie dagewesenen Bruch mit den Grundregeln militärischer Etikette darstellte. Der Graf war leichenblaß, während Nolan seinen Säbel schwenkte und wie ein Verrückter schrie. Seine Worte wurden von den Explosionen übertönt. Niemals werden wir erfahren, was wirklich in Nolans Kopf vorging, die wahrscheinlichste Erklärung ist, daß er sich plötzlich schuldig fühlte, als er seinen schrecklichen Fehler erkannte und ihm klar wurde, daß er seine Kameraden in den sicheren Tod geschickt hat. Er versuchte, die Brigade doch noch zurückzuhalten. Aber zu spät! Schrappnellkugeln drangen in seine Brust ein. In seiner Uniform klaffte ein großer Riß, der sein Herz freigab, er schrie weiter und klammerte sich an die Zügel seines Pferdes. Es trug ihn noch durch die Linie der anmarschierenden Reiter, ehe es zum Stillstand kam. Dann glitt Edward Nolan tot aus dem Sattel.

Die Brigade hatte die Mitte des Tales erreicht. Russische Kanonen bestrichen es von beiden Seiten. Ihre Salven mähten die Ziele nieder, die sich ihnen durch den gemessenen Schritt der perfekten Linien boten. Captain Morris standen die Haare zu Berge. Er hatte niemals zuvor etwas so Fürchterliches erlebt, die Geschosse schlugen vor ihm, hinter ihm, neben ihm ein, Musketenkugeln zischten durch die Luft und trafen Mensch und Tier. Er blickte über die Schulter zurück. Seine Männer waren direkt hinter ihm, sie trabten weiter durch dicke Rauchwolken und aufspritzenden Schmutz. Erdklumpen und Reiter wurden durch die Luft geschleudert. Er fühlte sich völlig hilflos, von seinem Instinkt geleitet, stürmte er vor, so schnell ihn sein Pferd tragen konnte. Aus diesem mörderischen Feuer herauszukommen und direkt auf die Kanonen zuzureiten, erschien ihm das kleinere von zwei Übeln. Aber Cardigan wollte keinen Befehl zum Angriff geben. Morris ritt zu seinem Kommandanten. „Mylord, wir müssen angreifen oder schwerste Verluste erleiden."

„Ja *Sir*, Ihr habt recht. Aber so lauten die Befehle von Lord Lucan. Es hat sich nichts geändert. Sagt Euren Männern, sie sollen die Reihen schließen und Ihr reitet vor Eurer Einheit." Vielleicht führte gerade dieser langsame, besonnene Parademarsch-Angriff zur Unsterblichkeit der *Charge of the Light Brigade*.

Lord Raglan beobachtete von seinem Posten, hoch oben auf dem Hügel, voller Schrecken diesen Wahnsinn. Er konnte nicht begreifen, was in den Köpfen dieser Männer vorging. Er hatte gedacht, seine Befehle seien ganz deutlich gewesen: Zurückeroberung der Kanonen in den Redouten! Und nun dieser verrückte Angriff gegen die Artillerie von drei Seiten! Er konnte das Aufblitzen und Glitzern der Säbel inmitten der explodierenden Kugeln sehen. Die Offiziere um ihn herum brachen in Tränen aus. Das letzte Wort hat der französische General Bosquet, der bemerkte:

„*C'est magnifique – mais ce n'est pas la guerre.*" („Das ist großartig – aber das ist nicht Krieg.")

Immer mehr Kugeln rissen Lücken in die Linien. Immer mehr Männer fielen. Lord Lucan, der der *Light Brigade* mit seinen *Heavies* gefolgt war, befahl letzteren schließlich, den Anmarsch zu stoppen.

„Die da vorn haben bereits die Leichte Brigade geopfert, wir müssen nicht auch noch die Schweren hingeben. Wir können den Leichten höchstens noch beim Rückzug helfen." Und so sahen die *Heavies* voller Schrecken, wie ihre Freunde im Rauch am Ende des Tales verschwanden.

Der französische General Morris konnte dem Massaker nicht länger zusehen. Er führte seine *Chasseurs d'Afrique* auf eigene Verantwortung in eine Attacke gegen die russischen Kanonen auf den Fedioukine-Höhen. Seine wilden Atlas-Gebirgskrieger errangen einen glänzenden Erfolg, und das Kanonen- und Musketenfeuer an der linken Flanke von Cardigans Männern hörte auf. Die erste Reihe der Brigade hatte fast das Ende des Tales erreicht und damit auch die Linie der russischen Artillerie. Man konnte den Schauplatz nur etwa eine Sekunde lang sehen, aber ein Detail klar erkennen: Die Mündungen der Kanonen glichen klaffenden schwarzen Löchern … Sie hatten keine Zeit sich zu ängstigen und hatten keine andere Wahl: sie mußten voranreiten. Ohne Befehle stürmten die überlebenden Reiter los, weit über die Hälse ihrer Pferde vorgebeugt. Sie schwangen ihre Säbel und schrien ihre Verachtung heraus. Noch mehr Soldaten fielen, reiterlose Pferde stürmten quer über die Angriffslinie und wurden beiseite gestoßen. Und dann gab es ein gewaltiges ohrenbetäubendes Getöse, als plötzlich alle Kanonen zur gleichen Zeit feuerten. Pferde strauchelten und Männer starben, die zweite Linie unter Lord Paget, der seine Zigarre noch immer wütend zwischen die Zähne geklemmt hatte, ritt über Tote und Sterbende. Paget unterstützte Lord Cardigan „so gut er konnte". Sein Pferd wurde getroffen, das Blut spritzte aus der Flanke, aber es stolperte tapfer weiter. Der junge Lord war von reiterlosen Pferden umgeben. Kugeln pfiffen durch die Luft, Kanonen spien gelbe Flammen, und noch immer gingen die Männer der Leichten Brigade weiter. Schüsse krachten, Schreie gellten: „Anschließen! Anschließen! Auf ins Zentrum!" Kartätschenschüsse mähten ganze Reihen von Reitern nieder, der Lärm der

Kanonen übertönte den Donner der galoppierenden Hufe. Lord Cardigan war allen voran. Sie waren nun weniger als etwa hundert Meter von den Kanonenmündungen entfernt. Achtzig Meter ... siebzig ... sechzig ... vielleicht konnte es doch noch gelingen. Ein Hitzeschwall und ein Donner kam über sie, als alle zwölf Kanonen wieder feuerten. Die erste Linie der Reiter löste sich auf: sie wurden aus ihren Sätteln geblasen oder unter ihren Pferden begraben. Die zweite Linie tauchte in den Rauch und Gestank ein. Sie kämpften wie Wildkatzen, hatten aber angesichts der Übermacht der russischen Kavallerie und Infanterie niemals auch nur die geringste Chance, heil davonzukommen.

Überraschenderweise war Captain Morris noch immer im Sattel. Seine Augen tränten vom Rauch des Schießpulvers, er konnte weder Cardigan noch sonst jemanden von der Brigade sehen. Seine Sinne waren durch den wilden Sprung über die rauchenden Kanonen wie erstarrt. Das Blut sauste in seinen Ohren, er hielt seinen Säbel hoch erhoben und begann ziellos umherzureiten. Er versuchte über das Geschehene nachzudenken, warum ausgerechnet er von all seinen Männern noch am Leben war und was nun auf ihrem Rückweg passieren würde. Für einen ehrenhaften Mann gab es nur einen Ausweg, wenn ihn das Schicksal in eine derart grausame Lage gebracht hatte. Die Reste seiner dezimierten *17th Lancers* zusammenzutrommeln und sie aus dem Inferno zu führen. Doch dann bemerkte er ein großes Kontingent russischer Kavallerie auf sie zukommen. „*Siebzehnte*, mir nach!" Zwanzig Mann, das war alles, was von seiner Siebzehnten geblieben war! Mit diesen zwanzig Mann ritt er direkt auf die angreifenden Russen zu. Er stieß ein Geheul wie ein Wolf aus, mit jedem Schlag brüllte und fluchte er. Oberst Mayow hatte einige Überlebende der 13. Leichten Dragoner um sich gesammelt und kam ihm zu Hilfe. Gemeinsam trieben sie die Russen von der Geschützbatterie zurück. Als nächstes kam Lord Paget und warf sich mit dem, was von seinen 11. Husaren übrig war, in das Gemenge. Sie schlugen die Russen in die Flanken und trieben sie vom Feld. Die 4. Leichten Dragoner fielen über die russischen Kanoniere her und schlugen sie nieder. Das brachte die Kanonen endlich zum Schweigen. Während diese Einzelaktion stattfand, näherte sich eine riesige russische Streitmacht den 11. Husaren, und die Briten mußten rasch den Rückzug antreten. Lord Paget stoppte die Flucht. „Haltet die Linie, meine Burschen! Wenn ihr nicht die Stirn bietet, sind wir erledigt." Sie gehorchten wie ein Mann. Die Reste der 11. und 14. taten sich zusammen, es waren nur siebzig Mann. Ein Kavallerist rief: „Sie greifen von hinten an, Mylord." Lord George fragte: „Was zum Teufel sollen wir tun? Hat irgend jemand Lord Cardigan gesehen?"

Cardigan hatte die Attacke geführt, überlebte und war dann zurückgeritten. In seiner leuchtenden Uniform ritt er in zwanzig Schritt Entfernung an fünfhundert russischen Reitern vorbei. Ihr Kommandant, Prinz Radziwill, erkannte den Lord und hielt seine Kosaken davon ab, ihn niederzumachen. Cardigan gelang es, ihnen zu entkommen. Er hatte keine Ahnung, welches Schicksal der Rest seiner Leichten Brigade erlitten hatte. Er fühlte sich für die Katastrophe nicht verantwortlich: er hatte seine Pflicht getan und „die Brigade mit gebührendem Schwung geführt".

Die Männer, die noch reiten, gehen oder stolpern konnten, waren nun vollständig abgeschnitten. Russische Massen standen vor und hinter ihnen. Die ganze Länge des Talgrundes war mit toten und sterbenden Briten bedeckt, die Kanonen der Redouten auf den Causeway-Höhen schikanierten noch immer die taumelnden Überlebenden. Captain Morris vollführte ein wahres Spießrutenlaufen und brachte die wenigen Männer, die ihm noch geblieben waren, nach hinten, wo sie mit der *Heavy Brigade* zusammentrafen.

Inzwischen ritt Cardigan zu General Scarlett und brachte eine Reihe von Anklagen vor, nicht gegen den Befehl von Lord Raglan, sondern gegen die Beleidigung von Captain Nolan. „Eine Frechheit von diesem Mann, welch eine Unverschämtheit, vor mir her zureiten und wie ein verrücktes Weib zu schreien." Eben als er dies sagte, hob Scarlett seine Hand und unterbrach ihn. „Mylord, Ihr seid soeben über den Körper Captain Nolans geritten."

Der Rückzug gestaltete sich noch schrecklicher als der Vormarsch. Die Pferde verloren Blut, Männer taumelten auf schlimmste verwundet über den Talgrund entlang und wurden von Scharfschützen abgeknallt. Dann kam die russische Kavallerie. In der allgemeinen Verwirrung wurden die Russen, zum Glück für die Engländer, von ihren eigenen Kanonen beschossen und zogen sich zurück. Nur siebzig Mann von den 11. Husaren Lord Pagets und den 4. Leichten Dragonern konnten der Umzingelung entkommen, indem sie ihre erschöpften Pferde auf die russischen Lanciers zu trieben. Fünfzehn Mann der dezimierten 17. Lanciers schlossen sich mit einer Handvoll Männer der 13. Leichten Dragoner zusammen und stürmten fest entschlossen mitten durch die russische Infanterie.[100] Als die Russen sie kommen sahen, gerieten sie in Panik und schrien: „Gespenster." So profitierte die letzte Brigade für ihren Durchbruch von einem Überraschungseffekt.

„Was für eine Verwüstung auf diesen letzten Metern herrschte", schrieb Lord Paget an diesem Abend, „das Tal war übersät mit Toten und Verwundeten – alles meine Freunde."

Dann fand eine viel beachtete Begegnung statt. Lord George Paget traf, auf seinem Rückweg von den Kanonen und dem Gemetzel, den Grafen von Cardigan, der aus der entgegengesetzten Richtung kam. Paget war wütend und das mit gutem Grund. Nachdem ihm von Cardigan befohlen worden war, ihn „so gut, er konnte" zu unterstützen, sah er seinen Kommandeur nun von der Nachhut her kommen.

„*Hallo*, Lord Cardigan. Waren Sie denn nicht dabei?"

„Natürlich war ich dabei!"

Dieses kurze Gespräch, das von Kavalleristen zufällig mit angehört und einem Kriegsberichterstatter weitergegeben wurde, brachte das sich hartnäckig haltende Gerücht auf, Cardigan sei bei dem Angriff gar nicht dabeigewesen. Das war ungerecht. Denn er war dabeigewesen – nur war er einfach davongeritten, als ihm klar wurde, daß seine Brigade verloren war. Ohne auch nur einen Blick nach hinten zu werfen, hatte er sich aus dem Staub gemacht.

Von den 673 Reitern, die in das Tal ausgezogen waren, kamen 195 zurück, und noch viele starben später an ihren Wunden, denn die medizinische Versorgung steckte noch in den Kinderschuhen.[101]

Von dem Zeitpunkt an, da Lord Cardigan befohlen hatte: „Die Brigade soll angreifen!", hatte die ganze Aktion nur zwanzig Minuten gedauert. Es waren zwanzig Minuten, die in die Geschichte eingehen sollten, als „Der Totenritt von Balaklawa".

… oder als unsterbliches Gedicht, das ihre Tapferkeit hervorhob:

> „*Someone had blundered: theirs not to make reply*
> *theirs not to reason why, theirs but to do and die,*
> *into the Valley of Death rode the six hundred.*"

Was wäre, wenn …

Was wäre, wenn der *vierte Befehl* unmißverständlich formuliert worden wäre?

Lord Lucan hätte vermutlich das richtige Ziel erkannt und die Kavallerieaktion nicht ohne Unterstützung der Infanterie begonnen.

Was wäre, wenn das Benehmen Lord Lucans, dem ungestümen Captain Nolan gegenüber, etwas weniger arrogant gewesen wäre? Die Leichte Brigade hätte die Redouten angegriffen, die britischen Kanonen wiedererobert, und die viktorianischen Dichter wären des Materials für ein Drama beraubt worden.

Die Tatsachen

Der Ausgang des Krimkrieges legt über die offensichtliche Unfähigkeit seiner Führer Zeugnis ab. Zwischen Oktober 1854 und April 1855 kam es zu keiner größeren Aktion. Und doch erlitten die Alliierten in dieser Zeit 18.000 Mann Verluste. Sie starben allerdings nicht durch russische Kugeln, sondern durch Hunger, Cholera und

Kälte.[102] Obwohl 9.000 warme Mäntel in Balaklawa lagerten, wurden die Männer nicht damit ausgestattet. Denn nach Maßgabe der *Queen's Regulations* durfte ein Soldat nur alle drei Jahre einen Wintermantel erhalten ... und deshalb starben sie – wie vierzig Jahre zuvor die Männer der *Grande Armée* Napoleons oder neunzig Jahre später Hitlers Soldaten. Alle waren sie Opfer des russischen Winters.[103]

Nach ihrer Rückkehr nach London wurden Lord Lucan und Lord Cardigan von der Presse heftig angegriffen, und ein Sturm wurde ausgelöst, der schließlich zu einer militärischen Untersuchung führte. Im Juli 1856 entlastete ein Generalsgremium, das viele die „Reinwasch-Kommission" nannten, die beiden Lords. Lord Raglan gelang es, alle Schuld auf seinen Berater zu schieben, der den vierten Befehl schlecht formuliert hatte. Und General Airey, der Mann, der den vierten Befehl hingekritzelt hatte, sprach das Nachwort zu diesem verhängnisvollen Angriff: „Solche Dinge passieren halt im Krieg."

DER HINGE-FAKTOR IN BALAKLAWA war Dummheit und Starrsinn. Ein unklar formulierter Befehl, der mit Bleistift geschrieben war, sowie die unbedachten Worte eines hitzköpfigen Offiziers.

Drei Zigarren

„Stelle einen Mann in ein Loch,
eine gute Batterie auf einen Hügel hinter ihm,
und er wird für drei kämpfen,
selbst wenn er kein guter Soldat ist."

Col. Theodore Lyman,
Union Army Headquarters.

Sergeant John Bloss zitterte vor Kälte in der Morgendämmerung. Er kniff die Augen zusammen und versuchte zu erkennen, ob sich auf der anderen Seite des kleinen Flusses etwas tat. Aber dichter Nebel umhüllte das Feldlager, das die *27th Indiana* der *Union Army* am Flußufer nördlich von Sharpsburg errichtet hatte. An diesem frostigen Morgen brannten keine Freudenfeuer, obwohl die Soldaten sich gerne aufgewärmt hätten. Der kommandierende General hatte es verboten. Die Männer des „Old Fighting Joe" Hooker kauten Kaffeebohnen, um sich aufzuputschen.

„Hey, Boys, es sieht verdammt danach aus, als würde es bald losgehen. Die ganze *Potomac Army*[104] ist hierher verlegt worden. Wir können uns darauf verlassen, daß es hier heute noch ganz schön rundgehen wird", sagten die Soldaten mit der Überzeugung derer, die wissen, wovon sie sprechen.

Einige hundert Meter vom anderen Ufer des kleinen Flusses entfernt, blickte der Leutnant der Konföderierten, A. W. Garber, angestrengt in denselben Nebel. Er hatte auf dem Nicodemus Hill eine Batterie von Bronzekanonen der berittenen Artillerie General Jeb Stuarts aufgestellt. Am Abend vorher hatte er beobachtet, wie die *Union Army* in Stellung gegangen war, um Bobbie Lees Marsch auf Washington aufzuhalten.

Dann lichtete sich der Nebel, und er konnte die schwachen Umrisse des feindlichen Lagers erkennen. Er befahl seiner Batterie, das Feuer zu eröffnen.

Der blutigste Tag des amerikanischen Bürgerkrieges begann morgens um 5 Uhr 45.

103

Robert E. Lee war sich der Tatsache bewußt, daß er bei dem geringen Truppenaufgebot, das dem Süden zur Verfügung stand, keinen Ausdauerkampf gegen die Industriemacht der Nordstaaten führen konnte. Er mußte den Krieg zu Ende bringen – und zwar schnell. Dies konnte nur mit einem mutigen Vormarsch gelingen, und dafür war Robert E. Lee genau der richtige Mann. Ein Schlag mitten ins Herz des Feindes: Washington, die Hauptstadt! Nachdem er in der zweiten Schlacht von Bull Run im August die Union Army geschlagen hatte, durfte er sie nun nicht zur Ruhe kommen lassen. Er benötigte dringend frisches Material und Männer. Um die eigenen Truppen wieder auszustatten, bediente er sich der üppigen Reserven des Feindes und sandte „Stonewall" Jackson mit sechs Divisionen aus, um das Depot der Union in Harper's Ferry zu stürmen und zu plündern. General James Longstreet schickte er nach Hagerstown, um Nachzügler einzusammeln. Zehn Tage später würde seine Truppe wieder vollständig und einsatzbereit sein. General Robert E. Lee wollte dann auf Philadelphia, Baltimore und vor allem Washington marschieren. In ein paar Wochen wäre dann der Krieg vorüber, wenn nicht schon in ein paar Tagen. Zu diesem Zweck sandte er am 10. September 1862 zwei handgeschriebene Exemplare seines detaillierten Angriffsplanes *(Special Orders, Nr. 191)* an seine beiden Armeekommandeure.

Als am 13. September Teile des XII. Korps der *Union Army* den Konföderierten in der Nähe von Hagerstown nachzogen, hielt eine Kundschafterpatrouille, geführt vom First Sergeant John Bloss und Korporal Barton Mitchell, dort an, wo eine Konföderierten-Einheit kurz zuvor ihre Zelte abgebrochen hatte. Die Asche des Lagerfeuers glühte noch. Bloss bemerkte einen dicken Umschlag. Sergeant Bloss öffnete ihn, und ein Päckchen, eingewickelt in weißes Papier, fiel heraus. Er hob es auf und rief erfreut:

„Hey, Boys, seht euch das an! Zigarren! Barton, gib mir mal Feuer!"

Doch Barton hatte kein Feuer, und während der Korporal davoneilte, um Zündhölzer aufzutreiben, warf Bloss einen zweiten Blick auf das Papier. Er konnte zwar nicht lesen, aber Stempel und Unterschrift ließen erkennen, daß es sich um ein offizielles Dokument handelte, und er machte seinen Kompaniekommandanten darauf aufmerksam. Der junge Leutnant warf einen Blick auf das Papier und begann vor Erregung zu zittern. Zigarren waren für diese Männer aus dem Norden ein völlig unerwarteter Luxus. Und noch viel unerwarteter war die Notiz, in die sie eingewickelt waren: *General Lees Aufmarschplan!*[105] Der Leutnant sandte sie unverzüglich an den Oberkommandanten der *Potomac Army*, General George McClellan.

Selten hatte das Schicksal einem Kommandanten einen derartigen Vorteil geschenkt. Wegen drei verlorenen Zigarren mußten zwei Armeen einander in einer blutigen Schlacht gegenübertreten.

General George Brinton McClellan, 35, Oberkommandant der *Union Army*, der von seinen Truppen „der junge Napoleon" genannt wurde, wandte sich an General Ambrose Burnside und lächelte: „Wenn es mir diesmal nicht gelingt, Bobbie Lee zu schlagen, dürfen Sie mich den Rest meines Lebens einen Volltrottel nennen."

Jetzt oder nie! Die Gelegenheit war einzigartig. Aus dem Schlachtplan ging hervor, daß Lee seine Streitkräfte geteilt hatte. McClellan war bewußt, daß sich ihm eine einmalige Chance bot, er konnte einen Keil zwischen die Flügel seines Gegenspielers treiben, ein Manöver, ganz nach dem Stil seines großen Vorbilds Napoleon: spalte den Feind und vernichte ihn dann nach Belieben. Und doch zögerte er und tat nichts – so unglaublich das auch scheinen mag. Er stellte keine Spähtrupps zusammen, gab keine Befehle heraus, und kein einziger seiner Kommandanten wagte es, ihn zu drängen. Hier zeigt sich, daß die Armeen der Union von einer Reihe nicht besonders fähiger Männer geführt wurden: Generalmajor Ambrose Burnside, ein netter Mann, der über seine Fähigkeiten hinaus befördert wurde; Brigadier General Joseph „Fighting Joe" Hooker, ehrgeizig, schwer arbeitend, der aber nicht die Persönlichkeit zum großen Führer hatte; Brigadier Edwin V. Sumner, ein verknöcherter Kavallerist, ungestüm; Brigadier General Joseph Mansfield, beinahe sechzig, kurz vor dem Ruhestand.

Diesen Kommandanten des Nordens stand eine Armee von ungezügelten, aber hoch motivierten *Rebels* gegenüber. Bewaffnet mit der .577 Kaliber-Enfield-Muskete, konnten sie auf 500 Meter ins Schwarze treffen – anders als die napoleonischen Steinschloßgewehre mit nur 50 Metern Reichweite. Die Musketen waren für die Konföderierten Soldaten, die sie mit der Präzision von Eichhörnchenjägern bedienten, genau das Richtige. Doch die wahre Stärke der Südarmee lag in ihrem Oberkommando. Männer, deren Ruhm Jahrhunderte überdauern würde: Robert E. Lee, „Stonewall" Jackson, James „Old Pete" Longstreet, Jeb Stuart, Ambrose Powell Hill. Bessere und mutigere Führer als ihre Gegenspieler von der *Union Army*. Hier lag die wahre Stärke der Konföderierten.

Ein Spion hatte Lee davon unterrichtet, daß seine Schlachtpläne in die Hände der *Union Army* gefallen waren und daß die ganze Nordarmee eine Sperrstellung über die Straße nach Washington legte. Der General der Südarmee hegte gegen seinen Gegner General McClellan eine begründete, tiefe Verachtung. Die Route, die die Konföderation gegebenenfalls als Rückzugsweg benötigen würde, war von einem Fluß abgeschnitten, und der Feind war fast dreimal so stark wie sie selbst.[106] Umso verwegener war die Entscheidung von Robert E. Lee, an einem kleinen, noch unbekannten Flüßchen in Maryland, dem Antietam-Fluß, Aufstellung zu nehmen. Noch achtundvierzig Stunden bis zum Beginn der Schlacht. Alle Vorbereitungen waren getroffen, die Rollen waren verteilt.

17. September 1862. Wie vor jeder großen Schlacht, hielten sich die Statisten bereit: traditionsgemäß würden sie für eine bestimmte Sache – oder einfach ohne Grund – ihr Leben lassen. Es waren Männer wie Sergeant Billy Boy Coons, Baumwollpflücker aus Alabama. Er hatte am 14. September seinen neunzehnten Geburtstag gefeiert. Wie viele andere seiner Kameraden auch, sollte er an diesem Tag zum letzten Mal in seinem jungen Leben aufwachen. Im Lager herrschte reges Treiben. Einige Männer kochten Kaffee, andere starrten Löcher in den dichten Nebel. Andere wiederum … nun ja, die Männer der Rebellenarmee waren durch ein ernsthaftes Problem geschwächt: Sie litten an Durchfall. Aber jetzt, wo die Schießerei jeden Moment beginnen konnte, hielten sie nur noch dann nach einem Baum ausschau, wenn es um die persönliche Sicherheit ging. Billy Boy Coons freute sich auf das Gefecht, er haßte „diese eingebildeten Yankees". „Ich weiß genau, was ich hier zu tun habe. Zuerst werde ich mir ein paar von diesen Blauröcken vorknöpfen und es ihnen so richtig besorgen", sagte er mit einem breiten Grinsen, „und danach such' ich mir ein paar Mädels, knall' mich ins Heu und trinke Whiskey. Aber damit werd' ich wohl noch bis morgen warten müssen."

Sergeant Bloss – der Mann, der die Zigarren gefunden hatte – war im Biwak, das die Union in den Nordwäldern errichtet hatte, einige hundert Meter vom anderen Flußufer entfernt. Wie jeder in seiner Kompanie wußte er, daß kein Weg an dieser Schlacht vorbeiführte. Sein Leutnant, dieser einfache Kerl aus West Point, war der gleichen Ansicht. Bloss war aber von der Schlacht nicht ganz so begeistert wie der Mann, den er vor sich hatte. Nicht, daß er Angst hätte. Doch die Kälte und dieser ewige Schiffszwieback verursachten bei ihm das gleiche Magenproblem wie bei den Soldaten auf der gegnerischen Seite.

„Ich kann es kaum erwarten, nach Hause zu kommen und endlich mal wieder einen anständigen Fraß im Teller zu haben."

Im Hauptquartier der Union, das im eleganten *Pry House* untergebracht war, ging General McClellan nervös auf und ab. Die Männer waren bereit, die Kanonen standen auf ihrer Position, es fehlte nur ein Befehl. Doch der General konnte sich nicht entscheiden. Von seinen Oberleutnants umgeben studierte er den Plan mit den vielen bunten Fähnchen und Bleistiftpfeilen. Lees *Army of Northern Virginia* lag in einer Linie, die mit der Kavallerie Jeb Stuarts im Norden begann und rund um die Stadt Sharpsburg mehrere Ausbuchtungen machte, dann dem Antietam-Fluß folgte und schließlich im Süden auf den Potomac traf. Um 5.30 Uhr am Morgen gab McClellan schließlich einen Befehl heraus, der so verworren war, daß er jede Fehlinterpretation zuließ:

„Den Feind an seiner linken Flanke angreifen, mit einer kleineren Offensive von der

Hauptattacke ablenken, dabei soviel wie möglich herausholen, sobald eine oder beide Flankenbewegungen erfolgreich beendet sind, das Zentrum unter Einbeziehung aller verfügbaren Reserven angreifen."

* * *

Eine Gruppe föderativer Plänkler überquert im Morgennebel die Hagerstown-Landstraße. Auf einem Hügel erkennen sie eine strahlend weiße Dorfkirche und davor die abgeprotzten Geschütze eines Bataillons der Südartillerie. Verdammt! Die hatten „Napoleons"! Diese Kanonen waren Höllendinger. Und diese Burschen in Grau konnten die Dinger auch noch bedienen. Und dann geht plötzlich die Hölle los.

Beide Artillerien feuern, sobald die Kanoniere auf etwas zielen können. Und es gibt genug Ziele. General „Fighting Joe" Hooker macht seinem Spitznamen alle Ehre, als er sein Korps in breiter Formation gegen die Linie der Konföderierten treibt. Seine Blauröcke werden mit einem Hagel Kartätschenkugeln von oben begrüßt. Sie stammen aus „Stonewall" Jacksons Artilleriegeschützen, die auf dem Hügel rund um die Dunker-Kirche zusammengezogen sind. Ein Teil der Artillerie Jeb Stuarts befindet sich auf dem Nicodemus-Hügel. So können die Kanoniere der Konföderierten das Kreuzfeuer gegen Unionisten eröffnen, die über dieses Gelände heranstürmen.

Bei Hookers Anfangsattacke kommt es zu großen Verlusten. Er läßt die eigene Artillerie nach vorn bringen. Kanoniere auf Pferdewagen rasen über das Feld, sie gehen auf einer Anhöhe in Position und können von dort aus die Hagerstown-Landstraße überblicken. Unterhalb der Straße erstreckt sich riesig und goldfarben ein Maisfeld, etwa 1.200 Ar groß, in der Nähe von der Dunker-Kirche.

Und folgendes Bild bot sich General Hooker: „Das Maisfeld funkelte und blitzte in der Sonne, denn die Bajonette der versteckten Soldaten reflektierten das Licht, und wir konnten erkennen, daß es von feindlichen Soldaten nur so wimmelte. Meine Weisungen gingen dahin, meine noch verbliebene Artillerie zu sammeln, damit in die Aktion einzugreifen und schließlich das Feuer überraschend mit Kartätschen zu eröffnen."

Kartätschen sind etwas Schreckliches. Die Munition besteht aus Hunderten von Bleikugeln, die in einer leichten Blechhülle geladen werden. Wenn die Kanone gezündet wird, wird die Blechhülle weggeschleudert, und das Artilleriestück streut seine Kugeln wie eine riesige Schrotflinte. Es ist eine tödliche Waffe gegen jede dicht gedrängte Infanterie und bestens geeignet, diese unglücklichen Rebellen im Maisfeld zu erledigen.

Man kann sich vorstellen, was in den Köpfen dieser armen Kerle vorging, die mit eingezogenen Köpfen in den Halmen kauerten, ohne zu sehen, was um sie herum vorging, bis plötzlich der Mais – und damit sie selbst – niedergemäht wurden. Was sich dann ereignete, ist vermutlich das schrecklichste Massaker des ganzen Bürger-kriegs. Eine geballte Artillerie gegen eine massive statische Truppenformation. Die ersten Unionsoldaten, die in das Maisfeld stürmen, rutschen auf dem blutgetränk-ten Boden aus. Das Gemetzel ist furchtbar. Hookers heftiger Angriff führt durch das Maisfeld, und seine Truppen kommen bis zur Kirche hinauf, ehe „Stonewalls" Texas-Brigade den Angriff erwidert und den Boden wiedergewinnen kann. Eine Stunde lang gibt es einen Schlagabtausch von Angriffen und Gegenangriffen. Schub-weise kommen Kartätschenschüsse von den Kanonen der Konföderierten bei der Dunker-Kirche und den Unionskanonen hinter dem Maisfeld. Sie schlagen blutige Lücken in die Reihen der Angreifer und Verteidiger. Linien bleiben stecken, gehen wieder weiter, ziehen sich zurück, werden niedergemäht.

Man hört Schreie wie „*27th Indiana*, mir nach!", gefolgt von „*Virginians*, mit mir!"

Sergeant Bloss ist mitten im schlimmsten Gemetzel. Er sieht, wie Männer zu-sammenbrechen oder von den grau gekleideten Soldaten gejagt werden. Ihr Rebel-lenschrei geht durch Mark und Bein. Die blaue Welle fällt unter den Bajonetten der Grauen. Der West-Point-Leutnant hat seinen Arm mit einem Tuch abgebunden, um das Blut zu stillen, das vom Stumpf rinnt. Er sammelt die Kompanie. Und dann sind es wieder die Blauen, die die Grauen den Hügel hinaufstürmen, auf die kleine weiße Kirche zu. Wie ein im Sturm hin und her wogendes Weizenfeld bewegen sich die Soldatenwellen vor und zurück. Sie trampeln über die Toten hinweg. Blaue und graue Soldaten, die tot am Boden liegen, haben alle die gleiche Farbe: sie sind alle rot wie Blut.

Einer der Verwundeten ist der Soldat, der durch den Fund der drei Zigarren in gewissem Sinne für dieses vernichtende Blutbad verantwortlich ist. Sergeant Bloss führt einen Zug von Scharmützlern rund um die konföderierte rechte Flanke und stößt unerwartet auf eine Kompanie von Jeb Stuarts Kavallerie. Die Reiter schlagen die meisten seiner Männer nieder, Bloss selbst rettete seine Haut, indem er sich tot stellt.

Durch ihre überwältigende Menschen- und Feuerkraft gewinnt die Union am lin-ken Flügel der Konföderation die Oberhand. Fast erreicht die blaue Welle die Posi-tion der Rebellenartillerie bei der Dunker-Kirche. Eine Fügung des Schicksals kommt Lee zu Hilfe. Siegessicher besteigt General „Fighting Joe" Hooker sein ein-drucksvolles weißes Schlachtroß. Wie ein Leuchtturm über einem aufgewühlten Ozean überragt er trotzig das wilde Schlachtgetümmel.

Der siebzehnjährige Ossie Davis, ein Musketier der *19th Mississippi*, liegt in einem Hinterhalt im Schutz eines umgestürzten Baumstamms und stopft gerade eine Miniékugel[107] in den langen Lauf seiner Muskete, als er plötzlich sieht, wie aus dem undurchdringlichen Pulverqualm ein Reiter auf einem weißen Schlachtroß über dem Kamm auftaucht. Ossie kennt den Mann nicht, er weiß nur, daß er Offizier sein muß. Schon mit acht Jahren hat er von seinem Vater gelernt, wie man eine Muskete abfeuert. Er gibt Speichel auf seinen Finger und wischt kurz über das Korn. Diesen wirksamen Trick gegen den Halo-Lichtschimmer beherrscht er schon seit der Zeit, als er als kleiner Junge Opossums jagte. Dann zielt er sorgfältig und drückt langsam den Abzug. Das weiße Pferd bäumt sich wiehernd auf, und „Fighting Joe" Hooker fällt aus dem Sattel. Es ist kein tödlicher Schuß, aber Hookers Bein ist zerschmettert. Während ihn seine Leute vom Schlachtfeld tragen, ist der General fest davon überzeugt, daß die Attacke seines Union-Korps den Sieg herbeigeführt hat.

In einem alten Soldatensprichwort heißt es, daß *der Höhepunkt eines erfolgreichen Angriffes der Moment der größten Gefahr* ist. Wenn dieser Moment gekommen ist, muß eine zweite Angriffsformation zur Hand sein, um den Sieg der Anfangsattacke zu untermauern. Man benötigt Verstärkung, um die Breschen zu erweitern und das Terrain zu halten. Der große Napoleon hat in einer solchen Situation bei Waterloo versagt, und unser „junger Napoleon" macht nun den gleichen Fehler. McClellan zögert zu lange und verschenkt dadurch den Sieg. Ohne ihren dynamischen Führer zerbricht das Union-Korps Hookers an der Linie der Konföderierten. Zu der Zeit, als das Union-Korps von General Mansfield in die Handlung eingreifen soll, hat sich die graue Linie wieder gefestigt. Dem alten General gelingt es noch, durch das Maisfeld zu preschen, und er erreicht sogar fast die Dunker-Kirche. Doch seine Männer werden gestoppt. Verletzt und erschöpft ziehen sie sich zurück. Seit dem erfolgreichen Durchbruch Hookers war so viel Zeit vergeudet worden, daß Lee Teile der Reserven Longstreets herbeiführen konnte, um die Breschen zu schließen. Das Feld vor der kleinen weißen Kirche ist mit Leichen bedeckt. Generalmajor Mansfield ist tödlich verwundet, und sein Union-Korps zieht sich zurück. Die *Union Army* hat fürchterliche Verluste erlitten, eine Division nach der anderen wird aufgerieben, überall herrscht totale Verwirrung. Obwohl McClellan nun keinen ranghohen Kommandanten mehr an seiner rechten Flanke zur Verfügung hat, unternimmt er nichts, um die Lage zu verbessern. Offiziere geben widersprüchliche Befehle aus, die von anderen aufgehoben werden.

Es folgt eine Kampfpause, denn die beiden angreifenden Union-Korps waren vernichtet, und die Konföderierten hatten nicht genug Soldaten, um einen Gegenangriff einzuleiten. In der nächsten Stunde bringt die Artillerie auf beiden Seiten den Erdboden zum Beben. Allmählich wird klar, daß die Attacke der Union im Norden im Sand verlaufen ist.

Der zweite Akt beginnt um zirka neun Uhr vormittags in den Westwäldern. General Edwin Sumner, der fünfundsechzigjährige Kavallerist, der das XII. Korps der Union befehligt, erwartet, daß er in die vorderste Linie beordert wird, sobald der erste Schuß gefallen ist. Seit zwei Stunden hört er nun schon das Geschützfeuer an seiner rechten Flanke, doch er hat noch immer keinen Befehl zum Angriff. Er sendet

Kapitän John Hastings, seinen Adjutanten, in das Hauptquartier zu McClellan. Sein Bote bekommt McClellan niemals zu Gesicht. Statt dessen wird Hastings zur Seite genommen und erfährt vom Adjutanten des Generals: „Melde General Sumner, das sind nur Scharmützel. Wir werden euch entsprechende Befehle senden, sobald General McClellan bereit ist, das XII. Korps einzusetzen."

Noch ehe diese Mitteilung weitergegeben ist und ohne die Lage zu kennen oder zu wissen, wo „dieser verfluchte Bobbie Lee" Aufstellung nimmt, beschließt der ungestüme Kavallerist Sumner, sein Gewicht in das Zentrum der Linie zu werfen. Sein Problem besteht nur darin, daß er weder weiß, wo das Zentrum der Linie ist, noch was vor ihm liegt. Und was noch schlimmer ist: Durch eine Reihe widersprüchlicher Befehle kommt es dazu, daß er an der Rebellenlinie mit jeweils einer Formation nach der anderen anklopft, anstatt sein ganzes Korps für einen vernichtenden Sturm zu benutzen. Er führt seine Spitzendivision in einer konzentrierten Brigadefront direkt auf die Linie der Konföderierten zu. An seiner Flanke, in den Westwäldern, verbirgt sich eine mächtige konföderierte Reserve, von keinem anderen als dem berühmt-berüchtigten „Stonewall" Jackson persönlich befehligt. Zwei ganze Rebellendivisionen treffen Sumners Angriff in der Seite und schlagen die Yankees in die Flucht. Diese voreilige Aktion bringt Sumner nichts ein als einige tausend Opfer. Plötzlich wird er von Panik erfaßt und eilt zurück. Er muß die anderen Divisionen seines Korps davon abhalten, in den Kampf einzugreifen. Doch es ist zu spät, die Divisionen des XII. Korps sind bereits im Anmarsch. Sie erreichen den Ostwald, wo sie der führenden Division nachfolgen wollen. Ihren Kommandanten ist nichts von dem Massaker bekannt, das die führende Division Sumners dezimiert hat. Als sie einige Blauröcke zu ihrer Linken sehen, nehmen die Divisionsoffiziere an, dort müsse der Schauplatz sein, und dirigieren ihre Kolonnen in diese Richtung, auf einem nahen Feldweg. Ohne es zu merken, marschieren zwei Unionsdivisionen genau auf den schwächsten Punkt in der konföderierten Linie zu, der von wenigen Kompanien aus Alabama gehalten wird.

General Lee erkennt die ungeheure Gefahr. Anders als der Kommandant der Union, der aus der sicheren Abgeschiedenheit des *Pry House* heraus mit einem Teleskop nur einen kleinen Ausschnitt des Kampfes beobachtet, befindet sich Lee im Mittelpunkt der Schlacht.[108] Lee war zur 6. Alabama galoppiert, die einen tiefer liegenden Feldweg hielt, wo ihr Bataillonskommandant Lee versichert: „Herr General, Ihre *Alabamans* werden hier stehen, bis die Sonne untergeht oder bis der Sieg unser ist."

Einige der schlimmsten Kämpfe werden hier stattfinden: Dort, wo der Weg einen Meter unterhalb des Feldes verläuft. Die hiesigen Bauern nennen ihn den „*versunkenen Pfad*". Dieser Name wird sich bald ändern. Hier sollte der Augenblick des Ruhms kommen für eine kleine Gruppe von Südstaatlern unter dem Kommando von Sergeant Billy Boy Coons, dem Mann aus Alabama, der Whiskey und Mädchen liebt.

Mit Teilen von hölzernen Zaunlatten aus einer nahegelegenen Farm haben sie am Rand der Straße eine Brustwehr errichtet. Von dort aus können sie feuern, ohne dabei selbst ein Ziel für die angreifenden Unionisten abzugeben. Durch die hölzernen Pfosten hindurch beobachtet Billy Boy Coons, wie die Divisionen Sumners aufmarschieren. Sie haben keine Eile. In vier Reihen nähern sie sich feierlichen Schrittes, als kämen sie zu einer Osterparade. Er erinnert sich, was sein Vater ihm immer beim Entenjagen erzählte: „Fang immer mit dem letzten in der Reihe an, dann bemerken es die anderen nicht, und du kannst sie alle der Reihe nach abknallen." Billy Boy kriecht die Linie entlang und erzählt jedem seiner Scharfschützen das gleiche: „Nicht auf die erste Reihe zielen! Wenn sie sich zum Feuern niederknien, duckt ihr euch! Laßt sie schießen und ihre Kugeln vergeuden, dann zielt gut, aber auf die zweite Linie, die noch nicht gefeuert hat. So gewinnen wir Zeit zum Laden; wir müssen nur schneller sein als die verdammten Yankees – dann werden wir sie alle umlegen."

Dem gibt es nichts hinzuzufügen. Er schließt die Augen und schickt ein stummes Gebet zum Herrn. Was nun geschehen wird liegt nicht mehr in seiner Hand. Einige Momente der Stille, niemand spricht. Nur der entfernte Donner der Kanonen und der gemessene Schritt der herannahenden Kolonnen. Billy Boy schreckt auf, als einer seiner *Alabamans* einen Witz macht. Coon zischt: „Halt's Maul, Boy." Der „Boy" ist mindestens dreißig und er selbst erst neunzehn. Beide sind zu jung, um zu sterben. Er schaut über den Rand. Noch zu weit weg. Diese verdammten Yankees sollen erst mal näher rankommen, und dann schicken wir sie zur Hölle. Ein Offizier steht aufrecht hinter den hockenden Männern in der „*Sunken Lane*" und wartet, bis die Nordstaatler auf hundert Meter herangekommen sind und die erste Linie niederkniet, um anzuvisieren. Ein scharfer Knall ertönt, und eine Salve pfeift über die Rebellen hinweg. Ihr Offizier fällt, das Holz der Brustwehr splittert, aber keiner der Soldaten ist verletzt. Billy Boy übernimmt das Kommando.

„*Alabamans*", sagt er leise. Dann ein scharfes Kommando: „Feuer." Die Südstaatler feuern wie ein Mann. Sie zielen mit tödlicher Präzision. Eine ganze Linie der Angreifer strauchelt, fällt, der Rest bleibt verwirrt stehen. Es dauert eine halbe Minute, um eine Muskete zu laden. Das ist lange genug, um zwei weitere Salven in die Blauröcke zu schicken. Erst dann reagieren diese, drehen sich und laufen davon. Sie lassen Berge von Leichen vor der Brustwehr zurück.

Die Lage sieht folgendermaßen aus: Die Attacke der Union an der nördlichen Flanke ist zum Stillstand gekommen. Das Korps Hooker ist aufgerieben, ebenso die Soldaten Mansfields. Hooker ist verwundet, Mansfield tot. Die Attacke von Sumner endete in einer Katastrophe, das Zentrum der Konföderierten hält stand, und McClellan hat seine Reserven noch immer nicht herangezogen. Sumners Divisionen versuchen immer wieder, einen Übergang über die „*Sunken Lane*" zu erzwingen.

Männer preschen nach vorne und schreien ihre Wut den Soldaten entgegen, die sich hinter die Barrikade ducken. Die Nordstaatler halten, um zu schießen und bleiben stehen, um zu sterben. Tote und Verwundete häufen sich in ungeheuren Massen vor der „Versunkenen Gasse", die als „blutige Gasse" in die Geschichtsschreibung einging. Es kommen noch mehr Männer Sumners heran, doch ohne Erfolg. Auch die Rebellen haben große Verluste erlitten, aber nichts kann sie zum Rückzug bewegen. Sie haben ihrem Bobbie Lee versprochen, die Linie zu halten, und sie werden sie halten, oder dabei zugrunde gehen.

Einem New Yorker Regiment ist es gelungen, eine Position in der Flanke der *Alabamans* zu erreichen, von wo aus sie auf die Gasse hinunterschauen können. Sie zielen auf die zerknitterten grauen Uniformen und senden einen Feuerhagel in den Rücken der tapferen Verteidiger. Die Rebellen sterben einer nach dem anderen. Billy Boy Coons und seine letzten Getreuen halten noch immer den Frontalangriff ab. Dieses fürchterliche Schlachten bedeutet größtes Heldentum. Coons *Alabamans* schrumpfen auf sechzig, dann dreißig Mann zusammen ...

Für den Süden ist der Augenblick der Wahrheit gekommen. Sollte der Angriff Sumners erfolgreich sein, würde die Südarmee in zwei unzusammenhängende Teile zerbrechen. McClellan muß nun Stärke demonstrieren, seine frischen Reserven in das Zentrum werfen, damit sie die Armee von Nord-Virginia in den Potomac treiben. Lee erkennt, welch große Gefahr seinem Zentrum droht. Er stützt seine Linie mit allem, was noch kriechen kann: Köche und Schreiber nehmen die Musketen der Gefallenen zur Hand und sterben. Die „Blutige Gasse" ist mit Leichen übersät. Und ganz plötzlich geschieht ein Wunder! Die blaue Welle kommt ins Stocken. Lee fragt sich, was McClellan tun wird? Er tat nichts, wenn wir den geschriebenen Berichten Glauben schenken können.

Sumner hat bereits genug, und McClellan kann sich noch immer nicht entschließen, seine Reserven einzusetzen. Der Grund dafür ist bis heute ungeklärt. Vermutlich hat McClellan zu keinem Zeitpunkt versucht, die wirkliche Lage selbst zu ergründen. Seine Entscheidung stützt sich nur auf die pessimistischen Berichte von Sumners gescheitertem Angriff und auf die Tatsache, daß die Union einen Großteil seiner obersten Kommandanten wie Hooker, Mansfield und Richardson verloren hat. McClellan schließt daraus, daß sein ganzer rechter Flügel am Rand der Niederlage steht und sein Zentrum verloren ist. Und doch hat er ein ganzes Armeekorps zur Hand, dreißigtausend Mann unter General Franklin. Anstatt diese zum Angriff zu führen und das armselige Zentrum von Lee zu vernichten, stellt er das Korps zur Verteidigung ab! McClellans Schlachtplan gerät außer Kontrolle, mit der Geschwindigkeit eines Buschfeuers breiten sich die Kampfherde vom Norden zum Zentrum aus und drohen, auch im Süden aufzuflammen.

Generalmajor Ambrose Burnside, der Kommandant von McClellans linker Flanke, der seit den frühen Morgenstunden den Befehl zum Eingreifen erwartet hatte, erhält bis neun Uhr keine Befehle. Zu diesem Zeitpunkt sind die Attacken der Union, die von ihrem rechten Flügel aus in das Zentrum geführt worden waren, fehlgeschlagen. Endlich erreicht eine Nachricht das Hauptquartier Burnsides: „General McClellan wünscht, daß sie ihren Angriff starten, denn alles ist in bester Ordnung!"

Burnside, im Glauben gelassen, daß Lees Zentrum vernichtet sei, führt eine Attacke gegen den Fluß Antietam. Sie kommt zu spät und ist schlecht koordiniert. Die wenigen Informationen darüber, wo sie den Fluß überqueren können, hat er von zwei Bauern, die der Sache der Nordstaatler feindlich gegenüberstehen. Burnside hat eine ganz bestimmte Brücke im Auge, die für alle Zeiten seinen Namen tragen soll. Er befiehlt seinen Regimentern aus Pennsylvania und New York, diese Brücke einzunehmen, doch da gibt es ein Problem, und es hat nichts mit dem Widerstand von Rebellen zu tun. Seit Tagen schon hatte er sich geweigert, Whiskey für seine Truppen auszugeben, und seine Männer wollen erst in die Schlacht reiten, wenn sie ihre Ration bekommen haben. Aber selbst nach einer guten Portion Schnaps ist die Motivation der Truppen nicht besonders groß, und sie brauchen geschlagene zwei Stunden, um über die Brücke zu stürmen, obwohl Lee den vier frischen Divisionen nur ein einziges Regiment entgegenstellt.

Burnside hat Zeit verplempert, und das soll ihn teuer zu stehen kommen. Es hat schon etwas Komisches, wenn man bedenkt, mit welch konzentrierter Anstrengung ein ganzes Korps die zweieinhalb Meter breite Steinbrücke einnimmt. Zumal im Spätsommer der Antietam-Fluß nur knietief Wasser hat. Die dreißigtausend Mann Burnsides hätten ganz einfach durch das Wasser waten können. Entlang der Uferböschung gibt es weit und breit keinen einzigen Südstaatler, denn Lee hat mittlerweile keine Truppen mehr, um die Linie auf ihrer ganzen Länge zu schützen. Lee verläßt sich auf die Tatsache, daß kein Soldat der Welt jemals auf die Idee käme, blindlings in ein derart dichtes Unterholz zu marschieren, und liegt damit auch absolut richtig. An diesem Tag bekommt kein Nordstaatler nasse Füße.

McClellan weiß nicht mehr, was vor sich geht. Im Norden ist die Schlacht an einem toten Punkt angelangt, im Zentrum hatte der opferreiche Kampf der *Alabamans* Sumners Korps aufgehalten, und nun pfuscht ihm Ambrose Burnside bei dem Versuch ins Spiel, in die südliche Flanke von Lee einzudringen. Für Robert E. Lee ist die Situation nach wie vor kritisch. Und dann kommt ein neues Element hinzu, in Form eines wilden Rebellenhaufens, diesmal in Blau gekleidet. Es sind die Männer des konföderierten Generalmajors Ambrose Powell Hill. Sie tragen funkelnagelneue Uniformen und Schuhe aus den geplünderten Lagern der *Union Army* in Harper's Ferry, deshalb in Blau! General A. P. Hill hatte seine Divisionen etwa dreißig Kilometer von Harper's Ferry nach Boteler's Ford getrieben, in dem größten Gewaltmarsch des ganzen Bürgerkrieges.

Späher haben McClellan über den Anmarsch von A. P. Hill informiert, der sich bald an das Heer von Lee anschließen wird. McClellan hat noch immer das ganze Korps von Franklin zu seiner Verfügung und außerdem seine Kavalleriereserven. Lee zählt auf die Untätigkeit seines Rivalen und liegt damit richtig. Der „junge Napoleon" verschuldet selbst das Ende seiner militärischen Karriere. Von Selbstzweifeln geplagt, vergißt er mit seiner 11.000 Mann starken Kavalleriereserve den Anmarsch von A. P. Hill aufzuhalten. Zur Krönung begeht er einen weiteren Kardinalfehler indem er versäumt, seinen Kommandanten der Südflanke, General Ambrose Burnside, über die unmittelbare Ankunft des feindlichen Korps zu unterrichten.

Dritter Akt, früher Nachmittag. Trotz des „Whiskey-Problems", hat Burnsides mit seiner schwach geführten Attacke schließlich die Brücke erobert. Seine vier Divisionen wälzen sich über den Steinbogen und marschieren ohne weiteren Widerstand voran, überzeugt davon, das Lees Heer bald zweigeteilt sein wird. Zum Glück für den Süden treibt Burnside seine Divisionen jedoch nicht mit großer Eile an, denn er hat keine Befehle in dieser Hinsicht erhalten und außerdem nicht die leiseste Ahnung von der allgemeinen Lage.

Dann nimmt die Schlacht eine dramatische Wende. In dem Moment, wo die Heere einander gegenüberstehen, fügt sich das letzte Glied in die Kette von Lees Armee und nimmt genau dort Stellung ein, wo sie am meisten gebraucht wird. General A. P. Hill und General Robert E. Lee begegnen sich in einem Wäldchen. Hills Erscheinen ist der Höhepunkt eines der vielen sonderbaren Ereignisse dieser Schlacht. Die beiden Freunde umarmen einander. „Du bist gerade zur rechten Zeit gekommen", sagt ein äußerst erleichterter Lee, „wirf deine Männer gegen die rechte Flanke."

General Ambrose Burnside macht nun den gleichen Fehler wie einst Napoleon bei Waterloo mit Blüchers Preußen, als er plötzlich eine dunkle Wolke von Soldaten aus der Ferne auf seine Flanke zukommen sieht. Er überprüft die Lage durch sein Fernglas und winkt ab, um seinen Stab zu besänftigen. Alles in Ordnung – sie tragen blaue Uniformen. Das sind die versprochenen Reserven Mc Clellans – schlimmstenfalls sind es Nachzügler der Union. Er befiehlt, auf die Neuankömmlinge in Blau nicht zu feuern. Den ersten Hinweis darauf, daß doch nicht alles in Ordnung ist, gibt ein Offizierspferd, das stark blutend über das Schlachtfeld läuft. Burnside erkennt es, als das Pferd eines seiner Divisionskommandanten. Bis er seine Befehle ausgegeben und seine Divisionen wiederhergestellt hat, sind die brüllenden, grölenden Rebellen des Korps A. P. Hills bereits über ihm.

Und dann beginnt die „Schlacht der beiden Ambrose": Ambrose Hill gegen Ambrose Burnside. Der Ambrose aus dem Süden erweist sich als erfolgreicher, und der ungestüme Elan seiner Männer sowie ihre extreme Wildheit bringen die Unionisten schnell ins Wanken. Die Luft ist erfüllt vom grimmigen Rebellengeschrei. Nicht einmal das Knallen des Artilleriefeuers der Union kann dieses grauenhafte Heulen übertönen. Die Schlacht ist völlig außer Kontrolle geraten, es gibt überall Scharmützel, Kommandanten werden getötet, Hauptquartiere haben die Lage nicht länger im Griff, denn sie wissen weder, wo sich ihre Einheiten befinden, noch haben sie eine Ahnung davon, wer noch in der Schlachtordnung ist. Taktische Details verlieren ihre Bedeutung. Das Feld ist bedeckt von Verwundeten, ihre Schmerzensschreie werden vom Brüllen der Kanonen übertönt, von denen viele näher als 100 Meter stehen. Dann beenden die Geschütze das Feuer. Lee und Hill sind beunruhigt. Es gibt für die Musketen ihrer Männer keine Munition mehr. Sollte McClellan eine Gegenattacke starten, würden ihre Korps völlig vernichtet. Doch es gibt kein Anzeichen einer Gegenattacke, der Feind hatte wohl die gleichen Schwierigkeiten. Das Korps Burnside ist über den kleinen Fluß zurückgestoßen worden. Die Rebellen stehen am Rande des Wassers.

Es ist kurz nach fünf Uhr. Die Schlacht von Antietam ist vorüber.

* * *

Damit war eine der blutigsten Schlachten des Bürgerkrieges beendet. Beide Armeen standen fast am gleichen Standort wie zwölf Stunden zuvor – mit dem Unterschied, daß jetzt 14.000 Südstaatler und 12.000 Unionisten tot auf dem Schlachtfeld lagen.

Sergeant Bloss aus Indiana war schwer verwundet, doch er überlebte und kämpfte noch in einer anderen Schlacht. Er wurde schließlich bei Gettysburg getötet.

Sergeant Coons, der Knabe, der den Mädels nachsteigen, im Heu sitzen und Whiskey trinken wollte, Billy Boy Coons,[109] starb in der *„Bloody Lane"*.

Nach der Schlacht schrieb ein Junge aus Wisconsin an seine Mutter: „Was ich erlebt habe, war, als würden Himmel und Erde zusammenstürzen."

Ein Arzt aus den Südstaaten hielt sich die blutverschmierten Hände vor das Gesicht, um seine Tränen zu verbergen, und stieß hervor: „Ich hasse Kanonen."

David Strother, der unternehmungslustige Kriegsberichterstatter von „Harper's Weekly", sah Leichen, die entsetzlich aufgedunsen und pulverschwarz waren. Er schrieb in seinem Bericht:

„Viele waren so mit Staub bedeckt, zerfleischt, zerquetscht und niedergetrampelt, daß sie Erdklumpen glichen, und ich mußte zweimal hinschauen, bevor ich erkennen konnte, daß diese Haufen einmal Menschen gewesen waren."

Ein Konföderierter hatte das letzte Wort, als ein Offizier der Union im Maisfeld stehenblieb, um dem sterbenden Rebellen zu sagen: „Ihr habt gut gekämpft und gut gestanden."

„Ja", sagte der Rebell, „und hier liegen wir!"

Was wäre, wenn ...

Was wäre, wenn Sergeant Bloss sich nicht so sehr nach Zigarren gesehnt hätte?
Robert E. Lee hätte ungestört auf Washington marschieren können.

Was wäre, wenn McClellan entschiedener gehandelt hätte, als ihm die Schlachtordnung Lees übergeben wurde?
Er hätte einen Keil in Lees Heer treiben und die Armee Stück für Stück vernichten können.
In beiden Fällen wäre der Krieg zu Ende gewesen.

Die Tatsachen

Auf dem Schlachtfeld wurde rein gar nichts entschieden. Ambrose Burnside war kein Stonewall Jackson und Georg McClellan kein Robert E. Lee.

Die Schlacht von Antietam oder die Schlacht von Sharpsburg, wie sie auch genannt wird, war für Lee ein moralischer Sieg und für die Union ein politischer.

Der Ausgang dieser Schlacht führte dazu, daß Abraham Lincoln nun die Initiative übernahm und das Antlitz des Krieges sich für immer veränderte.

Antietam hielt Großbritannien und Frankreich davon ab, die *Konföderierten Staaten von Amerika* anzuerkennen. Hätten die beiden führenden europäischen Länder dies getan, wären die Vereinigten Staaten in zwei Republiken aufgespalten worden, 22 Staaten der Union und 13 Staaten der Konföderation.

Schließlich war Antietam für Präsident Lincoln eine günstige Gelegenheit, seine *Emancipation Proclamation*[110] zu verkünden, und zwei Generationen später waren die Vereinigten Staaten von Amerika die größte Industriemacht der Welt.

Eine nachträgliche geschichtliche Überlegung: Durch ein genaues Studium der Taktik von Antietam hätten die europäischen Mächte vielleicht die ungeheuren Fehler vermeiden können, die während der europäischen Kriege von 1866 und 1871 begangen wurden, und ganz sicher die Fehler, die zu Beginn des Ersten Weltkrieges gemacht wurden. Der Schrecken eines konzentrierten Artilleriefeuers gegen eine geballte Infanterie war ein eindeutiges Beispiel, wie man es nicht anstellen soll, doch niemand hat seine Lektion gelernt.

Der Hinge-Faktor der Schlacht von Antietam war ein Päckchen mit drei Zigarren. Sie verlängerten den amerikanischen Bürgerkrieg um weitere vier blutige Jahre.

Zwei Grafen und ein Prinz

Ihr glaubt, Ihr habt ein Reich gegründet
Und habt doch nur ein Volk zerstört.

Franz Grillparzer, 1866

Der Kommandant der österreichischen Festung Königgrätz befahl, die Schleusentore
zu öffnen. Der Wasserspiegel im Festungsgraben stieg stetig an. Ein schmaler Damm
führte über das überflutete Glacis. Es herrschte ein wildes Gedränge, und für die
Soldaten der Armee *en déroute* (in wilder Flucht) gab es bald weder ein Vor noch ein
Zurück. Von den Festungsmauern riefen Offiziere Befehle in deutsch, ungarisch, polnisch, serbokroatisch und italienisch und versuchten, das Chaos, das sich ihnen dar-
bot, in einigermaßen geordnete Bahnen zu bringen. Soweit das Auge reichte, sah
man Soldaten in Uniformen gekleidet, die irgendwann einmal weiß gewesen sein
mußten und nun schlammbespritzt, von Schießpulver verschmutzt und blutver-
schmiert waren. Sie versuchten, sich vom Fluß zu den Festungstoren hochzukämp-
fen. Pferdewagen, mit unzähligen Verwundeten völlig überladen, wurden vom Weg
in das immer weiter ansteigende Wasser gestoßen. Ertrinkende Männer schrien um
Hilfe. Artilleriestücke rutschen bei dem wilden Andrang vom Damm ins Wasser,
Reiter zwangen ihre Pferde die steile Böschung hinunter und brachen dabei ihren
Schlachtrossen oder sich selbst das Genick. Lauft, Soldaten, lauft, so schnell euch
eure Füße tragen, denn alles ist verloren. Langsam steigt der Abendnebel aus den
überschwemmten Feldern und legt sich wie eine schützende Decke über die tragischen Ereignisse.

Das Oberhaupt der geschlagenen Armee wußte von alledem nichts. Er war bis
zum Ende auf dem Schlachtfeld geblieben und war dann über eine weiter südlich
gelegene Brücke in das Gasthaus zurückgekehrt, von dem er an diesem Morgen auf-
gebrochen war. Zwölf Stunden nur waren seitdem vergangen – aber es waren zwölf
Stunden, welche die Zukunft Europas beeinflussen sollten. Die besiegten Generäle
saßen in der Wirtshausstube um einen Tisch versammelt. Schließlich erhob der
schlanke Mann mit dem großen Schnurrbart sein Glas: „Gedenken wir all der tapferen Männer, die heute vergebens gestorben sind." Zwölf Stunden zuvor waren
215.000 junge Soldaten voll Enthusiasmus mit ihm in die Schlacht gezogen. Nun
führte er die kümmerlichen Reste einer einst stolzen Armee zurück. Ihr Schicksal

war äußerst grausam gewesen. Der Feldmarschall stand langsam auf und ging vor die Tür. Er bestieg sein Pferd und ritt davon.

Beim Einbruch der Nacht telegraphierte der Kommandant der Festung seinem Kaiser: „Alle Armeekorps sind *en débandade* (in wilder Auflösung) in und um Königgrätz. Verteidigungsaktionen sind völlig ausgeschlossen. Erbitte telegraphische Befehle."

Es kamen keine Befehle.

* * *

Der österreichisch-preußische Krieg von 1866 hat von seiner historischen Bedeutung her immer im Schatten des französisch-preußischen Krieges von 1871 gestanden. Dennoch war es dieser Konflikt, der die Bühne für das Schauspiel der preußischen Militärexpansion vorbereitete, die schließlich mit der Schaffung des Deutschen Reiches im Spiegelsaal von Versailles endete. Hätte Österreich in der Schlacht von Königgrätz gesiegt, würden wir Bismarck nur im Anmerkungstext der Geschichtsschreibung finden. Dort wäre er als ein Mann beschrieben, dessen Visionen hoch über die tatsächlichen Möglichkeiten hinausgegangen waren. Außerdem wäre sein großartiges Vorhaben einer deutschen Vereinigung im Keim erstickt worden oder wäre erst gar nicht entstanden. Es hätte keinen ersten und zweiten Kaiser Wilhelm gegeben und vermutlich auch keinen Ersten und Zweiten Weltkrieg. Deutsche Marschordnung wäre niemals zum weltweiten Paradebeispiel militärischer Effizienz geworden.

Bismarcks Strategie war ganz einfach. Er wollte die Armeen dieses aufgeblasenen französischen Kaisers, Napoleons III., so lange vom Schlachtfeld fernhalten, bis er die Österreicher geschlagen und die preußische Kontrolle über Deutschland errungen hatte. Dafür benötigte er einen schnellen und durchschlagenden Sieg. Und vor allem einen, der Österreich nicht demütigen würde. Denn Wien sollte im Fall eines Krieges gegen Frankreich neutral bleiben und darüber hinaus Bismarcks Verbündeter an der Ostgrenze gegen das Zarenreich werden.[111] Es mußte schnell und mutig vorgegangen werden. Bismarck traf eine kluge Wahl: Mit General Helmuth Graf von Moltke hatte er einen Mann ausgesucht, der seinen politischen Willen mit militärischen Mitteln durchsetzen sollte.

Österreich war ein riesiges Reich, in dem viele verschiedene Volksstämme, Rassen, Sprachen und Religionen zu Hause waren. Es gab Aufstände gegen die von Wien erzwungene eiserne Herrschaft in Polen, Ungarn und Italien. All diese Revolten wurden von den Truppen Kaiser Franz Josephs brutal niedergeschlagen. Mitte des 19. Jahrhunderts wurde die österreichische Armee die zentrale Institution der achthundertjährigen Habsburgermonarchie – die sich langsam, aber sicher auf ihr Ende zubewegte. Die Armee trägt die alleinige Verantwortung für die verlorenen Kriege gegen Italien (1859) und Preußen (1866), zwei relativ unbedeutende Feinde.

Schuld an diesen Niederlagen war einzig und allein die Unfähigkeit des österreichischen Offizierskorps, das die langen friedlichen Jahre der Metternich-Ära mit zeremoniellem Drill verplempert hatte, anstatt die Soldaten im Gebrauch von Gewehren einzuweisen oder der Truppenmoral ein wenig mehr Aufmerksamkeit zu schenken. Das einzige, was den Soldaten zur psychologischen Unterstützung mit auf den Weg gegeben wurde, war eine doppelte Weinration, bevor sie in eine Schlacht zogen. Das Geld wurde mit der Bezahlung überflüssiger, aber teurer Generäle vergeudet und einer schwerfälligen Bürokratie in den Rachen geworfen. Die Verwaltung der Armee war genauso ineffizient wie korrupt, die verfügbaren Mittel wurden für Besoldung ausgegeben, anstatt in moderne Waffen investiert zu werden. Technische Neuerungen, die die Kriegsführung in diesem aufstrebenden Industriezeitalter revolutionierten, wurden einfach nicht zur Kenntnis genommen. Dadurch waren ungeheure Verluste vorprogrammiert, und indirekt trug dieses Versäumnis auch dazu bei, daß das preußische schnellfeuernde Zündnadelgewehr mehr Ruhm erlangte, als ihm eigentlich gebührte.

Die österreichischen Divisionskommandeure hielten Mitte des 19. Jahrhunderts noch immer an der napoleonischen *charge à l'outrance* (Angriff mit dem größtmöglichen Aufgebot) fest. So wurden riesige Armeen in sinnlosen Attacken vergeudet. Dennoch muß man zugeben, daß die österreichische Infanterie erfolgreich war, wenn sie denn kompetent geführt wurde. Bei Magenta (1859) verhinderten sie den Durchbruch der *furia francese*, und die Franzosen wurden weit zurückgedrängt.[112] Bevor Graf Stadion bei Solferino den Rückzug antreten mußte, hatte er die kaiserliche Garde Napoleons III. ein gutes Stück zurückgeschlagen. Und die Franzosen waren so übel zugerichtet, daß sie den österreichischen Truppen auf dem Rückzug[113] nicht mehr in die Quere kamen. An diesem Tag hatte die vielsprachige Streitmacht unter der brillanten Führung eines österreichisch-ungarischen Korpskommandanten all ihr Können unter Beweis gestellt. Es war General Ludwig Ritter von Benedek, ein Mann, der von seinen Truppen geliebt und von seinen Vorgesetzten in hohen Ehren gehalten wurde. Übrigens schätzten ihn auch seine Feinde: Sie nannten ihn „den österreichischen Bayard".[114]

Benedek war Ungar, was in der österreichischen Armeehierarchie als Nachteil angesehen wurde. Aber der alte Feldmarschall Radetzky[115] erkannte bald Benedeks Führungsqualitäten. Beim Ausbruch des Krieges gegen Preußen wurde Benedek, nunmehr 62 Jahre alt, in einstimmiger Entscheidung der Oberbefehl über die gesamte österreichische Streitmacht gegeben. Von seinem Kaiser dazu gedrängt, akzeptierte Benedek nur äußerst ungern. Erstens, weil er – so seine eigenen Worte – absolut nichts über den böhmischen Kriegsschauplatz wußte. Zweitens, weil er immer nur gegen Italiener und Franzosen gekämpft, niemals aber den Preußen gegenübergestanden hatte. Und vor allem war er sich seiner persönlichen Grenzen bewußt.

Obwohl er ein mutiger Korpskommandant war, konnte er sich nicht vorstellen, eine Armee von einer Viertelmillion Männer anzuführen. Und zu allem Überfluß zwang ihn der Kaiser noch, zwei absolut ungeeignete Männer als Stabschefs zu akzeptieren. Krismanic war klug, aber faul, und Henikstein war dynamisch, aber dumm. Als Benedek von ihrer Bestellung durch kaiserliches Dekret erfuhr, erklärte er: „Die beiden sind für diesen Posten so geeignet, wie ich zum Komponieren einer Oper." Benedek war ein Feldkommandant, kein Federfuchser. Er beugte sich den Gegebenheiten und tat, wie ihm geheißen. Von dem Moment an, da er das Kommando übernahm, lag die Niederlage jedoch bereits in der Luft.

Ihm gegenüber stand Graf Helmuth von Moltke. Aufrecht, schonungslos, preußisch. Er hatte den österreichisch-italienischen Krieg von 1859 studiert, und nach seiner Einschätzung war für zukünftige Siege allein die Feuerkraft der Infanterie entscheidend. Aus taktischen Gründen hatte er seine Einheiten mit dem revolutionären Hinterlader-Zündnadelgewehr von Dreyse bewaffnet,[116] das er 1864 bei einem Einsatz gegen die Dänen erprobt hatte. Seine Infanteriebataillone konnten wesentlich schneller feuern als der Feind, und da sie im Liegen laden konnten, verringerten sich gewaltig die Verluste an Männern. In der Regel hinterließen sie ein verwüstetes Schlachtfeld. Für ihn war es offensichtlich, daß dieses Gewehr die preußische Armee zum Sieg über die Vorderlader Österreichs führen würde.[117] Die feindlichen Soldaten konnten, selbst wenn sie hinter einem Schutzwall lagen, nicht schnell genug laden, um seine Infanterie daran zu hindern, nahe heranzukommen und ihr mörderisches Schnellfeuer über den Feind zu ergießen. Und bei der Verteidigung konnten seine Männer am Boden bleiben und den Feind einfach ins Kreuzfeuer laufen lassen.

Aber selbst wenn das Zündnadelgewehr König der Infanterie wurde, war die Artillerie noch immer die „Königin des Schlachtfeldes". Die Stärke der österreichischen Armee lag in ihren hervorragenden Kanonen. Nach ihrer Niederlage bei Solferino rüsteten sie mit 8-Pfünder-Vorderladerkanonen aus Bronze wieder auf. Als die britische *Royal Navy* erkannte, daß die Beherrschung der Meere zukünftig von dampfbetriebenen eisernen Schiffen abhängen würde, begannen sie, mit geschmiedeten Rohren zu experimentieren, die mit Spiralen aus Stahl zusammengehalten wurden. Bald darauf kam es zu einer epochemachenden Erfindung: Alfred Krupp, der Stahlwerksbesitzer aus dem Rheinland, entwickelte ein revolutionäres Verfahren, bei dem es gelang, Stahl zu fehlerlosen Rohren zu gießen. Die Hinterladerkanone war geboren. Moltke stattete einige seiner Feldbatterien mit diesem neuen Geschütz aus. Aber Geschütze allein konnten den Ausgang einer Schlacht nicht entscheiden. Das konnten nur die Führer tun. Und auf dem Schlachtfeld von Königgrätz standen einander eine halbe Million Menschen gegenüber und warteten auf Befehle.

Österreichisches Hauptquartier bei Königgrätz. Vom österreichischen General Gablentz kam die Meldung, daß sein Korps bei Trautenau einen Sieg errungen hatte. Das war die gute Nachricht. Weniger erfreulich war die Tatsache, daß die österreichische Seite dreimal so viele Verluste zu beklagen hatte wie die preußische. Das Problem war, so dachte Benedek, daß die österreichische Armee nicht mit Kanonenfeuer den Kampf eröffnete, sondern daß ihre Taktik der Bajonettangriff war, und dies selbst im Verteidigungsfall. In der Zwischenzeit wurde Benedek mit Telegrammen vom Kaiser bombardiert. Er antwortete: *„Bitte Eure Majestät dringend, Frieden zu schließen. Katastrophe für Armee unvermeidlich."* Die Antwort des Kaisers war kurz und bündig: *„Frieden zu schließen ist unmöglich. Sollte es keine andere Möglichkeit geben, befehle ich, sich in guter Ordnung zurückzuziehen. Hat eine Schlacht stattgefunden?"*

Benedek hatte keine Wahl. Er wählte Königgrätz als Standort. Es war eine gute Position, besonders zur Verteidigung, denn von dort aus hatten seine Kanoniere ein freies Schußfeld von etwa 2.000 Meter. Das Zentrum seiner Truppen lag auf den vorderen Abhängen einer Hochebene, mit der Elbe im Rücken. Die rechte Flanke hatte am Flußufer Stellung bezogen, sein Zentrum war von dichtem Wald umgeben und dadurch vor einem breiten Angriff großer Formationen geschützt. Die linke Flanke war eine feste Verteidigungsstellung, konnte aber im Notfall zu den verschanzten Artilleriestellungen zurückstoßen.

„Getrennt marschieren, gemeinsam schlagen!" Moltke arbeitete nach einem ausgeklügelten Plan und teilte seine Armee in zwei Stoßformationen auf, deren Erfolg davon abhing, wie präzise die beiden Armeeflügel ihre Bewegungen aufeinander abstimmten. Die 1. Armee wurde vom Kronprinz geführt, die 2. Armee von Prinz Friedrich Karl. Wäre Benedek mit dem Genie Napoleons gesegnet gewesen, und hätte er jede der preußischen Armeen einzeln angegriffen, dann wäre ihm der Sieg sicher gewesen. Das Glück geht Hand in Hand mit dem Risiko, und es waren die Preußen, die ein Risiko eingingen. Die Kundschafterpatrouillen der österreichischen Kavallerie waren nicht sehr unternehmungslustig, und Benedek bekam keine präzisen Angaben über den Aufenthaltsort von Prinz Friedrich Karl. So wußte Benedek nicht, daß sich die preußische 2. Armee während des Treffens bei Gitschin mit der Elbearmee von Herwarths vereinigt hatte, und er hatte auch keine Ahnung davon, das die preußischen Hauptstreitkräfte durch die Korps von Bonin und von Steinmetz Verstärkung bekamen. Für seinen Gegenspieler Graf Moltke setzte das einige riskante Truppenbewegungen voraus. Am 1. Juli waren die beiden preußischen Armeen einander nahe genug gekommen, um die Österreicher zwischen zwei Fronten zu bedrängen. Moltke bestimmte die Lage der Österreicher nach den Berichten seiner Kundschafter und erkannte nach genauer Analyse der Situation, wo die Schlüs-

selstelle lag: Es war ein verschlafenes Dörfchen namens Chlum. Wenige Bauern-
häuser gruppierten sich dort rund um eine Kirche. Der Ort selbst lag im Schutze
eines dichten Tannenwaldes, dem Swiepwald.

Am 2. Juli legte General Moltke um Mitternacht dem König von Preußen seinen
endgültigen Schlachtplan vor. Die Elbearmee sollte die österreichische linke Flanke
angreifen, die 2. Armee von Friedrich Karl, verstärkt durch von Bonins Korps, sollte
gegen das Zentrum der österreichischen Truppen vorgehen. Zur gleichen Zeit sollte
der Hauptangriff, geführt vom preußischen Kronprinzen, die rechte Flanke des
Feindes überwältigen. Das Wetter verschlechterte sich, und es regnete die ganze
Nacht. Aufgrund von Kommunikationsschwierigkeiten startete die 2. Armee von
Prinz Friedrich Karl bereits um drei Uhr, während die Hauptstreitkräfte unter dem
Kronprinzen bis zum Morgen im Lager blieben.

Ritter von Benedek hatte die Nacht im Gasthof *Zur Stadt Prag* verbracht. Er blickte
aus seinem Fenster. Der Morgen war naß und feucht, aus den zertrampelten Weizenfeldern stieg Dunst auf. Er setzte sich nieder, um an seine Frau zu schreiben.
*„Wenn mein altes Glück mich nicht ganz verläßt, kann es zum guten Ende führen,
kommt es jedoch anders, dann sage ich in Demut: Wie Gott will. Du, mein Kaiser und
Österreich werdet meine allerletzten Gedanken und Gefühle beherrschen. Bin ruhig und
gefaßt, und wenn erst die Kanonen in rechter Nähe donnern werden, wird mir wohl
werden."*
Er hatte seinen Brief noch nicht beendet, als er den Donner der Kanonen schon
hörte.

Keine Seite wußte viel über die andere. Benedeks Lage war taktisch klug, auch wenn
er der Elbe den Rücken zuwandte. Um sieben Uhr erreichten die ersten Kolonnen
der 2. preußischen Armee unter Prinz Friedrich Karl das Bistritztal. In der Annahme,
die Österreicher befänden sich auf der anderen Seite des Flusses – was strategisch lo-
gisch gewesen wäre –, und ohne die Ankunft der Armee des preußischen Kronprinzen abzuwarten, schickte Prinz Friedrich Karl ein Kavallerieregiment los, um die
Brücke über die Bistritz bei Sadowa zu nehmen. Sie trafen auf ein österreichisches
Jägerbataillon[118], das hier seine Stellung eingerichtet hatte, um ein Verzögerungs-
gefecht durchzuführen. Obwohl sie überrascht worden waren, reagierten die weiter
hinten postierten österreichischen Batterien rasch und empfingen die Preußen mit
einem heftigen Sperrfeuer, worauf diese sich unter großen Verlusten zurückziehen
mußten. Als nächstes schickte der preußische General mehrere Bataillone Infanterie
nach vorn, mit kräftiger Unterstützung durch die Granaten der eigenen Artillerie. Die
Dörfer am anderen Ufer wurden dabei dem Erdboden gleichgemacht.
Während dieser Anfangsphase war Benedek noch immer unterwegs zu seinem

Kommandoposten in der Nähe des Dorfes Lipa. Als er sein Hauptquartier erreichte, traf er auf Krismanic, der soeben erfahren hatte, daß der Kaiser ihn entlassen hatte. Henikstein, Benedeks zweiter Adjutant, konnte seine Schadenfreude über das Mißgeschick des Kollegen nicht verbergen.

Rasch machte sich Benedek ein Bild von der Situation: Im Zentrum hatte er 44.000 Mann und 134 Geschütze, an der linken Flanke standen 51.000 Mann und 140 Kanonen, und der rechte Flügel bestand aus 55.000 Mann und 176 Geschützen. 47.000 Soldaten, 11.500 Mann Kavallerie und 320 Geschütze bildeten die Reserve. Benedeks Stellungen waren uneinnehmbar – vorausgesetzt, daß alle Korpskommandanten sich strikt an die Anweisungen hielten und sich nicht von ihrer zugewiesenen Position entfernten. Er beschloß, Teile seiner Reserveartillerie heranzuführen, um das Zentrum zu verstärken. Deshalb suchte er sie persönlich auf. Der „Bayard von Österreich" war beliebt wie eh und je, und die Truppen begrüßten ihn mit einem herzlichen „Hurra!" oder „Zivio!" oder „Eljen!", während die Regimentskapellen den Radetzkymarsch spielten. Danach ritt er den Hang hinauf, um die Schlachtordnung von oben zu begutachten. Wie befohlen, hatten sich die drei Korps der Vorhut in vorbildlicher Ordnung in das Waldgebiet bei Sadowa zurückgezogen. Das Wundergewehr der Preußen konnte in den dichten Wäldern nur wenig ausrichten. Als die Preußen einen Angriff versuchten, antwortete ihnen das vernichtende Feuer seiner Batterien. Hier im Swiepwald wurden die preußischen Bataillone von den österreichischen Geschützen zu Kleinholz gemacht.

Als die ersten Salven durch das Bistritztal donnerten, saß der Kronprinz noch beim Frühstück und nahm dann die Parade seines eigenen Regiments ab.[119] Ein Meldereiter stürmte heran: „Hoheit, die Schlacht hat schon begonnen!" Die Situation war die gleiche wie fünfzig Jahre zuvor bei Waterloo. Prinz Friedrich Karl (Napoleon) griff an, und der Kronprinz (Grouchy) hörte den entfernte Donner von Kanonen. Anders aber als Grouchy seinerzeit bei Waterloo, begann die Armee des Kronprinzen dem Kanonendonner entgegenzumarschieren.

Für die Österreicher war eines klar: Moltke hatte einen Fehler begangen. Es war ein schwerwiegender Irrtum, mit nur einer Armee zu attackieren. Hier bot sich zweifellos die Gelegenheit zu einem Sieg, zumal weit und breit noch kein Zeichen des preußischen Kronprinzen mit der Hauptarmee zu sehen war. Benedeks Hoffnung, seine überlegene Artillerie könnte die Preußen demoralisieren und ihm den Sieg zuspielen, war nicht unbegründet. Aber auf Grund eines Ereignisses, das bald stattfinden sollte, dürfte er diese Hoffnung schnell aufgegeben haben.

Die Grafen von Thun und von Festetics waren zwei österreichische Korpskommandanten, beide waren viel zu reich und hatten viel zu gute Beziehungen zum Hof in Wien, um den Befehlen eines einfachen „Ritters", der noch dazu ein Magyare war, zu gehorchen und ihre Flankenposition gegen den erwarteten Angriff der Hauptarmee des preußischen Kronprinzen zu halten, der sowieso nirgends zu sehen war. Die Grafen, die sich auf ihren Befehlsständen befanden, ohne eine Möglichkeit zu sehen, sich selbst ruhmreich in den Kampf einzumischen, empfanden ihre Untätigkeit als langweilig und unehrenhaft. Sie begingen nun den katastrophalen Irrtum, ohne Befehl ihre Korps etwa 1.000 Meter über die Hauptverteidigungslinie der Österreicher hinaus zu führen, die bis zu diesem Augenblick entlang eines Höhenrückens den festen Schutz für die ganze österreichische Armee garantierten. Ihr Abzug verursachte genau die Situation, die Benedek durch die Anordnung seiner festen Stellungen vermeiden wollte. Die zwei Grafen marschierten gegen die preußische 7. Division, unter General von Fransecky, so daß sich dieser plötzlich einem Angriff von massiven Wellen österreichischer Infanterie im Swiepwald erwehren mußte. Durch den angrenzenden dichten Forst konnten die Österreicher ihre zahlenmäßige Überlegenheit nicht ausspielen, und ihre Bajonettangriffe zeigten wenig oder gar keine Wirkung. Beinahe wie bei Azincourt waren die vorderen Reihen in eine fürchterliche Schlacht Mann gegen Mann verwickelt, während die hinteren Reihen nicht eingreifen konnten. Die Preußen erkannten bald, daß der österreichische Vormarsch ohne jeden Gedanken an die Sicherung ihrer eigenen Flanken geschehen war, welche einige preußische Regimenter nun attackierten. Im darauf folgenden Getümmel entglitt den österreichischen Kommandanten die Situation vollends, Einheiten griffen ohne Befehl an, und andere wurden zum Schutz der Flanken zurückgezogen. Währenddessen führte ein disziplinierter preußischer Schlag zur Einnahme des Dorfes Cistowes. Graf Festetics erkannte seinen Fehler und beauftragte eine Brigade, die Lücke zu schließen. Die Preußen verschanzten sich in den Häusern des Dorfes und feuerten von Fenstern und über Mauern auf die heranstürmenden weißen Wellen. Es war ein ungleicher Kampf, in dem alle österreichischen Offiziere, die meisten ungarischen Soldaten des 12. Regiments und zahlreiche italienische Soldaten des 26. getötet wurden.

Graf von Festetics trieb nun einen Bajonettangriff gegen das Dorf. Bei dieser tapferen, aber sinnlosen Offensive, wurde er selbst schwer verwundet und sein Adjutant getötet. Daraufhin übernahm General Mollinary das Kommando. Graf Thun beobachtete das Debakel aus der Entfernung und, ohne sich darüber bewußt zu sein, was dort mit den Männern von Festetics geschah, trieb sein 2. Korps in ein wahnsinniges Gemetzel im Swiepwald. Die Österreicher kämpften tapfer, aber selbstmörderisch. Regimentskapellen spielten den Radetzkymarsch, Offiziere marschierten mit erhobenen Säbeln vor ihren Bataillonen, ihre Soldaten gaben keinen einzigen Schuß ab, sondern verließen sich nur auf „den kalten Stahl ihrer Bajonette". Und das, obwohl sie genau auf das Feuer dieses neuen, schnell feuernden Zündnadelgewehrs zumarschierten. Die meisten von ihnen kamen nicht näher als fünfzig Meter an die preußischen Linien heran. Vor dem Wald häuften sich Berge weißgekleideter Leichen, ihre herrenlosen Bajonette zeigten gen Himmel. Ein Bataillon nach dem anderen wurde vernichtet, es war ein regelrechtes Massenschlachten von Österreichern, Ungarn, Italienern und Kroaten. Von Franseckys Preußen wußten, daß sie der Attacke standhalten mußten, weil sonst die Österreicher das preußische Zentrum überrollen würden. Die 7. Division der Preußen war beinahe aufgerieben. „Stehen und sterben!" lautete der Befehl. Sie standen und sie starben, Mann für Mann, 84 Offiziere und 2.036 Männer. Aber sie wehrten den österreichischen Angriff ab.

Als Benedek hörte, daß die beiden Korpskommandanten sich nicht an seine wohlüberlegten Anweisungen gehalten hatten und er von den schrecklichen Verlusten erfuhr, die sich daraus im Swiepwald ergeben hatten, war er außer sich. Es war immer dasselbe mit diesen undisziplinierten österreichischen Aristokraten! Die direkte Folge ihres unüberlegten eigenmächtigen Handelns war, daß seine Abwehrstellung nach Norden nunmehr völlig offen und ohne Verteidiger dastand. Es war zu spät, sie zurückzurufen. Zum Glück hatte der Feind die unverteidigte Lücke zwischen dem Swiepwald und den Einheiten an der Flußlinie nicht entdeckt. Benedek konnte nur beten, daß die Armee des Kronprinzen nicht im Anmarsch auf das Schlachtfeld war. Die Antwort ließ nicht lange auf sich warten.

Es geschah um 11 Uhr 30. Benedek erhielt die Meldung, daß sich die Gardeeinheiten des Kronprinzen seiner rechten Flanke näherten. Er wurde beich, zerknüllte das Papier mit der Meldung und stopfte es in seine Tasche. Alles hing nun von der entscheidenden Bewegung des 4. Korps Festetics' (Mollinarys) und des 2. Korps Thuns ab. Wieder einmal galt es, eine klaffende Lücke in der österreichischen Verteidigungslinie zu füllen.

Zur gleichen Zeit, etwa neunzig Minuten nachdem im mörderischen Kampf Mann gegen Mann Tausende gefallen waren, schafften die tapferen Österreicher schließlich ihren Durchbruch im Swiepwald. Kurz darauf hörten sie die Trompeten, die sie zurückriefen. „Zurück? Zurückgehen? Wir sollen alles aufgeben, was wir unter solchen Opfern errungen haben?" fragten die Einheiten in polnisch, ungarisch, rumänisch, kroatisch, italienisch. „Was meinen die Generäle mit zurückgehen?" Sie hatten die Preußen geschlagen. Hatte ihr Sieg keine Bedeutung mehr, war der hohe Blutzoll vergebens gewesen? Der einfache Soldat konnte das nicht begreifen, und die Offiziere konnten es weder sich selbst noch ihren Truppen erklären, denn die Kompanieführer, die das Gemetzel überlebt hatten, sprachen nur deutsch. Eines war jedenfalls sicher, die Regimentsmusik spielte nicht länger den mitreißenden Radetzkymarsch. Der Wald, den sie in eine Leichenhalle verwandelt hatten, blieb still. Eine Kompanie nach der anderen marschierte zurück, vorbei an toten und verwundeten Kameraden. Jetzt, wo sich die Truppen zurückziehen mußten, hatten die Opfer keine Bedeutung mehr. Die Soldaten fühlten sich im Stich gelassen, ihr Kampfgeist war zerbrochen. Als sie aus dem Dickicht der zerschossenen Bäume heraustraten, erblickten sie vor sich den Kirchturm von Chlum.

Benedek überprüfte persönlich, ob General Mollinary seinen Befehlen gefolgt war und seine dezimierten Bataillone rasch in ihre ursprüngliche Position geführt hatte. Die Bataillone waren noch auf dem Rückmarsch, als die Divisionen des preußischen Kronprinzen zuschlugen.

Der Kronprinz und seine Armee kamen gerade in dem Moment an, als sie am meisten gebraucht wurden. Schnell erfaßte der Prinz die Lage. Er sah brennende Dörfer in der Richtung des Bistritztales. Offensichtlich war die Armee von Friedrich Karl dort stecken geblieben. Eine unmittelbare Entlastungsaktion gegen die österreichische rechte Flanke war erforderlich. Vor ihm lag ein steiler Hang, dessen Spitze ein Lindenhain krönte. Er war sich bewußt, wie gefährlich es war, mit Infanterie diesen Hang zu stürmen, aber er *mußte* das Risiko eingehen. Er befahl seinen Gardebataillonen, sich in Gefechtsformation aufzustellen. Langsam begannen sie, den Hügel hinaufzusteigen, den er Lindenberg[120] nannte. Von weit hinten eröffneten österreichische Geschütze das Feuer auf seine anmarschierenden Linien. Doch seine Soldaten sahen keine einzige Musketenkugel, und von der Infanterie des Feindes war nichts in Sicht. Plante dieser schlaue Teufel Benedek einen Hinterhalt? Würden die österreichischen Bataillone mit ihren Bajonetten und lautem Kampfgebrüll den Abhang herunterstürmen? Nichts dergleichen geschah.

Die erste Gruppe der preußischen Garde erreichte die Hügelkuppe – und fand die österreichischen Schützengräben verlassen! Der Kronprinz rief zu einem sofortigen Sturm auf die ungeschützten österreichischen Artilleriebatterien auf. Preußische Bataillone rasten bergauf und liefen über den Kamm des Hügels. Von hier aus konnten sie auf die österreichische Armee hinunterschauen und, darüber hinweg, auf die heranstürmenden Kolonnen des preußischen Korps von General von Bonin.

Das strategisch bedeutende Dorf Chlum wurde von der Appiano-Brigade gehalten. Um 14 Uhr 45 kam Oberst Neuber in Benedeks Hauptquartier an, er war weiß wie ein Leintuch.

„Herr Feldzeugmeister, eine Meldung unter vier Augen."

„Wir haben hier keine Geheimnisse voreinander, mein lieber Neuber. Was ist denn so wichtig?"

Seine Stabsoffiziere stellten sich rund um ihren Kommandanten auf, um die Mitteilung zu hören.

„Dann muß ich berichten, daß die Preußen Chlum eingenommen haben!"

„Erzählen Sie keinen Unsinn, Neuber."

„Herr Feldzeugmeister, es ist die Wahrheit, die Preußen haben Chlum."

Nun wurde Benedek blaß. Er sprang auf sein Pferd, gefolgt von seinem Stab. Als sie eine Anhöhe erreichten, sahen sie das Dorf Chlum vor sich liegen, und im selben Moment traf sie ein Kugelhagel. Heniksteins Pferd wurde getötet, Fürst Esterházy fiel aus dem Sattel, Graf Grünne wurde schwer verwundet. Was war mit Appiano und seiner Brigade geschehen? Niemand konnte es sich erklären. Alles, was man wußte, war, daß die Preußen das Zentrum der Österreicher durchbrochen hatten. Jetzt ging es um Minuten. Benedek raste zu seinem 3. Korps, um mit ihm die Preußen wieder aus dem Dorf zu jagen. Eine ungarische Einheit näherte sich. Zum ersten Mal fehlte ihrem „Eljen!" der Schwung. Und zum ersten Mal zeigten die Ungarn wenig Begeisterung, ihrem magyarischen General zu folgen.

Dann begann das 3. Korps die Offensive, und eine Welle weißuniformierter Soldaten nach der anderen stürmte gegen das Dorf. Benedek war selbst mitten im wildesten Kampfgeschehen, und in rasendem Galopp von einer Einheit zur nächsten, spornte er seine Truppen zum Angriff an. Die Preußen hielten ihre Stellungen in Bauernhöfen und Häusern. Die Friedhofsmauer war ihre letzte Barrikade, dort war Paul von Hindenburg, ein junger Unterleutnant.[121] In zwanzig Minuten verloren die Österreicher 300 Offiziere und über eintausend Mann. Dennoch gelang es ihnen, in das Dorfinnere vorzudringen. Ein Regiment umstellte die Kirche und nahm 300 preußische Gardisten gefangen. Oberst Waldersee pflanzte die Regimentsfahnen zum letzten Gebot auf. Prinz Anton von Hohenzollern wurde verwundet und gefangengenommen. Dann kam das berühmteste aller österreichischen Regimenter: *die Deutschmeister*. Der Großteil des Dorfes war nun wieder in österreichischer Hand. Nur General von Hiller, der preußische Divisionskommandant, und einige seiner Füsiliere boten noch Widerstand. In diesem Moment erreichte ein Major vom Korps von Bonins die Verteidiger.

„Gott sei Dank, da seid ihr ja endlich", sagte der preußische General.

„Wir bringen solide Verstärkung, Herr General."

„Nun wird sich alles zum Guten wenden", sagte General von Hiller, fiel vom Pferd und starb. Von Bonins preußisches Korps stürmte nach vorne. Der Gegenangriff war erfolgreich. Sie schwenkten um die österreichische Flanke und trieben die weiß uniformierten Bataillone aus dem Dorf.

In einem Wäldchen protzte eine österreichische berittene Artilleriebatterie ab, und ihre acht Geschütze zeigten auf Chlum. Die Preußen beantworteten diese wagemutige Aktion mit verstärktem Feuer aus tausend Gewehren, und der Geschützkommandant, Major von der Gröben, wurde getötet. Bald war die Kanonade zu Ende. Als die ersten Preußen Gröbens Batterie erreichten, fanden sie zwei Offiziere und 52 Schützen tot am Boden liegend. Nun konnte nichts mehr den preußischen Angriff aufhalten.

Da es keine Möglichkeit gab, die Flut frischer preußischer Truppen aufzuhalten, die sich durch Chlum über sein Zentrum ergoß, beschloß Benedek, der ungedeckten Flanke seine volle Aufmerksamkeit zu schenken, ebendort, wo seine Korpskommandanten Thun und Festetics ihre Stellung verlassen hatten. Ohne den Befehl Moltkes abzuwarten, attackierte der preußische Kronprinz sofort das zurückeilende Korps Thuns und drang in die entblößte Flanke ein. Nach dem Verlust des Zentrums hatten die Österreicher nun auch keine rechte Flanke mehr.

Gegen 15 Uhr erfuhr Benedek, daß auch seine linke Flanke angesichts eines konzentrierten Angriffs der preußischen Elbearmee den Rückzug angetreten hatte. Um 15 Uhr 40 begann der Generalangriff von drei preußischen Spitzen. Jetzt war es aus für Benedek, und es galt zu retten, was noch zu retten war. Er mußte den Fluchtweg über die Elbebrücken schützen. Um den Feind aufzuhalten, setzte er seine Kavalleriereserven ein. Es folgten mehrere Kavallerieschlachten, deren Schrecken und Ausmaß nur vom verheerenden Angriff Neys bei Waterloo übertroffen wird. Staubwolken zeigten an, wo die Reitermassen anstürmten, aufeinandertrafen und sich zurückzogen. Die Artillerie beider Seiten feuerte wild mitten in die Reiter hinein und verstärkte das allgemeine Chaos.

Spät am Nachmittag ritten der König von Preußen und General Moltke über das Schlachtfeld. Die Verluste waren auf beiden Seiten gewaltig. 44.000 Österreicher und 9.000 Preußen. Überall lagen tote Soldaten: Im flachgetrampelten Korn, im hohen Gras. Sie hingen im Gestrüpp und in den zerfetzten Bäumen des Swiepwaldes. In einem dutzend Dörfer waren Preußen und Österreicher im Tod vereint.

Die Schlacht war vorüber, das Schlachtfeld gehörte den Toten.

Was wäre, wenn ...

Was wäre, wenn die Armee des Kronprinzen zur verabredeten Zeit aufgetaucht wäre, das heißt zum Beginn der Schlacht?

Die beiden österreichischen Korps von Thun und Festetics hätten ihre Stellung sicher gehalten und die preußische Attacke gestoppt. Die überlegene österreichische Artillerie hätte wahrscheinlich den Ausgang der Schlacht bestimmt.

Die Tatsachen

Nach der Schlacht wandte sich ein preußischer General an Bismarck: „Exzellenz, Sie sind nun ein großer Mann. Aber wenn der Kronprinz zu spät gekommen wäre, wären Sie jetzt alles andere als ein Held." Bismarck nickte und zitierte den berühmten Satz von Wellington: „Ja, es war ganz schön knapp."

Die preußischen Armeen waren zu erschöpft, um die geschlagenen Österreicher zu verfolgen. Und das war Bismarck auch gerade recht, denn er brauchte die Österreicher schließlich für die Verwirklichung seiner außenpolitischen Pläne. Moltke sah die Dinge anders. Am Abend, nachdem der letzte Schuß gefallen war, hielt er seinen Generälen vor, sie hätten den Sieg nicht effektiv genützt. (Das beweist wieder einmal, daß Krieg führen eine zu wichtige Angelegenheit ist, um sie den Generälen zu überlassen.) Moltkes nächste Aufgabe war es, die grundlegende Taktik seiner Armee zu reformieren. Er hatte genau gesehen, daß nicht das Zündnadelgewehr der König gewesen war, sondern daß die Treffsicherheit der Richtschützen der österreichischen Artillerie um ein Haar den Sieg verhindert hätte.[122] Durch diese selbstkritische Analyse der Schlacht von Königgrätz konnte er 1870 den Krieg gegen Frankreich gewinnen.

Auf dem Feld von Königgrätz hatte Frankreich beinahe eine ebensogroße politische Niederlage erlitten wie Österreich. Napoleon III. erkannte nun, daß ihm nichts anderes übrigblieb, als der aufstrebenden Militärmacht Preußen entgegenzutreten. Um dem preußischen Zündnadelgewehr Paroli zu bieten, wurde die französische Infanterie schnellstens mit dem Chassepot-Gewehr aufgerüstet.[123] Frankreich hatte sogar eine noch verheerendere Waffe entwickelt, *la mitrailleuse* – das Maschinengewehr,[124] doch wurde diese als Artilleriewaffe eingesetzt. Diese wichtigste aller technischen Entwicklungen des ausgehenden 19. Jahrhunderts wurde nicht zur Unterstützung der Infanterie genutzt!

General Ludwig Ritter von Benedek wurde seine Treue nicht gedankt. Er erhielt eine Note aus Wien. *„Se. Majestät der Kaiser haben anzubefehlen geruht, daß gegen Eure Excellenz eine Voruntersuchung rücksichtlich der Führung der hochdero Kommando anvertrauten Armee ... etcetera ..."* Benedek wurde vor ein Kriegsgericht gestellt. Er mußte schriftlich erklären, niemals die wahren Umstände seiner Unterredung mit dem Kaiser bekanntzugeben. Dann flog er ohne großes Federlesen raus.[125] Der „Bayard von Österreich" starb als gebrochener Mann.

Das österreichische Armeekommando wurde rekonstituiert, und dem neuen Generalstab gelang es, die Schwachstellen zu reparieren, die zur Katastrophe von Königgrätz geführt hatten. Kaiser Franz Joseph blieb im französisch-preußischen Krieg von 1870/71 neutral, und Bismarck marschierte bis in den Spiegelsaal von Versailles. Wilhelm I. wurde zum Kaiser gekrönt, und ein vereinigtes Deutschland marschierte unter preußischer Leitung dem Jahr 1914 entgegen und damit dem Ersten Weltkrieg.

Das achthundertjährige österreichische Kaiserreich sollte niemals mehr eine Vormachtstellung auf der Weltbühne einnehmen. Auf den böhmischen Hügeln hatten die Armeen ihre letzte Chance vertan, den Gang der Geschichte zu beeinflussen.

DER HINGE-FAKTOR DER SCHLACHT BEI KÖNIGGRÄTZ lag in der Mißachtung klarer Anweisungen durch zwei Grafen und im Zeitpunkt der alles entscheidenden Ankunft der Armeen eines Prinzen.

Ein Schlag ins Gesicht

General Ludendorff: *„Die russischen Soldaten
kämpfen wie Bären."*
Oberst Max Hoffmann: *„Gewiß, Herr General,
aber diese Bären werden von Eseln angeführt."*

Gespräch zwischen General Ludendorff
und Oberst Hoffmann, Tannenberg, 1914.

Der Mann in der schlammbespritzten Uniform lehnte mit dem Rücken an einer von
Schrapnelleinschlägen zertrümmerten Birke. Er hob den Kopf, wandte den Blick
nach oben und erblickte einen Schwarm von Wildgänsen, die am tiefblauen Himmel
vorüberzogen. Er wünschte sich sehnlichst, mit ihnen fliegen zu können. Aber er
konnte nicht. Er hob langsam seine Pistole, setzte sie an die Schläfe und drückte ab.

Es heißt, er hätte sich geschämt, dem Zaren gegenüberzutreten. Er ist nie begraben
worden, denn niemand hat ihn je gefunden. Er war eben einer von den vielen Tausenden, die im schicksalsträchtigen August des Jahres 1914 in den Sümpfen der Masurischen Seen umkamen.

* * *

Im zaristischen Rußland war Krieg eine dem Adel vorbehaltene militärische Ehre.
Bauern waren Kanonenfutter, Grafen dagegen erhielten automatisch den Rang des
Obersten, Prinzen und Herzöge waren Generäle. Alexander Samsonow bildete die
Ausnahme. Obwohl er weder Prinz noch Herzog war, hatte er es zu einem ziemlich
fähigen Administrator mit guten Beziehungen gebracht.

Das Oberkommando der russischen Streitkräfte lag in den Händen des Großher-
zogs Nikolas, dem Onkel des Zaren. Die Armeen waren in zwei Gruppen aufgeteilt,
die nördliche Gruppe gegen die Deutschen aus Ostpreußen und die südliche Gruppe
gegen die Österreicher in Polnisch-Galizien. Die Nordarmee, d. h., die erste und
zweite russische Armee, hatte niemals die Tatsache berücksichtigt, daß die beiden
geplanten Angriffsziele jeweils auf der anderen Seite der Masurischen Seen lagen,
und Seen waren für die Soldaten des Zaren noch nie ein gutes Omen gewesen:
Auch Austerlitz hatte an einem See gelegen. Die Deutschen waren zwar zahlenmäßig

weit unterlegen, verfügten aber über größere Beweglichkeit und konnten die beiden durch das Wasser getrennten Armeen einzeln angreifen, lange bevor diese sich miteinander vereinen konnten.

Die erste russische Armee in Wilna wurde von General Pavel Rennenkampf kommandiert, einem sehr kompetenten, sehr aristokratischen und sehr arroganten Mann. Aufgrund seiner deutschen Abstammung, seines preußischen Namens und des Junkerbarts erfreute er sich keiner großen Beliebtheit bei den Truppen. Und hartnäckig hielt sich ein Gerücht, wonach „unser General seine deutschen Cousins besuchen wird". Das verbesserte sein Image auch nicht gerade.

Die zweite russische Armee wurde von Alexander Samsonow geführt, der nur zwei Wochen zuvor aus dem Ruhestand zurückgerufen worden war. Der General litt unter starkem Asthma, und starker seelischer Druck löste heftige Anfälle bei ihm aus. Die idealen Bedingungen zur Führung einer Armee waren nicht gegeben. Darüber hinaus besaß Samsonow nicht die aggressiven Fähigkeiten seines Erzrivalen Rennenkampf. Er war jedoch bekannt dafür, mit verbissener Entschlossenheit Befehle auszuführen.

Die Kommandostruktur im Norden war wieder einmal ganz dem Waterloo-Prinzip nachempfunden. Der rechte Flügel stand unter Rennenkampf, einem impulsiven, aggressiven General vom Schlage eines Marschalls Ney, der leicht außer Kontrolle geriet, während der russische linke Flügel von einem Grouchy geführt wurde, dem übervorsichtigen Samsonow, der niemals im Takt des Kanonenfeuers marschierte. Und diesmal sollte es anders kommen. Diesmal war es der kühne, verwegene General, der nicht auf den Donner der Kanonen marschierte.

Nicht nur die Russen hatten mit Inkompetenz in der Generalität zu kämpfen, die Deutschen hatten das gleiche Problem. Ihre ostpreußische Auffangstreitmacht, die achte Armee des Kaisers, wurde von Max Graf von Prittwitz geführt, einem ostpreußischen Junker, der es zu dem nicht eben ruhmbringenden Titel *Der dicke Soldat* gebracht hatte. Der wahre Kopf im Hauptquartier der achten Armee war der korpulente Oberst Max Hoffmann, dessen kahlgeschorener Kopf so glatt wie eine Billardkugel war. Der Oberstleutnant brauchte kein *von* vor seinem Familiennamen. Er war es, der während des bevorstehenden Gefechts die entscheidende Rolle spielte.

Bei Kriegsausbruch war die erste Russische Armee dafür vorgesehen, entlang der deutschen Grenze ihre Position zu halten, die zweite Armee hielt sich in der Nähe von Warschau als Reserve bereit. Doch für Franzosen und Briten hatte sich die militärische Lage an der Westfront dramatisch zugespitzt. Die deutsche Dampfwalze hatte Belgien zermalmt, und die erste Armee General von Klucks rüttelte an den Toren von Paris. Die französische Regierung sandte einen verzweifelten Hilferuf nach

St. Petersburg. Um Paris vor dem deutschen Moloch zu retten, sollte Rußland den Blitzableiter spielen. Und obwohl die russischen Armeen nicht für einen solchen Unterstützungsfeldzug vorbereitet waren, beherzigte der Zar dennoch nicht die weisen Worte des großen Marschalls Kutusow, der seinerzeit Napoleon vor Moskau gestoppt hatte:

„Wir dürfen nicht leise an der Grenze anklopfen wie halbverhungerte Landstreicher."

Der Zar sandte doch tatsächlich seine schlecht vorbereiteten Nordarmeen unter Großherzog Nikolas nach Ostpreußen, um dort das Junkertum direkt ins Herz zu treffen.

Die Schlacht, die nun beginnen sollte, war bereits zehn Jahre zuvor entschieden worden. Während des russisch-japanischen Krieges von 1904/05 waren Alexander Samsonow und Pavel Rennenkampf Divisionskommandeure von gleichem Rang. Samsonows sibirische Kosakendivision bekam den Befehl, die Yentai-Kohlenminen in der Mandschurei zu verteidigen. Die Division Rennenkampfs hielt den angrenzenden Abschnitt und hatte die strikte Order erhalten, Samsonows Kosaken zu unterstützen. Die Japaner griffen Samsonow an, dessen Division schwere Verluste erlitten hatte, während Rennenkampf untätig zusah.

Wenige Tage nach dieser blutigen Katastrophe begegneten sich die beiden Generäle zufällig auf dem Bahnsteig der Station Mukden. Wütend stürzte sich Samsonow auf Rennenkampf, zog seine Handschuhe aus und schlug dem Rivalen mit der nackten Faust auf die Nase. Im Nu wälzten sich die beiden Generäle im Schlamm wie Schuljungen, rissen sich die Orden herunter und prügelten aufeinander ein, bis es ihrem Stab gelang, sie zu trennen. Für jeden adeligen Russen gab es in derartigen Fällen nur einen Weg, die Ehre zu verteidigen, doch der Zar hatte ihr Duell ausdrücklich verboten. So blieb der Haß bestehen, die Rachegelüste kochten weiter. Diese Tatsache wurde leider übersehen, als die beiden Erzfeinde erneut berufen wurden, benachbarte Truppen zu kommandieren. Nur waren es diesmal keine Divisionen, sondern Armeen von 300.000 Mann.

Ein Offizier hatte den Vorfall nicht vergessen. Unter den Zuschauern, die die Prügelei auf dem Bahnsteig mit angesehen hatten, waren nicht nur englische, italienische und amerikanische Militärbeobachter des russisch-japanischen Krieges[126] – sondern auch ein deutscher. Kapitän Max Hoffmann, ein großgewachsener Mann aus Hessen, der fette Würste liebte und perfekt russisch sprach, eine Tatsache, die zu gegebenem Zeitpunkt dem Krieg eine Wende geben sollte.

Drei riesige Armeen, 650.000 Russen und 135.000 Deutsche, sollten in einer Schlacht aufeinandertreffen, die auch nach den Superlativen des Atomwaffenzeitalters noch einen traurigen Rekord hält: Niemals in der Geschichte der Menschheit kamen bei einer Schlacht mehr Soldaten ums Leben als bei dieser.

Der Wettlauf um den Ruhm hatte begonnen. Während Samsonow auf Nachschub wartete und nicht handlunsfähig war, hatte die Erste Armee von Rennenkampf bereits am 17. August 1914 die ostpreußische Grenze erreicht. Stechmückenschwärme fielen über die endlos langen Kolonnen auf der staubbedeckten Straße her, schrill schwirrten sie den Männern in solchen Mengen um die Köpfe, daß sie die Birkenwälder nicht mehr erkennen konnten. Die russischen Truppen stolperten lustlos vorwärts, ihre Füße waren mit Lumpen umwickelt, denn ihr kommandierender Prinz hatte es so eilig, seine Armee in Gang zu bringen, daß die Quartiermeister nicht mal die Zeit fanden, Schuhe zu verteilen. Kapitän Wassilij Krawtschenko dachte: „Nicht genug Schuhe, nicht genug Gewehre, nicht genug Munition. Wie sollen unsere Männer da kämpfen?" Krawtschenko, ein Verbindungsoffizier aus dem Hauptquartier der Nord-West-Armee und dessen Vorgesetzter, Oberst Sergeji Michailowitsch Glagolew, ritten an der Seite der dahintrottenden Männer.

„Wie kann man nur so in den Krieg ziehen", klagte der Oberst, „sieh dir diese halbverhungerten Bauern an! Die meisten haben noch nie ein Gewehr in der Hand gehalten! Das soll eine Armee sein? Die Deutschen befördern ihre Einheiten mit der Eisenbahn, sie können ihre Truppen ausgeruht und schnellstens einsetzen, wo immer sie wollen. Wir kriechen barfuß vorwärts, und unsere Truppen sind schon müde, bevor die Schießerei überhaupt losgeht."

Da Krawtschenko schwieg, fuhr der Oberst fort.

„Rechts und links von uns Sümpfe, nur Wasser und undurchdringliche Wälder. Was nutzt es uns, viermal mehr Männer zu haben als der Feind? Wir können sie nicht einsetzen. Wer nur einen Schritt von dieser Straße abkommt, versinkt sofort im Sumpf. Unsere Armee wird auf einen Haufen angreifen, und das auf ganz enger Linie. Die Deutschen wissen das und warten mit ihrer schweren Artillerie auf uns. Die Deutschen können uns mit einem Schlag zertrümmern. Sie haben verstanden, was moderner Krieg bedeutet. Sie haben Schulung, Disziplin und beste Kenntnis über das Gelände. Ich fürchte, für uns wird der Preis zu hoch sein. Was da auf uns zukommt, wird uns mehr als nur eine Lehre sein."

Er hatte recht. Die Mobilmachung war zu schnell erfolgt, die russischen Soldaten waren nicht ausreichend ausgebildet, und als die Befehle zum Vorrücken gegeben wurden, brach das ganze Nachschubversorgungssystem zusammen. Rennenkampf, der bestrebt war, seinem Erzrivalen zuvorzukommen, hatte seine erste Armee sechs volle Tage früher in Marsch gebracht, noch ehe Samsonow die zweite Armee abmarschbereit machen konnte. Allein dadurch war der Schlag gegen die weit offene Flanke einer der beiden russischen Armeen möglich.

General von François, der das deutsche 1. Korps befehligte, hatte Kundschafter ausgeschickt, die schon bald eine große Lücke zwischen dem 3. und 4. Korps von Rennenkampf entdeckten. Am 18. August gelang es von François, in der Nähe des

Dorfes Stallupönen, mit seinem Korps durch die Lücke zu brechen und Rennenkampf aus dem Hinterhalt anzugreifen. Die Deutschen nahmen mehr als 3.000 Gefangene, verloren aber selbst auch eine ansehnliche Zahl von Männern, was sie sich
nur schlecht leisten konnten, wenn man die im Mißverhältnis zueinander stehende
Zahl der Streitkräfte betrachtet. Doch entscheidend für den Ausgang dieses relativ
kleinen Einsatzes war nicht Militärstrategie, sondern eine unglaubliche Entdeckung.
Bei der Befragung eines gefangenen russischen Stabsoffiziers fanden die Deutschen
heraus, daß General Jilinskij, Chef der Nord-West-Armeegruppe, die Bewegungen
seiner ersten und zweiten Armee über Funk und Überlandleitungen *en clair* [127] ko-
ordinierte! Vier Stunden später konnten sich die Deutschen in die russische Kommandostruktur einschalten. Von nun an waren sie über jeden Schritt des Gegners informiert.

Am 19. August hatte Rennenkampfs Armee die deutsche Stadt Gumbinnen erreicht. Der Krieg hatte die Greuel der Verwüstung über Ostpreußen gebracht, und
die Deutschen hatten nicht genug Männer, um die russische Flut zu stoppen. General von Prittwitz plädierte für einen Rückzug, doch von François überredete ihn, sich
einer Schlacht zu stellen. In der Nähe von Gumbinnen konnten die beiden Korps
von François und von Below eine Aufhalteaktion durchführen, doch das 17. Korps
von Mackensens wurde zurückgeschlagen. Gumbinnen war keine entscheidende
Schlacht, aber diese teilweise Niederlage von deutschen Streitkräften hatte Konsequenzen. Anstatt die Deutschen, die einen taktischen Rückschlag erlitten hatten, un-
erbittlich zu verfolgen, feierte General Pavel Rennenkampf seinen Sieg mit einer Flasche Champagner. Daran sieht man, wie seltsam die russische Mentalität war, vor
allem, als er zu seinem Generalstabschef gewandt sagte: „Sie können sich ausziehen
und zu Bett gehen, die Deutschen ziehen sich zurück."

Aber dies war gewiß nicht der Moment, sich schlafen zu legen.

Aufgrund der Niederlage, die das 17. Korps erlitten hatte, verlor General von Prittwitz die Nerven. Er wußte aber nicht, daß Gumbinnen in Rennenkampfs Einschätzung ein Patt herbeigeführt hatte, das beunruhigend genug war, um deswegen seine
Streitkräfte zurückzuhalten. Es war ihm auch nicht klar, daß die Armee Samsonows,
die sich der deutschen Flanke vom Süden her näherte, von ihrem anstrengenden
Marsch durch die Pripetsümpfe so erschöpft war, daß sie vorerst keine weitere
Schlacht liefern konnte. Wie dem auch sei, der deutsche Kommandant geriet in Panik, nahm das Telefon zur Hand und rief das kaiserliche Hauptquartier in Koblenz
an. Er informierte Graf von Moltke, daß er Ostpreußen nicht mehr länger verteidigen könne. Dann befahl von Prittwitz entgegen dem Rat von Oberst Hoffmann einen
allgemeinen Rückzug hinter die Weichsel. Das kam einer kampflosen Aufgabe Ostpreußens gleich.

Zur selben Zeit wußte Samsonow nicht, wo er sich befand, denn seine Armee war nicht mit Karten versehen worden. Solange sie auf russischem Boden waren, konnten sich seine Offiziere auf die örtlichen Bauern verlassen, die ihnen den Weg wiesen. Bald aber fanden sie nur noch verlassene Dörfer vor. Jilinskij hatte Samsonow befohlen, mit Rennenkampf Schritt zu halten. Es gelang ihm jedoch nicht. Seine Armee war in Schwierigkeiten. Es gab keine Straßen, es gab keine übereinstimmende Marschdisziplin, und die Einheiten mußten barfuß durch knöcheltiefen Sand laufen. Sie trugen zerlumpte Uniformen, und ihre Gesichter waren dick mit Staub bedeckt. Sie glichen eher wandernden Geistern als abgehärteten Kämpfern; ein verlorener Haufen armseliger Gestalten schlich durch die Landschaft. Die Armeekorps marschierten ohne Brot für die Männer und ohne Hafer für ihre Pferde. Statt dem Feind entgegenzueilen, verbrachten die Soldaten den größten Teil ihrer Zeit damit, etwas Eßbares ausfindig zu machen, Rinder zu schlachten und Hühner zu stehlen. Bald war die vornehme Kosakenkavallerie kaum mehr als ein Haufen raubender und brandstiftender Banditen.

Der gesamte Nachrichtenverkehr war zusammengebrochen, es gab keine Verständigung mehr zwischen den Einheiten, auch nicht zwischen den verschiedenen Divisionen und Korps. Das russische Armeeoberkommando wußte nicht, was der Feind vorhatte und, was noch ärger war, auch was die Truppenbewegungen ihrer eigenen Armeen anging, tappte es im dunkeln. Das einzige, was für Großherzog Nikolai zweifellos feststand, war, daß die Aktionen seiner ersten und zweiten Armee in keiner Weise koordiniert waren.

Samsonows Gesicht war grau vor Erschöpfung. Er hustete ständig. General Potowskij, sein Stabschef, ein nervöser Mann mit einem Pincenez (Kneifer), betrat das Hauptquartier, das vorübergehend in einem Bauernhaus untergebracht war.

„General Samsonow, eine Meldung von General Jilinskij."

Samsonow las: „Beschleunigen Sie das Marschtempo! Ihr müßt aufschließen, sonst ist die erste Armee in Gefahr."

Der General fluchte. „Der spinnt wohl! Dieser Hohlkopf von Rennenkampf muß langsamer machen. Oder was meinen Sie?" raunzte er einen seiner Stabsoffiziere an. Woroschilow, ein Artilleriekommandant, machte seiner Empörung Luft.

„Dieser verdammte Sand ist die Hölle für Männer und Gewehre. Die Pferde haben keine Kraft mehr, und meine Männer müssen die Artilleriestücke selbst anschieben. Alle paar hundert Meter bricht irgend etwas zusammen. Wenn wir zwanzig Kilometer an einem Tag schaffen, dann war es ein guter Tag."

Samsonow hörte einen anderen Stabsoffizier sagen: „Es wird verdammt hart werden, die erste Armee bis Berlin zu kriegen."

So, wie es im Moment aussah, wäre er schon zufrieden, wenn sie wenigstens Ostpreußen erreichten.

Im kaiserlichen Hauptquartier Koblenz führte der deutsche Rückschlag bei Gumbin-
nen zu Reaktionen, die den weiteren Verlauf des Krieges beeinflußten. Die erste
Deutsche Armee von General von Kluck hatte die Marne dreißig Kilometer vor Paris
erreicht, und General von Moltke war überzeugt, daß der Krieg an der Westfront
gewonnen war. Gleichzeitig wurde Moltke vom Kaiser unter Druck gesetzt, die
Russen davon abzuhalten, „die Wiege des deutschen Volkes", das Junkertum
Ostpreußen, zu erobern. Moltke traf zwei Entscheidungen, die schwerwiegende
Konsequenzen nach sich zogen. Erstens wurden vier Reservekorps von der Westfront abgezogen. Das sollte die Deutschen teuer zu stehen kommen, denn sie wurden dadurch der Stärke beraubt, die sie zur Eroberung von Paris gebraucht hätten.[128]

Die zweite Entscheidung bestand darin, General von Prittwitz von seinem Posten
abzulösen und einem alten General im Ruhestand, Paul von Hindenburg, das Kommando der achten Armee zu übertragen. Hindenburg war in bester preußischer
Militärtradition aufgewachsen, ein Mann, der stets ohne Umschweife redete. Als er
gerufen wurde, antwortete er kurz: „Ich bin bereit." Moltke zog einen weiteren
Trumpf, als er den „Helden von Lüttich", General Erich von Ludendorff, als Hindenburgs Stabschef entsandte. Die beiden, der „alte Mann aus Eisen" und der junge
brillante Stratege, trafen in Hannover auf dem Bahnsteig aufeinander, und der Krieg
in Ostpreußen erhielt ein neues Gesicht.

Gumbinnen war nun in den Händen der Russen. Das schwere Bombardement hatte
aufgehört. Das Hauptquartier von Rennenkampf war in Jubelstimmung, und viele
der ungebildeten russischen Bauernburschen dachten, Gumbinnen wäre Berlin, und
sie hätten bereits Einzug in der deutschen Hauptstadt gehalten. Rennenkampf blies
eine weitere Verfolgung ab, denn nach seiner Beurteilung waren die Deutschen erledigt.

Oberst Glagolew dachte anders darüber. „Die Deutschen sind nicht besiegt, sie
sammeln sich nur, um nach Süden zu marschieren und Samsonow zu schlagen. Sie
wissen genau, daß er Schwierigkeiten hat und daß Rennenkampf keinen Finger
rühren wird, um ihm zu Hilfe zu kommen. Gott weiß, warum, aber diese beiden
hassen einander."

Am 22. war die Versorgungslage der zweiten Russischen Armee so desolat geworden, daß Samsonow entschied, seine Armee in Richtung Nowo Georgiewsk zu
schicken, um die Soldauer Eisenbahnlinie zu erreichen. Das entfernte ihn noch weiter von der Armee Rennenkampfs, doch er hatte keine andere Wahl.

„Potowskij, gib eine Nachricht an Jilinskij heraus. Er soll die erste Armee dazu
bringen, zu uns zu stoßen." Der Mann mit dem *pince-nez* leitete die Meldung ordnungsgemäß weiter. Die Antwort war kurz: „Die erste Armee stößt nach Westen
vor, um Königsberg abzuschirmen! Wiederhole: *Westen*, nicht Süden."

Als Samsonow diese Worte las, stieß er atemlos hervor: „Ich war nicht ganz sicher, ob Rennenkampf weiter nach Westen gehen würde, aber ich wußte genau, daß er auf keinen Fall nach Süden marschieren würde." Natürlich wußte er es! Rennenkampf würde der zweiten Armee nie helfen, oder vielleicht konnte er es auch einfach nicht. Auch sein Versorgungssystem war in dem Augenblick zusammengebrochen, als die Eisenbahn von der breiten russischen Spurweite auf die schmalere deutsche wechseln mußte. Zumindest war dies Rennenkampfs Erklärung, warum er Samsonow nicht unterstützt hatte.

Die Deutschen lasen diese Meldung, noch ehe sie Samsonow erreichte. Tatsächlich geschah genau das, was Oberst Glagolew vermutet hatte. Die deutschen Divisionen flüchteten nicht, sondern sammelten sich. Der Befehl von Prittwitz', sich hinter die Weichsel zurückzuziehen, wurde aufgehoben. Zu allem Unglück der Russen wurde ein Kurier von einer Patrouille deutscher Ulanen gefangengenommen. Er trug einen detaillierten Plan von Jilinskij für die erste Armee bei sich, aus dem die russischen Absichten klar erkennbar waren. Als die beiden neubestellten Armeekommandeure ihr Hauptquartier erreichten, hatte Oberst Hoffmann bereits einen Gegenstreich entworfen. Zur Umsetzung des genialen Konzepts fehlte nur noch die Zustimmung Hindenburgs. Ludendorff und Hoffmann machten sich unverzüglich an die Arbeit. Genau dem Plan Hoffmanns folgend, dachten sie sich ein Glanzstück größter Unverfrorenheit aus, wie eine kleine, doch sehr bewegliche Streitmacht einen haushoch überlegenen Feind mit verheerender Wirkung schlagen konnte. Dazu verließen sie sich auf das weitverzweigte Eisenbahnsystem Ostpreußens. Durch Abhören der russischen Befehle waren die Deutschen genauestens im Bilde über die Bewegungen der ersten und zweiten Armee. Es wurde offensichtlich, daß Rennenkampf nach Gumbinnen die Nase voll hatte und drei Tage lang am gleichen Ort sitzen blieb. Samsonow war auf dem Anmarsch und bedeutete somit eine größere Gefahr. Hoffmanns Plan bestand darin, die ganze Stärke der achten Armee geballt auf Samsonow zu werfen und nur einen kleinen Teil der Kavallerie zurückzulassen, um Rennenkampf zu beschäftigen.[129]

Samsonow erhielt laufend Befehle vom Hauptquartier der nordwestlichen Armeegruppe, um den vorgetäuschten Anmarsch zu stoppen und rasch den Kontakt mit Rennenkampf aufzunehmen. Aber die Männer der zweiten Armee waren am Ende, und Samsonow mußte am Morgen des 24. eine Rast für seine Männer anordnen, ehe sie dem Feind entgegentreten konnten. Dieser Aufenthalt schenkte den Deutschen einen weiteren Tag, um ihren Hinterhalt auszubauen.

Oberst Glagolew und Kapitän Krawtschenko hatten die erste Armee verlassen und bemühten sich, Samsonow ausfindig zu machen. Dies war ihnen befohlen worden, da ein Kurier, der wichtige Befehle von General Jilinskij mit sich geführt hatte, verschwunden war und niemals die zweite Armee erreicht hatte.[130]

„Entweder ist er tot oder gefangengenommen. Es ist auf jeden Fall ein Schlamassel."

„Wie weit sind wir von der Zweiten entfernt?"

„Keine Ahnung, vielleicht achtzig, hundert oder hundertfünfzig Kilometer?"

„So weit!? Mann, das ist keine Lücke, sondern die offene Steppe."

„Für den Fall, daß ich getötet werde, wiederhole die Meldung", sagte Glagolew.

„Ja, Herr Oberst. Sie lautet:

1. Der Feind setzt alles auf eine Karte. Seine ganze Stärke wird gegen die zweite Armee geworfen werden.

2. Der deutsche ‚Rückzug' von unserer ersten Armee ist in Wirklichkeit ein Sammeln seiner Streitkräfte zu diesem Zweck.

3. Die zweite Armee muß sofort mit der ersten Kontakt aufnehmen, während die Erste nach Süden zu gehen hat."

„Verstanden?"

„Ja, Herr Oberst."

„Ich fürchte, wir kommen schon zu spät", endete Glagolew mit einem traurigen Lächeln, „die Spinne sitzt im Netz und wartet auf die Fliege."

Das erste Mal in der Geschichte des Kriegswesens setzten die Deutschen eine neue Waffe ein, das Flugzeug. Ein *Fokker*-Erkundungsflugzeug war die Strecke zwischen der russischen ersten und zweiten Armee abgeflogen und der Pilot hatte vom klaffenden Loch zwischen den beiden Streitkräften berichtet. Aufgrund dieses Berichtes starteten die beiden Generäle mit der kompetenten Unterstützung von Hoffmann den brillantesten und strategisch entscheidendenen Feldzug an der deutschen Ostfront. Während sich Samsonow auf einer Frontlinie von hundert Kilometern fortbewegte, zog Ludendorff zwei Korps von der Rennenkampf-Front zurück, das 1. von François und das 17. von Mackensen. Dadurch hatten die Deutschen nur einen schwachen Verteidigungsschutz. Es war ein äußerst gewagtes Unternehmen.

„Ein General muß eine Menge ertragen können und benötigt starke Nerven. Krieg ist kein mathematisches Problem mit vorgegebenen Zahlen, sondern eine Angelegenheit miteinander verwobener physischer und psychischer Kräfte. Krieg bedeutet Zusammenarbeit von Männern verschiedener Charaktere und unterschiedlicher Ansichten. Der einzig bekannte Faktor in der Gleichung ist der Befehlshaber", schrieb der Vater der Strategie, Carl von Clausewitz. Ludendorff wußte diesen Leitsatz beispielhaft umzusetzen und führte die deutschen Streitkräfte mit Bravour. In dieser Situation mußte er schnell sein und handeln, bevor der russische Generalstab seine Absicht erahnte und sich gegen ihn wenden konnte. Er stellte mehrere Korps in einer festen Linie auf, deren Pflicht es war, den Anmarsch von Samsonow aufzuhalten, und zu gleicher Zeit beorderte er das 1. Korps von François und das 17. Corps von Mackensen zu einer doppelten Umklammerungsbewegung. Die Würfel waren gefallen.

Am 26. August hatte Samsonows Armee Neidenburg erreicht. Dort fanden Oberst Glagolew und Kapitän Krawtschenko den General beim Essen mit seinem Adjutanten Potowskij. „Sie nennen ihn den verrückten Mullah", flüsterte Glagolew. Samsonow erhob sich, um sie zu begrüßen. Mit seinem schmerzverzerrten und erschöpften Gesichtsausdruck sah er beinahe so schlimm aus wie die Männer seiner Armee. Seine Verzweiflung war offensichtlich.

„Was ist los mit der Ersten?", war seine erste Frage.

„General Rennenkampf will in etwa einem Tag nach Westen vorrücken, General."

„Das habe ich auch gehört. Wodka, meine Herren?"

„Danke, General." Oberst Glagolew übergab dem General eine Landkarte.

„Wunderbar", sagte Samsonow, öffnete die Karte und studierte sie eine Zeitlang, bevor sein Gesicht einen verdutzten Ausdruck annahm. „Ich sehe hier ein Problem. Wer zum Teufel kann das lesen?"

Glagolew schaute dem General über die Schulter. Der Plan war in lateinischer Schrift geschrieben. Und russische Offiziere konnten nur Kyrillisch lesen.

„Danke, meine Herren", sagte Samsonow. Sie waren entlassen. Das gab ihnen die Möglichkeit, genauer die zweite Armee zu studieren. Was sie entdeckten, war nicht schön, die Männer waren völlig zermürbt. In einem schrecklichen körperlichen Zustand humpelten sie in Richtung Front. Aus der Ferne hörte man das Donnern schwerer Geschütze.

„Die klingen nicht wie unsere. Wollen wir hoffen, daß sie nicht hierherkommen."

Samsonow war aus dem Haus getreten. „Hat Jilinskij Ihnen keine andere Botschaft gegeben? Ich habe die Erlaubnis erwartet, daß wir auf die Umfassung der preußischen Hauptstreitkraft verzichten."

Mein Gott, dieser Mann ist verrückt, dachte Glagolew. „Herr General, darf ich Sie darauf hinweisen, daß es längst nicht mehr darum geht, den Feind zu umfassen. Er hat Sie längst eingekreist."

In dem Moment rannten die ersten Nachzügler durch das Lager. „Die Ulanen kommen!" Innerhalb von Minuten strömten Tausende von Russen in Panik und Verwirrung zurück. Der General schien von der Szenerie, die sich weiter vorn abspielte, nichts mitzubekommen.

„Ich habe seit Tagen nichts von meiner Frau gehört", murmelte er. Dann stützte er sich auf seinen Säbel, bestieg sein Auto und fuhr los, um zu sehen, was vor sich ging.

Rennenkampf marschierte langsam auf Königsberg zu, viel zu langsam, um irgend jemand zu beunruhigen. Doch was würde geschehen, wenn der Russe plötzlich beschloß, seine 300.000 Mann nach Süden zu lenken? Hindenburg und Ludendorff waren besorgt über den dunklen Schatten, der sich von Norden her über ihren waghalsigen Plan schob. Zwischen den vierundzwanzig Infanterie- und fünf Kavalleriedivisionen Rennenkampfs und der Zerstörung der deutschen achten Armee standen nur zwei deutsche Kavalleriedivisionen. Ihre Sorge war trotz der vielen abgefangenen Meldungen, die von der zweiten Armee an Jilinskij und von diesem an Rennenkampf gegangen waren, nicht geringer geworden. Der einzige, der sich nicht aufzuregen schien, war Oberst Hoffmann. Ihm war klar, daß nichts, aber auch gar nichts Rennenkampf dazu bewegen konnte, seine Armee nach Süden zu führen. Dann geschah es. Am späten Nachmittag des 27. meldete der Pilot eines *Fokker*-Aufklärungsflugzeuges die Bewegung einer russischen Kavallerieeinheit der ersten Armee an General von François, der die Meldung an das Hauptquartier der achten Armee weitergab. „*Ein russisches Korps marschiert auf unsere linke Flanke zu.*"

Diese Mitteilung schlug wie eine Bombe ein, und selbst Ludendorff geriet in Unruhe. Die Russen waren auf dem Wege, seine Flanke aufzurollen! Er forderte von Hindenburg auf, das 1. Korps von François' unverzüglich von ihrem Umfassungsmanöver zurückbeordern und gegen Rennenkampf in Verteidigungsstellung zu setzen. Dies war *der* entscheidende Augenblick der Schlacht, denn der Rückzug des 1. Korps würde die Öffnung der tödlichen Falle der Zweiten Russischen Armee bedeuten. Im deutschen Hauptquartier warteten die Stabsoffiziere gespannt darauf, welche Entscheidung der alte Hindenburg treffen würde. In diesem Moment betrat Oberst Hoffmann den Raum. „Herr General Hindenburg", sagte er, „ein Wort unter vier Augen, wenn Sie gestatten." Der General nickte, und die beiden Männer gingen in eine Ecke des Raumes. „Heraus mit der Sprache, Herr Oberst."

„Herr General, ich muß Ihnen eine Geschichte erzählen, die für ihre Entscheidung äußerst hilfreich sein wird." Hoffmann berichtete dann über den Vorfall vom Mukdener Bahnhof und der *Sache mit dem Schlag ins Gesicht*.

„So, Sie denken, daß Rennenkampf ..." Hindenburg ließ den Satz unvollendet.

„Ja, Herr General. Ich bin überzeugt, daß Rennenkampf Samsonow niemals zu Hilfe kommen wird. Die beiden hassen sich bis aufs Blut."

Hindenburg erließ den wichtigsten Befehl in seiner Funktion als Oberbefehlshaber. Ludendorffs *crise de nerfs* wurde niemals mehr erwähnt. Das 1. Korps von François blieb, die Umklammerung der Streitkräfte Samsonows stand, und die Schlacht ging weiter wie geplant.

Alles klappte wie am Schnürchen. Samsonow ging genau in dem Augenblick in die Falle, als die zweite Armee von Neidenburg herausrückte und das geschwächte Zentrum des deutschen 20. Korps (von Scholtz) angriff, das wohl unterstützt wurde von den Männern der Landwehr[131]-Brigaden von General von der Goltz, alles ortskundige Deutsche aus der Allenstein-Tannenberg-Region, die kämpften, um ihre Höfe und Dörfer zu retten. Die deutsche Linie brach nicht zusammen. Bald rannte Samsonow in das konzentrierte Artilleriesperrfeuer der Korps von Mackensen und Below, die die rechte Flanke der Russen zertrümmerten. Als Samsonow versuchte, mit seinen Streitkräften in nordwestlicher Richtung auszubrechen, traf er auf das 3. Reservekorps (von Morgen), während sich das 17. Korps (von Mackensen) nach Süden wandte, um sich mit dem 1. Korps (von François) in der Nähe des Dorfes Willenberg zu vereinigen. Die Treffsicherheit der deutschen Artillerie, die von ihren Aufklärungsflugzeugen geführt wurde, war der Schlüssel zum Erfolg.

Samsonows Armee brach zusammen. Ein eiserner Gürtel schnürte ihr die Luft ab, und die deutsche Artillerie feuerte erbarmungslos auf die eingepferchte Truppe. Unter ständigem Artilleriebeschuß wurden sie von den Deutschen in die Pripetsümpfe getrieben und ertranken. Die zweite Russische Armee hatte sich in eine lange Kolonne von Verwundeten verwandelt. Berge von Leichen, durch die verheerenden zielgenauen Artilleriebombardements in Stücke gerissene Körper lagen überall. Der General mußte hilflos dabeistehen und zusehen, wie sich ein Granathagel über die dahinstolpernden Kolonnen ergoß. Er beobachtete, wie seine Soldaten ihre Gewehre wegwarfen, er sah ganze Kompanien, die versuchten, auf hastig zusammengebastelten Flößen über einen See zu entkommen und andere, die sich verzweifelt festklammerten, jedoch von anderen hinuntergezerrt wurden. Viele versanken im grundlosen Morast. Es gab kein Verbandsmaterial für die Verwundeten, und so ließ man sie verbluten. Dies alles geschah unter dem ständigen Sperrfeuer der schweren Artillerie des Feindes. General Potowskij schickte eine Verzweiflungsmeldung nach der anderen ab. Die einzigen, die ihn hörten, waren die Deutschen. Jilinskij konnte nichts tun, ebensowenig Rennenkampf. Dafür war es nun sowieso zu spät. Am 27. und 28. wütete die Schlacht ununterbrochen den ganzen Tag hindurch, und die Russen kämpften mit dem Mut der Verzweiflung. Doch über den Ausgang der Schlacht bestand kein Zweifel mehr, und General Hindenburg konnte einige Tage später dem Kaiser berichten:

„Ich darf Eurer Majestät ergebenst berichten, daß der Ring um den größeren Teil der russischen zweiten Armee geschlossen wurde."

Am Abend des 29. schickte Samsonow eine letzte Meldung an Jilinskij: *„Sende Gepäck und Funkapparat zurück. Werde an die Front gehen. Lang lebe der Zar."*

„Herr General", bat Potowskij, „bitte, nehmen Sie einen Wagen. Er bringt sie nach ..."

„Wenn hier irgend jemand schnell weg muß, dann bin das sicher nicht ich. Nehmen Sie das Auto zum Transport der Verwundeten", antwortete der General. „Ich werde reiten und nun persönlich das Kommando an der Front übernehmen." Er wußte, daß es keine Front mehr gab. Dann ritten sie ab: Samsonow, acht Stabsoffi-

ziere, einschließlich Oberst Glagolew und Kapitän Krawtschenko, ein britischer Verbindungsoffizier, Knox, und eine Kosakeneskorte. Überall entlang ihres Weges fanden sie Tote und Sterbende. Der Rest war erschöpft und in einem Zustand geistiger
Verwirrung. Einige würden es überleben, heimkehren und die Geschichte der
schmachvollen Niederlage erzählen. Ihre Schreckensmär führte zu einer Revolution,
die den Gang der Geschichte für die nächsten fünfundsiebzig Jahre änderte. Samsonow warf einen letzten Blick auf seine zerschlagene Armee. Um etwa neun Uhr befahl er dem britischen Verbindungsoffizier, ihn zu verlassen. „Heute hat der Feind
gewonnen, vielleicht ist das Kriegsglück an einem anderen Tag mit uns."

Auf einem Hügel traf er mit General Martos zusammen, einem seiner Korpskommandanten. „Ich muß berichten, Herr General, ich habe keine Korps mehr."
Dies führte schließlich zu Samsonows Entschluß, einen allgemeinen Rückzug anzuordnen. Er hatte eine Viertelmillion Männer in die Schlacht geführt, seine Armee
war zu einem Häufchen gejagter, gefangener, gebrochener Männer zusammengeschmolzen. General Potowskij schlug vor, die Situation nochmals abzuschätzen. Das
veranlaßte Oberst Glagolew zu der Bemerkung: „Was wollen Sie abschätzen, Herr
General? Wo? Es gibt kein Schlachtfeld mehr."

Direkt vor ihnen traf eine Maschinengewehrsalve eine Kolonne Verwundeter, und
die Männer fielen auf der Stelle tot um. Oberst Glagolew ritt zu Samsonow. „Herr
General, machen Sie, daß Sie hier wegkommen, retten Sie Ihr Leben."

Samsonow blickte ihn lange an, ehe er langsam sagte: „Wozu?"

In diesem Augenblick traf eine Kugel das Pferd des Generals.

Am 31. August erreichten die Nachrichten den Zaren aller Russen. „Samsonows Armee wurde zerstört."

Und der Zar antwortete: „Wir waren Frankreich dieses Opfer schuldig, denn es
hat sich als perfekter Verbündeter erwiesen."

Und noch etwas fand in Petrograd statt. Die ersten Opfer der Schlacht kehrten
von der Front zurück. Ihre Geschichten verbreiteten sich in der ganzen Stadt und
von da aus – sei es durch Briefe oder mündlich – in der ganzen russischen Armee.
Einer der vielen, der davon hörte, war Wladimir Iljitsch Uljanow, besser bekannt als
Lenin.

Das kleine Dorf Tannenberg liegt dem Herzen jedes Deutschen nahe. Hier besiegte
1410 eine Armee von Polen und Litauern die Ritter des Deutschen Ordens. Oberst
Hoffmann schlug General von Hindenburg vor, seinen großen Sieg mit diesem historischen Namen zu krönen.

Die Schlacht war vorbei. Auf Hoffmanns Anregung ließ Ludendorff ein Korps
zurück, das den Rest von Samsonows Armee aufsammeln sollte. Was dann geschah,

wurde nach den Worten Hindenburgs „eine gute Ernte". Sie machten 60.000 Gefangene, das 13., 15. und 23. russische Korps waren völlig vernichtet, und das 1. und 6. Korps schwer zugerichtet. Die Deutschen machten riesige Beute. Oberst Hoffmann wurde zum General befördert, doch er nahm sich nicht die Zeit, die erbeuteten Kanonen zu betrachten oder auf die endlosen Kolonnen zerlumpter Gefangener zu schauen. Er plante bereits den nächsten Schritt in der Schlacht, die Zerstörung einer weiteren Armee.

Die siegreiche deutsche achte Armee versammelte sich um das Tannenberg-Denkmal, das zur Erinnerung an eine andere Schlacht errichtet worden war. Sie sangen die Schlachthymne von Friedrich dem Großen, bevor sie die Züge bestiegen, die sie nach Norden bringen sollten, wo sie auf die erste russische Armee von General Pavel Rennenkampf treffen würden.

31. August. „Wie spät ist es, Glagolew?"

„Fünfzehn Minuten nach eins, Herr General."

Die fünf stapften zu Fuß durch einen schlammigen Birkenwald. Hauptmann Krawtschenko, Oberst Glagolew, General Potowskij, ein Kosakenführer und General Samsonow. Sie mußten durch die Sümpfe ausweichen, um den umherstreifenden Ulanenpatrouillen zu entkommen. Jeder Schritt wurde zur Qual, das Wasser rann in ihre Schuhe, und mehr als einmal mußten sie eine menschliche Kette bilden, um einander aus dem Matsch zu ziehen. Nur die gelegentlichen Hustenanfälle des asthmatischen Generals durchbrachen die Stille. Als sie endlich wieder festen Boden unter den Füßen hatten, krachte plötzlich vor ihnen eine Salve los. Glagolew warf sich in Deckung. Er konnte erkennen, wie sich Schatten durch den Wald bewegten. Dann verschwanden sie wieder. Langsam wagte es Glagolew, seinen Kopf zu heben. Neben ihm lagen die Leichen des Kosakenführers und von General Potowskij. Der Kneifer war ihm von der Nase gerutscht. Er hörte ein Röcheln. Es kam von seinem Freund Krawtschenko. Glagolew zog ihn ins Trockene und nahm ihn in seine Arme. Der Hauptmann starrte ihn mit einem trüben Blick an, roter Speichel bedeckte seine Lippen. Unter größter Anstrengung konnte er gerade noch das traditionelle: *„Er wünscht Dir ein langes Leben"* flüstern.

„Ich wünsche Dir ein langes Leben, Wassilij", erwiderte Glagolew, Tränen liefen ihm übers Gesicht. Er hielt seinen Kameraden so lange in den Armen, bis er starb.

Stille. Glagolew war allein. Samsonow war verschwunden.

Der Mann mit der schlammbespritzten Uniform lehnte mit dem Rücken an einer von Schrapnelleinschlägen zertrümmerten Birke. Er hob den Kopf, wandte den Blick nach oben und erblickte einen Schwarm von Wildgänsen, die am tiefblauen Himmel vorüberzogen. Er wünschte sich sehnlichst, mit ihnen fliegen zu können. Aber er konnte nicht. Er hob langsam seine Pistole, setzte sie an die Schläfe und drückte ab.

General Alexander Samsonow war dem Rest seiner Armee gefolgt, die tot in der Nähe eines Dorfes namens Tannenberg lag.

WAS WÄRE, WENN ...

Was wäre, wenn die Deutschen die russischen Signale nicht abgefangen hätten?
Ludendorff und Hoffmann hätten es niemals gewagt, ihren verwegenen Plan in die Tat umzusetzen.

Was wäre wenn – Rennenkampf Samsonow zu Hilfe gekommen wäre?
Es wäre das Ende der achten Armee Hindenburgs gewesen.

Was wäre, wenn Moltke seine vier Reservekorps in Frankreich belassen hätte, anstatt sie für die Aktion im Osten zurückzuholen?
Vermutlich hätten die Deutschen Paris eingenommen, und der Erste Weltkrieg wäre in weniger als einem Monat beendet gewesen. Es hätte einige hunderttausend Tote gegeben, während es vier Jahre später viele Millionen waren.

Was wäre, wenn Hoffmann, der Mann der Stunde, im kritischen Augenblick das Geheimnis von Mukden nicht an Hindenburg verraten hätte?
Das aber ist eine ganz andere Geschichte. Eines ist sicher: Feldmarschall Hindenburg traf nur ein einziges Mal eine von Erfolg gekrönte Entscheidung. Aber dieses eine Mal reichte immerhin, um den deutschen Sieg zu sichern.[132]

DIE TATSACHEN

Bei Tannenberg wurde das ruhmreiche aristokratische russische Offizierskorps zu Grabe getragen. Die Niederlage zerstörte den Ruf des zaristischen Rußland als militärische Macht. Nun wandten sich die Deutschen gegen Rennenkampfs Armee und vernichteten sie. Insgesamt trauerten die Russen um eine Viertelmillion Tote.
Tannenberg war auch unmittelbar für die Niederlage von Klucks Armee vor den Toren von Paris verantwortlich, während in Petrograd die Erzählungen von den zurückkommenden Überlebenden der Katastrophe die Soldaten des Zaren vielleicht sogar zum Aufruhr anstachelten. So zog Tannenberg unzählige Konsequenzen nach sich, die schließlich in der bolschewistischen Revolution 1917 endeten und sowohl den Sturz des Hauses Romanow auslösten als auch den des Hauses Hohenzollern.

8. August 1945: Explosion der Atombombe auf Nagasaki

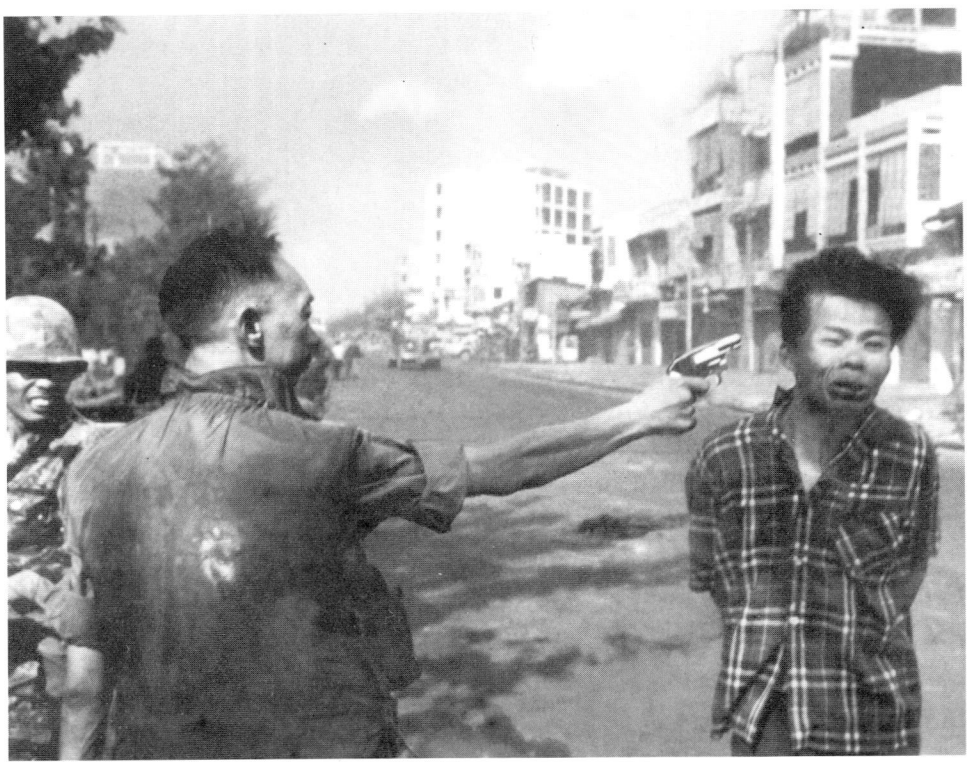

1. Februar 1968: Der Chef der Südvietnamesischen Polizei erschießt einen Vietkongoffizier

9. November 1989: Der Fall der Berliner Mauer

17. Januar 1991: Der während des Golfkrieges zum Einsatz gekommene F 117 Stealth-Bomber

Eine letzte Bemerkung zur Geschichte.

Im November 1918 nahm kein russisches Bataillon an der Siegesparade der Alliierten in Paris teil, auch wurde niemals der Mut von 250.000 Russen erwähnt, die ihr Leben gaben, damit Frankreich, England und die Vereinigten Staaten von Amerika den entscheidenden Sieg erringen konnten.

DER HINGE-FAKTOR DER SCHLACHT BEI TANNENBERG war ein Schlag ins Gesicht, der das Ende des Zarentums einläutete und die Bolschewiken an die Macht brachte.

Der Stich einer Biene

Krieg ist eher eine Auseinandersetzung zwischen zwei
klugen Köpfen als zwischen zwei bewaffneten Truppen.
Vorlesung im britischen Stabslehrgang, 1901.

Deutsch-Ostafrika war kein richtiges Land, Tanga war keine richtige Stadt, und die achthundert Askaris von Oberst Paul von Lettow-Vorbeck konnte man kaum eine richtige Armee nennen. Und doch fand hier die erste Schlacht des Ersten Weltkrieges auf afrikanischem Boden statt.

Für die achttausend indischen Soldaten von Generalmajor Aitken kam diese Aktion völlig überraschend. Nicht so für die deutsche Garnison. Sie war bereits wochenlang durch Briefe vorgewarnt worden, die von deutschen Sympathisanten in Indien geschrieben worden waren und mit dem normalen Postschiff ankamen. Sie berichteten, daß ein indisches Kontingent der britischen Armee in Bombay eingeschifft wurde und daß deren Offiziere ihr privates Gepäck mit der Aufschrift *Indian Expeditionary Force „B"*, *Mombasa, East Africa*, versehen hatten. Und obwohl dies angeblich eine geheime Mission war, hatten sowohl die britische als auch die deutsche Presse detailgetreu von dieser bevorstehenden Invasion berichtet.

Seit der Haupthafen in Deutsch-Ostafrika, Daressalam, durch ein versenktes altes Schiff blockiert worden war, das quer in der Hafeneinfahrt lag, gab es nur zwei Seehäfen, die die Engländer angreifen konnten. Die deutsche Schutzstaffel hatte zwischen den beiden Plätzen Lindi und Tanga strategisch ihr Lager bezogen.

* * *

Beim Ausbruch des Ersten Weltkrieges wurde die britische Armee durch den raschen Einmarsch der deutschen Streitkräfte in Frankreich schwer unter Druck gesetzt. Daher war es zweitrangig, wenn Deutschland in Afrika das Britische Königreich – den weltweit größten Kolonialherrn – bedrängte. Die Aufgabe, Deutsch-Ostafrika zu erobern, fiel daher einer drittklassigen Einheit der indischen Armee zu, die zum größten Teil aus unerfahrenen Soldaten bestand, die niemals vorher ein Gewehr abgefeuert hatten. Und wenn dann eine solche Einheit unter das Kommando eines unfähigen Führers gestellt wurde, waren die Schwierigkeiten vorprogrammiert. Generalmajor Aitken hatte ein unerschütterliches Vertrauen in seine eigenen

146

Fähigkeiten. Dreißig Jahre Kolonialdienst in Indien hatten ihn davon überzeugt, daß die bevorstehende Schlacht in Ostafrika nur ein Spaziergang gegen einen „Haufen barfüßiger Schwarzer, geführt von ignoranten Hunnen" sein würde. Angesichts ihrer aufgepflanzten Bajonette würden die Pickelhauben ihre Waffen niederlegen und sich mit erhobenen Händen ergeben. Dann würde er sie zusammentreiben, einsperren, und Weihnachten 1914 würde er zu Hause unterm Christbaum sitzen.

Seine Streitmacht von achttausend Fußsoldaten war eine im letzten Augenblick zusammengewürfelte Truppe. Seine Männer sprachen zwölf verschiedene Sprachen, hatten sechs verschiedene Glaubensbekenntnisse und wurden von britischen Offizieren angeführt, die ihre Truppen zum ersten Mal gesehen hatten, als sie eingeschifft wurden. Sie beherrschten weder ihre Sprache, noch waren sie jemals in Afrika gewesen. Das galt auch für den General. Auf seinen Befehl hin verteilte Aitken sofort seine Truppen auf mehrere Dampfer. Sechzehn Tage lang waren sie wegen schlechtem Wetter im Hafen blockiert, doch er bestand darauf, daß seine Streitkräfte an Bord blieben, eingezwängt zwischen den Decks in heißen Kojen. Sie litten unter Seekrankheit und Durchfall, was ihre Kampfeslust nicht gerade förderte. Die Disziplin brach zusammen, Streit und Prügeleien waren an der Tagesordnung. Sogar Aitkens eigener Nachrichtenoffizier, Kapitän Meinertzhagen, nannte sie *die schlechteste Truppe Indiens*. In einem seiner Briefe schrieb er nach Hause: *„Ich wage gar nicht daran zu denken, was geschehen könnte, wenn wir auf einen ernstzunehmenden Gegner treffen."* Und genau das stand ihnen bevor.

Aitken hatte das Pech, auf einen der hervorragendsten Taktiker des Ersten Weltkrieges zu stoßen, auf Oberst Paul von Lettow-Vorbeck. Mit nur einer Handvoll deutscher Ausbilder an seiner Seite, rekrutiert von einem gestrandeten deutschen Kreuzer, hatte er etwa tausend eingeborene *Askaris* aus den wildesten Kriegsstämmen der Gegend zu Hilfssoldaten ausgebildet und für die deutsche Schutztruppe verpflichtet. Aus diesen wilden Kriegern machte er eine gedrillte und disziplinierte schlagkräftige Einsatztruppe; er lehrte sie, sich dem Feind anzupassen, Deckung zu suchen und jede Möglichkeit zu nutzen, um einen Hinterhalt zu legen. Bei ihrer Abschlußprüfung mußten sie aus fünfhundert Meter Entfernung eine Zielscheibe treffen. Vor allem wußten sie, wie man mit Schlangen, Löwen und Skorpionen umging und kannten ihre Heimat wie ihre Westentasche, während die Engländer herausgerissene Seiten aus dem Schulatlas als Karten benutzten.

General Aitken konnte nicht begreifen, daß Anpassungsfähigkeit nötig war und sich die Kampfbedingungen im afrikanischen Busch von denen im indischen Subkontinent unterschieden. Er war nicht der einzige, dem die Kolonialkriege in Afrika nicht zur Lehre gereicht hatten. Hier erwies sich das Maschinengewehr als äußerst effiziente Waffe, und eine Handvoll weißer Männer genügte, um den in Gruppen auftretenden Angreifern größtmöglichen Schaden zuzufügen.[133] In der indischen Armee wurde eine derartige Waffe als zu teuer erachtet, sie brauche zu viel Munition und würde einen defensiven Geist in die Truppe bringen.

* * *

Tanga war eine malerische kleine Hafenstadt an der afrikanischen Ostküste mit niedrigen, weißgetünchten Holzhäusern und gepflegten Vorgärten. Mit deutscher Gründlichkeit hatten die Kolonialoffiziere Tanga in ein Abbild einer preußischen Stadt an der Ostsee umgewandelt. Vor dem Rathaus, das wie alles andere weiß gestrichen war, richtete sich ein hoher Fahnenmast auf, an dem jeden Morgen eine Abordnung der ansässigen Askaris die schwarzweißrote Fahne des Kaiserreichs hißte. Unter der Leitung von Herrn Auracher, dem Bürgermeister von Tanga, liefen die Geschicke der Stadt mit der Präzision eines schweizer Uhrwerks. Er wachte darüber, daß die rechtschaffenen Bürger die preußischen Tugenden einhielten. Alle führten ein beschauliches koloniales Leben. Sein Vorgesetzter, Gouverneur Baron von Schnee, hatte es vorzüglich verstanden, mit den Kriegsstämmen aus dem Landesinneren Frieden zu halten, indem er Glasperlen und gerahmte Bilder seines Kaisers an die Stammesoberhäupter verteilte.

Die Ruhe dieses Hafenstädtchens muß für Kapitän F. W. Caufield vom Kreuzer H. M. S. *Fox* eine erfreuliche Überraschung gewesen sein, als er an diesem 2. November 1914 mit seinem Konvoi außerhalb von Tanga auftauchte. Es gab kein Zeichen von Feindschaft, nicht einmal die Reichsfahne flatterte. Er sagte sich, das sei immer ein gutes Zeichen bei diesen nationalistischen Hunnen. Kapitän Caufield hatte sich an den Kai rudern lassen, wo Herr Auracher, in strahlendes Weiß gekleidet, mit gestärktem Hemdkragen, dunkler Krawatte und Tropenhelm, höflich seine Ankunft erwartete und den Gouverneur von Schnee entschuldigte, der „auf einer Inspektionstour unterwegs" war.

„Herr Bürgermeister, im Namen Seiner Majestät werden Sie hiermit in Kenntnis gesetzt, daß jeder Waffenstillstand, der zwischen unseren beiden Heimatländern beschlossen wurde, ab sofort aufgehoben ist."[134]

Die Neuigkeiten schienen den Mann nicht zu beunruhigen, er verbeugte sich leicht. „Herr Kapitän, Sie werden mir sicher Zeit geben, um mich mit meinen Vorgesetzten zu beraten."

„Ja, bitte", erwiderte der Kapitän zuvorkommend. Es hatte keinen Sinn, die Dinge zu überstürzen; denn er wollte noch die Bestätigung eines beunruhigenden Gerüchtes abwarten. Der deutsche Kreuzer SMS *Königsberg*, der in britischen Marinebüchern als Minenleger registriert war, war erst kürzlich in diesen Gewässern gesehen worden.

„Ach bitte, sagen Sie noch schnell, ist der Hafen vermint?" fragte Caufield.

Auracher musterte heimlich den Kreuzer, der außerhalb der Hafeneinfahrt seine

Anker geworfen hatte und dessen schwere Geschütze direkt auf sein hölzernes Rathaus zeigten.

„Natürlich, Herr Kapitän, das sehen die deutschen Militärvorschriften so vor." Damit entschuldigte sich der Bürgermeister und verschwand. Seine „Beratung mit den Vorgesetzten" bestand darin, eine dringende Meldung an Oberst von Lettow-Vorbeck abzusenden, daß die *Indian Expeditionary Force „B"* in seiner kleinen Stadt angekommen war. Der deutsche Kommandant schickte seine beiden verfügbaren Kompanien sofort an bereits vorher eingerichtete Stützpunkte, während Herr Auracher seinen Tropenhelm abnahm, in seine deutsche Armeeuniform schlüpfte und in einer letzten Trotzhandlung die kaiserliche Fahne hißte.

In der Zwischenzeit hatte Kapitän Caufield seinen Matrosen von der *Fox* befohlen, nach Minen zu suchen. Natürlich fanden sie keine. Doch da es ein sehr heißer Tag war, ließen sie sich Zeit, während der Rest von General Aitkens Invasionsflotte in der Hitze auf dem öligen Meer schmachtete. Der britische General war über die Verschiebung des Termins äußerst erbost. Während seine Seeleute noch immer planlos um den Hafen herumruderten, überzeugte Kapitän Caufield General Aitken davon, lieber nicht zu riskieren, ein Schiff durch Minen zu verlieren. Es sei besser, die Invasionsstreitmacht etwa eineinhalb Kilometer weiter unterhalb ausschiffen zu lassen. Ihr neuer Landeplatz stellte sich als undurchdringlicher Sumpf mit Mangrovebäumen dar, in dem es von Moskitos und Giftschlangen wimmelte. Dies bemerkten sie aber erst, als die ersten Truppen bereits an Land gegangen waren, und da war es schon dunkel. Da die Inder nie zuvor einen Fuß vor ihre eigenen Dörfer gesetzt hatten und an Bord der Truppenschiffe sowohl Gerüchte über die Greueltaten der Menschenfresser in Afrika, als auch über die Grausamkeit der Deutschen die Runde gemacht hatten, waren ihre Nerven aufs äußerste angespannt, und sie rechneten damit, daß sich hinter jedem Baum ein Feind verbarg. Sie stürzten sich auf jeden Schatten, der sich unglücklicherweise oft als Kamerad entpuppte.

Erst im Morgengrauen zeigte sich, wie ungeeignet dieser Landeplatz war; doch anstelle ihn zu wechseln, befahl General Aitken – bedacht darauf, „seine Afrikakampagne" vor Weihnachten erledigt zu haben –, daß alles Versorgungsmaterial an Land zu bringen sei. Von Krafträdern und Funkgeräten über Dosen mit Corned beef und Kisten mit Granaten war alles dabei. Außerdem hatten die Offiziere in eitler Beflissenheit allesamt ihre Paradeuniformen für die bevorstehende Siegesparade mitgebracht, weswegen auch ihr persönliches Gepäck unter den zu löschenden Bergen von Kisten und Schachteln war. Das Kommen und Gehen der Ruderboote, die sich ihren Weg durch die tückischen Korallenriffe bahnen mußten, dauerte zwei Tage. Den Deutschen blieb so reichlich Zeit, um ihre Position weiter zu konsolidieren.

Anders als der britische General, der nicht an die Wirksamkeit von Aufklärungsaktionen glaubte, sandte Lettow-Vorbeck einen seiner Offiziere aus, sich genauer umzusehen. Der Mann, der sich mehr schlecht als recht als arabischer Fischer verkleidet hatte, berichtete in breitestem Berlinerisch, daß es im Invasionsbrückenkopf wie bei einem Sonntagspicknick am Rhein zugehe.

Brigadier Tighe war bestens gelaunt, denn er hatte seine Brigade sicher an Land gebracht. Er blieb achtundvierzig Stunden am selben Platz und erzählte seinem General, seine Männer seien zu erschöpft, um „einen ordentlichen Vormarsch bewältigen zu können" und die Stadt anzugreifen. Selbst als ein unternehmungslustiger arabischer Händler, der mit dem Boot angekommen war, um seine Waren an die Truppen zu verkaufen, einen der Stabsoffiziere von Aitken darüber informierte, daß es in diesem Sektor beinahe keine Deutschen gäbe, lehnte es der General ab, den Befehl zum Angriff zu erteilen. Ein General, der sich nicht entscheiden konnte, verplemperte wertvolle Zeit. In der Zwischenzeit war es den Deutschen gelungen, zwei zusätzliche Askari-Kompanien heranzuführen, um ihre kleine Verteidigungseinheit zu unterstützen. Endlich gab Aitken den Befehl, „loszumarschieren und anzugreifen", und das, ohne vorherige Erkundungen. Jeder Kommandant, der es versäumt, feindliches Gebiet zu erkunden und so dem Gegner die Möglichkeit eines Überraschungsangriffs läßt, fordert das Schicksal heraus. Den *Sepoys* [135] der 63. *Palmacotta Light Infantry*, der 61. *Pioneers* und den *Rajpurs* der 13. Brigade wurde befohlen, die Bajonette aufzupflanzen und sich in Gefechtsformation aufzustellen, was allerdings nicht möglich war, da sie zunächst durch einen Mangrovesumpf mit knietiefem Wasser und Schlamm waten mußten und sich den Weg durch ein Gewirr von Baumstümpfen und Mangrovewurzeln bahnen mußten. Unter der Führung von Brigadier Tighe marschierten die Truppen der *Bangalore Brigade* los, konnten aber keine Deutschen entdecken.

„Verflucht, die Deutschen sind davongelaufen", stellte ein junger britischer Leutnant fest, der enttäuscht war, daß ihm diese vielversprechende Begegnung vorenthalten wurde. Zusammen mit zwei anderen Kompaniekommandanten kletterte er einen kleinen Hügel hinauf, um einen besseren Überblick zu haben. Die drei lugten vorsichtig über das Gebüsch – und fielen sofort tot vornüber. Ein Hornsignal ertönte, und eine Reihe triefend nasser, schwarz glänzender Gestalten sprang aus den Gewässern des Sumpfes: Es waren deutsche *Askaris*. Sie stürzten mit markerschütterndem Geschrei auf die unseligen *Bangalores* zu. Die Inder waren darüber so erschrocken, daß sie ihre Gewehre wegwarfen und davonliefen; sie ließen ein Dutzend verwunderte Offiziere zurück, denen die Buschmesser der *Askaris* den Garaus machten. Kapitän Meinertzhagen versuchte der Panik Einhalt zu gebieten. Dies mißlang so gründlich, daß Meinertzhagen einen indischen Offizier erschießen mußte, der versuchte, mit gezogenem Säbel an ihm vorbeizukommen.

Brigadier Tighe berichtet dem Hauptquartier auf dem Schiff über einen Angriff durch zwei- bis dreitausend Deutsche, obwohl in Wirklichkeit die *Askari*-Streitmacht aus zweihundertfünfzig Mann bestand, und der Angriff von weniger als zwei Kompanien, der 7. und der 8. *Schutztruppe*, durchgeführt wurde. Dieser erste vergebliche Durchstoßversuch hatte die Briten über dreihundert Opfer gekostet, der Rest der Truppe war den ganzen Weg zur Küste zurückgerast, und viele von ihnen standen nun – laut um Hilfe schreiend – bis zum Hals im Wasser.

5. November. General Aitken wurde über das unmilitärische Gehabe seiner Einheiten und über die Prügel, die sie bezogen hatten, so wütend, daß er alle seine verbliebenen Reserven an den Strand beorderte, um Lettow-Vorbeck eine Lektion zu erteilen, und das wieder, ohne Kundschaftspatrouillen auszusenden. Er stellte seine Dummheit unter Beweis, indem er seine schwächsten Einheiten mit seinen besten Formationen mischte, die untrainierten Inder mit dem *North Lancashire Regiment* und den *Gurkhas* von den *Kashmiri Rifles*.

„Machen wir sie doch mit unserer Schiffsartillerie fertig!" Doch Aitkens lehnte das Angebot eines unterstützenden Seebombardements durch H. M. S. *Fox* ab. Wieder erhielten die Kommandanten der Einheit den Befehl, mit aufgepflanztem Bajonett anzugreifen. Und diesmal türmten sich am Ufer die Berge von Material so hoch, daß die soeben ausgeschifften Truppen darüberklettern mußten und sich ihren Weg an den *Rajpurs* vorbei bahnen mußten, die sie ungläubig anstarrten, bevor sie sich überhaupt geordnet aufstellen konnten, um mit aufgepflanzten Bajonetten auf den Feind zuzumarschieren, der wieder einmal auf geheimnisvolle Weise im Sumpf verschwunden war.

Dreihundert Meter vor der Stadt, entlang eines niedrigen Erdwalls, der drei Jahre zuvor errichtet worden war, um die Bevölkerung vor Überschwemmungen zu schützen, hatte Lettow-Vorbeck eine mächtige Linie von verschanzten Verteidigungsstellungen errichtet. Alle Einheiten lagen schön getarnt hinter Bambusstengeln, und jede Kompanie war durch Feldtelefon mit ihrem Kommandoposten verbunden. Stacheldrahtverhaue, die unter Blättern und Sumpfblumen verborgen waren, umgaben Stützpunkte, die mit Maschinengewehren bestückt waren. Derartige Verteidigungsanlagen ohne Artillerie anzugreifen, glich einer selbstmörderischen Mission. Die deutschen Kommandanten mußten gar keinen Hinterhalt aufbauen, die *Indian Imperial Service Brigade* stolperte von selbst in die Falle. Anfangs bahnten sich die Angreifer mühsam einen Weg durch den Schlamm, stolperten über versunkene Mangrovewurzeln und litten schwer unter Durst und Hitze. Währenddessen schossen Heckenschützen der Askari, die in den Kronen von Affenbrotbäumen saßen, die britischen Offiziere mit den hübschen roten Schärpen und Tropenhelmen einzeln ab. Dann eröffneten die Deutschen ein verheerendes Maschinengewehrfeuer, das bald seine Wirkung zeigte. Es schlug große Löcher in die verschiedenen Einheiten. Alles lief so, wie es Lettow-Vorbeck geplant hatte. Eine indische Linie irrte konfus im Sumpf umher, feuerte wild in die Baumwipfel über ihr und traf dabei mehr als einmal die vorausmarschierenden eigenen Kameraden. Da sich die Vorhut im vollen Rückzug befand, und die Nachhut noch immer anmarschierte, ergab dies eine stattliche Menge verwirrter Soldaten, die für die deutschen Maschinengewehrschützen ein ideales Ziel boten. Nur den *North Lancashires* und den *Gurkhas* gelang ein mutiger Vormarsch, und nach einem verbissenen Kampf Mann gegen Mann nahmen sie das örtliche Zollhäuschen ein. Dann kämpften sie sich vor, die Hauptstraße entlang bis zum Hotel *Zum Deutschen Kaiser.* Dort holten sie die deutsche Flagge herunter und hißten den *Union Jack.* Das Ereignis wurde von den vor Anker liegenden Schiffen mit großem Beifall bejubelt.

Für Oberstleutnant Lettow-Vorbeck, der mit seinen zwei Adjutanten, Major von Prinz und Major Kraut, die Kampflage studierte, wurde die Situation allmählich brenzlig. Wenn es den Briten gelingen sollte, aus der Stadt auszubrechen, dann stünden ihrem Expeditionskorps Tür und Tor offen, um in die Kolonie einzudringen. Außerdem waren bereits einige seiner unerfahrenen, jungen *Askaris* vor den gefürchteten krummen Messern der *Gurkhas* gewichen und versteckten sich nun in den Häusern. Ein mutiger Schritt tat not. Lettow-Vorbeck, ein preußischer Junker, brüllte seine zögerlichen Krieger an: „Habe ich hier alte Weiber vor mir oder stolze Kriegersöhne der *Wahehe* und *Angoni?*"

Einer der *Wahehe-Askari* sprang auf und wollte sich aus dem Staub machen. Ein Kompaniekommandeur, Hauptmann von Hammerstein, zog schnell eine halbvolle Weinflasche aus seiner Kartentasche und schleuderte sie dem Fliehenden hinterher. Er wurde am Schädel getroffen und brach blutüberströmt zusammen. Daraufhin brachen die *Angoni* in kreischendes Gelächter aus. Eine deratige Demütigung ihres Stammesstolzes war zu groß, und die *Wahehe* verprügelten ihren Stammesfeigling. Dann ergriffen sie ihre Mausergewehre, und mit einem blutrünstigen *„Wahindi ni waduduu"* und unter der Führung von Major von Prinz stürzten sie gegen den Feind, dicht gefolgt von den *Askaris* des *Angoni*-Stammes, die auch nicht als feige gelten wollten. Mit Kugel und Messer warfen sie die Inder aus der Stadt und brachen in die offene Flanke des Feindes. Es kam zu einem blutigen Gemetzel, *Panga* gegen *Kukri,* [136] aber die Wut der wilden *Askari* war zu groß, um ihnen zu widerstehen. Ihr Kommandeur, Major von Prinz, wurde getötet, aber auch das Bataillon der *101. Bombay Grenadiers* fiel den deutschen Maschinengewehren zum Opfer und konnte als effektive Kampfeinheit abgeschrieben werden. Aber durch diesen ungestümen Angriff der *Wahehe-* und *Angoni-Askaris* seiner *4.* und *13.* Kompanie war nun auch Lettow-Vorbecks rechter Flügel plötzlich entblößt und von den *North Lancashires,* die um das Zollgebäude lagen, ernstlich bedroht.

General Aitken handelte nicht wie sein deutscher Gegenspieler, der alles in der ersten Linie miterlebte und dadurch schnelle Entscheidungen treffen konnte, sondern stand immer noch auf seinem Schiff. Von dort hatte er nicht den geringsten

Überblick, denn vor ihm lag der dichte Dschungel. Von den *North Lancs* kam eine Meldung mit präzisen Angaben zur Stellung der feindlichen Maschinengewehre. Sie forderten Artillerieunterstützung an, um die deutsche Linie zu zermürben. Doch der gute General Aitken saß wie erstarrt auf seinem Schiff und tat nichts. Er befahl nicht, mit der schweren Schiffsartillerie des Kreuzers *Fox* den Beschuß zu eröffnen. So blieb den *North Lancs* keine andere Wahl, als mit ihren Maxim-Maschinengewehren blind in die Bambusstengel zu feuern. Das Ganze blieb aber ohne nennenswerte Wirkung, denn die *Askaris* saßen sicher in ihren tiefgegrabenen Erdlöchern. Doch das Feuer ließ die Köpfe der Deutschen untertauchen, und ihr zerstörerisch zielgenaues Gewehrfeuer verstummte. Die britischen Kommandanten hatten allerdings nicht bemerkt, daß die *Askaris* fast keine Munition mehr hatten, und waren dabei, sich für einen verzweifelten letzten Angriff vorzubereiten.

Wenn es je einen Augenblick für einen entscheidenden britischen Sieg gegeben hatte, dann war er jetzt gekommen. Aber etwas äußerst Unerwartetes kam den Deutschen zu Hilfe. Der Sumpf war von toten Bäumen umgeben. Wie in einem versteinerten Wald ragten graue, verdorrte Zweige in den Himmel. Die Eingeborenen hatten rautenförmige Korbgeflechte an die Äste gehängt. Diese hingen dort wie riesige, schwarze Fledermäuse und waren für afrikanische Bienen bestimmt. Der Honig dieser extrem angriffslustigen Insekten von erstaunlicher Größe galt seit Urzeiten als eine besondere Delikatesse der Eingeborenen, die sich gegen die furchtbaren Stiche schützten, indem sie ihre Arme und Gesichter dick mit ranzigem Fett einschmierten.

Nun aber schien der Lärm des ständigen Schießens die friedliche Honigproduktion der emsigen Bienen unterbrochen zu haben, oder vielleicht hatten die vielen Gewehrkugeln das trockene Korbgeflecht zersplittert und die Bienenstöcke beschädigt – aus welchem Grund auch immer: dichte Schwärme summender, stechender Bestien brachen aus den Baumwipfeln hervor und attackierten im Sturzflug die herankommenden ungeschützten Inder. Sie stachen und stachen und stachen ohne Unterlaß. Panik griff um sich. Verfolgt von schwarzen Wolken wütender Bienen, rannten die Inder in die Richtung, aus der sie gekommen waren. Man kann sich das Schauspiel bildlich vorstellen, das General Aitken beobachtete, der sich noch immer in seinem Hauptquartier auf dem Schiff aufhielt: Hunderte wild gestikulierender Soldaten ohne Waffen schwenkten ihre Arme wie Windmühlenflügel, als sie aus dem Mangrovewald am Strand auftauchten und sich in den Ozean stürzten. Da nun keine Schüsse mehr zu hören waren, sondern nur die Schmerzensschreie der flüchtenden Fußsoldaten, bemerkte ein Stabsoffizier: „Mein Gott, Herr General, unsere Männer wurden wieder zurückgetrieben. Welch teuflische Wunderwaffe haben die Deutschen nur diesmal eingesetzt?"

Die Erklärung war ganz einfach: *Die Hölle ist nicht schlimmer als eine wütende*

Biene. Einem Gefreiten vom Signalkorps wurde das *Military Cross* verliehen, weil er auf seinem Posten ausgeharrt hatte und Nachrichten zum Schiff gesandt hatte, während er von dreihundert Bienen angegriffen und gestochen wurde. Es war dies das erste Mal in der Militärgeschichte, daß ein Orden *für herausragende Tapferkeit während eines Luftangriffs* verliehen wurde.

Aitken ärgerte sich über die Feigheit seiner Truppen und ordnete schließlich ein Seebombardement Tangas an. Die erste Granate traf das örtliche Spital, das mit britischen Opfern belegt war. Die meisten anderen Granaten trafen seine eigenen Truppen, die sich nun in vollem Rückzug befanden. Als die zurückkehrenden *North Lancs* schließlich die Küste erreichten, bemerkte ein Sergeant aus Manchester trocken: „Ich fürchte mich nicht, wenn die Hunnen auf mich schießen, aber wenn mich eine Biene in den Arsch sticht, da hab' ich dann genug."

Als sich Ruhe über das Schlachtfeld gelegt hatte und die Bienen sich in ihre Stöcke zurückgezogen hatten, betrug die Zahl der toten oder verwundeten Schutztruppler insgesamt siebzig,[137] während die Briten achthundert Tote und ebenso viele Verwundete oder Vermißte zurückließen, die vermutlich im Morast versunken waren, ohne eine Spur zu hinterlassen. Die geschlagene britische Armada lichtete den Anker und kehrte nach Mombasa zurück, wo – zur Krönung aller erfahrenen Demütigungen – der britische Kolonial-Zollinspektor der Flotte von General Aitken die Einfahrt in den Hafen untersagte, da sie versäumt hatte, die Hafengebühr von fünf Prozent *ad valorem* zu entrichten.

* * *

In England wurde der Ausgang der ersten Schlacht in Afrika mit Entsetzen zur Kenntnis genommen. Wie konnte eine Handvoll schwarzer Hilfstruppen der britischen Expeditionsstreitmacht eine derart schmähliche Niederlage bereiten? Es wurden Entschuldigungen gefunden, und die „Times" ging so weit, Paul von Lettow-Vorbeck zu bezichtigen, er hätte eine neue, taktische Waffe für das Schlachtfeld entwickelt: abgerichtete Schwärme von Kriegsbienen. Niemand wagte es auszusprechen, daß General Aitken der falsche Mann war, um auf einem Schauplatz eingesetzt zu werden, den er nie verstanden hatte. Seine Idee, „anmarschieren und attackieren" mit aufgepflanzten Bajonetten, gehörte der Vergangenheit an. 1914 funktionierte das an der Westfront schon nicht mehr, und es paßte überhaupt nicht nach Afrika, wo Taktiker wie die Buren und Lettow-Vorbeck das Buch der kolonialen Kriegführung neu geschrieben hatten – wenn auch der deutsche Oberst in späteren Jahren niemals vergaß, seinen Hilfstruppen, den Bienen, Lob zu spenden.

Was wäre, wenn ...

Was wäre, wenn – die Expedition General Aitkens erfolgreich gewesen wäre?

Deutsch-Ostafrika wäre zum britischen Tanganyika (heute Tansania) geworden, und der Weltkrieg wäre im afrikanischen Abschnitt bereits 1914 beendet gewesen.

Die Tatsachen

Mit einer Streitmacht von nur 155 deutschen Offizieren und Soldaten, 1.200 afrikanischen *Askaris* und 3.000 Trägern hielt die von Generalmajor Paul von Lettow-Vorbeck meisterhaft geführte Operation 120.000 britischer Kolonialtruppen unter den südafrikanischen Generälen Smuts und Van Deventer in Schach. Die Streitmacht der *Askari* kämpfte bis in die letzten Kriegstage weiter und ergab sich erst am Tag des Waffenstillstandes von 1918.

Was die *Schlacht der Bienen* betrifft, so ermöglichte das von den Briten an der Küste zurückgelassene Material Lettow-Vorbeck, neue Regimenter zu bilden, sie mit modernen britischen Waffen auszustatten und sie für vier weitere Jahre Kampf zu rüsten.

Oberst von Lettow-Vorbeck wurde zum Generalmajor befördert.

Generalmajor Aitken wurde ausgemustert und in den Oberstrang zurückversetzt.

Der Hinge-Faktor der Schlacht bei Tanga war der Stich einer Biene.

Der Haltebefehl

„Wir haben die Schlacht um Frankreich verloren."
15. Mai 1940, französischer Premierminister
Paul Reynaud an Winston Churchill.

In den Abendstunden des 10. Januar 1940 kam eine deutsche Junkers-52-Transportmaschine in einem Feld in der Nähe von Mechelen-sur-Meuse zur Notlandung. An Bord befand sich ein Stabsoffizier der 7. deutschen Infanteriedivision, der detaillierte Pläne über die deutsche Invasion in Frankreich mit sich führte. Er wurde gefangengenommen, noch ehe er sie verbrennen konnte. Es handelte sich um Aufzeichnungen über einen deutschen Angriff durch die Ardennen mit Überquerung der Meuse (Maas) südlich der belgischen Grenze, der für das kommende Frühjahr geplant war. Die erbeuteten Pläne wurden General Maurice Gamelin, dem Oberkommandanten der alliierten Armeen, überbracht.

Er glaubte nicht an ein solches Vorhaben. Selbst als sein Spionagechef, Oberst Payol vom *Deuxième Bureau*, die Bestätigung der Information durch seine geheime Quelle in Berlin meldete, wollte der General es nicht glauben. Die geheime Quelle war „Bertrand", ein Beamter im deutschen Kriegsministerium.[138]

General Gamelin war nicht zu überzeugen. Für ihn konnte keine Armee der Welt die Ardennen überqueren. Und er hielt daran fest, obwohl er genau wußte, daß genau dies vor zwei Jahren General Prétalat gelungen war. Während einer französischen Heeresübung, unter Leitung von General Gamelin, hatte General Prétalat genau dieselbe Durchbruchsroute benutzt, die jetzt auf den erbeuteten deutschen Plänen eingezeichnet war. Schließlich bekam er Meldung vom französischen Militärattaché in Berlin, er solle um den 8. Mai herum einen deutschen Anschlag auf Sedan erwarten. Der Militärattaché verschätzte sich nur um zwei Tage.

Am Morgen des 10. Mai 1940 sprang eine Spezialeinheit deutscher Fallschirmjäger auf *Fort Eben Emael* ab, das entlang der französisch-belgischen Grenze drei Brücken kontrollierte. Die Luftlandetruppen hatten diesen Überraschungsstreich an einem maßstabgetreuen Nachbau des Forts geübt. Innerhalb von zwanzig Minuten war der strategische Stützpunkt in den Händen der Deutschen, und die Straße nach Frankreich war offen.

Am 1. September 1939 bekam die Welt zum ersten Mal die Wirkung der deutschen Blitzkriegstrategie zu spüren. Blitzartige Angriffe von Panzereinheiten wurden dabei mit taktischen Angriffen aus der Luft kombiniert. Diese Technik war in der Zwischenkriegszeit von dem deutschen Panzergenie Heinz Guderian[139] entwickelt worden. Deutschland hatte eine ausgezeichnete Panzertruppe entwickelt. Die britische Armee dagegen besaß *Mark-I-Tanks*, die mit einem Maschinengewehr ausgerüstet waren, und sogar ihre schwereren *Matildas* waren den schnellen deutschen Panzern nicht gewachsen. Die Franzosen waren noch schlechter dran, ihre *Blindées* bewegten sich schwerfällig mit 6,5 Kilometer pro Stunde vorwärts, damit die *fantassins* (Fußsoldaten) der Attacke folgen konnten. Die deutschen Panzer stürmten mit einer Geschwindigkeit von etwa 60 Stundenkilometern voran.

Nach der „Demonstration deutschen Könnens" in Polen beharrten die Männer, die die alliierte Militärplanung beherrschten, trotzig auf einem statischen Verteidigungskonzept. Beispielhaft für diese Haltung steht ein Ausspruch von Generalmajor Sir Louis Jackson, der den Durchbruch der britischen Panzertruppe bei Amiens, die entscheidende Schlacht des Ersten Weltkrieges, mit folgenden Worten kommentierte: *„Dieser Tank war eine Zufallsgeburt seiner Zeit. Er ist unter absolut außergewöhnlichen Umständen entwickelt worden, die sich mit aller Wahrscheinlichkeit so niemals wiederholen werden. In jedem Fall würden wir der Situation heute mit anderen Mitteln begegnen."*

Die Franzosen teilten die kurzsichtige Einschätzung des Empire-Generalstabes. „Wir sind keine Polen", stellte General Gamelin fest, „so etwas hätte hier nicht geschehen können." Der französische Generalstab setzte auf die Unverwundbarkeit der Maginot-Linie. Der größte Makel dieses ausgeklügelten Verteidigungssystems war, daß die Linie nicht bis zum Meer reichte, sondern bei der belgischen Grenze aufhörte! Die Franzosen gingen davon aus – fälschlicherweise, wie sich herausstellte –, daß die deutschen Streitkräfte aus diesem Grunde den Weg durch Holland nehmen würden, wo dann die geballte Macht der französischen, belgischen und britischen Heere den deutschen Durchmarsch an den militärisch gesicherten Ufern der Dijle zerschlagen konnte. Doch gerade diese Konzentration der alliierten Streitkräfte in Flandern führte zum französischen Debakel.

General Erich von Manstein, Generalstabschef der Heeresgruppe A unter General von Rundstedt, legte Hitler die Pläne für den Blitzmarsch zum Sieg vor. Seine Idee war, mit allen deutschen Panzern, d. h. sieben Divisionen, einen Überraschungsangriff am schwächsten Punkt der französischen Verteidigung zu starten. Sie sollten die dichtbewaldete Hügelkette der Ardennen durchstoßen, und er überließ es der Heeresgruppe „B" von General von Bock, die vom Feind erwartete Offensive in Holland auf der Invasionsroute des Ersten Weltkrieges vorzutäuschen. Die Franzosen gingen in die Falle, sogar der alternde Marschall Henri Pétain, seinerzeit Held von

Verdun, war sicher: *„Die Ardennen sind uneinnehmbar, dieser Sektor ist nicht gefährdet."*

General Gamelin hatte für das hundertfünfzig Kilometer lange unbefestigte Waldgebiet zwischen der Maginot-Linie und den Stützpunkten am belgischen Fluß Dijle nur vierzehn Reservedivisionen abgestellt. Gegen diese stürmten nun fünfundvierzig hochqualifizierte deutsche Divisionen, mit allen schweren Panzereinheiten.

Um diesen schnell errungenen und unbestrittenen deutschen Sieg ranken sich Legenden. So heißt es zum Beispiel, daß die Schlacht durch die zahlenmäßige Überlegenheit der deutschen Panzer errungen wurde. Diese Behauptung ist falsch. Die Deutschen hatten 2.574 Panzer,[140] die Alliierten 3.254. Noch dazu waren die alliierten Panzerungen und Geschütze denen der deutschen *Mark-II* und *Mark-III*-Modelle überlegen. Die Franzosen wurden einfach durch Feldherrnkunst besiegt. Der französische Generalstab hatte eine regelrechte Maginot-Mentalität entwickelt, bei der die gesamte Verteidigungsstrategie auf einem einzigen starren Konzept und auf überholter Schlachtenstrategie gründete. Vor allem aber hatten die alliierten Befehlshaber ein übertriebenes Vertrauen in feste Verteidigungsstellungen. (Völlig unversehrt wurde die Maginot-Linie den Deutschen am Tag nach der französischen Kapitulation übergeben!)[141]

Die Geschichtsschreibung neigt dazu, eine relativ kleine Aktion, die von vierundsiebzig britischen *Tanks* in der Nähe von Arras ausgefochten wurde, zu übersehen. Sie sollte sich jedoch für die weitere Entwicklung des Krieges als bedeutsam erweisen.

* * *

Nach nur zwei Tagen Kampf hatten die führenden deutschen Panzer Sedan und die Maas erreicht. Am 12. Mai ging bei General Corap eine Falschmeldung ein, nach der die deutschen Panzereinheiten den Fluß bereits überquert hätten. General Corap, Kommandant der französischen neunten Armee,[142] geriet in Panik und befahl einen überstürzten Rückzug. Daraufhin übernahm General Giraud die Neunte Armee, geriet aber schon am kommenden Tag in deutsche Gefangenschaft.

Am 13. überquerte die 7. Panzereinheit General Erwin Rommels den Fluß auf einer in größter Eile errichteten Pontonbrücke. Kein Widerstand stellte sich ihnen entgegen, und sie überrannten die neue französische Verteidigungslinie, bevor diese überhaupt bemannt war. Seit dieser Schlappe klaffte ein Loch in der französischen Linie. Der Panzerangriff geschah so blitzartig, daß die Deutschen nicht einmal stehenblieben, um Gefangene zu nehmen. Lange Reihen kapitulierender französischer Soldaten marschierten entlang der schnell fahrenden Panzer, viele von ihnen trugen noch ihre Waffen. Von Zeit zu Zeit hielten deutsche Soldaten an, sammelten Waffen ein und zermalmten sie unter den Ketten.

Die Franzosen hatten noch drei *Tank*-Divisionen zu ihrer Verfügung, die die deutsche Dampfwalze aufhalten konnten. Obwohl die Meldungen des militärischen Geheimdienstes nun eindeutig besagten, daß die deutschen Panzer wirklich einen Stoß gegen Belgien führten, war Gamelin unfähig, auf die veränderte Situation zu reagieren. Er war ein Mann, der nicht von seiner vorgefaßten Meinung abkommen konnte. Dies war der Grund für den militärischen Zusammenbruch. General Weygand löste Gamelin ab und entschied, drei *Tank*einheiten in die Schlacht zu werfen. Zu spät, denn zur Stunde wurde die 1. französische schnelle Division von General Bruneau bereits vom 19. Panzerkorps Guderians angegriffen und, unterstützt von den Sturzkampfbombern (Stuka) der Luftwaffe bei Beaumont, ohne große Mühe völlig vernichtet. Die 2. *Division Blindée* (General Bronché) wurde aufgrund eines Fehlers im Fahrplan am falschen Ort vom Zug geladen, und der 3. *Division Blindée* ging auf dem Weg zur Front der Kraftstoff aus.

Französische und britische Infanterieverstärkung war unterwegs. Auf ihrem Vormarsch kamen die Truppen mit ganz anderen, schwerwiegenden Problemen in Berührung, die nicht *Made in Germany* waren: Tausende von Flüchtlingen strömten aus Ostfrankreich und Belgien, und Menschenmassen blockierten die Hauptstraßen. Auf allen nur erdenklichen Transportmitteln – Kinderwagen, Schubkarren, Handkarren – hatten sie ihr ganzes Hab und Gut angehäuft, oder zumindest das, was ihnen unentbehrlich schien. Auch nutzlose Gegenstände wie Gitarren, Bilder oder Regenschirme waren in der Panik eingepackt worden. Flüchtlinge rissen Autofahrer vom Steuer ihres Wagens weg, um sich selbst schneller in Sicherheit zu bringen. Autos hatten bald keinen Treibstoff mehr, blieben mitten auf der Fahrbahn liegen und vergrößerten den Verkehrsstau. Hungrige Menschen pflückten unreifes Obst von den Bäumen und litten dann an den Folgen. Ein Kind klammerte sich am Rockzipfel seiner Mutter fest und stolperte auf vor Müdigkeit steifen Beinen hinterher; die Mutter ließ ihr Gepäck fallen und schlang tröstend die Arme um ihr Kind. Ein kurzer Moment der Liebe inmitten dieser Welle von Panik. Viele setzten sich am Straßenrand nieder und warteten darauf, was nun geschehen würde. Müde und zerlumpt stolperte die Masse über die verwesenden Leichen, die bei einem Tieffliegerangriff getötet worden waren. Bedrohlich und angsteinflößend wie eine dunkle Wolke hing die ständige Gefahr eines neuen Angriffs durch die deutschen Stukas über dem Flüchtlingsdrama.

Diesen Flüchtlingen gelang das, was zehn zusätzlichen deutschen Disivionen nicht gelang: eine wirksame Blockade der dringend benötigten alliierten Reserven. Der Menschenstrom verhinderte, daß sie rechtzeitig die Verteidigungspositionen erreichten. Am Abend des 15. Mai stießen die drei deutschen Panzerkorps von Hoth, Reinhardt und Guderian unbehindert nach Frankreich vor, und ein mutiger Versuch einer schnell zusammengestellten 4. mechanisierten Division unter dem jungen

Oberst Charles de Gaulle hatte auf Guderians Vorstoß keinen Einfluß. Schon nach nur fünf Tagen der Schlacht ging Frankreich bereits einer erniedrigenden Kapitulation entgegen.

Deutsches Oberkommando der Wehrmacht, 15. Mai, Nachmittag. Der Polenfeldzug war dank des Könnens von Hitlers Panzerkommandanten in nur zwei Wochen gelungen. Dem *politischen* Führer Deutschlands mangelte es aber an militärischer Erfahrung, um moderne Panzerkriegsführung in ihrer Gesamtheit zu erfassen. Der Führer war überzeugt von seiner historischen Mission und noch überzeugter von der Einzigartigkeit seines militärischen Genies. So hatte er sich mit Generälen umgeben, die ebenso unfähig waren wie ihre französischen Gegenspieler: Jasager wie Keitel und Jodl. Die wahre Stärke der Deutschen lag in ihren Befehlshabern an der Front, wo Männer wie Guderian oder ein junger Divisionsgeneral namens Erwin Rommel gute Arbeit leisteten. Letzterer sollte der beste aller deutschen Generäle werden, denn nur ihm allein gelang es, den starren deutschen Militärgeist zu überwinden. Er war nie der Partei beigetreten, und wie sein Vorgesetzter Guderian betrachtete er die Generäle des Oberkommandos der Wehrmacht als unfähige und nutzlose Quälgeister. Seine offene Abneigung Männern wie Himmler, Jodl und Keitel gegenüber war allgemein bekannt, und das politische Gebilde, von dem seine persönliche Sicherheit abhing, hatte ihn niemals fasziniert. Die Bewunderung, die er am Anfang für Hitler hegte, verwandelte sich rasch in Enttäuschung und Abscheu. Und aus gutem Grund. Als die drei Panzerkorps aus dem Brückenkopf der Maas hervorbrachen, um tief nach Frankreich einzudringen und dabei die geschlagenen Armeen vor sich her trieben, verlor Hitler die Nerven, und seine Angst wuchs in direkter Relation zu den Berichten von den vorwärtspreschenden Einheiten. So schnell folgte eine Meldung auf die andere, daß die Generäle im Kartenraum des Oberkommandos der Wehrmacht mit dem Umstecken der Pfeile und Fähnchen kaum nachkamen. Hitler studierte den Generalplan und wurde äußerst unruhig. Keitel bemerkte die Sorgen seines Führers und stimmte mit ihm überein. „Ich teile Ihre Ansicht über die gegenwärtige Situation, mein Führer. Unsere Panzertruppen operieren auf einer zu großen Breite. Wir müssen mit einer Gegenoffensive rechnen."

16/5 OKW: Der Franzose führt anscheinend aus seinem Reservoir Dijon-Belfort Kräfte nach der linken Seite des Durchbruchkeils heran.

Die Generäle Keitel und Jodl akzeptierten kritiklos, wie ihr vom Militärgenie begnadeter Führer die Lage einschätzte. Nur Halder, der brillante Stratege, gab zu bedenken, daß der Durchbruch für die Briten viel zu schnell erfolgte, als daß sie sich darauf einstellen könnten. Außerdem sei die Moral der Franzosen völlig zusammengebrochen. Und er hatte recht. Aber Hitler hörte nur auf seine Jasager. Am 17. Mai ging der entscheidende Befehl hinaus, der das 19. Panzerkorps aufhalten sollte.[143]

Hauptquartier, 19. Panzerkorps. „Aber Herr General, es ist ein Befehl vom OKW, ein Befehl vom Führer persönlich."

„Und wenn er vom Papst persönlich käme. Rufen Sie General List bei der 12. Armee an, sagen Sie ihm, ich lege mein Kommando nieder!", brüllte Guderian. List war nicht nur irgendein General, sondern auch ein scharfsinniger Diplomat, der einen Kompromiß fand. Er erlaubte Guderian, eine *reconnaissance en force* zu starten. Das Ganze war eine Farce. Um seine Eigenmächtigkeiten vor dem Führer geheimzuhalten, ließ Guderian eine Telefonleitung von seinem vorgeschobenen Kommandowagen bis zu dem Ort legen, wo ihn das OKW gestoppt hatte. Und so kam es, daß die deutschen Panzer an die Kanalküste rasten, noch ehe Hitler wußte, was vor sich ging.

Der Befehl Nr. 12 von General Gamelin wurde am 19. Mai um 9 Uhr 45 erteilt. Er wies alle Nordarmeen an, sich um jeden Preis nach Süden zu begeben und nicht zuzulassen, daß sie eingekreist und gegen die Kanalhäfen getrieben würden. Während General Georges und seine Streitkräfte vom Norden ihre Offensive in südlicher Richtung starteten, sollten die 2. und die 6. französische Armee von Mézières in Richtung Norden attackieren. Ein Ereignis machte diesen Befehl zunichte. An diesem Tag wurde General Gamelin, der wegen einer fortgeschrittenen Syphilis unter schweren Depressionen litt, um 19 Uhr von Maxime Weygand ersetzt. Weygand hatte mit General Georges, dem Kommandanten der Armeegruppe Nordost, einen Schlachtplan ausgearbeitet. Die vorgerückten deutschen Einheiten sollten an der exponiertesten Stelle von beiden Seiten bedrängt werden und in einer weit ausholenden Zangenbewegung abgeschnitten werden. Georges, ein körperlich und geistig untauglicher Führer, der nach dem französischen Debakel an der Maas in Tränen ausgebrochen war, besuchte den Oberkommandierenden der *BEF (British Expeditionary Forces)*, General Gort, in seinem Hauptquartier. Er drängte ihn, mit den ihm noch verbleibenden *Tank*reserven den beiden führenden deutschen Panzerdivisionen aus dem Hinterhalt den Weg abzuschneiden. Durch die hohe Geschwindigkeit hatte sich eine Lücke zwischen den Panzern und der nachfolgenden Infanterie gebildet. *BEF* sollte die Verteidigungslinie Arras–Cambrai–Bapaume errichten. Als Gegenleistung versprach Georges schlagkräftige Unterstützung durch eine französische Panzerattacke aus dem Süden.

BEF-Kommandant Gort hielt es für unnötig, General Georges darüber zu informieren, daß er bereits einen Rückzug in Richtung Dünkirchen beabsichtigte. Er setzte jedoch seinen eigenen Premierminister davon in Kenntnis. Winston Churchill ordnete daraufhin an, Pläne für die „Operation Dynamo"[144] auszuarbeiten, eine Maßnahme, die die britische Armee vor ihrer Vernichtung bewahren sollte.

Während die Franzosen und Engländer wertvolle Zeit mit Verhandlungen darüber vergeudeten, wer wo angreifen sollte, stieß Rommels 7. Panzertruppe völlig ungestört ins Herz von Frankreich vor. Seine Panzer bewegten sich entlang einer nur drei Kilometer breiten Front und waren nur etwa fünfzig Kilometer von der nächsten Nachschubeinheit entfernt. Er ging ein erhebliches Risiko ein, denn beide Flanken der Panzerkolonnen waren offen und konnten bei der starken Präsenz alliierter Streitkräfte jederzeit angegriffen werden. Am 18. trieb er seine Einheiten zum erneuten Vormarsch an. *„Weiterer Marschweg: Le Cateau-Arras. Auftanken! Antreten!"*

Bald hatte er für seine Panzer keinen Treibstoff mehr. (Angeblich wurden die Reserven teilweise an örtlichen Tankstellen aufgefüllt.) Diese Panne brachte ihn fast zur Weißglut. Schließlich wurde ihm klar, daß er selbst diese Situation verschuldet hatte: Sein Vormarsch war so schnell erfolgt, daß seine Nachschubeinheiten noch in Belgien waren! Die Nachricht verursachte bei Hitler Magenkrämpfe, und die OKW-Generäle verbrachten eine schlaflose Nacht.[145] Rommels Mut wurde dennoch reichlich belohnt. Bei nur fünfunddreißig Toten und fünfzig Verwundeten hatte seine Division zehntausend Gefangene gemacht und über einhundert feindliche Panzer erbeutet oder zerstört.

Am 20. Mai, dem Tag, an dem die ersten Panzereinheiten Guderians nach Abbeville vorstießen, übergab *BEF*-Kommandant Gort das Kommando des Sektors Arras an General Sir Harold Franklyn. Die Kommandozentrale war in einem Bauernhaus in der Nähe von St-Eloi[146] untergebracht. Dort versammelte General Franklyn seine Stabsoffiziere, die alle völlig unterschiedliche Meinungen zur Lage äußerten, und es ergab sich kein klares Bild. Nach den letzten Meldungen der zurückmarschierenden Einheiten hatten die deutschen Panzer bereits die Schelde bei Cambrai überquert und näherten sich nun der letzten wehrhaften Wasserbarriere, dem *Canal du Nord*. Die Deutschen versuchten offenbar, Franklyns Korps einzukreisen und damit das ganze alliierte Nord-Ost-Kommando der französischen ersten und siebenten Armee, der belgischen Armee und der *British Expeditionary Force* in den Ärmelkanal zu treiben [147].

Gort teilte Franklyn mit, daß er keine Luftunterstützung bekomme. Er mußte sich auf die Bodentruppen verlassen, die ihm zur Verfügung standen: zwei Divisionen, die 5. und die 50. sowie die 1. *British Tank Brigade*, bestehend aus den Einheiten des 4. und 7. *Royal Tank Regiment*. Der Plan sah einen konzentrierten Angriff von Infanterie und Panzern entlang der Route Arras–Baupaume vor. Dort würde Rommels 7. Panzerdivision überfallen und der Kopf abgeschlagen werden, bevor die deutsche Infanterie zur Unterstützung heraneilen konnte. Franklyns Panzereinheiten waren stark genug, dieses Ziel zu erreichen, solange sie nicht auf Rommels Kerneinheit trafen. Durch ein Eiltelegramm Churchills an Präsident Reynaud wurde der

Beginn der Operation ausgelöst, noch bevor ein einheitlicher Plan ausgearbeitet werden konnte. „*... Die deutschen Panzerkolonnen müssen auf freiem Feld von kleinen mobilen Kolonnen angegriffen werden. Dabei müssen die vorhandenen Kanonen reichen ...*"[148]

General Gort plante den Start der Aktion für den 21. Mai, 14 Uhr. General Martel übernahm das Oberkommando für den kommenden Angriff. Die erste Angriffswelle bestand aus der 13. und 151. britischen *Infantery Brigade* sowie fünfundsechzig *Mark-I* und achtzehn *Mark-II-Tanks*. Martel wurde eine Unterstützung an den Flanken durch siebzig leichte Panzer der französischen 3. mechanisierten Division zugesagt. Keine Luftsicherung. Es gab da allerdings noch ein Problem, das nicht unerheblich war: Der alliierte Geheimdienst hatte zwar die 7. Panzerdivision (Rommel) korrekt identifiziert, ihm war aber entgangen, daß auch die 8. und die 5. Panzerdivision sowie die SS-Panzergrenadierdivision Rommels *Blitz* folgten. Die Briten hatten vierhundert Panzer und zwanzigtausend Mann einfach übersehen.

Einige Tage zuvor. Der schnauzbärtige Kommandant der 1. *British Tank Brigade* saß in seinem Kommandowagen, als eine Meldung kam. *Einheit unter schwerem Beschuß von Südwesten.* Wie war das möglich? Südosten ja, aber Südwesten? Seine Truppen bemannten noch immer die Linie entlang des Flusses. War es den Deutschen gelungen, die Dijle im Süden zu überqueren, vielleicht am Berührungspunkt mit der ersten französischen Armee? Eine Funkmeldung beendete seine Zweifel. *Führende Einheiten des 39. deutschen Panzerkorps haben die Dijle überquert ... wir haben schwere Verluste erlitten ...* gefolgt von: *Achtung, an alle Einheiten. Hoths 5. und 7. Panzertruppen gesichtet mit Richtung Maubeuge – Le Cateau ...*

Das war gestern gewesen. Heute sah er sie mit eigenen Augen. Die Panzer hatten sich fächerförmig formiert und rollten auf seine Stellung zu. Diesmal konnte er nicht erwarten, daß andere das Problem für ihn lösten. Für einen koordinierten Rückzug war es zu spät. Ein Kugelregen hinter ihnen schlug in Bäume und Erde. Entlang der ganzen Linie feuerten seine Männer mit ihren Waffen auf die Panzerfahrzeuge. Es war ein einseitiger Kampf. „Wir brauchen Artillerieunterstützung. Ende." Der Knall einer Detonation drang von einiger Entfernung zu ihnen. Eine weitere Brücke war in die Luft gegangen, bevor die feindlichen Panzer sie erreichen und überqueren konnten. „Was ist los?" fragte er. Eine müde Stimme kam über den Lautsprecher. „Wir sind im Eimer, Herr General, das ist los."

„An Blue 14, hier ist Foxtrott 7, hören Sie?"

„Sprechen Sie, Foxtrott 7."

„Blue 14, erbitte Erlaubnis zum Rückzug."

„Foxtrott 7, Erlaubnis verweigert. Sie halten dagegen, mit allem, was Sie haben. Ende."

Er wußte, daß er soeben das Schicksal eines Bataillons besiegelt hatte, aber er hatte keine Wahl. Wenn sie sich zurückgezogen hätten, wäre die Flanke der Division und mit ihr die ganze Flanke für die britischen Expeditionskorps aufgerissen. Ein Offizier stolperte herein, sein Gesicht war grau und schweißbedeckt. „Sir, wir haben keine Funkverbindung zu den Divisionshauptquartieren mehr, entweder ist die Leitung durchgeschossen, oder sie sind alle tot. Wir brauchen *Tanks*. Wir könnten die *Matildas* der 4. *Royals* gut gebrauchen."

„In Ordnung", wandte er sich an seinen Funker, „vergessen Sie die Division, stellen Sie mich direkt durch zum *GOC (General Officer Commanding)*."

„Ich werde es versuchen, Sir."

„Das will ich dir auch geraten haben, du kleiner Scheißer, sonst kannst du nämlich die Meldung zu Fuß überbringen."

Er mußte eine Konterattacke starten – und zwar bald. Und eben dazu benötigte er schwere *Tanks*, bevor seine ganze *Brigade* von den deutschen Panzern plattgewalzt wurde. Die wichtigste Eisenbahnbrücke war bereits in die Luft gejagt worden, aber die deutschen Pioniere hatten bereits eine Behelfsbrücke über das Wasser geschlagen. Und nun setzten ihre Panzer über, unterstützt von der schweren Artillerie. Er wandte sich an seinen Funker, über Kopfhörer hörte er die Meldungen, die von Feuerbefehlen und von den Stellungen des Feindes berichteten. „Sir, hier ist die Bestätigung, die Deutschen überqueren die Wavre."[149]

„Wie sieht's in eurem Sektor aus?"

„Sir, GOC ordnet eine Halteposition an, keine weiteren Befehle."

Der Gefechtslärm näherte sich, die Detonationen waren seinen Stellungen immer näher. Von der anderen Seite des Flusses kommend, landete eine Acht-Acht einen Volltreffer auf eine Stellung der Alpha-Kompanie. Fünf Männer wurden getötet.

„Sir, GOC ist am Apparat."

„Geben Sie mir das Mikro. Hier ist *Blue 14* …"

Der Raum wurde von einem gelben Feuerball erhellt, gefolgt von einem ohrenbetäubenden Knall. Der Funker taumelte nach vorne, ein großes Loch im Hemd. „Hier ist *Blue 14* …", schrie der Brigadier ins Mikrophon. Es war zwecklos. Der Splitter, der den Funker getötet hatte, hatte auch die Radioröhren zerstört. Der Brigadier sprang vom Kommandowagen. Er mußte auf das Feldradio der Alpha-Kompanie ausweichen. Es hatte zwar keine große Reichweite, aber so konnte er wenigstens seine Nachricht der Linie entlang weitergeben. Als er die Männer von Alpha erreichte, erfuhr er, daß ihr Kommandant gefallen war. „Sie da, Sergeant …"

„Ja, Sir." Der Mann salutierte stramm.

„Übernehmen Sie die Alpha-Kompanie."

„Okay, Sir."

Schließlich stellte er den Kontakt zum GOC her. Alles, was er von dort zu hören bekam, beschrieb das, was er sowieso längst sah! Die Deutschen rückten näher, im Süden waren sie den Franzosen dicht auf den Fersen, den Belgiern im Norden und nun auch den Briten. Das HQ versuchte Löcher in der Linie mit Regimentern zu stopfen, die bereits in Gefangenschaft waren. Divisionskommandeure befahlen, Stellungen zu halten, die bereits gefallen waren. Diese verfluchten Panzer! Es gab nur eine Lösung. Alle noch verfügbaren *Tanks* mußten antreten und versuchen, einen Keil in den deutschen Vormarsch zu treiben. Für ein solches Vorhaben war seine Stellung der ideale Ausgangspunkt, denn die kampfstärkste Panzereinheit war bereits dicht südlich an ihm vorbeigerollt, und seine Brigade konnte die Deutschen in die weiche Flanke treffen. Er unterbreitete dem GOC den Vorschlag. Doch die Antwort fiel anders aus, als er erwartet hatte. Das GOC wollte nicht angreifen, sondern wollte erneut „vom Feind zurückweichen". *„Alle Einheiten sollen sich nach Delta Blue zurückziehen. Neue Auffangposition. Blaue Linie. Sofort."* Er sah auf seiner Michelinkarte nach. Ebenso wie die Deutschen, war auch er von diesen vorzüglichen französischen Straßenkarten abhängig, die man in jeder Tankstelle kaufen konnte. Ihm wurde klar, daß die Deutschen auf die Dender vorstießen, einem Fluß westlich der Dijle. Seine Einheiten mußten sich in der Tat zurückziehen, aber nicht in Panik davonlaufen. Wenn es ihm gelang, einen geordneten Rückzug zu organisieren, wären seine Männer an einem anderen Tag wieder zur Stelle, um ein Gefecht zu führen. Er mußte einen Plan ausarbeiten, um seine vorderen Kompanien aus ihrer exponierten Lage zu befreien. Sie mußten unbemerkt zurückweichen und nur schwach besetzte Vorposten hinterlassen. „Herr Major, wir ziehen uns zurück. Die Kanonen sind mechanisiert, die Männer nicht. Ist das ein Problem?" Der Brigadier wandte sich an den Regiments-Hauptfeldwebel, der steif wie ein Besen dastand. Diesen Mann konnte nichts erschüttern, nicht einmal deutsche Panzer. „Versuchen Sie, irgendwas auf Rädern für meine *boys* zu organisieren."

„Ja, Sir. Wir könnten die Ausrüstungstransporter nehmen."

„Okay. Schmeißt das ganze Zeug runter von den Lastern! Wir brauchen Männer, keine Zelte", sagte der Brigadier. „Hier ist der Plan. Die Kanonen werden um 3 Uhr in Marsch gesetzt, die Männer um 30 Uhr 20. Keine Scheinwerfer. Unsere Marschroute ist der Denderfluß. Sobald der letzte Mann das andere Ufer erreicht hat, jagt ihr die Brücke in die Luft." Er hoffte auf Artillerieunterstützung. Granaten aus einer deutschen Feldbatterie pfiffen ihm um die Ohren. Die letzte britische Einheit an der Dijle-Linie entkam ohne Verluste. Sie fuhren, marschierten und stolperten dahin, bis sie einen Wald erreichten. Völlig erschöpft dachten die Männer nur an eines: Sie wollten schlafen. Doch statt dessen wurde ihnen befohlen, sich einzugraben. „Sir", bemerkte ein Kompaniekommandant, „die Männer sind ein wenig müde."

„Zum Teufel, wer ist das nicht?" erwiderte der Brigadier.

Meldungen kamen über den rauschenden Äther: *30 deutsche Panzer, 60 Halbket-*

ten-Schützenpanzer, 20 Kanonen, acht Kilometer östlich von Grosart, unterwegs nach Nordwesten um 7.15 Uhr.

Linie am Dender unter heftiger Attacke. Ersuche um Erlaubnis ...

Zu einem Zeitpunkt, wo die Brigade ihre neue Verteidigungslinie errichtet hatte, waren die Deutschen bereits dicht herangekommen. Die Brigade lief nun Gefahr, völlig abgeschnitten zu werden.

18. Mai, 22 Uhr. Schwere Panzereinheiten kommen rasch entlang der Achse Le Cateau–Cambrai und Valenciennes–Douai näher.

Das bedeutete, daß die Deutschen im Süden bereits durchgebrochen waren und geradewegs auf die Einheit zurasten. Es war klar, daß die Deutschen die ganze *British Expeditionary Force* von hinten aufrollen wollten. Ein Sperrfeuer von einigen britischen Fünfundzwanzigpfündern ging über ihre Köpfe hinweg und traf auf die heranmarschierende Panzerkolonne. Ein neuer Befehl vom *GOC* ersetzte den vorherigen: *BEF soll sich um 12 Uhr am 19. Mai entlang der Escaut-Linie, Oudenarde – Maulde bereit halten.*

Wieder Rückzug. Die Männer waren völlig erschöpft. Und noch eine Meldung.

Im *GOC* hatten die Generäle Franklyn und Martel die Meldung erhalten, eine neue Verteidigungslinie zu errichten, und sie koordinierten ihre Bewegungen, als die nächste Meldung eintraf: *19. Mai, 18.15 Uhr. Einheiten der Deutschen Heeresgruppe „B" haben die Schelde bei Oudenarde überquert.* Damit war die Verteidigungslinie an der Schelde ebenfalls unhaltbar. Die *BEF* mußte sich sofort zurückziehen und entlang dem Nordkanal und der Skarpe neu gruppieren.

Einheiten der deutschen Heeresgruppe „A" nähern sich Cambrai–Arras. Der Feind wurde als 7. Panzerdivision identifiziert. Zwei nicht motorisierte Infanteriedivisionen folgen im Abstand von vierzig Kilometern.

Das war die Gelegenheit, auf die General Franklyn gewartet hatte: Die Panzer liefen ihrer eigenen Infanterie davon. Es war höchste Zeit, zu handeln. Mindestens zweihundert Panzer gegen ihre achtzehn *Matildas* und fünfundsechzig *Mark I*. Das war nicht viel, aber immerhin etwas.

Der Brigadier studierte seine Karte. Die Befehle von General Martel waren eindeutig und klar. *Angriffslinie errichten entlang des Südufers der Skarpe am 20. Mai um 22 Uhr. Festhalten bei Vitry.* Laut Michelin Karte gab es sechs Brücken über den *Canal du Nord* zwischen Douai und Ruyaulcourt. Die Panzer würden darauf zufahren. In der Zwischenzeit hielten zwei Divisionen der ersten französischen Armee die Flußlinie. In ein oder zwei Tage würden die deutschen Panzer übersetzen, woraufhin seine *Tanks* von der Seite auf sie zustoßen und die Deutschen in die Sensée treiben sollten.

Er hatte jedoch seine Rechnung ohne Rommel gemacht, dessen 25. Panzerregiment den *Canal du Nord* bei Marcoing bereits überquert hatte, bevor die Briten eine Verteidigungsstellung errichten konnten. Am 20. Mai um fünf Uhr eilten Rommels Einheiten südlich von Arras hinter den Alliierten her.[150] General Rommel unternahm persönlich eine Erkundungstour mit zwei Panzern und seinem eigenen leicht gepanzerten Spähwagen. Auf der Straße in der Nähe des Dorfes Vise-en-Artois geriet er in einen Hinterhalt. Seine zwei Panzer wurden zerstört, und er selbst war mehr als eine Stunde abgeschnitten. Er entkam nur knapp.

Der kommandierende Offizier der 1. *British Tank Brigade* erhielt die Mitteilung, daß seine vorderen Einheiten zwei deutsche Panzer abgeschossen hätten. Er studierte seine Karte. Das war doch nicht möglich! Er konnte nicht glauben, daß die Deutschen ihn bereits überholt hatten. Rasch brachte er seine 25-Pfünder-Batterien und alle Einheiten von Panzerabwehrkanonen auf Stellung im Hinterhalt. Sie würden auf die anmarschierenden Deutschen feuern und ihren Vormarsch abbremsen, währenddessen konnten die *Matildas* und *Mark I* die verwundbare deutsche Flanke attackieren. Es war ein wohldurchdachter Plan. Er würde gelingen, er mußte einfach gelingen. „Die 17. *Brigade* wird angreifen, mit Unterstützung des 4. *Royal Tank Regiment*. Die ganze Divisionsartillerie steht zu ihrer Verfügung, und dazu alles, was das Korps zu ihrer Unterstützung abstellen kann. Wir werden das Ding schon schaukeln." Dann griffen die *Stukas* an. Wie ein Schwarm wütender Bienen. Dreißig, vierzig, vielleicht sogar mehr von diesen brummenden Ungeheuern färbten den Himmel schwarz. Sie folgten dem Flußlauf der Skarpe und hielten direkt auf seine geschlossenen Artillerieeinheiten zu.

Das Brummen ging in ein schrilles Pfeifen über, als die ersten Sturzkampfbomber herabstürzten. Sie orientierten sich an den Rauchzeichen, die die deutschen Artilleriebeobachter für sie abgefeuert hatten. Aus ihren Bäuchen fielen Trauben von Bomben. Der Boden erzitterte, Erdfontänen wurden hochgeschleudert, Wagen und Körper flogen durch die Luft, ein Flugzeug tauchte aus dem Rauch auf, die Scheiben der *Stuka*-Cockpits reflektierten das Sonnenlicht. Weitere Bomber lösten sich aus dem Schwarm, flogen im Sturzflug, stiegen wieder auf, umkreisten sie, kamen wieder hinunter, ein fliegender Zirkus, Raubvögel, die sich amüsierten. Es war, als stürzte um ihn herum alles zusammen. Alles wurde beherrscht vom ohrenbetäubenden Lärm der explodierenden Bomben und der Flugabwehrkanonen. Eine Maschinengewehrsalve krachte. Die Soldaten am Boden sahen, wie Rauchschwaden unter dem Flügel eines *Stuka* herausschlugen, die Maschine neigte sich vor und schraubte sich in den Boden. Eine ölig schwarze Rauchwolke war sein feuriges Ende.[151]

„Treffer! Wir haben ihn!" Die Männer brachen in Jubel aus. Völlig unbehelligt warfen die anderen *Stukas* weiterhin ihre tödlichen Ladungen ab. Dank des konzentrierten Flugabwehrfeuers war es gelungen, die Aufmerksamkeit von der Artillerie und den Panzerabwehrkanonen abzulenken. Seine Bodentruppen hatten Verluste erlitten, aber der Hinterhalt war noch intakt. Seine Panzer waren hinter der Baumgrenze gut versteckt. „Sir, eine Panzerkolonne bricht soeben durch."

Mit dem Feldstecher erkannte er die schwarzen Silhouetten mit den kurzen dicken Rohren. Die Kolonne bildete eine Linie, die sich den Horizont entlang erstreckte. Panzer und immer mehr Panzer, und nachfolgend die Begleitfahrzeuge. „Laßt sie vorbei." Dann kam der Befehl: *21. Mai, 14 Uhr. Feuer! Feuert, was das Zeug hält!* Es war noch nicht an der Zeit.

Die Minuten vergingen nur langsam. 13.40 ... 13.50 ... 14.00 Uhr. „Alle Panzer vorwärts." Die *Tank*-Ketten rumpelten und klapperten, als die britischen Maschinen in den höchsten Gang schalteten. Aus dem Schatten der Bäume kommend walzten sie die Büsche nieder, die ihnen Deckung gegeben hatten. Sie brachen ins Sonnenlicht hinaus, dreißig – fünfzig – vierundsiebzig Stück. Die Deutschen mußten sie gesehen haben, reagierten jedoch nicht sofort. Vielleicht hatte der Kommandant erkannt, daß er einer kampfstarken *Tank*-Kolonne gegenüberstand, die es mit ihm aufnehmen konnte, und wenig Hoffnung hatte, erfolgreich zurückzuschlagen. Sie selbst besaßen nur dreißig *Mark II* und einige wenige *Skodas*, um die ungepanzerten Begleitfahrzeuge und die Treibstofftransporter zu begleiten. Das Hauptkontingent der Panzerdivision war schon weit voraus. Aber nicht zu weit, um ihnen nicht doch zu Hilfe eilen zu können, denn hier hatte sich der alliierte Kommandeur verrechnet. Die britischen und französischen *Tanks* hatten eine Durchschnittsgeschwindigkeit von nur sechs Stundenkilometern, während die deutschen Panzer mit sechzig Sachen durch die Gegend sausten. Also höchstens eine Stunde, bevor Rommels Panzer wieder dran waren.

Der Brigadier mußte die Situation nutzen und seinen Überraschungsschlag durchführen. „Feuer frei!" Ein Höllenlärm brach aus. Entlang der gesamten Frontlinie eröffneten die britischen Panzerabwehrkanonen das Feuer. *Tanks* brachen aus der Baumlinie hervor und feuerten direkt auf Rommels Panzer und Versorgungskolonnen. Ein britischer *Tank*-Führer lehnte sich aus seinem Turm, um einer Gruppe von *Matildas* die Kampfrichtung anzuweisen. Ein flankierender Verband von leichten *Mark I* kam bis auf etwa 400 Meter an die Deutschen heran. Ihre Maschinengewehre eröffneten das Feuer auf die dünnhäutigen Begleitfahrzeuge des Feindes. Ein Munitionswagen explodierte in einem leuchtend gelben Feuerball. Kugeln pfiffen über ihre Köpfe. Ein deutscher *Mark III* erhielt einen Treffer unter den Turm und flog in die Luft.

Wir zerschmettern sie! „Sir, die 7. *Royals* haben ein dutzend Panzer eingekreist. Auf unserer Seite zwei *Tanks* verloren, auf der Gegenseite acht Panzer vernichtet." Die britische *Tank*-Kolonne kam beständig näher, während eine Reihe in Position blieb und die Panzer angriff, rückte die nächste Reihe langsam vor und hielt dabei den deutschen Panzergeschützen nur die stärkste Panzerung entgegen. Einige Panzer brannten lichterloh auf freiem Feld. Im Innern dieser schwarzen Hüllen war die ganze Besatzung eingeschlossen. Viele deutsche Panzer hatte das aufhaltende britische Feuer lahmgelegt. Andere traten den Rückzug in die Deckung der Wälder an. Rommels 42. Panzerabwehr-Bataillon wurde überrannt. Die meisten seiner Soldaten wurden getötet, denn ihre 37-Millimeter-Panzerabwehrkanonen[152] erwiesen sich gegen die 80-Millimeter-Außenpanzerung der britischen *Matildas* als nutzlos.

Der britische Brigadier griff nach dem Mikrophon. „Weiter angreifen." Das erste Mal seit dem nicht enden wollenden Rückzug hörte er die aufgeregten Stimmen und begeisterten Rufe seiner Mannschaft. Er war sich bewußt, daß dieser Erfolg nicht ewig dauern konnte. Ein deutscher Gegenangriff würde nicht lange auf sich warten lassen, 1918 war ihnen eine schmerzliche Lehre gewesen.

21. Mai. 19. Panzerkorps, Vorderes Hauptquartier an der Kanalküste. Die 2. Panzerdivision vom Korps Guderians hatte die Kanalküste bei Noyelles am 20. Mai erreicht. Die alliierten Streitkräfte waren erfolgreich in zwei Teile gespalten. Guderian ging davon aus, in vier, maximal fünf Tagen alle Kanalhäfen in der Hand zu haben. Eine Meldung über die Panzerschlacht bei Arras erreichte ihn um 14.10 Uhr.

„Herr General, Einheiten der 7. Panzertruppe werden von schweren Panzerformationen südlich von Arras angegriffen. Sie werden gegen die Sensée zurückgestoßen."

„Geben Sie mir die Stärke des Feindes."

„Wir konnten das 4. und 7. *Royal Tank Regiment* identifizieren."

„Welche Einheiten stehen dort zur Verfügung?"

„Herr General, unsere nächstgelegenen Einheiten sind Teile der 8. und 5. Panzerdivision."

„Feindliche Luftsicherung?"

„Keine."

Guderian dachte einen Augenblick nach. „Gut, zweigt Einheiten von der 8. ab und ruft die Luftwaffe. Die Stukas sollen das erledigen." Die Befehle gingen hinaus und wurden ausgeführt. „Wo ist die 8. derzeit?"

„Sie schicken der Marschroute nach Beaumetz Verstärkungen."

„Gut, gut", sagte Guderian.

„Irgendwelche weiteren Befehle, Herr General?"

„Nein. Unsere wichtigsten Ziele sind die Kanalhäfen. Meine Befehle stehen fest. 1. Panzer-Division nach Calais, 2. nach Boulogne, 10. nach Dünkirchen."

Hauptquartier der 1. Britischen Panzerbrigade südlich von Arras. „Sir, eine Kolonne feindlicher Panzer nähert sich von Westen." Der Brigadier konnte aus der Ferne ein

Kettenrasseln hören. Es waren nicht nur Panzer, die da auf der Straße heranrollten, sondern mit ihnen tauchten die mit Tarnfarbe bemalten langen Rohre der berühmt-berüchtigten Acht-Achter auf.[153] Tödliche Geschütze gegen *Tanks*. Hinter dem Waldgürtel hörte man die ersten Einschläge.

„*Red 5*, wie ist Ihre Lage? Ende."

„Wir sind in Acht-Acht-Feuer geraten."

„Geben Sie mir die Koordinaten durch, ich werde Artillerie auf sie ansetzen." Eine Batterie von Fünfundzwanzigpfündern feuerte. Die Acht-Acht-Flak verstummte.

Rommel befand sich mitten in einem Granatenhagel. Er entkam nur knapp, als eine in der Nähe explodierte und seinen Adjutanten tötete, während dieser für ihn die Karte las. Rommel hatte mit seinem 25. Panzerregiment den Fluß Skarpe erreicht. Als er von der Lage in Arras erfuhr, befahl er seinen schweren Einheiten, sofort umzukehren und auf die Nachhut der britischen *Tank*-Formationen zuzusteuern. In der Nähe von Agnes brach eine wilde Schlacht aus. Zunächst waren die Briten im Vorteil. Das erste Mal seit Überschreitung der französischen Grenze war Rommel gezwungen, eine Verteidigungsstellung einzunehmen. Er ließ sogar zum Schutz der leichteren Einheiten Minen verlegen. An dem Tag verlor Rommel 250 Mann. Das waren mehr Gefallene als an jedem anderen Tag vorher.

21. Mai. Vorderes Hauptquartier 50. Britische Division, 17.30 Uhr. General Martel studierte die Entwicklung der Lage. Die Karte war übersät mit roten und blauen Pfeilen. Es war noch zu früh, um sich ein vollständiges Bild zu machen. Eines war sicher: Sie hatten die verwundbare Flanke des Feindes getroffen und Rommel eine blutige Nase verabreicht. Was die Briten nicht ahnten, war, daß die Aktion nur mit Nachschubeinheiten zu tun hatte. Martel studierte seine Karte: Die Frontlinie begann sich südlich von Arras auszudehnen. Es war an der Zeit, seine letzten Einheiten in den Kampf entlang der Bapaume-Chaussee zu werfen. Deshalb befahl Martel einen Vorstoß seiner *Tank*einheiten gegen die deutschen Panzer, die sich – so seine letzten Meldungen – auf dem Rückzug befanden. Es galt, die deutsche Linie zu durchbrechen. Zu seiner Unterstützung hatten die Franzosen einen gezielten Stoß mit schnellen *Tanks* von Süden her versprochen ... Martel wurde von einem fürchterlichen Geheul unterbrochen: Ein *Heinkel*-Bomber ging im extremen Tiefflug über das Dorf. Der General sah, wie das Kreuz auf dem Kirchturm wackelte und die Dorfstraße im Kugelhagel aufplatzte. „Sir, außer der 7. Panzerdivision sind auch Teile der 8. mit Marschroute Beaumetz identifiziert worden, die 5. geht nach Vitry." Eine Meldung nach der anderen ging ein, denn nach und nach konnten die Panzereinheiten erkannt werden. Dann kam das, was er am meisten befürchtet hatte. Er hörte das Dröhnen von Flugzeugmotoren. *Stukas*. Das erste Geschwader flog über das Bauernhaus hinweg. Die Deutschen waren clever. Sie setzten ihre Sturzkampf-bomber als mobile Artillerie ein – und das mit verheerender Wirkung. Kurz darauf fielen die Bomben, und der Boden erbebte.

Der Brigadier der 1. *British Tank Brigade* fuhr stehend in seinem offenen Wagen, das Mikrophon in der Hand. Durch seinen Feldstecher beobachtete er, wie die Deutschen stoßweise heranrückten. Die 8. Panzerdivision rechts von ihm, die 7. in der Mitte, und die 5. näherte sich seiner linken Flanke. Verdammt! Seine Panzer wurden von Teilen dreier deutscher Panzerdivisionen eingeschlossen! „Hämmert weiter auf sie los, feuert, was das Zeug hält, haltet sie um jeden Preis von der Ge-genattacke ab!" Die stählernen Ungeheuer standen einander auf weniger als drei-hundert Meter Entfernung gegenüber. Seine Kanoniere begannen über offenes Vi-sier zu feuern, so nahe waren die Deutschen nun. Eine seiner *Matildas* wurde an der Kette getroffen, drehte sich im Kreis, feuerte aber weiter. Ein Volltreffer zerstörte einen deutschen *Mark III*, ein Soldat versuchte herauszuklettern und fiel im Kugel-hagel. Ein *Fieseler-Storch*-Aufklärungsflugzeug erschien und warf Rauchgranaten ab, um Ziele zu markieren. Die Deutschen setzten verstärkt langrohrige Geschütze ein. Ihr Mündungsfeuer leuchtete heller als das der Panzerkanonen. Eine *Matilda* flog in die Luft, dann noch eine. Er mußte Zeit gewinnen, um seine Leute vor der totalen Vernichtung zu retten und sicher aus diesem Schlamassel herauszuholen. Und dann tauchten am bereits dämmrigen Himmel die *Stukas* auf. Seine Tanks gingen in Flammen auf …

21.5., 18.25 Uhr. Von der Heeresgruppe B an das OKW (Oberkommando der Wehr-macht)

Feindwiderstand hat sich versteift. Südostwärts Gegenstöße mit Panzern. Heeres-gruppe beabsichtigt, Schwerpunkt auf den rechten Flügel zu verlegen. Voraussetzung ist, daß die Heeresleitung (OKW) beabsichtigt, über Linie Valenciennes – Arras – Abbe-ville mit starken Kräften in nördlicher Richtung anzugreifen. Baldige Entscheidung der Heeresleitung erbeten.

Die Meldung, die um 20 Uhr 5 aus dem Führerhauptquartier zurückkam, zeigte deutliche Anzeichen von zunehmender Panik.[154]

OKW besteht auf folgender Auffassung. HGr B hat ihren Streifen durch Angriff auf Feind festzuhalten. HGr A verlegt durch Angriff über Arras in Richtung Calais dem Feind den Abzug gegen die Somme. Ein Angriff durch HGr A kommt erst nach Besitz-nahme des Höhengeländes nordwestlich von Arras durch Infanteriedivisionen in Frage.

In dieser Nacht begann Hitler zu zittern. Er blieb bis 2 Uhr 30 im Kartenraum des OKW und wartete auf weitere Meldungen. Doch es kamen keine mehr.

Im Schutz der Dunkelheit zogen sich die Überreste der britischen Einheiten in ihre ursprüngliche Position entlang der Skarpe zurück. Die Operationen des Franklyn-Korps dauerten ganze vierundzwanzig Stunden. Der angekündigte Unterstützungsangriff der französischen *Blindées* hatte niemals stattgefunden, und General Franklyn gab den Befehl, sich während der Nacht entlang der Skarpe zu sammeln. Am nächsten Morgen versuchte er es ein letztes Mal. Die zweite *Tank*-Attacke endete in einer Katastrophe. Die britischen Einheiten wurden zur Skarpe zurückgeworfen. Sie kämpften verzweifelt bis zum späten Nachmittag des 22., mit dem Rücken zum Fluß und hatten keine Brücken, um ihn zu überqueren. Am Abend hatte sich die Situation kritisch zugespitzt. Fast alle *Tanks* der Reserveeinheiten waren zerstört, ihre einzige Chance bestand darin, ihr Material am Ufer zu lassen und schwimmend die andere Seite der Skarpe zu erreichen. Doch nun drohte eine noch größere Gefahr. Guderian hatte einen teuflischen Plan entwickelt und stieß mit seiner vollen Panzermacht gegen die ungeschützten Kanalhäfen vor, um die gesamte *BEF* in seinem Netz zu fangen.

General Franklyn bat General Gort um Erlaubnis, seine schwer angeschlagenen Einheiten nach Douai abzuziehen. Gort hatte diese Erlaubnis bereits drei Stunden zuvor erteilt, die Meldung war jedoch nie übermittelt worden. Eine Granate hatte den Radiowagen vernichtet. Der Rückmarschbefehl wurde den verschiedenen Einheiten durch Motorradfahrer überbracht. Die ganze *BEF* trat den Rückzug an. Lange Kolonnen von Männern mit rußgeschwärzten Gesichtern marschierten, das Gewehr geschultert und den Patronengürtel um den Nacken. Teilweise hatten sie sich mit zerrissenen Hemden notdürftig verbunden, andere hatten die Arme in Schlingen oder humpelten mit improvisierten Krücken dahin. Eine Armee *en déroute*. Sobald sie das Geräusch eines Flugzeuges hörten, schleppten sie sich in den nächstgelegenen Graben, um Deckung zu suchen. Ihnen war klar, daß es keine britischen Flugzeuge waren. All ihr schweres Gerät hatten sie an der Skarpe zurückgelassen.

Die *British Expeditionary Force* und mit ihr die siebente französische und die belgische Armee waren in einer Falle gefangen. Der Plan General Gamelins von einer massiven Front an der Dijle war nach hinten losgegangen. Die alliierten Armeen nördlich der Somme waren nun von einem Ring aus Stahl umgeben und auf dem besten Wege, ins Meer getrieben zu werden. Sie konnten wählen: sich ergeben oder ertrinken. In dieser Nacht stand nichts mehr zwischen Guderian und den Häfen des Ärmelkanals.

Am 23. Mai berichtete General Guderian seinem Vorgesetzten in der Heeresgruppe „A", daß die Lage bei Arras unter Kontrolle und die britischen *Tank*-Einheiten aufgerieben seien. General von Brauchitsch, Oberbefehlshaber des Heeres, befahl der Armeegruppe „A", das Ende der Schlacht herbeizuführen.[155]

Seit der Verluste, die die Briten den Deutschen bei Arras zugefügt hatten, war Hitler völlig hysterisch. Der großdeutsche Führer war die darauffolgenden zwei Tage extrem zappelig und gereizt. Zu diesem kritischen Zeitpunkt betrat ein Akteur die Bühne, dessen einziges Interesse darin bestand, persönlichen Ruhm zu erwerben. *Der Dicke*, Luftmarschall Hermann Göring.[156] Als er hörte, daß die alliierten Armeen vollständig umzingelt waren, wollte er sofort mit seinem Führer verbunden werden: *„Das ist eine glänzende Aufgabe für die Luftwaffe.“* Er versicherte Hitler mit Nachdruck, daß seine Bomberpiloten die *Tommies* vernichten würden. Der Luftmarschall führte aus, daß die nördlichen alliierten Armeen vom übrigen Frankreich abgeschnitten seien, und daß der Führer seine gesamte Panzerstreitmacht dazu benötige, Paris zu erobern, um sich für die Demütigung von 1918 zu rächen. Der Führer müsse nur noch seine Panzer anhalten, damit, so verkündete der Reichsmarschall, seine großangelegten Luftangriffe nicht die deutschen Einheiten ausradierten. Hitler, der noch immer unter dem Schock des Panzergefechts bei Arras litt, stimmte dem Vorschlag Görings bereitwillig zu.[157]

Beim Oberkommando der Wehrmacht (OKW) fand gerade ein hitziges Wortgefecht zwischen den Generälen Halder und von Brauchitsch auf der einen Seite und Hitler statt, der von seinen Jasagern Keitel und Jodl kläglich unterstützt wurde. Es endete mit einem hysterischen Anfall Hitlers:

„Ich wünsche, daß alle Panzerspitzen bis an die Kanallinie[158] zurückgenommen werden. Jeder Verlust an Panzern ist unbedingt zu vermeiden. Meine Luftwaffe wird den Engländern den Rest geben.“[159]

Immer, wenn er der Spitze der militärischen Führer gegenüberstand, mit ihren goldenen Schulterstücken und den roten Hosennähten, kam sich der frühere Gefreite minderwertig vor, und Menschen, die sich minderwertig vorkommen, haben eine pathologisch verzerrte Wahrnehmung. Hitlers Ruhmvorstellungen nahmen die Form einer verzweifelten Flucht vor der grausamen Realität an. Doch die Realität war tödlich. Das Schicksal klopfte an die Tür. Und er stand da und sah nur zu.

Und so kam es dazu, daß Hitler, der scharfsinnige Politiker und Propagandist, sich mit Dingen befaßte, die er lieber den Militärexperten überlassen hätte. Er mißachtete seine besten Taktiker, Männer wie von Brauchitsch und Halder, oder seine Panzerkommandanten an der Front, Guderian, Reinhardt und Hoth, und fällte eine folgenschwere strategische Entscheidung. Er erließ den berüchtigten Haltebefehl vom 24. Mai 1940.

24. 5. 40 – 12.31 Uhr
(Fernmündlich von HGr.A an AOK 4 Ab)
OKW. Auf Befehl des Führers ist der Angriff ostwärts Arras mit VIII und II AK im Zusammenwirken mit linkem Flügel HGr. B nach Nordwesten fortzusetzen. Dagegen ist nordwestlich Arras die allgemeine Linie Lens–Bethune–Aire–St.Omer–Gravelines

(Kanallinie) nicht zu überschreiten. Es kommt auf dem Westflügel vielmehr darauf an, alle beweglichen Kräfte aufzuschließen und den Feind an der genannten günstigen Abwehrlinie anrennen zu lassen.[160]

Die Ereignisse, die zum „Wunder von Dünkirchen" führten, nahmen ihren vorgezeichneten Weg. Halder mußte alle deutschen Panzereinheiten informieren:

Der schnelle linke Flügel wird auf ausdrücklichen Wunsch des Führers angehalten.

Guderian konnte es nicht fassen, ebenso erging es seinem Divisionskommandanten Erwin Rommel. An diesem Tag begann der zukünftige Wüstenfuchs zum ersten Mal an der militärischen Weisheit seines Oberkommandierenden zu zweifeln. Und daran änderte sich nur wenig, als sein Adjutant auf ihn zukam, salutierte und verkündete: „*Auf Befehl des Führers habe ich die Ehre, dem Herrn General das Ritterkreuz zu übergeben.*" Er war der erste Divisionskommandant, der das Ritterkreuz während der französischen Schlacht erhalten sollte. Es war ihm völlig gleichgültig.

Am 24. Mai um 15 Uhr 42 fing der britische Geheimdienst eine weitere deutsche Meldung ab, die unerklärlicherweise *en clair* (unverschlüsselt) abgeschickt worden war:

24. Mai. Vom OKW an AG A und AG B. Momentane Positionen sichern und Vormarsch einstellen, bis weitere Führerbefehle erfolgen.[161]

Am 24. Mai 1940 erhielt der Brigadier der schwer angeschlagenen 1. *British Tank Brigade* um 17 Uhr 15 einen Bericht des Geheimdienstes von seinem *GOC*:

Alle Aufmarschbewegungen der deutschen Armeegruppe A kamen im Sektor St. Omer–Bethune–Douai zum Stillstand ...

Das Wunder war geschehen. Hitler hatte seine Panzer gestoppt.

General von Rundstedt notierte in sein Kriegstagebuch:

Arras, 21.–22. Mai 1940.

„*Eine kurze Zeit mußte man befürchten, daß unsere Panzerdivisionen abgeschnitten würden, ehe die Infanteriedivisionen zu Hilfe kommen könnten. Keine der französischen Gegenattacken bedeutete eine so ernste Gefahr, wie die eine bei Arras.*"

Und genau darin liegt die Bedeutung dieser selbstmörderischen Attacke einer kleinen Gruppe britischer *Tanks!* Wegen dieses kurzen Gefechts war Hitler davon überzeugt, seine wertvollen Panzer gingen ein zu großes Risiko ein, und er erließ den verhängnisvollen Befehl. So kam es, daß Hitlers Panzer vom 24. bis zum 26. Mai 1940 vor der offenen Tür der Kriegsentscheidung standen – und nichts taten!

26/5 – 16.25 Uhr
OKW an HGr A.
Fernspruch – nur durch Offiziere
Die Fortsetzung des Angriffes gegen den von HGr A u. B eingeschlossenen Feind
wird angeordnet.

Es war zu spät, viel zu spät ...

Die drei Tage hatten der *British Expeditionary Force* den Aufschub gegeben, den sie benötigte, um sich in Sicherheit zu bringen. Der Rest ist Geschichte.

Was wäre, wenn ...

Was wäre, wenn Hitler seine Panzer nicht aufgehalten hätte?

330.000 britische Soldaten wären in deutsche Gefangenschaft marschiert. England hätte nahezu keine Verteidigungsmöglichkeiten mehr ins Feld stellen können, was Hitler ermutigt hätte, die „Operation Seelöwe" in Angriff zu nehmen, die geplante Invasion der britischen Inseln.

Die Tatsachen

Die deutschen Truppen waren ihrem Ziel, England zu erobern, niemals so nah, wie an diesem 24. Mai 1940. Nach dem Krieg bestätigten überlebende Generäle, die die schicksalhaften Stunden an diesem Morgen miterlebt hatten, einstimmig, daß Deutschland den Krieg an dem Tag verlor, an dem Hitler den Haltebefehl gegeben hatte.

Es wurde niemals geklärt, warum Hitler seinen zweiten Haltebefehl *en clair* abgeschickt hatte. Einige Experten haben es politischen Überlegungen zugeschrieben: Hitler habe Churchill indirekt sein Interesse an einer Lösung auf Verhandlungsbasis mitteilen wollen.[162] Heute wissen wir, daß es niemals Hitlers Absicht war, einer Drittelmillion britischer Soldaten zur Flucht zu verhelfen. Er hatte auf die Versicherungen seines Reichsmarschalls Göring vertraut, die *BEF* mit Hilfe der Luftwaffe auszulöschen.

Göring konnte sein Versprechen nicht einlösen. Bevor Dünkirchen am 4. Juni fiel, wurden 338.226 Mann der britischen und alliierten Truppen in Sicherheit gebracht. Das allein bedeutete für das belagerte England einen Triumph.[163]

Zwei Jahre später sollten diese entkommenen Soldaten noch einmal mit Rommels Panzern zusammentreffen, und zwar bei El Alamein. Dort ging die Schlacht ganz anders aus.

Für die deutschen Armeen war mit der Kapitulation Frankreichs am 22. Juni 1944 die Hochwassermarke erreicht. Der gelungene Blitzfeldzug gegen Frankreich hatte Hitler ein trügerisches Bild vermittelt. Bei ihrem rasenden Vormarsch auf die Kanalhäfen konnten die deutschen Panzer ohne Mühe von Deutschland aus versorgt werden, denn es gab ein mehr als dreihundert Kilometer langes leistungsfähiges Eisenbahnnetz. Ganz anders sah es in Rußland aus, wo die Entfernungen zehnmal so groß waren, wo die Spurweite der Eisenbahnschienen sich von der in Frankreich und Deutschland unterschied und wo Partisanen Eisenbahnlinien und Brücken in die Luft sprengten, die auf den ungeheuer langen Marschrouten von Berlin nach Moskau oder Stalingrad lagen.

Rußland war nicht Frankreich. Einige Generäle versuchten Hitler zu warnen. Das „größte militärische Genie seit Julius Cäsar" wollte aber nicht auf seine Propheten hören.

So kam es, daß der glänzende Sieg, der von seinen fähigen Panzerkommandanten über einen Feind in nächster Nähe errungen wurde, Hitler ermutigte, sich in ein Abenteuer in der Ferne zu stürzen, daß zu seinem Untergang führen sollte.

DER HINGE-FAKTOR DER SCHLACHT UM FRANKREICH war ein selbstmörderischer Angriff von vierundsiebzig britischen *Tanks*, der Hitler dazu brachte, seine Panzer anzuhalten.

Ein Haifisch auf Beutejagd

„Die Bismarck *muß um jeden Preis versenkt werden. "*
Befehl von Winston Churchill, 26. Mai 1941

Düster und grau war der Himmel über der sturmgepeitschten See. Kein Schiff weit und breit. Die Crew an Bord des Flugzeugs hielt angestrengt Ausschau nach dem Schiff, auf das die gesamte British Navy angesetzt war. Sie machten Jagd auf den Mörder des Schlachtkreuzers *Hood*, der der Stolz der Briten gewesen war. Gefahr war im Verzug, denn Deutschland hatte die Herrscherin der Meere herausgefordert.

Die *Catalina Z/209* flog unter dem Kommando von Oberleutnant Dennis Briggs. Kopilot war ein junger Mann aus Higginsville, Missouri. Fähnrich Leonard „Tuck" Smith war vermutlich der erste *Yank* in der Royal Air Force. Er ging sogar soweit, eine Uniform der U.S. Navy zu tragen, was sieben Monate vor Eintritt der USA in den Krieg für einen Amerikaner nicht besonders klug war.[164] Seit Tagesanbruch flogen sie Suchpatrouillen, doch das Wetter war schlecht, und wenn sie ein Schiff sichten wollten, mußten sie den Schutz der Wolken verlassen und auf etwa 500 Fuß hinuntergehen. Das war die geringstmögliche Flughöhe für ein Seeflugzeug des Typs *Catalina*. F. O. Briggs hatte das Kommando an Smith abgetreten, der die automatische Flugsteuerung einschaltete. Die Crew war gerade beim Frühstück, als sie die aufgeregte Stimme des Mannes aus Missouri hörten: *„Eleven o'clock! Eleven o'clock!"*

Smith ließ beinahe seine Tasse Kaffee fallen, blickte in die angegebene Richtung und versuchte zu erkennen, was sich da als dunkler Schatten aus dem Gischtschaum des Meeres herausschob. Er übernahm sofort wieder die Flugsteuerung und flog näher heran, ohne diesmal die Deckung der Wolken zu verlassen. In der Aufregung schätzte er jedoch die Entfernung falsch ein, und als er durch die Wolken brach, hatte er sie genau vor sich, riesig und tödlich, nur fünfhundert Yards Steuerbord ab. Kein Zweifel, welches Schlachtschiff da wie ein wütender Vulkan Feuer spuckte! Durch die knappe Entfernung der Detonationen wurde die *Catalina* gewaltig hin und her geworfen. Der Himmel um das Flugzeug war mit schwarzen Rauchbällen übersät. Flaksplitter knallten gegen den Flugzeugrumpf und hinterließen Löcher im Rumpf. Smith griff nach dem roten Hebel, der die Wasserbomben freigab, zog ihn bis zum Anschlag zurück und schickte ein Stoßgebet zum Himmel. Vom Gewicht der schweren Wasserbomben befreit, machte das schwere Flugzeug einen Satz nach oben. Die Propeller heulten auf, als die schwere Maschine in den Wolken verschwand. Der Ruck war so heftig, daß F. O. Briggs sich festhalten mußte, als er dem Funker diktierte:[165]

„Ein Schlachtschiff Kurs 150°. Unsere Position 49°33' Nord, 21°47' West. Ortszeit 1030/26. Mai."

Hier war sie also! Der Countdown lief. Die Jagd auf die schnellste und tödlichste Bedrohung der Meere hatte begonnen: Es war die Jagd auf das deutsche Superschlachtschiff *Bismarck*.

* * *

Norwegen, eine Woche zuvor. Zwei Männer schlenderten die Strandpromenade entlang. Beide waren bester Laune. Sie kamen gerade von einer Sauftour in Kristiansand. „Arne, du hast zuviel Schnaps getrunken", lallte Viggo Axelssen, Schiffsausrüster und aktiver norwegischer Widerständler. Schwankend stützte er sich auf seinen Freund.

„Ich bin nicht betrunken! Hier! Guck mal da durch!" Arne Usterud hielt Viggo sein Fernglas hin und ging damit in die Marinegeschichte ein. Viggo Axelssen blickte am Oskoy-Leuchtturm vorbei und sah zwei Kriegsschiffe mit weiß-grau-schwarzem Anstrich mit Volldampf nach Westen abdrehen. Was er erspäht hatte, war der Auftakt zu einem Drama, das sich auf der zwei Millionen Quadratmeilen großen Bühne des stürmischen Ozeans abspielen sollte. Zwischen dem Arktischen Meer und dem Golf von Biskaya sollte es zu einer der dramatischsten Seeschlachten des Zweiten Weltkriegs kommen.

Viggo Axelssen war auf der Stelle nüchtern und war sich hundertprozentig sicher: Es waren die Deutschen! Britische Schiffe waren grau! Er setzte zwölf Worte in Code und rannte zum Haus von Arne Moen, einem Busfahrer. Versteckt im Benzintank seines Busses gelangte die Meldung zu Gunvald Tomstad in Helle. Vom Heuboden eines norwegischen Dorfes aus wurde die Nachricht dem Militärattaché der norwegischen Exilregierung in Stockholm, Kolonel Roscher Lund, gefunkt. Er las sie und telefonierte sofort mit seinem Freund Henry Denham von der Royal British Navy. Sieben Stunden nachdem Viggo Axelssen seine Beobachtung gemacht hatte, ging in London folgende Meldung ein: *Kattegat heute, um 15.07, zwei große Kriegsschiffe drei Zerstörer Luftunterstützung passierten Marstrand Kurs WNW 2058/20. Mai.*

Das Geheimnis war aufgeflogen: Das deutsche Superschlachtschiff *Bismarck* und der schwere Schlachtkreuzer *Prinz Eugen* fuhren in Richtung Atlantik. Die „Operation Rheinübung" hatte begonnen. Ihre Mission: Dreimonatiges Kreuzen im Atlantik, um britische Konvois aufzuhalten und so der Commonwealth-Streitmacht, die in Nordafrika kämpfte, den Nachschubweg abzuriegeln.

Die *Bismarck* war ein Haifisch auf Beutejagd.

Der größte Teil Europas hatte sich Hitler unterworfen, und nur Großbritannien hielt ihm trotzig Stand. Premierminister Winston Churchill war in großer Sorge. Als erfahrener Seekriegsexperte erkannte er sofort, wie gefährlich die deutsche Schwadron den atlantischen Konvois werden konnte und welche verheerende Auswirkungen sie auf den weiteren Kriegsverlauf haben würde.

Ein solches Schlachtschiff hatte es noch nie gegeben. Die *Bismarck* war nicht nur Symbol für die Leistungsfähgkeit der deutschen Marine, sondern verkörperte die ganze Macht des NS-Staates. Sie war riesig, und bei Volldampf überschritt sie 30 Knoten. Um den Vereinbarungen des Londoner Flottenabkommens zu entsprechen, wurde sie als 35.000-Tonner geführt, in Wirklichkeit hatte sie fast 50.000 Tonnen Maximalverdrängung. Die zweitausend Mann starke Besatzung wurde von Kapitän Ernst Lindemann geführt. Der 46jährige Rheinländer war klug und verstand es, stets einen kühlen Kopf zu bewahren. Mit seinem straff zurückgekämmten blonden Haar bot er das Bild des typischen Deutschen. Das Marineoberkommando hatte ihn als „den rechten Mann am rechten Ort" abkommandiert. Oberbefehlshaber der Operation war Admiral Günther Lütjens, 51, ein Mann von absoluter Diensttreue und mutiger Entschlossenheit. Er trug einen Dolch der kaiserlichen Marine anstelle eines Reichsmarineabzeichens mit Hakenkreuz und hatte seinerzeit Hitler den Parteigruß verweigert.

Die *Bismarck* wurde am Valentinstag 1939 in der Werft Blohm & Voss in Hamburg vom Stapel gelassen. Hitler war persönlich anwesend, als die Enkelin von Fürst Bismarck, Dorothea von Löwenfeld, Deutschlands größtes Schiff mit dem Namen seines größten Kanzlers taufte. Das Schlachtschiff war massiv und doch elegant, durch den hohen Bug und den majestätischen Schwung ihrer Linien vereinte die *Bismarck* Anmut und Stattlichkeit, wie nie zuvor ein Kriegsschiff. Die Seitenpanzerung des Schiffes bestand aus 32 Zentimeter dickem, speziell gehärtetem Wotan-Stahl. Ihre Überlegenheit lag in den vier riesigen Geschütztürmen, mit denen sie schneller und weiter feuern konnte als jedes andere Schiff der Welt. Die vier Hauptbatterien der *Bismarck* bestanden aus je zwei 38-Zentimeter-Rohren und konnten alle zwanzig Sekunden eine Salve abfeuern. Das allein war schon eine Rekordzeit. Eine Breitseite bestand aus acht Geschossen, von denen jedes eine Tonne wog.

Die Aufgabe, die vor ihm lag, war gewaltig. Sie mußte durch das Kattegat in den offenen Atlantik durchbrechen. Auf welchem Weg dies geschah, war der Einschätzung Admiral Lütjens überlassen. Entweder mußte sie dabei durch die Island-Färöer-Passage südlich von Island oder durch die Dänemarkstraße, zwischen Island und dem grönländischen Packeis. Die südliche Durchfahrt war Scapa Flow gefährlich nahe, dem Hauptstützpunkt der britischen Home Fleet auf den Orkney-Inseln. Die Dänemarkstaße dagegen war zwar weiter von der britischen Luftüberwachung entfernt, dafür aber teilweise nur dreißig Meilen breit und konnte durch Minen oder eine feindliche Streitmacht blockiert sein. So stand es in seinem versiegelten Befehl. Als er dies las, kam sich Lütjens vor, wie in einem schlechten Film.

Am 18. Mai 1941 um 21 Uhr 30 startete das größte Kriegsschiff des Atlantikkrieges von der Außenboje von Gotenhaven.[166] Die Dockarbeiter legten eine Pause ein und beobachteten schweigend die Flaggensignale des Schlachtschiffes. Sie stach in See. Wie eine riesige Insel aus grauem Stahl. Der elegant geschwungene „Atlantikbug" der *Bismarck*, auf dem ein Hakenkreuz prangte, ragte 20 Meter hoch über das ölige Wasser der Bucht, wo sie vertäut gewesen war. Jeder, der sie sah, war nachhaltig beeindruckt. Als der Vollmatrose Heinz Staat sich das erstemal an Bord meldete, erschien ihm das Vorderdeck so groß wie ein Fußballfeld. Sogar jetzt, zwei Monate später, hatte es noch die gleiche Wirkung auf ihn. Er warf einen ehrfürchtigen Blick auf die überragende Struktur, die Massen von Geschützen, Leitern und Antennen. Er war stolz: Keine andere Marine konnte sich eines Schlachtschiffes rühmen, das so schwer bewaffnet und gepanzert war. Sie war einfach unzerstörbar! Offiziere und Besatzung des Schiffes waren besser gekleidet als alle anderen Männer der deutschen Streitkräfte. Ein Bootsmaat hielt respektvoll den Spiegel, während Kapitän Lindemann prüfte, ob seine Mütze korrekt saß, die Schuhe sauber glänzten und die Krawatte richtig geknotet war.

„Mittschiffs!" Der kommandierende Offizier der Operation, Admiral Lütjens, befehligte selbst den Auslauf des Schiffes.

„Ruder mittschiffs", antwortete der Steuermannsmaat aus dem gepanzerten Cockpit innerhalb des Turmes.

„Aye, aye, Sir! Ruder mittschiffs!"

In Scapa Flow auf den Orkney-Inseln lag die britische Home Fleet vor Anker, der weltweit mächtigste Verband, den eine Seemacht haben konnte. Ihr Oberbefehlshaber Admiral Sir John Tovey, 56, war an Bord seines Flaggschiffs, der *King George V*. Während der deutsche Admiral Lütjens großgewachsen war, war Tovey klein. Doch war er von der gleichen Verbissenheit wie sein deutscher Gegenspieler. Die Admiralität hatte die Meldung über die Sichtung aus Norwegen weitergegeben. Was Tovey brauchte, war eine Bestätigung. Zwei unbewaffnete Aufklärungsflieger wurden nach Norwegen geschickt. Eine der beiden *Spitfire*, von Oberleutnant Suckling geflogen, flog Richtung Bergen-Fjord und überquerte ihn unbemerkt.

22. Mai, Kalvanes Bay im Korsfjord. Mit großer Wahrscheinlichkeit wurde hier, in den ruhigen, abgelegenen Gewässern der norwegischen Küste, über das Schicksal der *Bismarck* entschieden. Auf ihrer Fahrt von Deutschland nach Norwegen hatte das Schiff über tausend Tonnen Öl verbrannt. Der deutsche Tanker *Wollin* lag vor Anker, um die Tanks des Superschlachtschiffes aufzufüllen. Wir werden niemals erfahren, warum Admiral Lütjens dann schließlich statt der *Bismarck* den 14.000-Tonnen-Kreuzer *Prinz Eugen* – benannt nach dem Prinzen von Savoyen und Befreier Österreichs von den Türken – auftanken ließ. Möglicherweise wußte er, daß der Tanker *Weißenburg* nördlich von Island lag und ihn erwartete.[167]

Admiral Tovey studierte die von dem *Spitfire*-Piloten übermittelten Luftaufnahmen und traf sofort eine Entscheidung. Die schweren Kreuzer *Norfolk* und *Suffolk* erhielten Weisung, in der Dänemarkstraße zu patrouillieren, die Kreuzer *Manchester* und *Birmingham* in der Island-Färöer-Passage. Der Befehl war eindeutig: Nicht angreifen, sondern auskundschaften. Niemand sollte das Feuer auf das Großkampfschiff eröffnen. Der Stolz der britischen Marine, der 42.000-Tonnen-Schlachtkreuzer *Hood* unter Vizeadmiral Lancelot Holland, erhielt gemeinsam mit dem nagelneuen Schlachtschiff *Prince of Wales* den Befehl im Hinterhalt zu bleiben. Vorbereitungen zu einem Wildwestszenario –, nur waren hier 40-Zentimeter-Schlachtschiffkanonen im Spiel.[168]

Tovey informierte den Premierminister. Churchill telegrafierte an den amerikanischen Präsidenten F. D. Roosevelt und betonte: *„Wir müssen uns darüber bewußt sein, daß zum ersten Mal in diesem Krieg eine größere Flottenaktion stattfinden wird, in der es zwei feindliche Schiffe gibt, die mindestens so gut sind wie unsere beiden besten. Sollte es uns nicht gelingen, sie aufzuspüren, bevor sie die Nordsee verlassen, wird es Ihrer Marine sicher gelingen, sie für uns ausfindig zu machen. Geben Sie uns entsprechende Meldung, und wir erledigen dann den Rest."*

Churchill war höchstwahrscheinlich besser über die Stellungswechsels des deutschen Verbands informiert als Hitler. Dieser wußte nämlich überhaupt nichts über die Lage. Großadmiral Erich Raeder war seit langem klar, daß es das beste war, seinem Führer erst dann Meldung zu machen, wenn der Erfolg gesichert war. Am 22. um 7 Uhr 30 abends lichtete die *Bismarck* vor Bergen die Anker und hielt, begleitet vom schweren Kreuzer *Prinz Eugen*, nach Norden.

Auch der Schlachtkreuzer *Hood* lichtete die Anker. Es war das letzte Mal, daß England ihm zum Abschied winken konnte. Die deutsche Einheit lief mit 24 Knoten nordwärts, und ihre Mannschaft begann, die Hakenkreuze zu überpinseln, die zur Lufterkennung die Geschütztürme schmückten. Das Glück war mit den Deutschen, denn niedrige Wolken machten der britischen Luftaufklärung einen Strich durch die Rechnung. Das war die Gelegenheit, unentdeckt durchzukommen. Dr. Externbrink, der Meteorologe an Bord der *Bismarck*, hatte anhaltende Bewölkung im Norden und über dem engen Kanal entlang dem grönländischen Packeis vorausgesagt.

„Wie lange können wir mit bedecktem Himmel rechnen, Dr. Externbrink?" fragte der Admiral.

„Achtundvierzig Stunden Bewölkung kann ich sicher vorhersagen, im günstigsten Fall werden es zweiundsiebzig Stunden."

„Wohin bewegt sich die Wetterfront?"

„Nördlich von Island, Herr Admiral."

Lütjens studierte die Seekarten. Die Dänemarkstraße zwischen Island und Grönland. Durch die Wetterlage hatte dieser Weg einen Vorteil. Er war sicher, daß seine Sondereinheit entdeckt worden war und daß die Home Fleet bereits auf hoher See unterwegs war, ihm den Weg abzuschneiden. Sie würden höchstwahrscheinlich ihren Hinterhalt nördlich der Färöer-Inseln und südlich von Island wählen. Wenn er aber durch die Dänemarkstraße ginge, wäre die Entfernung zu den britischen Heimatstützpunkten größer, und nur eine zufällige Begegnung mit einem Fischkutter oder einem Walfänger würde seine Position verraten. Wenn die Schlechtwetterfront, wie vorhergesagt, anhielt, hätte er Zeit, die gefährliche Stelle zu passieren und in den offenen Atlantik durchzubrechen. Die Wetterlage bewog Lütjens, die längere Route zu nehmen. Doch das Dilemma war: Wenn die Bewölkung nur achtundvierzig Stunden anhielt, konnte er es sich nicht leisten, den Umweg zum Tanker *Weißenburg* zu machen. Trotzdem die längere Route zu wählen war also eine waghalsige Entscheidung. Südlich von Grönland brachte der deutsche Admiral seine Sondereinheit auf Südwestkurs. Der Nebel hielt an und war zeitweise so dick, daß die *Bismarck* die Scheinwerfer aufblenden mußte, damit die *Prinz Eugen* in ihrem Kielwasser folgen konnte. Die Einheit ging mit 27 Knoten durch die Dänemarkstraße. Als sie gerade an der gefährlichsten Stelle waren, dort, wo die Durchfahrt dreißig Meilen breit, im Süden von Minenfeldern und im Norden von Packeis begrenzt war, trat ein, was Lütjens befürchtet hatte: Das Wetter klärte auf. Das erste Mal seit sechsunddreißig Stunden lag klar erkennbar eine fünf Kilometer breite Fahrrinne vor ihnen. Die Anzahl der Ausgucks wurde verdoppelt. Die jungen Seeleute waren überwältigt von der Schönheit des Packeises. Entlang der Eiskanten führte der Weg zum Ende der Welt.

Vollmatrose Heinz Staat, ein Seemann der Handelsmarine aus Wilhelmshaven, war zu Kommandant Oel auf der oberen Brücke beordert, von wo aus er einen einmaligen Blick auf den Zauber der Arktis genoß.

Hans Riedel, Munitionsförderer auf dem Geschützturm *Caesar*, stammte aus Bayern, was eine seltene Herkunft für einen Seemann war. Der junge Mann starrte durch den Ausguckschlitz in seinem Geschützturm. Alles, was er sehen konnte, war das Auf und Ab der Eisflöße in der vom Sturm aufgewühlten See.

Unten im Schiffsbauch überwachte der Maschinenmaat Blum die Instrumente und befestigte Pumpleitungen. Beim Lärm der zischenden Ventile und dem ohrenbetäubenden Dröhnen der riesigen Dieselmotoren, konnte er sich nicht der Schönheit des arktischen Ozeans widmen. Die drei Männer sollten binnen drei Tagen vom Schicksal geeint werden.

Die *Norfolk* und die *Suffolk* waren schwere Kreuzer mit je drei Schornsteinen. Ihr Kommandant, Admiral Frederick Wake-Walker, war sich bewußt, daß sie mit ihren

8-Inch-Rohren für die *Bismarck* keine Herausforderung bedeuteten.[169] Das deutsche Schlachtschiff würde sie einfach aus dem Wasser blasen. Sein Befehl lautete ganz klar: *Nicht angreifen. Lage bestimmen und Verfolgung aufnehmen.* Aber niemand hatte die geringste Ahnung, wo man sie überhaupt suchen sollte. Während er an diesem Nachmittag des 24. Mai entlang der Packeisküste fuhr, wußte er nur, daß die *Bismarck* möglicherweise umgedreht und vielleicht bereits zurück in Deutschland war. Kein Objekt in Sicht. Nur aufschäumendes, schwarzes Wasser, das gegen die Schiffswände donnerte. Die dienstfreie Mannschaft hörte Radio. Die *BBC* brachte „*Itma und Spy Funf*", Vera Lynn, das *Sweatheart* aller Soldaten, oder sogar Churchill, was auch immer großen Unterhaltungswert hatte, wenn er über *Herrn Hitler* sprach. Ein paar von ihnen schliefen. Die friedliche Stimmung war nicht von Dauer.

Vollmatrose Newell auf der *Suffolk* war seit 18.00 Uhr als Beobachter auf der Brücke. Er hatte schon mindestens fünfzigmal mit seinem Fernglas das Meer abgesucht, als er plötzlich etwas sah, was er für den Rest seines Lebens nicht mehr vergessen sollte. Die *Bismarck!* Schwarz und mächtig schob sich ihre Silhouette aus einer Nebelbank heraus.

„Schiff auf Kurs Grün eins – vier – null!" rief er aus und korrigierte sich unmittelbar darauf selbst: „*Zwei* Schiffe mit Kurs Grün eins – vier – null!"

Der Oberbefehlshaber der *Suffolk*, Kapitän Robert Ellis, befahl, sofort mit voller Kraft zu fahren, um in einer Nebelbank Deckung zu suchen. Sein erster Offizier löste den Alarm aus. Männer sprangen aus den Hängematten und rasten die Gänge entlang. Das Schiff lehnte sich schwer nach Steuerbord, Teller krachten auf den Boden. Es waren Szenen des Schreckens, bevor die *Suffolk* im Nebel verschwand. Von dort gab sie die Meldung heraus: „*24. Mai, 19.20 Uhr. Schlachtschiff Bismarck steuert auf unseren Kurs zu…*"

H.M.S. *Norfolk* empfing die Nachricht. Ihr Kapitän, Alfred Phillips, hatte die Entfernung unterschätzt und stand plötzlich nur sechs Meilen von den Deutschen entfernt. Die Kanonen der *Bismarck* feuerten. Wasser schoß dort in die Höhe, wo die Geschosse im Meer aufschlugen. Die Männer an Bord hörten den ohrenbetäubenden Lärm der riesigen Geschosse, die über die Brücke der *Norfolk* hinwegbrausten. Fontänen milchig weißen Wassers stiegen auf. Admiral Wake-Walker sah besorgt zu, wie Geschoßsplitter rund um sein Schiff herum ins Wasser krachten. Ehe der britische Kreuzer in den Nebel entkommen konnte, hatten die Deutschen fünf Salven abgefeuert.

Der Lageplan sah zu diesem Zeitpunkt folgendermaßen aus: 800 Meilen weiter südlich befand sich das Truppenschiff H.M.S. *Britannic*, auf der selben Route wie die *Bismarck*. Der Truppenkonvoi *WS8B* mußte nunmehr ohne Geleitschutz seinen Weg nach Suez fortsetzen, denn der Flugzeugträger *Victorious* und der Schlachtkreuzer *Re-*

pulse hatten ebenfalls Weisung erhalten, die Verfolgung der *Bismarck* aufzunehmen. Admiral Toveys Einheit, angeführt vom Schlachtschiff *King George V.*, lag noch bei Scapa Flow vor Anker, 600 Meilen weiter südlich. Doch Vizeadmiral Holland, der die mächtige Sondereinheit von *Hood* und *Prince of Wales* kommandierte, war nur 300 Meilen von den Deutschen entfernt. Holland befahl volle Kraft voraus, und seine beiden Schlachtschiffe liefen mit konvergierendem Kurs auf die *Bismarck* zu.

Die *Hood* war unbestritten die Königin der Meere. Der Name des Schlachtkreuzers war gleichbedeutend mit „Rule Britannia". Die ganze Welt hielt sie für unbesiegbar, und dennoch gab es eine ernstzunehmende Schwachstelle in ihrer Konstruktion: Ihre Oberdecks waren nicht gepanzert. Während der Stabskonferenz kamen Hollands Leuten gewisse Zweifel: Aus geheimen Quellen wußte man, daß frühere Schätzungen über die Feuerkraft der *Bismarck* sich als falsch erwiesen hatten und daß ihre Kanonen eine größere Reichweite hatten als alles, was die Royal Navy aufbieten konnte. Die Artillerieoffiziere beugten sich über Entfernungstabellen und kamen zu dem Schluß, daß die Deutschen bereits das Feuer eröffnen konnten, bevor es den eigenen Batterien möglich war, zurückzuschlagen. Der Admiral informierte die Mannschaft über den Schiffslautsprecher, daß es in wenigen Stunden losgehen konnte. Die Crew stimmte ein dreifaches Hurra an.

„Die können unserer Ehre nichts anhaben! Wir haben achtzehn Kapitalgeschütze, die Deutschen nur acht."

Bei konstanter Geschwindigkeit und gleichbleibendem Kurs würden sie dem Feind vor zwei Uhr morgens begegnen. Die beiden mächtigsten Schlachtschiffe der britischen Hochseeflotte brausten in einem Walkürenritt über das Meer. Admiral Tovey lag noch in Scapa Flow vor Anker. Er rief den Flugzeugträger *Victorious*, den Schlachtkreuzer *Repulse*, die Kreuzer *Galatea*, *Hermione*, *Kenya*, *Aurora* sowie fünf Zerstörer an und gab ihnen Weisung, nördlich der Hebriden zu ihm zu stoßen. Als das Schlachtschiff *King George V.* dann Kurs aufs offene Meer nahm, setzten sich Tovey und seine Offiziere zu Tisch.

Churchill und die Admiralität in London beobachteten mit großer Sorge, wie die *Bismarck* rasch nach Süden ausbrach und sich dem Truppenkonvoi *WS8B* näherte. Um Mitternacht des 23. bekam Admiral Somerville im Marinestützpunkt von Gibraltar den Befehl aus London, seine *Force H* in Marsch zu setzen. Der Verband bestand aus dem Flugzeugträger *Arc Royal*, dem Schlachtkreuzer *Renown* und dem Kreuzer *Sheffield*. Sie sollten nordwärts in den Atlantik steuern und dort auf den Truppenkonvoi treffen. Die *Force H* würde die Verabredung nicht einhalten, denn auf dem Atlantik bahnte sich ein Drama an.

Alle Akteure standen nun bereit. Die Tragödie konnte beginnen. Und während all diese hektische Aktivität vor sich ging, bemerkte die Besatzung der *Bismarck* nichts vom herannahenden Donner und schlief seelenruhig.

Schnell spitzte sich die Lage zu. Um 1 Uhr 40 waren *Hood* und *Prince of Wales* unter Admiral Holland nur zwanzig Meilen von der *Bismarck* entfernt. Zur selben Zeit änderte Kapitän Lindemann den Kurs und passierte ungesehen eine britische Zerstörerflottille. Dadurch kamen die zwei Geschwader auf einen divergierenden Kurs und ihre Entfernung verbreiterte sich. Um 3 Uhr 20 meldete die *Suffolk* von ihrer Beschatterposition einen weiteren Kurswechsel der Deutschen. Dadurch gerieten die britischen Schlachtschiffe abermals ins Hintertreffen, denn sie mußten nun, um aufzuholen, mit hoher Geschwindigkeit einen schrägen Winkel fahren. Die Mannschaft hatte den Befehl erhalten, sich auf ein Gefecht vorzubereiten. In den britischen Schiffen gingen Offiziere und Mannschaften unter Deck, um frische Unterwäsche anzuziehen, ein Ritual in der Royal Navy zur Vorbeugung von Wundinfektionen. Die meisten schrieben Abschiedsbriefe an ihre Familien und Geliebten. In ihren Brandschutzanzügen sahen sie aus wie weiße Gespenster vom Ku-Klux-Klan. Dann hieß es abwarten. Niemand hatte den geringsten Zweifel daran, daß sie Schreckliches erwartete.

Schrill ertönte der Alarm. Positionen einnehmen. Schotten dicht. Munitionsaufzüge testen. Geschütze auf Kampfhöhe fahren. In den Kesselräumen ließen die Männer die Druckmesser nicht aus den Augen. Die Küchenfeuer wurden ausgelöscht. Bei diesem Wahnsinnstempo verloren die Schiffe einander im Nebel. Die zwei feindlichen Geschwader näherten sich mit einer Geschwindigkeit von 80 Kilometern pro Stunde! Um 5 Uhr 10 sagte John Leach, Kapitän der *Prince of Wales*, zu seiner Crew: „Feindberührung in fünfzehn Minuten.“

Während sie die *Norfolk* beschoß, hatte die *Bismarck* mit einem kleinen Mißgeschick zu kämpfen. Es sollte allerdings den Ausgang der Gefechtsbegegnung beeinflussen. Der Rückstoß der riesigen Rohre hatte den Frontradar des Schlachtschiffes beschädigt. Bis zu seiner Wiederinbetriebnahme hatte Admiral Lütjens die Führung der *Prinz Eugen* übertragen. Da sich die Umrisse der beiden deutschen Schiffe ähnelten, hielten die britischen Ausgucks den Kreuzer irrtümlich für das Schlachtschiff.

Vollmatrose Knocker White erhielt den Befehl, mit seinem Fernglas auf den schwankenden Mast hinaufzuklettern. Es dauerte ein paar Minuten. Dann rief er:
„Feind in Sicht!“
Riesig setzten sich die Umrisse zweier Schiffe vom Nebel ab. Ihr ruhiger, zielstrebiger Lauf versprach nichts Gutes. Wenn die Deutschen nicht gestoppt werden konnten, gehörte der Atlantik ihnen. Die Sichtweite betrug siebzehn Meilen.[170] Die Kanonen begannen auf den Feind zu schwenken. Die weiße Schlachtflagge der *Hood* knatterte im Wind, als sich das Schiff in die Schlacht stürzte.

Kapitän Helmuth Brinkmann von der *Prinz Eugen* betrachtete die Tasse mit heißer Suppe, die ihm Fähnrich Friebe gebracht hatte. „Verdammt! Wer hat seinen Zigarettenstummel in meine Suppe geworfen? Friebe, bei Tagesanbruch wirst du erschossen." Alle lachten. Ihr aller innigster Wunsch: Einige Stunden Schlaf in einem warmen Bett. Kommandant Jasper, der Artillerieoffizier der *Prinz Eugen*, und Kommandant Paul Schmalenbach, sein zweiter Offizier, nippten gerade an ihrem Kaffee, als ihr Horchposten berichtete:

„Schnelle Propellergeräusche kommen aus Richtung Backbord heran."

Sie blickten durch ihre Ferngläser und sahen Rauch über dem Horizont. Die Sirenen heulten. Lange tönende, schrille Alarmsignale kündigten an, daß eine Aktion bevorstand. Zuerst erschienen die Mastspitzen, dann erkannte man die Silhouetten der Schiffe. Schmalenbach sah in seinem *Handbuch für ausländische Marine* nach. Er schüttelte den Kopf, schaute noch einmal.

„Rechts, das ist die *Hood*", stellte er fest.

„Unsinn", sagte Jasper, „das ist ein Zerstörer oder ein Kreuzer."

„Ich wette mit dir um eine Flasche Champagner", forderte ihn Schmalenbach heraus, „rechts, das ist die *Hood.*"

„Die Wette gilt", antwortete Jasper. Er glaubte seinem zweiten Offizier nicht. Anstatt Panzermunition zu laden ging sein Befehl dahin, hochexplosiven Sprengstoff mit Aufschlagzünder zu laden. Keine Waffe gegen ein gepanzertes Kriegsschiff.

„Blue Four", kam der Befehl von der *Hood*. „Kursänderung vierzig Grad steuerbord." Eine unglückliche Entscheidung. Die hinteren Geschütztürme auf den britischen Schlachtschiffen konnten so nicht in das Geschehen eingreifen. Die Überlegenheit ihrer achtzehn Kanonen war verschenkt. Nun standen zehn britische Geschütze acht deutschen gegenüber. Das war fast ein Gleichstand. Die *Hood* und die *Prince of Wales* drehten in den Wind.

Admiral Lütjens stand auf der Brücke. Die Hände hinter dem Rücken verschränkt, blickte er durch die Glasplatte nach vorne. Für einen Augenblick gingen seine Gedanken zu anderen großen Seeschlachten: Trafalgar, Skagerrak. Die bevorstehende Begegnung hatte er *so* nicht gewollt. Eis im Norden, feindliche Kreuzer achtern und Schlachtschiffe vor ihm. Es blieb ihm nicht anderes übrig, als es auszukämpfen.

Es war 5 Uhr 50 am 24. Mai 1941.

Beide britischen Schiffe waren dem gleichen Irrtum erlegen. Alle gingen davon aus, daß die *Bismarck* die feindliche Linie anführte. Auf der Brücke der *Hood* rief ein Lotse die Entfernungen aus. Etwa zur gleichen Zeit befahl Lütjens der *Prinz Eugen*, die *JD* zu hissen. Dies war das Signal, das Feuer zu eröffnen. Holland auf der *Hood* gab das gleiche Signal für die *Prince of Wales*. Die Entfernung nahm rasch ab.

„Bereit zur Eröffnung des Feuers. Ziel Schiff Steuerbord." Die *Prinz Eugen* und nicht die *Bismarck*.

Als die Entfernung nur mehr dreizehn Meilen betrug, sagte Admiral Holland: „Durchführen!" und der Lotse rief: „Flagge fünf herunter." Das Signal zum Feuern. Und der erste Artillerieoffizier sagte so mechanisch, wie er ein Gebet mit einem Amen beendete:

„*Feuer!*"

Einen kurzen Augenblick stand die Welt still. Dann begannen die Geschütze mit ihrem schrecklichen Gebrüll.

Alle Augen auf den deutschen Schiffen waren auf die britischen Mündungsfeuer gerichtet. Als der erste Artillerieoffizier Jasper die feurigen Sonnen um die feindlichen Geschütztürme sah schrie er: „Verdammt, du hast recht, das ist kein Zerstörer, das ist ein Schlachtschiff!" und befahl sofort: „Wechsel auf Panzermunition."

5 Uhr 53 morgens. Der Erste Artillerieoffizier der *Bismarck*, Korvettenkapitän Adalbert Schneider, schlug auf den roten Knopf: „*Feuer!*" Selbst im gepanzerten Kommandoturm zuckte Admiral Lütjens zusammen, als die *Bismarck* aus ihren vier Türmen feuerte. Nun waren die Geschosse in der Luft – wo würden sie auftreffen? Er konnte sehen, wie die Salven der *Hood* und der *Prince of Wales* dicht bei der *Prinz Eugen* ins Meer einschlugen und Tonnen weißen Wassers hunderte Fuß hoch spritzen ließen. Tausend Yards zu kurz. Schlechte Schußleistung. *Bismarck* und *Prinz Eugen* trafen mit tödlicher Präzision: Die erste Salve lag deckend dicht an der *Hood*.

Für Admiral Holland war alles schiefgelaufen. Seine Lage war erdenklich schlecht, denn er begegnete dem bedrohlichen Feind mit nur der Hälfte seines Geschützpotentials, und er bot den Deutschen eine größere Angriffsfläche als nötig dar. Noch dazu fiel eines der Geschütze der *Prince of Wales* wegen eines Zündungsdefekts aus. Während er nun abwechselnd auf die *Prinz Eugen* und die *Bismarck* feuern ließ, schossen die Deutschen sämtliche Salven auf die *Hood*. Holland nahm an, daß die *Norfolk* und die *Suffolk* in den Kampf eintreten würden, um etwas von dem Druck wegzunehmen, nur hatte er vergessen, Admiral Wake-Walker einen diesbezüglichen Befehl zukommen zu lassen. Allen voran dampfte die *Hood* in den Wind, und durch die am Bug aufspritzende Gischt waren die Hauptvisiere der vorderen Geschütztürme vom Wasser beschlagen. So mußten sie auf die kleineren zweitklassigen Entfernungsmesser ausweichen, die weniger präzise waren.

Die Geschosse flogen über das Meer, und dort, wo sie einschlugen, stieg das Wasser in hohen weißen Säulen auf. Kapitän Brinkmann auf der *Prinz Eugen* rettete sein Schiff vor der sicheren Zerstörung, indem er seinem Steuermann befahl, direkt auf die Wasserfontänen zuzusteuern. Er wußte, daß zwei Salven nie an derselben Stelle herunter kamen. Dann feuerte die *Prinz Eugen* ihre zweite Salve seit Beginn des Gefechts, und zwanzig Sekunden später loderten an Deck der *Hood* Flammen auf.

Der Treffer setzte die 4-Inch-Flugabwehrmunition in Brand. In dem Moment, wo Vollmatrose Tilburn und seine Geschützmannschaft angewiesen wurden, das Feuer zu löschen, flog das Munitionsdepot in die Luft. Die Männer warfen sich flach auf den Boden. Dann schlug ein weiteres Geschoß ein und erledigte die ganze Geschützmannschaft. So durfte es nicht weitergehen! Admiral Holland beschloß, die geballte Kraft seiner achtzehn Geschütze einzusetzen. Er befahl einen Kurswechsel.

„*Two Blue*, zwanzig Grad Backbord." Beide Schiffe begannen sich zu drehen.

In diesem Moment geschah das Unglaubliche.

6 Uhr. Korvettenkapitän Schneider, der Erste Artillerieoffizier auf der *Bismarck*, bemerkte den Kurswechsel des feindlichen Schiffes und befahl eine leichte Schußkorrektur.

„*Zwei Vollsalven!*"

Die Kanonen brüllten. Die erste Salve ging nicht weit genug.

Die *Prinz Eugen* landete einen Treffer. „*Gegner brennt!*"

Der erste Artillerieoffizier befahl eine weitere Korrektur, dann befahl er laut und deutlich: „*Vollsalve!*"

6 Uhr 1. Zum fünften Mal in nur vier Minuten brüllten die riesigen Kanonen.

„*Achtung, Aufschlag!*"

Wieder war die *Hood* von einem Splitterregen umgeben. Schneider war verblüfft: Nur sechs weiße Fontänen ... Es müssen zwei Blindgänger dabeigewesen sein ... oder nicht?

„*Sie süinkt ... süinkt ...*", schrie er triumphierend.[171]

Die beiden Geschosse, die nicht ins Meer geklatscht waren, trafen die *Hood* genau in der Mitte und durchschlugen alle Decks bis zum zweiten Magazin, das mit hochexplosiven 15-Inch-Kartuschen vollgestopft war. Ein riesiger weißer Ball schoß 300 Meter hoch in die Luft, eine gelbe Flammensäule stieg auf, gefolgt von einer schwarzen Wolke. Es war wie ein Vulkanausbruch. Splitter und Teile von Geschützen und Masten flogen durch die Luft. Das berühmteste Schlachtschiff der Welt explodierte wie ein Riesenknallfrosch.[172]

„Sie fliegt in die Luft, die *Hood* ist zerstört", brüllte Schneider.

Bug und Heck reckten ihre Spitze in den Himmel, bevor der Stolz der Royal Navy in den Fluten versank. Das Ganze hatte vielleicht vierzig Sekunden gedauert, aber in diesen vierzig Sekunden fiel kein einziger Schuß mehr. Eine Schweigeminute für ein edles Schiff.

„Arme Schweine", murmelte Schneider. Aber er hatte keine Zeit zum Nachdenken. Denn da war noch das andere Schiff. *„Zielwechsel links!"*
Die acht riesigen Geschützrohre drehten sich zur *Prince of Wales*.

Die *Prince of Wales* war nun das einzige Ziel, das *Bismarck* und *Prinz Eugen* mit vereinten Kräften unter Beschuß nahmen. Doch es gelang ihr, ihre Rohre auf die *Bismarck* zu richten, und sie nahm die Deutschen unter Beschuß. Die sechste Salve lag deckend. Im selben Moment wurde sie selbst von einem 15-Inch-Geschoß getroffen. Die Brücke war zertört, und nur der Kapitän überlebte. Die *Bismarck* feuerte im 20-Sekunden-Takt, die *Prinz Eugen* alle zehn Sekunden. Tapfer schossen die britischen Batterien zurück, und lagen deckend mit der neunten und dreizehnten Salve. Aber die *Prince of Wales* war kampfunfähig. Zwei ihrer fünf Geschütze waren wegen mechanischer Defekte ausgefallen. Sie wurde von vier 15-Inch-Geschossen und drei 8-Inch-Geschossen getroffen. An Deck herrschte völliges Chaos. Ein weiteres Geschoß riß unterhalb der Wasserlinie ein Loch in die Schiffswand, und 400 Tonnen Meerwasser schossen herein. Nach zwölf Minuten und achtzehn Salven gab die *Prince of Wales* auf und drehte ab. Es war nun 6 Uhr 13 am Morgen, nur neunzehn Minuten waren vergangen, seit die zwei britischen Großkampfschiffe so stolz in die Schlacht gezogen waren.

Ein britischer Zerstörer raste zum Schauplatz der Katastrophe, um Überlebende von der *Hood* zu retten. Alles, was man vorfand, waren Öllachen, schwimmende Holzteile und drei Schiffbrüchige: Fähnrich zur See Dundas, Vollmatrose Tilburn und Funker Briggs. „Da müssen noch mehr sein, es muß mehr als drei Überlebende geben. Sucht weiter!" befahl der Kapitän des Zerstörers. Sie kreuzten auf und ab. Das einzige, was sie noch fanden, war ein weiteres kleines Stück vom Schiffswrack und eine Marinemütze. Der Rest der Mannschaft, zwei Admiräle, neunzig Offiziere und 1.500 Seeleute waren ertrunken. Tausend Faden unter dem Meeresspiegel sollten sie für immer ruhen.

Die drei Überlebenden wurden auf den Kreuzer *Elektra* gebracht und über das Geschehene befragt. Dundas sagte aus, er sei aus einem Fenster der oberen Brücke geklettert, als das Schiff kenterte. Briggs war durch die ausgehängte Tür der Kompaßplattform entkommen und hatte gesehen, daß Admiral Holland keinen Versuch unternahm, sein sinkendes Schiff zu verlassen. Tilburn war gerade noch davongekommen. Er hatte sich mit dem Fuß in einem Funkkabel verfangen, konnte es jedoch noch rechtzeitig mit einem Klappmesser durchschneiden, während es ihn schon in die Tiefe zog. Er kämpfte sich zur Oberfläche hoch. Um ihn herum war nichts, nur Stille.

Die Schlacht in der Dänemarkstraße war vorüber. Die *Bismarck* und die *Prinz Eugen* donnerten weiter nach Süden in den offenen Atlantik. Kapitän Lindemann und der Admiral diskutierten, ob man der zerstörten *Prince of Wales* nicht nachjagen, sie endgültig erledigen und dann erst heimfahren sollte. Lütjens hielt sich an seine Instruktionen und fuhr weiter auf südöstlichem Kurs. So wurde die schwer angeschlagene *Prince of Wales* verschont. Es gab aber noch einen anderen Grund für Lütjens Entscheidung. Zwar war die *Prinz Eugen* unbeschädigt davongekommen, der *Bismarck* aber ging es gar nicht gut. Sie war dreimal getroffen worden. Zwei leichte Treffer, der dritte war ein Volltreffer. Ein schweres Geschoß hatte sie an der Wasserlinie durchschlagen. Ohne zu explodieren, knallte es durch zwei Öltanks, zerstörte die Saugventile und unterbrach die Zufuhr von tausend Tonnen Öl zu den Dampfkesseln.

Einzig und allein dieser Treffer entschied über das weitere Schicksal der *Bismarck*. Admiral Lütjens hatte allen Grund zu bedauern, daß er im Bergen-Fjord nicht vollgetankt hatte. Sein Schiff mußte dringend zu Reparaturen in die Werft. Es gab zwei Möglichkeiten: Entweder den Weg durch die Dänemarkstraße zurück nehmen, wo es mittlerweile mit Sicherheit von feindlichen U-Booten nur so wimmelte, oder die französischen Häfen ansteuern. Er entschied sich für Frankreich. Das einzige Problem dabei war der Brennstoffmangel. Beim gegenwärtigen Marschtempo würde er es ohne die zusätzlichen tausend Tonnen nicht schaffen. Wenn sie ihr Tempo nicht drosselte, und zwar drastisch, würde der *Bismarck* das Öl ausgehen!

England war erschüttert. Die Nachrichten von der *Hood* lösten viel tiefere Betroffenheit aus, als die Katastrophe in Frankreich oder die Rückschläge in Nordafrika. *England ist nicht mehr Herrscherin der Meere* titelten alle Zeitungen. Churchill wußte, daß die *Bismarck* zum Symbol für Englands Niederlage geworden war. Das Schiff war das Böse, das zerstört werden mußte. Egal, um welchen Preis. Es galt, das Selbstvertrauen der Nation wiederherzustellen.

„*Versenkt die Bismarck!!*" So lautete Churchills kategorischer Befehl.

Alle hochdekorierten Admiräle, die die Royal Navy auftreiben konnte, beugten sich in der Admiralität über Pläne. Nachdem sich sich vom ersten Schock erholt hatten, trafen sie rasche Entscheidungen. Sie wußten es noch nicht, aber es war das letzte Mal in der glorreichen britischen Geschichte, daß Großbritannien die Stärke unter Beweis stellen konnte, die England zur Herrscherin der Meere gemacht hatte. Der First Sea Lord, Flottenadmiral Sir Dudley Pound, ein Mann, den Churchill ausgewählt hatte, weil er den Wünschen des Premierministers zugetan war, schwörte auf die Taktik der Konzentration. Er war einer, der niemals von Nelsons Devise abkam: „Nur Zahlen können vernichten."

Von Halifax, Neuschottland, segelte das Schlachtschiff *Revenge* heran, vom Osten Neufundlands kam die *Ramillies,* vom Nordosten der Azoren kamen die Kreuzer

London und *Edinburgh*, von Clyde das Schlachtschiff *Rodney* und ihre Zerstörer, Admiral Wake-Walker verfolgte die Deutschen mit der *Suffolk* und der *Norfolk*, ebenso folgte die beschädigte *Prince of Wales*. Die nächste Abfangstreitmacht waren die beiden Schlachtschiffe *King George V.* und *Repulse*, der Flugzeugträger *Victorious* sowie fünf schwere Kreuzer etwa 360 Meilen südlich. Da er von der *Suffolk* weiter auf dem laufenden gehalten wurde, wußte Tovey, daß er am nächsten Morgen auf die *Bismarck* treffen würde, wenn die *Bismarck* nicht an Geschwindigkeit zulegen würde. Das deutsche Schlachtschiff war schneller, viel schneller als alle Schiffe ihrer eigenen Einheiten, sogar der modernsten. Es gab nur einen Weg, ihrer habhaft zu werden: Die Torpedoflugzeuge der *Victorious*.

Tovey hatte keine Ahnung vom Problem seines Feindes. Die *Bismarck* mußte die Geschwindigkeit drosseln und konnte die Schatten der Verfolger nicht abschütteln. Lütjen beschloß, dem begleitenden Kreuzer zu befehlen, in den Atlantik auszubrechen. Ironischerweise war das Codewort für diese Bewegung: „*Hood*".

Kapitän Brinkmann von der *Prinz Eugen* war gerade auf die Brücke gekommen, als eine Botschaft aus vier Buchstaben vom Flaggschiff herüberwinkte: „H O O D." Sofort legte der schwere Kreuzer zu und lief bald auf Hochtouren. Im gleichen Augenblick wendete sich die *Bismarck* ihren Verfolgern zu. „Dort geht unser großer Bruder", sagte Artillerieoffizier Jasper. Das letzte, was er von Deutschlands Großkampfschiff sah und hörte, waren orangefarbene Blitze und Donner die von den Hauptgeschützen der *Bismarck* herrührten. Lütjens meldete dem Oberkommando der Gruppe West: „Es ist unmöglich, bei Radarüberwachung den Feind abzuschütteln. Wegen Treibstoffsituation gehen wir direkt nach Brest."

Kapitän Bovell, Kommandant des Flugzeugträgers *Victorious*, hatte gehofft, um 21 Uhr auf etwa 100 Meilen an die *Bismarck* herangekommen zu sein, aber der Abstand hatte sich vergrößert. Der Angriff sollte von neun *Swordfish*-Torpedoflugzeugen durchgeführt werden. Diese stoffüberzogenen Doppeldecker mit offenem Cockpit, von der Besatzung „Drahtschwalben" genannt, wegen ihrer altmodischen engmaschigen Verstrebungen, sahen aus wie Überbleibsel aus Baron von Richthofens Fliegendem Zirkus. Sie flogen, und, was noch furchterregender war, sie griffen mit lächerlichen 95 Meilen pro Stunde an. An Bord jedes Flugzeugs war eine dreiköpfige Besatzung: Ein Pilot, ein Beobachter und ein Heckschütze. Unter dem Flugzeugbauch hing ein einzelnes 18-Inch-Torpedo. Die Flugzeuge hockten wie nasse Enten am Ende des Flugdecks. Kurz nach 22 Uhr wendete die *Victorious* gegen den Wind, und die Doppeldecker rollten aus.

Einige Besatzungsmitglieder der Bismarck befanden sich an Deck. Nachdem, was

sie mit der *Hood* erlebt hatten, war die Fahrt nunmehr geradezu langweilig geworden. Nicht einmal die geschwätzigen und dreisten Möwen, die alles fraßen, was
man ihnen zuwarf, und die sich manchmal sogar auf den langen Geschützrohren
niederließen, sorgten für Ablenkung. Der Bayer Riedel war für die Reize und Abenteuer der See nicht empfänglich, die seine Kameraden aus Hamburg und Kiel vermißten. Gedankenversunken starrte der junge Mann aus den Bergen auf den endlosen Ozean: die Ruhe vor dem Sturm.

Die *Modoc* der US-Küstenwache war am 12. Mai von Boston abgesegelt, um nach
Überlebenden des Konvoi *H.X.126* zu suchen.[173] Am Morgen dieses Tages hatte die
Mannschaft der *Modoc* vom Sinken der *Hood* über Funk erfahren. Tagelang hatte
die Mannschaft nichts außer der schäumenden See gesehen, doch das sollte sich nun
ändern. Im Fernglas des US-Vollmatrosen Newell erschienen die Umrisse eines ungeheuren Schlachtschiffes. Es war die *Bismarck*, die nach Süden eilte. Alle Männer
stürmten an Deck, um sie mit eigenen Augen zu sehen. Dann teilten sich die Abend-
wolken und zum Vorschein kamen die seltsamsten Flugzeuge, die sie jemals gesehen hatten: Doppeldecker mit Drahtverstrebungen und fest montierten Rädern anstelle eines einziehbaren Fahrgestells. Ein Vehikel, wie es die Gebrüder Wright vor
einem halben Jahrhundert hätten fliegen können. Diese lächerlich anmutenden
Flugzeuge hielten direkt auf das vernichtende Flugabwehrfeuer der *Bismarck* zu.

24. Mai, 23 Uhr 45. Auch von Bord der *Bismarck* aus, sah man die Flieger herankommen, und fünfzig Kanonen eröffneten das Feuer. Als die ersten Torpedos durch
das Wasser brausten, kam von der Brücke das Kommando, hart herumzuschwen-
ken. Die meisten Torpedos verfehlten ihr Ziel. Einer traf mittschiffs, ohne jedoch
ernsthaften Schaden anzurichten. Er explodierte gegen die solide Panzerung aus Wotan-Stahl und hinterließ kaum einen Kratzer am Anstrich. Ein Mitglied der Besatzung kam ums Leben. Der Torpedoschaden am Schiff war soweit unbedeutend,
doch herrschte große Besorgnis über den zweiten Kesselraum, der nun völlig überflutet war. Auch in die vorderen Öltanks war aufgrund der heftigen Manöver des
Schiffes Wasser eingedrungen. Es dauerte eine Stunde, bis das Schiff wieder 20 Knoten machte. Für Admiral Lütjens zählten jetzt zwei Dinge: Mit direktem Kurs auf
Frankreich zuhalten und dabei die verfolgenden Kreuzer abschütteln. Zu diesem
Zeitpunkt erhielt er von der Marinegruppe West die Information, daß die britische
Force H in Gibraltar gestartet sei. Er machte sich auf weitere Torpedoattacken gefaßt,
denn der Flugzeugträger *Arc Royal*, dieses alte Schlachtroß, war auf dem Weg zu
ihm.[174] Nach einem Blick auf die Karten, war für Lütjens klar, daß dieser neuen Gefahr nur mit hoher Fahrt zu entrinnen war. Er beriet sich mit dem Kapitän und seinen Ingenieuren. Einstimmig waren sie der Ansicht: „Wenn wir jetzt Fahrt zulegen,

sind die Treibstoffreserven aufgebraucht, ehe wir Frankreich erreichen."

Lütjens wählte einen Mittelweg. Er gab die Order, die Geschwindigkeit so lange hochzufahren, bis die *Bismarck* frei war. Rasch hatte sie ihre Verfolger abgeschüttelt und war in den freien Atlantik durchgebrochen. Obwohl jedes verfügbare Schiff der Royal Navy auf sie angesetzt war, kam es doch der sprichwörtlichen Suche nach der Stecknadel im Heuhaufen gleich, sie in der unendlichen Weite des Atlantik ausfindig zu machen. Einunddreißig Stunden lang blieb sie unentdeckt. Schließlich wurde sie von einem jungen Bauern aus Higginsville, Missouri, von einem *Catalina*-Flugboot aus gesichtet. In London stellte die britische Admiralität Berechnungen an und beugte sich über die Karten. Auf See entdeckten Fähnrich Smith und Oberleutnant Briggs die *Bismarck*. Sie bewegte sich in nur 700 Seemeilen Entfernung von der Sicherheit spendenden französischen Küste und nur 300 Meilen von der Luftunterstützung der deutschen Luftwaffe entfernt. Sie schätzten, daß bei 30 Meilen pro Stunden – die Geschwindigkeit des Schlachtschiffes war bekannt – der Royal Navy zehn Stunden Zeit blieben, bevor sie mit der eigenen Flotte in die Reichweite des deutschen Luftbombardements gelangte. Im Kalkül der britischen Admiräle fehlte jedoch ein wichtiges Element. Sie wußten nicht, daß die *Bismarck* mit ernsten Treibstoffproblemen kämpfte, die ihren Kapitän gezwungen hatte, die Geschwindigkeit um fast die Hälfte zu drosseln.

Admiral Lütjens erhielt am 26. Mai um 16.25 Uhr ein Telegramm; *„Meine besten Glückwünsche zu ihrem Geburtstag – (gezeichnet) Adolf Hitler."*
Um 17 Uhr 25 telegrafierte Lütjens, der sich nicht um seinen Geburtstag, sondern um den Mangel an Treibstoff kümmerte: *„Treibstofflage akut – wann kann ich Treibstoff erwarten?"*
Das Wetter hatte sich zusehends verschlechtert, und um 18 Uhr kam ein schwerer Atlantiksturm auf, der die See zum Kochen brachte. Die Gischt stieg hoch über den Bug des Schlachtschiffes, und berghohe Wellen überspülten das Deck.
Und um 21 Uhr kamen die Flieger ...

Admiral Sir John Tovey auf der *King George V.* konnte seine verrückte Jagd nicht länger fortführen und mußte die Geschwindigkeit drosseln, um Treibstoff zu sparen. Er meldete: „Geschwindigkeit 22 Knoten." Die britische Flotte hatte das Rennen gegen ihre deutschen Kontrahenten verloren. Um 18 Uhr 21 signalisierte Tovey der Admiralität, daß seine zwei Haupteinheiten, die *King George V.* und die *Rodney*, zum Ausgangshafen zurückkehren müßten, wenn die *Bismarck* nicht bis Mitternacht eingebremst werden könne.[175] Seine letzte Hoffnung war, daß die *Force H* die *Bismarck* einholen und einen Luftangriff von der *Arc Royal* starten würde. Tovey gab einen entsprechenden Befehl heraus. Ungeachtet des Risikos für Menschen oder Flugzeuge, wurden alle verfügbaren Torpedoflugzeuge in die orkanartigen Winde geschickt. Admiral Somerville von der *Task Force H* befahl der *Arc Royal*, ihre Torpedoflugzeuge zu starten. Bei einer Sichtweite von beinahe Null, versenkte die erste Staffel der „komischen Vögel" beinahe den eigenen Kreuzer, die HMS *Sheffield*. Erst in letzter Minute erkannten die Piloten ihren Irrtum.

Um 19 Uhr 10 rumpelte eine letzte Staffel von fünfzehn *Swordfish*-Torpedoflugzeugen das windgepeitschte Flugdeck hinunter. Tim Coode und seine vierundvierzig Männer wußten, daß das Schicksal der *Bismarck* und mit ihr das Englands allein von ihrem fliegerischen Geschick abhing. Die Flugbedingungen waren so schlecht, daß sie kaum ihre eigene Motorhaube sehen konnten. Sie durchflogen eine Schlechtwetterfront, die bis zum Meer hinunterreichte, und sie mußten gleichsam blind darauf vertrauen, daß sie zum Ziel führte. Dann reduzierte die Staffel die Flughöhe und durchbrach die Wolken bei 700 Fuß. Die *Bismarck* kam direkt auf sie zu. Es war 20 Uhr 53.

Vier Flugzeuge stießen bis zu den Wellenkronen herab und flogen auf den Bug des Monsters zu, direkt in ein mörderisches Flugabwehr-Sperrfeuer hinein. Fünfzig Flugabwehrkanonen im Feuer gegen den anfliegenden Angriff. Der Mut dieser Piloten war einzigartig. Sie mußten langsam und in gerader Linie fliegen, um ihre Torpedos im rechten Moment abwerfen zu können. Die Piloten riefen sich eine alte Faustregel – die „Drei-mal-neun-Regel" – ins Gedächtnis: „Fluggeschwindigkeit durchschnittlich 90 Meilen pro Stunde, Abwurfhöhe 90 Fuß, nicht weiter als 900 Yards vom Ziel entfernt." Nur, so etwas war einfach auf einem Übungsflug, aber nicht bei einem Sturmangriff gegen einen feuerspeienden Drachen. Die Propeller peitschten den Regen in die offenen Cockpits und behinderten die Sicht. Die Piloten klammerten sich verzweifelt an ihre Steuerknüppel, um die Flugzeuge für den Abwurf gerade zu halten. Dann klatschten die ersten „Fische" ins Wasser. Die erste Torpedosalve blieb trefferlos, auch die zweite verfehlte ihr Ziel. Schließlich startete das Fliegergespann von Lt. Godfrey-Fausset und Sub-Lt. Kenneth Pattison, um eine Attacke von Steuerbord zu fliegen. Sie warfen ihre Torpedos aus 1000 Yards Entfernung ab und kehrten sofort zurück in die schützende Wolkendecke. Sie waren sich nicht sicher, ob sie getroffen hatten, denn als ihr Schütze ein Aufflackern sah, waren sie bereits wieder in sicherer Höhe. Als letzter griff der von Tony Bale gesteuerte *Swordfish* an. Nur 50 Fuß über den windgepeitschten Wellen schleuderte er seinen „Fisch" bei 800 Fuß heraus und hielt die Luft an, bis Gefreiter Pimlott vom Beobachtungsposten aus rief: „Treffer!"

Geschützmaat Herzog kommandierte eine 37-Millimeter-Flugabwehrkanone, als er die beiden Flieger direkt auf seine Stellung zufliegen sah.[176] Sie flogen so niedrig, daß ihre Räder beinahe die Wellenkämme berührten, viel zu niedrig für die Schußlinie seiner Kanone. Und wenn auch alles in Sekundenschnelle geschah, nahm sein Gehirn jede einzelne Phase des gewagten Manövers des Piloten wie in Zeitlupe war. Die Männer in diesen langsam fliegenden, lächerlich aussehenden Maschinen waren offensichtlich von ganz anderer Sorte als die im deutschen Propagandarundfunk ständig beschriebenen Figuren. Es waren alles andere als feige Memmen. Während ein Flieger direkt auf die Mitte des Schiffes zielte, visierten die anderen das Heck an. Ihre Torpedos krachten ins Meer. Herzog beobachtete in erstarrter Faszination zwei weiße Streifen, die direkt auf ihn zurasten. Dann wurde seine Sicht von einem Schwall Wasser unterbrochen, der vom Heck aufstieg. Das Schiff bäumte sich auf, wie von einem gigantischen Hammerschlag getroffen, und er wurde gegen seine Kameraden geschleudert. Durch den herabstürzenden Wasserschwall konnte Herzog erkennen, wie ein Flugzeug knapp achtern vorbeiflog.

Das Schiff begann ein Wendemanöver. Der Angriff war vorüber, die Flugabwehrkanonen schwiegen. Aber warum drehte sich das Schiff? Vollmatrose Eich war an der Ruderkontrolle. Verwirrt starrte er auf seine Meßgeräte. Irgend etwas war nicht in Ordnung, die *Bismarck* drehte sich immerfort im Kreis.

Hermann Budich sprach mit seinem Kameraden Boehnel, als der Torpedo einschlug. Sie waren die ersten, die erkannten, was nicht in Ordnung war. Budich gab sofort einen Bericht an seinen Vorgesetzten, Maschinenmaat Barbo, weiter: „Steuerbordruder ausgefallen, Backbordruder klemmt bei 15 Grad." Als Barbo versuchte, die Sicherungen auszuwechseln, wurde er von einem blauen Blitz zu Boden geschleudert. Bald merkte auch der Rest der Besatzung, was los war. Über den Bordlautsprecher kam die Meldung: „Das Schiffsruder ist außer Kontrolle. Alle Taucher sofort nach achtern."

Von zwei Torpedos, die die Bismarck getroffen hatten, war einer am Torpedoabwehrgürtel explodiert, ohne Schaden anzurichten.[177] Doch der nächste hatte den einzig verwundbaren Punkt des großen Schiffes getroffen, den Verbindungsschaft zwischen Schiff und Ruder. Leutnant Junak befand sich im Turbinenraum, als die *Bismarck* getroffen wurde. Die Erschütterung warf in zu Boden. Als er aus dem Maschinenraum rannte, entdeckte er, daß der Torpedo ein Loch in die Panzerung gerissen hatte und Wasser in den Ruderkontrollraum eindrang. Eine Reparatur war völlig ausgeschlossen. „Verdammt", fluchte er, als er den Hörer der Gegensprechanlage aufnahm, um an die Brücke zu berichten, „für alle Eventualitäten ist vorgesorgt. Wir haben Ersatzteile für alle erdenklichen Geräteausfälle. Nur nicht für den Ruderschaft!"

Geschützmaat Herzog konnte von seiner Position aus das Heck überblicken. Er sah Kapitän Lindemann und seine Chefingenieure Pläne studieren und den Schaden begutachten. Schließlich schüttelte er den Kopf und verließ die Gruppe am Heck. Alle Versuche, das Wasser hinauszupumpen und das Handruder zu betätigen, erwiesen sich als nutzlos. Der Versuch, das klemmende Ruder mit einer Spreng-ladung freizubekommen, wurde aufgegeben, weil der Steuermechanismus zu nahe bei den Propellern lag. Man konnte nicht riskieren, durch eine Explosion deren empfindliches Gleichgewicht zu zerstören. Lütjens gab seinen Experten recht.[178]

Die akuelle Lage wurde an das deutsche Marineoberkommando telegrafiert:
„21.05 Uhr Quadrat BE/6192, habe Torpedotreffer achtern."
„21.15 Uhr Torpedotreffer mittschiffs."
Und schließlich mußte Admiral Lütjens diese Meldung senden:
„23.40 Uhr. Schiff manövrierunfähig. Wir kämpfen bis zur letzten Granate. Es lebe der Führer."
Hitlers Antwort war die letzte Meldung, die die *Bismarck* erreichen sollte: *„01.35 Uhr. An die Besatzung Schlachtschiff Bismarck. Ganz Deutschland ist bei Euch. Was noch geschehen kann, wird getan werden. Eure Pflichterfüllung wird unser Volk im Kampf um sein Dasein stärken. (gezeichnet) Adolf Hitler."*
Was immer sie taten, was immer sie versuchten, der Stolz der Deutschen Marine bewegte sich hilflos nach Norden. Wie von einer unerbittlichen Kraft gezogen, fuhr sie direkt auf die zerstörerische Macht der Royal Navy zu.[179]
Admiral Tovey erhielt eine Meldung, die er nur schwer verstehen konnte: „Feind lenkt 340 Grad." Es bedeutete, daß die *Bismarck* von den französischen Häfen weg-fuhr und auf ihn zufuhr. Das war reiner Selbstmord. Er kabelte: „Bestätigt Bericht über Richtung, wiederhole, bestätigt Bericht über Richtung." Die Antwort war im-mer die gleiche: „340 Grad". Norden …? „Gerry" fuhr nach Norden? Was hatte Lütjens vor? Später konnte sich niemand mehr erinnern, wer als erster daraufge-kommen war. Der Torpedo, der Blitz. *Na klar!* „Gerry" hatte Steuerprobleme und war außer Kontrolle …
Adolf Hitler verbrachte die Nacht in seinem Berghof, wo er über die Situation auf dem laufenden gehalten wurde. Großadmiral Reader rief Göring an, um die Luft-waffe um Unterstützung zu bitten. Der Reichsmarschall lehnte ab, mit der Begrün-dung, die britischen Großkampfschiffe seien außerhalb der Reichweite seiner Bom-ber. An die Nation, die die ganze Nacht die dramatischen Ereignisse verfolgt hatte[180] gab Raeder eine Kurzmeldung heraus: *„Das Schlachtschiff Bismarck wurde bei der Einfahrt in den Golf von Biskaya achtern von einem Torpedo getroffen."* Es blieb ihm nichts anderes übrig, als die unabänderliche Wahrheit bekanntzugeben, denn er wußte, daß es für das Schiff keine Hilfe mehr gab.

Die Nacht war schrecklich. Strömender Regen, heulende Stürme und der Kampf der Besatzung um das Schiff und das Leben hatte alle auf den Beinen gehalten. Und als wäre es nicht schon genug, mußten sie auch noch Torpedoangriffe von einem

Schwarm Zerstörer abwehren. Aber weder die *Bismarck* noch die sie angreifenden Zerstörer nahmen dabei Schaden. Kurz vor Tagesanbruch besuchte Offizier Müllheim-Rechberg die Brücke. Er blickte in das von Erschöpfung gezeichnete Gesicht des Admirals, der sich bemühte, seine Müdigkeit zu verbergen. Der Rest der Mannschaft auf der Brücke war von Lethargie geschlagen.

Dann kam der Befehl von Kapitän Lindemann: „Alle Maschinen, stopp!" Kapitänleutnant Junak fürchtete jedoch, daß ein derartiger Befehl zu einer Überhitzung der Turbinen führen könnte. Er rief die Brücke an, und Kapitän Lindemann antwortete ihm mit müder Stimme: „Tun Sie doch, was Sie wollen."

Um 8 Uhr heulten die Alarmsirenen. Offiziere und Mannschaft stopften sich Watte in die Ohren. Um 8 Uhr 15 erschien der schwere Kreuzer *Norfolk* am Horizont, gefolgt von den britischen Großschlachtschiffen *Rodney* und *King George V.* Um 8 Uhr 47 donnerte die erste Salve aus ihren Kanonen. Der braune Rauch aus den riesigen 20-Inch-Geschützen der *Rodney* nahm die Sicht. Die *Bismarck* wendete nach Steuerbord, um ihre acht Kanonen in Position zu bringen. Dann feuerte auch sie.

„Flugzeit 55 Sekunden", gab ein Offizier auf der Brücke der *Rodney* bekannt. „Maul halten!" schnauzte der Kapitän, der nicht wissen wollte, wann er sterben würde. Ein schreckliches Pfeifen, ohrenbetäubende Knaller, gefolgt von einem riesigen aufsteigenden Wasserschwall. Die dritte Salve der *Bismarck* traf die *Rodney* deckend.

Aber das deutsche Schlachtschiff konnte schließlich dem Angriff von drei Seiten nicht mehr länger standhalten. Die ersten Flugkörper begannen in das Schiff einzuschlagen und machten den vorderen Artilleriekommandoposten kampfunfähig. Um 9 Uhr 2 traf ein 1-Tonnen-Projektil der *Rodney* die vorderen Geschütztürme *Anton* und *Bruno*, und beim Aufprall starben alle Männer im Inneren. Um 9 Uhr 4 holte sie der schwere Kreuzer *Dorsetshire* ein und begann von achtern zu Feuern. Die *Bismarck* schoß nunmehr lediglich auf die *King George V.*, erzielte jedoch keine weiteren Treffer. Einige Augenblicke danach, zerfetzte eine Granate den dritten Turm, *Dora*. Nur der Turm *Caesar* feuerte noch. Unter Aufsicht von Geschützmaat Riedel wurden zwei Geschosse geladen, aber das linke Rohr fiel nach seinem ununterbrochenen Einsatz wegen Überhitzung aus. Nun schwiegen alle großen Geschütze. Riedels Turmkommandant, ein Oberleutnant, befahl dem Maat, einen Blick nach draußen zu werfen. Riedel öffnete eine Tür und sah vor sich ein Deck voller Toter und Sterbender. Traurig nickend sagte der Leutnant: „Schließ die Tür." Im Inneren des Turmes herrschte Stille, bis der Leutnant zu den verwundeten Männern sprach, die alle unter Schock standen: „Kameraden, wir haben das Leben geliebt, sterben wir nun, wie tapfere Seeleute."

Einer nach dem anderen, gingen sie hinaus. An Bord waren alle Kanonen still.

Aus den Löchern, die die Granaten in das Panzerdeck geschlagen hatten, quoll dicker, schwarzer Rauch hervor. Ein 1-Tonnen-Geschoß aus einem 16-Inch-Schlachtschiff-Rohr hatte das Kanonendeck durchschlagen und explodierte auf der Ebene des Speisesaals. In der dort eingerichteten Erste-Hilfe-Station kamen Hunderte von Verwundeten und das gesamte medizinische Personal ums Leben.

Um 10 Uhr 15 befahl der britische Kommandant, das Feuer einzustellen. Trotz ihrer tödlichen Wunden wollte die *Bismarck* nicht sinken.[181] Maschinengefreiter Blum war unten im Schiffsinneren, als der Befehl durchkam: „Sprengladungen zum Versenken vorbereiten!",[182] gefolgt von: „Alle Mann an Deck!" Sie stolperten die Gänge entlang, kämpften sich durch beißenden Rauch und kletterten die Leitern hinauf. „Vorwärts! Vorwärts! Wir sprengen das Schiff!" Auf dem Weg zum Oberdeck stieg Blum über Berge von Leichen. Er mußte sich erbrechen. Blutspritzer auf den Seiten der Geschütztürme waren wie Striche purpurroter Malerei. Ein Stück vom Schornstein war herausgebrochen, die riesigen Kanonen zeigten senkrecht in den Himmel, ein Rohr war völlig zerborsten. Einige Geschütztürme hatte es aus den Barbetten gerissen. Rauch von brennender Munition strömte aus den gräßlichen Spalten. Blums Weg zum Heck wurde ein Hindernislauf. Er mußte achtgeben, daß er nicht in die überall klaffenden Löcher stürzte. Schließlich erreichte er eine Handvoll Überlebende, die sich um Kapitänleutnant Junak geschart hatten. Er befahl ihnen, hinter dem linken Geschützturm zu bleiben.

„Wir werden ein letztes Hurra auf unser Vaterland ausrufen, bevor wir das Schiff verlassen. Bleibt in meiner Nähe … Ich verspreche euch, wir werden uns alle auf der Reeperbahn wiedertreffen."

Sie sprangen über Bord. Einige Augenblicke später hörten sie aus dem Innern des sterbenden Schlachtschiffes ein Grollen. Dann sank die *Bismarck*.

Blum wurde vom Zerstörer H.M.S. *Maori* gerettet. Riedel und etwa vierhundert andere, die die Greuel der letzten Stunde überlebt hatten, kamen schwimmend zum Kreuzer H.M.S. *Dorsetshire*. Das Schiff nahm fünfundachtzig deutsche Seeleute auf, machte dann plötzlich Dampf und raste unvermittelt davon. (Ein Ausguck hatte geglaubt, ein deutsches U-Boot zu erkennen. An diesem Tag gab es jedoch weit und breit kein einziges deutsches U-Boot.) Der Kreuzer donnerte an Hunderten von Köpfen vorbei, die sich in den ölbedeckten Wellen auf und ab bewegten. Haltsuchende Hände glitten an den Stahlplatten des Schiffes ab, das an ihnen vorbeischoß. Hilflos sahen die britischen Seeleute zu, viele weinten. Natürlich, das war der Feind – aber die Schiffbrüchigen gehörten auch der großen internationalen Gemeinschaft der Seeleute an. Alle, die nicht aus dem Meer gefischt worden waren, starben in den eisigen Fluten des Atlantik.

Drei Überlebende, unter ihnen Geschützmaat Herzog, die tagelang auf einem

Floß dahingetrieben waren, wurden vom deutschen U-Boot *U 74* gerettet.[183] Zwei weitere wurden vom Schiff *Sachsenwald* entdeckt. Diese fünf Männer waren die einzigen Zeugen des Dramas, die vor Kriegsende nach Deutschland zurückkehrten.

Ihre Aussagen wurden auf Verbot des Führers niemals veröffentlicht.

WAS WÄRE, WENN ...

Was wäre, wenn Admiral Lütjens in Norwegen aufgetankt hätte? Er wäre durch seine hohe Geschwindigkeit der *Royal Navy* entkommen.

Was wäre, wenn die *Catalina Z* so schwer beschädigt worden wäre, daß sie hätte landen müssen und ihre Crew gefangengenommen worden wäre?

Wie hätten Hitler oder die neutralen Vereinigten Staaten reagiert, wenn man plötzlich entdeckt hätte, daß ein Pilot eine amerikanische Marineuniform trug?

Was wäre, wenn die *Bismarck* einen Augenblick früher gedreht hätte oder die *Swordfish* ihren „Fisch" eine Zehntelsekunde später abgeworfen hätte?

Dann wäre der Torpedo achtern durchs Meer gesaust, ohne Schaden anzurichten. Nur ein winziger Meter entschied über das Schicksal des schnellsten, unversenkbaren Schlachtschiffes der Welt.

DIE TATSACHEN

Ölmangel war die Hauptursache für die Niederlage der *Bismarck*. Das Schlachtschiff konnte seine überlegene Geschwindigkeit nicht länger dazu einsetzen, sich so schnell wie möglich in sicheres französisches Küstengebiet zu retten. Lütjens Versäumnis, im norwegischen Fjord aufzutanken, kostete Deutschland ein Großkampfschiff.

Für die Briten war es ein großer Triumph. Hitler empfand es als einen Rückschlag, aber sicher nicht als einen zu schwerwiegenden. Die Strategie, mit der er England auf See zur Unterwerfung zwingen wollte, war der unbegrenzte U-Boot-Krieg. In gewisser Hinsicht paßte diese Methode, denn Schlachtschiffe waren ein Symbol der Vergangenheit.[184]

Die *Hood* war als erste gegangen. Die mächtigen Schiffe *Prince of Wales* und *Repulse* agierten noch weitere sieben Monate. Am 10. Dezember 1941, drei Tage nach dem japanischen Angriff auf Pearl Harbor, wurden beide Schlachtschiffe angegriffen und von 84 auf dem Festland stationierten japanischen Flugzeugen versenkt. Nelsons Konzept von der Macht der Schlachtschiffe war überholt. Von nun an herrschte ein neues Zeitalter der Seekriegsführung. Schiffe kämpften, ohne jemals die Mastspitzen des Gegners oder auch nur aufsteigende Rauchwolken zu Gesicht zu bekommen.

Diese Ära war mit einem Luftangriff in der Nähe einer Pazifikinsel namens Midway eingeläutet worden.

DER HINGE-FAKTOR für die *Bismarck* war ein Tausend-zu-eins-Glückstreffer. Wie Achilles oder Siegfried hatte auch der Leviathan der Meere seine verwundbare Stelle.

Ein gewisser Dr. Sorge

„Wir dürfen nicht vergessen, daß in der
Sowjetunion jeder Versuch, die wahre Geschichte
sogar der jüngsten Vergangenheit zu rekonstru-
ieren, als Kapitalverbrechen betrachtet wird.“

Oberst A. K. Tokaev, *Betrayal of an Ideal*
(Verrat eines Ideals), 1954.

Anfang Mai 1941 empfing der Direktor des *Moscow Center*, Generaloberst Kusnet-
zow – ein Mann, der direkt an Stalin berichtete – eine verschlüsselte Nachricht. Sie
kam aus Tokio und lautete: „Deutschland wird Rußland am 20. Juni angreifen. 170
bis 190 deutsche Divisionen sind an der deutschen Ostgrenze gesammelt. Es handelt sich ausschließlich um Panzerdivisionen und mechanisierte Einheiten. Der Angriff wird auf der gesamten Front stattfinden, die Hauptoffensive wird gegen Moskau und Leningrad gerichtet sein …“

Für die sowjetischen Geheimdienste wirkte dies wie eine kalte Dusche. Das
konnte nicht wahr sein. Hitler hatte gerade ein Jahr zuvor mit Stalin einen Nichtangriffspakt unterzeichnet. Die Antwort an den Spion in Japan lautete dann auch un-
verblümt: „Wir bezweifeln die Wahrheit Ihrer Meldung.“

Am 22. Juni 1941 griff Deutschland die Sowjetunion an.[185]

* * *

„Rußland ist ein Land, das nur von seiner eigenen Schwäche besiegt werden kann
und von den Auswirkungen interner Differenzen“, schrieb Carl von Clausewitz 1832
bezüglich Napoleons verheerenden Rückzugs von Moskau. Hitler hatte seinen Clausewitz studiert. Er betrachtete Stalin als intelligenten, sorgsamen, eiskalten Erpres-
ser, verkalkulierte sich jedoch, als er darauf hoffte, daß sich das russische Volk gegen seinen roten Diktator erheben würde.

Die deutsche Armee marschierte am 22. Juni 1941 in Rußland ein. Im September
umzingelte die Heeresgruppe Süd unter Gerd von Rundstedt die gesamte Heeresgruppe von Marschall Simeon Budenny. Drei Millionen feindliche Soldaten gerie-

201

ten in die Hände der Deutschen.[186] Es war Hitlers größter Sieg. Dahinter verbarg sich auch sein größter Fehler. Sein Vorgänger Napoleon hatte im September bei Borodino gekämpft und war dann sofort nach Moskau weitergezogen, Hitler dagegen vergeudete seine Zeit. Er unterschätzte Stalins politische Stabilität. Wegen des brutalen Vorgehens der Todesschwadronen der Nazis in den eroberten Gebieten konnte das stalinistische Regime, das am Rande des Zusammenbruchs stand, sicher sein, daß sich die Ukrainer nicht gegen die Bolschewiken erheben würden.

General Halder schrieb: „... es wird allmählich klar, daß wir den russischen Koloß unterschätzt haben ... Die Zeit arbeitet für die feindlichen Truppen, die noch dazu in ständiger Nähe ihrer Rohstoffquellen sind. Wir dagegen entfernen uns immer weiter von den unsrigen ..."

Als Hitler seinen Generälen den Befehl zum Todesstoß auf Moskau gab, setzte bereits der Winter ein. Außerdem kam ein weiterer entscheidender Faktor ins Spiel. Jedoch nicht in Rußland, wie man erwarten könnte, sondern im fernen Japan. Ende Oktober, als Guderians Panzer nur mehr vierzig Meilen von Moskau entfernt lagen und die russische Hauptstadt ohne Verteidigung war, ereigneten sich zwei Dinge: Vorzeitiger Schnee machte die schlammigen Straßen unpassierbar für die deutschen Fahrzeuge, die sich statt mit Raupenketten auf Rädern vorwärts bewegten. Und aus Tokio kam ein verschlüsseltes Telegramm.

* * *

Unter dem Oberkommando von General von Brauchitsch hatte die Heeresgruppe Nord unter General von Leeb Leningrad abgeschnitten, die Heeresgruppe Süd unter Rundstedt Kiew und die Ukraine erobert, und die Heeresgruppe Mitte unter General von Bock marschierte auf Moskau zu. Während der Rest der Welt voll Angst und Schrecken den deutschen Erfolgen zusah, und das bolschewistische Regime ins Wanken geriet, verkündete Hitler am 2. Oktober seinem Volk:

„Der Feind wurde niedergestreckt und wird sich nie mehr erheben."

Geblendet von ihren unglaublichen Erfolgen begannen die Deutschen über ihre nächsten Ziele zu streiten. Das Panzergenie General Heinz Guderian wollte seine gepanzerten Kolonnen direkt auf Moskau führen. Hitler war dagegen und verlor dadurch wertvolle Zeit.[187]

Der Sturm auf die russische Hauptstadt begann schließlich am 30. September. Guderians Panzer durchbrachen die Bryansk-Front und eroberten Orel. Am 3. Oktober war die deutsche Dampfwalze bis nach Zentralrußland vorgedrungen, und innerhalb weniger Tage war die Mozhaisk-Linie bei Mayolaroslawets und Borodino erreicht.[188] Das war nur 120 Kilometer von Moskau entfernt! Nachdem die Deutschen die letzte Verteidigungslinie überquert hatten, lag die Straße nach Moskau offen vor ihnen. Stalin zog seinen brillantesten Militärkommandanten, Marschall

Schukow, vom belagerten Leningrad ab und übergab ihm die Verantwortung für die Verteidigung der Hauptstadt.

Der neue Kommandant fuhr die *Warschauer Chaussee* nach Mayolaroslawets entlang, um sich ein eigenes Bild von der Lage zu machen. Dann traf er eine knallharte Entscheidung: Kein einziger Soldat wurde abgestellt, um die eingeschlossenen Truppen der Generäle Jeremenko und Konjew zu befreien. Sie mußten sich selbst helfen. Schukow stellte alle verfügbaren Männer in einer weitgesteckten Halbmondformation vor der Hauptstadt auf. Dabei kam ihm ein neuer Verbündeter zu Hilfe: das Wetter. Es war Mitte Oktober, und von Smolensk bis Orel, von Wjasma bis Kalinin regnete es. Die Flüsse Oka und Ugra verwandelten sich in reißende Ströme, und die Straßen wurden zu knietiefen Schlammtrassen, die die deutschen Kettenpanzer lähmten. Immerhin konnten die Panzer bem „Sturm auf Moskau" wenigstens vorwärtskriechen! Die Infanterietransporter dagegen versanken bis zu den Achsen im Schlamm, und die *Landser* mußten sich mühsam zu Fuß weiterschleppen.

Am 17. Oktober wurde Moskau evakuiert. Nur der Kasan-Bahnhof war noch in Betrieb. Von dort fuhren Züge nach Gorkij und in das Uralgebirge. Auf dem Bahnhofsvorplatz wimmelte es von Flüchtlingen, die das Glück hatten, auf der Liste „gesellschaftlich wichtiger Elemente" zu stehen. Geduldig wartend hockten sie auf ihren Bündeln und Koffern und hofften oft tagelang auf einen Platz im „letzten Zug aus der Hölle". Währenddessen sahen die gewöhnlichen Bürger von Moskau stumm dabei zu, wie hohe Funktionäre scharenweise in ihren Dienstwagen die Stadt verließen. All diejenigen, die versuchten, sich ohne Papiere aus dem Staub zu machen, wurden durch den NKWD[189] auf der Stelle erschossen. Tausende wurden aus ihren Häusern gezerrt und in die Vororte gebracht, um dort Panzerabwehrgräben auszuheben. Viele mußten erfrieren, denn sie hatten nichts, außer den Kleidern, die sie auf dem Leib trugen, als man sie zwangsweise abgeführt hatte. Unausgebildete Milizeinheiten bemannten die Schützengräben. Jeder erhielt ein Gewehr, fünf Patronen und den Befehl, die Stellung zu halten und zu sterben.

Der Nachthimmel über den monumentalen Türmen des Kreml erhellte sich bei jeder Luftabwehrsalve. Durch die explodierenden Bomben aus deutschen Sturzkampfbombern war die gesamte Innenstadt unter einer Wolke von Rauch verborgen. Während der Tod vom Himmel fiel, rannten Menschen durch die Straßen, viele ignorierten die Ausgangssperre. Im Hotel *Metropol* spielte das Orchester weiter, und Champagner floß für die hohen Offiziere der Roten Armee. Es konnte sich nur um wenige Tage, vielleicht sogar nur um Stunden handeln ... „Moskau ist verloren, wenn nicht ein Wunder geschieht", sagten sie laut. Unter dem ständigen Zustrom von Flüchtlingen, die vor den deutschen Panzern flohen, wurde für die einfachen Leute in der Stadt die Versorgungslage knapp. Die Panik, die in Moskau um sich griff, verbreitete sich bald über das ganze Land. Die Sowjetregierung, die ausländischen Botschaften und das Zentralkomitee waren nach Kujbyschew geflohen. Hatte auch Stalin sich schon aus dem Staub gemacht? Offizielle Berichte bestehen darauf, daß er es nicht tat; hartnäckig halten sich Gerüchte, daß er es tat.[190]

Ende Oktober verlangte der deutsche Oberbefehlshaber der Heeresgruppe Mitte, Feldmarschall von Bock, eine zweiwöchige Pause, um seine Armeen zu regenerieren. Hitler befahl für den 15. November den Generalangriff auf die Stadt. Der Feldzug schien sich als voller Erfolg zu erweisen, und auf ihrem Vormarsch kamen die Deutschen bis auf 25 Kilometer an das Zentrum von Moskau heran. Dann gab es einen schlimmen Wetterwechsel. Regen verwandelte sich in Frost, Schnee bedeckte die Felder, und die Temperaturen fielen bis auf minus dreißig Grad. Das traf die deutschen Armeen unvorbereitet. Hitler hatte mit einem schnellen Sieg gerechnet, und für die deutschen Streitkräfte war keine Winterkleidung vorbereitet. (Vielleicht sollten seine Generäle auf diese Art dazu gebracht werden, Moskau noch vor dem Winter einzunehmen, vielleicht war es reines Versehen.) Trotz des tiefen Schnees und der Minustemperaturen rückten die deutschen Panzer weiter über die gefrorenen Felder vor.
Am 19. November rief Stalin nach Schukow und fragte ihn, was er benötige, um die Stadt zu halten. „Zwei Armeen und 200 Panzer", antwortete der Marschall ohne große Hoffnung, denn er wußte, Stalin hatte diese Hilfstruppen nicht. Zu seiner Überraschung nickte Stalin und versprach, die nötigen Streitkräfte zu seiner Verfügung zu stellen. Doch woher kamen diese Männer? Nicht einmal seine engsten Mitarbeiter wußten, daß Stalin noch ein As im Ärmel hatte. Das As saß in Form eines meisterhaften Geheimagenten der russischen Armee in Tokio.

Hochverrat war die neue Waffe des Zweiten Weltkrieges, die von Deutschen aus politischem Haß gegen das faschistische Regime Hitlers eingesetzt wurde. Im Frühjahr 1941, als Deutschland auf der Höhe seiner Macht war, erschien im Luzerner Vita-Nova-Verlag ein 94 Seiten starkes Pamphlet: *„Der Ort einer Schlacht und die Bedingungen zur Kriegführung."* Als Autor wurde ein gewisser R. A. Hermes angegeben, nach dem griechischen Gott der Diebe oder vielleicht nach dem bekannten Schweizer Schreibmaschinenhersteller. Das dünne Büchlein definierte die Leitlinien für Männer wie Rudolf Rössler („Lucie"), Leutnant i. R. Harro Schulz-Boysen („Coro"), Adam Kuckhoff oder Oberregierungsrat Avid Harnack. Was hatten diese Männer gemeinsam? Sie waren alle Mitglieder eines Orchesters: der „Roten Kapelle". Nur spielten sie keine Musik ... sondern lieferten interne Informationen über die militärischen Absichten Deutschlands. „Verrat aus ideologischen Motiven" wurde ihr Schlagwort, das im Hermes-Exposé ausführlich erläutert wurde. Es lieferte den Spionen die Rechtfertigung für ihre verräterischen Handlungen.

So sehr „Lucie" und die „Rote Kapelle" auch nach den Ereignissen des Sommers 1942 eine bedeutende Nachrichtenquelle für die Sowjets darstellten,[191] gebührt der Ehrentitel des erfolgreichsten russischen Spions einem deutschen Journalisten, der in Japan arbeitete.

Dr. Richard Sorge war Deutscher[192] und arbeitete als Korrespondent der „Frankfurter Zeitung" in Tokio. In einem waghalsigen Balanceakt war der Herr Doktor für die meisten ein anerkannter Journalist, für andere wiederum war er ein Spion. So zum Beispiel für seinen Chef im *Moskow Center*. Sorge war ein Einzelgänger, unkonventionell und einfallsreich. Keiner dieser Geheimagenten, die in wild umherrasenden Taxis Verfolger abhängte, über Zäune sprang oder durch Hinterhöfe entschlüpfte. Ein großgewachsener Europäer wie er, konnte in einer Menschenmenge von Japanern nicht untertauchen. Er mußte in völliger Isolation arbeiten – und dies gelang ihm auch tadellos. In der Einfachheit seiner Methode lag beinahe etwas Subversives. Er überlistete sie alle. Wenn die *Tokko*, die japanische Geheimpolizei, ihn still und heimlich überprüfte, fand sie nichts. Es gelang ihm sogar, den berüchtigten Geheimdienstchef der *Gestapo* an der deutschen Botschaft in Tokio, Josef Meisinger, zu seinem engsten Freund zu machen.

Sorges Einstieg ins Spionagegeschäft hatte sich durch ein kurioses Ereignis ergeben. Am 26. Februar 1936 stürmte eine Handvoll japanischer Offiziere mit 1.400 Mann die wichtigsten Regierungsgebäude in Tokio. Die Gründe dafür blieben im dunkeln. Berlin bombardierte die deutsche Botschaft mit Anfragen nach Erklärungen für den Putsch, aber weder der deutsche Botschafter, noch irgendein anderer ausländischer Beobachter konnte den „Tokio-Vorfall" erklären. Dann sprang ein gewisser Dr. Sorge ein und bot dem Geheimdienst der Botschaft seine Mitarbeit an. Der „gut informierte und etablierte Korrespondent" schrieb einen Bericht, der bei der Abwehr in Berlin großen Anklang fand, und von nun an galt Sorge als vertrauenswürdiger Informant. Eins ist sicher: Als der frühere Militärattaché Eugen Ott – Sorges „bester Freund" – das Amt des deutschen Botschafters in Japan übernahm, kam für Sorge die Stunde, in der er zum bedeutendsten Doppelagenten der Weltgeschichte wurde.

Der gutaussehende Richard Sorge hatte zwei Schwächen. Die erste kostete ihn fast das Leben, die zweite tat es wirklich. Er liebte schnelle Motorräder und schöne Frauen. In der Nacht zum 13. Mai 1936 fuhr er im Vollrausch mit seiner schwarzen Maschine gegen eine Mauer. Er überlebte den Unfall nur knapp. Selbst schwerverletzt behielt er die Nerven und stellte seine unglaubliche Geistesgegenwart unter Beweis. Er wurde gerade in den OP gerollt, als ihm plötzlich siedendheiß einfiel, daß eine höchst gefährliche Nachricht in seiner rechten Hosentasche steckte. Er verbot den Notärzten, ihn zu operieren und bestand darauf, über seinen „besten Freund einen letzten Gruß an seine geliebten Angehörigen" zu schicken. Dieser Freund war sein Funker, Max Clausen. Mit geschwollenen Lippen flüsterte er ihm zu: „Hol den Zettel aus meiner rechten Hosentasche!" Und Clausen tat, wie ihm geheißen.

Max Clausen war eine Schlüsselfigur in Sorges Spionagering. Der einfallsreiche Mechaniker baute immer absichtlich Fehler in seine Meldungen ein, woran das *Moscow Center* die Echtheit der Meldung erkannte. In jedem fünften oder sechsten Wort war ein kleiner Tippfehler. Das System war einfach und absolut sicher. Manchmal beauftragte er sogar seine finnische Geliebte, Anna Wallenius, eine erklärte Antikommunistin, Mikrofilme aus dem Land zu schmuggeln. Sein Problem war, daß er zu unkontrollierten Wutausbrüchen neigte. Im Frühjahr 1941, als Sorge Stalin vor dem deutschen Überraschungsangriff gewarnt hatte und das *Moscow Center* nur kurz antwortete: „Information unglaubwürdig", explodierte Clausen und brüllte: „Wie kommen diese Arschlöcher dazu, meine Information anzuzweifeln!"

Im Spätherbst 1941 kam der schicksalsträchtige Tag. Sorge drückte seinem Funker ein Blatt Papier in die Hand und sagte: „Die Meldung muß sofort raus. Egal, wie! Beeil' dich, und viel Glück." Mit diesen Worten verschwand Sorge, denn ihm war klar, daß Moskau verzweifelt auf das Signal wartete. Außerdem war er mittlerweile selbst in Gefahr. Die *Tokko* war ihm nämlich auf die Schliche gekommen. Einen Tag zuvor war seine Geliebte, Ishii Hanako, von der japanischen Staatspolizei verhaftet worden, und sie hatte die Herkunft einer großen Summe amerikanischer Dollars, die sie bei sich trug, nicht erklären können. Dr. Sorge würde nie wieder eine Nachricht senden, aber seine letzte Meldung entschied die Schlacht um Moskau. Der Einfluß der verschlüsselten Meldung auf Stalins strategische Planung war unermeßlich …

Sorge war es gewesen, der im Mai 1941 Stalin davor gewarnt hatte, daß Deutschland die Sowjetunion angreifen würde, und der Generalissimus hatte ihm nicht geglaubt. Aber dieses Mal war es anders. Die Situation war hoffnungslos. Stalin drängte auf eine Antwort. *„Welche Position haben die Japaner bezüglich des deutsch-russischen Krieges? Wie sind die Pläne der japanischen Regierung, was unser Land betrifft?"* waren die Fragen an den Meisterspion. Sorge setzte seinen Apparat in Gang. Sein bester Informant, wenn auch ohne es zu wissen, war kein anderer als der deutsche Botschafter in Japan, Generalmajor Eugen Ott, der die Japaner, Verbündete der Deutschen, nach wie vor dazu drängte, einen Überraschungsangriff gegen Rußland von ihren Stützpunkten in der Mandschurei aus zu führen. Einer der Männer Sorges, Ozaki Hotsumi, nahm einen Posten bei der Süd-Mandschurei-Eisenbahn an, deren Beamte angewiesen worden waren, Züge und Lokomotiven für eine Truppenbewegung der mächtigen japanischen Kwantung-Armee bereitzustellen. Bestimmungsort: Russische Grenze! Ozaki prüfte sorgfältig alle Fahrpläne, fand jedoch nicht den geringsten Hinweis auf einen bevorstehenden Truppentransport. Einige Wochen danach erzählte ihm ein Eisenbahnbeamter auf dem Weg zu einer wichtigen Sitzung: „Sie haben mich nach Tokio bestellt, um alle Pläne zu annullieren, scheinbar hat die Kwantung-Armee beschlossen, keinen Krieg mit Rußland zu führen."

Die endgültige Bestätigung erhielt Sorge bei einem Essen in der Botschaft, als Botschafter Ott eine unvorsichtige Bemerkung machte. Seine Aufgabe war es, die Japaner dazu zu bringen, Deutschland durch einen Angriff im sibirischen Fernost zu helfen. Ärgerlich sagte er: „Diese Japaner wollen einfach nichts davon hören. Ihre Pläne beziehen sich einzig und allein auf die Kontrolle im Pazifik durch die japanische Marine."

So kam es, daß Dr. Richard Sorge am 4. Oktober 1941, an seinem 46. Geburtstag, seinen Funker Max Clausen beauftragte, die verschlüsselte Nachricht an das *Moscow Center* zu senden. Von dort wurde sie unverzüglich an Stalin weitergegeben. Die Meldung besagte, daß sich die Japaner nicht an die Bedingungen des Dreier-Paktes gebunden fühlten (die Achse Berlin–Rom–Tokio, unterzeichnet im September 1940). Sorge meldete: *„Unter keinen Umständen wird Japan seinen Nichtangriffspakt mit der Sowjetunion aufkündigen"*, und weiter: *„… alle strategischen Pläne beziehen sich auf einen Vorstoß in den Südpazifik, sonst nichts. Der sowjetische Ferne Osten kann bis zum Ende dieses Winters als gesichert gegen japanische Angriffe angesehen werden. Zweifel ausgeschlossen."*

(Der Neutralitätspakt zwischen Japan und Rußland war im April 1941 unterzeichnet worden, und Hitlers Angriff auf die Sowjetunion kam für die Japaner ebenso überraschend wie für die Russen. Im Gegenzug unterließen es die Japaner dann auch, Berlin über den geplanten Angriff auf die USA zu informieren).

Dies bedeutete, daß nicht mit japanischen Angriffen an der russischen Grenze im Fernen Osten zu rechnen sei. Stalin wollte es zwar gerne glauben, traute aber seinem eigenen Geheimdienst noch immer nicht. Er zögerte, bis schließlich eine weitere Meldung den endgültigen Beweis erbrachte. Unabhängig von Sorges Bericht bestätigte im November ein Superapparatschik namens „Söhnchen" – im Westen besser bekannt als der Superspion Kim Philby – die Information.[195]

Und so half die Meldung eines Deutschen, die Wende des Krieges einzuleiten.

Während deutsche Armeen bereits triumphierend an den Toren von Moskau rüttelten, setzte der mißtrauische „rote Zar" alles auf eine Karte! Dieses eine Mal ließ er zu, daß das Schicksal seines Landes und sein eigenes Leben von einer verschlüsselten Botschaft eines Spions abhingen. Stalin hatte ja auch keine andere Wahl. Er gab folgenden Befehl heraus. *„Alle Truppen in Fernost, d. h. alle Truppen aus Sibirien,* *den zentralasiatischen Republiken, Einheiten von Ausbildungslagern in Kazachstan und Usbekistan sind auf schnellstem Wege nach Moskau zu schicken, dabei sind sämtliche verfügbaren Lokomotiven und Züge zu requirieren. Die geltenden Sicherheitsvorschriften für Eisenbahntransporte sind nicht zu beachten …"*

Mit diesem *coup de poker* zog Stalin alle Truppen von der Ostgrenze ab. Und es begann die größte Eisenbahnbewegung aller Zeiten. Aus allen Richtungen kamen die Einheiten heran. Von der chinesischen und mongolischen Grenze, aus Sibirien, dem Kaukasus und Zentralrußland wurden die Divisionen über Nebenstrecken den Hauptgleisen der Transsibirischen Eisenbahn zugeführt. Züge und immer mehr Züge rollten nach Westen, manchmal so dicht hintereinander, daß der Lokführer die Schlußlichter des vorausfahrenden Zuges aufleuchten sah. Fünfzig, sechzig, hundert Züge – alle hatten dasselbe Ziel: Moskau. Sie brachten Kanonen, *Tanks* und Männer. Eine Million Soldaten, erstklassig ausgebildete Eliteformationen, bestens ausgerüstet und an den rauhen sibirischen Winter gewöhnt. Sie trugen weiße Uniformen, hatten weiße Kanonen und fuhren in weißen *Tanks*, den nagelneuen T-34, die stärker waren als alles, was die Deutschen dagegenstellen konnten.

Am 3. Dezember kam die deutsche Dampfwalze am Stadtrand von Moskau ins Stocken. Zum einen war es wegen der Kälte, zum anderen aus purer Erschöpfung. Carl von Clausewitz, der Vater der Militärstrategie, hatte gesagt: *„Der Höhepunkt einer Schlacht ist dann gegeben, wenn eine angreifende Streitmacht, mit großen Verlusten konfrontiert, von der Offensive in die Defensive wechseln muß."* Genau das war nun bei den deutschen Armeen vor Moskau im schrecklichen Winter von 1941 der Fall.

* * *

5. Dezember 1941. Nördlich der Stadt. Die deutsche neunte Armee hat dreißig Kilometer vom Moskauer Stadtzentrum entfernt, eine Straßenbahnhaltestelle erreicht. Am Tag zuvor war eine Patrouille deutscher Grenadiere vom 62. Pionierbataillon bis nach Chimki, einem Vorort von Moskau gelangt und stand nur sechzehn Kilometer vom Kreml entfernt. Panzereinheiten haben den Moskau-Wolga-Kanal bei Dimitrov überschritten, Einheiten der 1. Panzerdivision haben Kusjajevo erreicht. Im Süden der Stadt haben die 4. Armee von Kluge und die 2. Panzerarmee von Guderian Tula umgangen. Zwar sind sie weniger als fünfzig Kilometer von Moskau entfernt, doch haben sie zu wenig Munition, zu wenig Benzin – und zu wenig Schwung. Die Kälte, diese schreckliche Kälte. Alles friert ein, die Soldaten müssen ihr Brot mit der Axt schneiden, Gewehre sind nutzlos, das Öl in den Maschinengewehren und Panzermotoren ist zu harten Blöcken erstarrt. Minus vierzig, in manchen Nächten sogar minus fünfzig Grad. Die Geschütze können nur mit Hilfe von Pferden bewegt werden.

„Wir haben sechs Pferde vor unsere Haubitze gespannt. Von den sechs fielen zwei vor Kälte und Erschöpfung tot um. Die haben wir gegessen. Die restlichen vier waren allein nicht stark genug, um das Geschütz durch den tiefen Schnee zu ziehen. Wir haben alle erdenklichen Kleidungsstücke übergezogen, die wir in den Häusern finden konnten, wir haben sogar gefallenen Russen die wattierten Jacken und Fellstiefel ausgezogen, in der Hoffnung, uns die Ohren und Zehen ein bißchen aufzuwärmen. Kein Kleidungsstück kann abgelegt werden, denn in Minutenschnelle kommt es zu Erfrierungen. Unsere Kleider sind voller Flöhe, Läuse kriechen in meinem Haar. Ich habe Stroh in meine Stiefel gestopft. In meiner Batterie ist kein einziger Kamerad, der nicht an erfrorenen Zehen oder Fingern leidet. Kann man uns die Schuld geben, daß wir am Ende sind?" schreibt Korporal Werner Burmeister vom 208. Artillerie-Bataillon.

Es ist noch dunkel. Die Temperaturen sind auf minus fünfundzwanzig Grad gefallen. Unteroffizier Paul Wenders bewegt sich mit seinem Spähtrupp vom 87. Infanterieregiment durch den Schnee zum Jachroma-Bach. Sie gehören zu Einheiten der 36. Division, die die russischen Linien südlich von Kalinin und Rogatchewo durchbrochen haben. Nördlich von ihnen liegt ein großer zugefrorener See, der durch den Wolgastaudamm entstanden ist. Die Russen nennen ihn das Moskauer Meer. Vor ihnen liegt ein Dorf aus Holzhütten. Sie sind dreißig Meter von den Häusern entfernt, als sie ein Pfeifen und Getöse hören. *„Deckung! Stalinorgel"*, schreit Wenders. Sie werfen sich hinter einen Brunnen, der mit einer dicken Schicht aus blauem Eis überzogen ist. Die erste Raketenexplosion wirbelt den Schnee auf. Als der Lärm nachläßt und die Soldaten es wagen, ihre Köpfe zu heben, bietet sich ihnen ein unglaubliches Bild. Aus dem Wald strömen weißgekleidete Soldaten, Tausende und Abertausende. Verzweifelt kurbelt Paul Wenders an seinem Feldtelefon. „Russen", schreit er in die Leitung, „Tausende von Russen."

Eine metallische Stimme kommt über den Draht zurück: „Immer mit der Ruhe, Unteroffizier Wenders! Es sind gar keine tausend Russen mehr übrig."

„Dann kommen Sie her, und Schauen Sie selbst!"

Die deutsche Artillerie eröffnet des Feuer, viele Russen fallen, doch nicht ein Mann kehrt um. Unaufhaltsam kommen sie durch den tiefen Schnee heran, überqueren den vereisten Fluß und bahnen sich ihren Weg vorbei an den Männern der Spähpatrouille, die wie zerquetschte Käfer am Boden liegen.

Es ist Freitag, der 5. Dezember. Dieser Angriff läßt ahnen, daß ein Drama bevorsteht, das die ganze deutsche Armee betreffen sollte. Dieser Tag wird als der Augenblick in die Geschichte eingehen, an dem sich die Erfolgssträhne der deutschen Kriegsführung in eine Pechsträhne verwandelte.[194]

Stalin hat im Vertrauen auf die Meldung eines Spions und durch den Abzug der bewaffneten Streitmacht Sibirien schutzlos sich selbst überlassen. Die 1., die 10. und die 20. Armee wurden nach Moskau verlegt.[195] So schickt Schukow drei Armeen und ein Kavalleriekorps gegen Guderians Truppen, um sie auf ihrem Rückzug abzuschneiden und die deutschen Panzer zu vernichten. In der Nacht vom 6. auf den 7. Dezember befiehlt Guderian den Rückzug. Der Rückzug ist die Hölle, Panzerketten schlittern über die eisigen Straßen, die Infanterieeinheiten werden von sibirischen Skipatrouillen verfolgt, die in ihren weißen Tarnanzügen plötzlich wie Geister im Schnee auftauchen. Sie feuern, sprengen Brücken und verschwinden in der endlosen weißen Weite des russischen Winters. Guderians Panzer kämpfen sich tapfer zurück und liefern einige erfolgreiche Gegenoffensiven. Auf beiden Seiten nehmen die Verluste zu. Die Russen sterben unter deutschem Beschuß, und die Deutschen sterben durch die russische Kälte.

Die 14. Panzerabwehr-Kompanie von Oberleutnant Braemer hält eine Stellung südlich von Stalinorsk. Korporal Dohrendorf kommt im Morgengrauen des 11. Dezember außer Atem beim Kommandoposten an. „Herr Oberleutnant, zu unserer Rechten ist eine riesige Formation auf Skiern. Ich glaube, das sind Russen."

Braemer schaut durch sein Nachtfernglas. „Mann, Sie haben recht! Das *sind* Russen. Alarm!" Was Dohrendorf und Braemer erkennen, sind erste Anzeichen des russischen Durchbruchs. Die Deutschen feuern Leuchtraketen aus den Mörsern. Die Schneelandschaft ist in gespenstisches, blaues Licht getaucht. Im Wald wimmelt es von Skitruppen. Den Männern der 14. Kompanie kommt es vor, als überfluteten die Soldatenmassen wie nach einem Dammbruch ihre Stellung. Immer mehr Gestalten lösen sich aus der Dunkelheit. Die Deutschen feuern, bis die Rohre ihrer Kanonen glühen oder platzen.

General Martinek sammelt seine erschöpfte 267. Infanteriedivision und versucht den russischen Vormarsch aufzuhalten. Es hat keinen Zweck, die Russen nehmen einfach den Weg durch das dichtbewaldete Gebiet, umfahren auf ihren Skiern die Panzereinheiten und dringen so auf die Verpflegungseinheiten der deutschen Armee ein.

Mitten in der Nacht bezieht eine deutsche Einheit an einem Fluß in der Nähe von Panino Stellung. Sie sind angewiesen, eine überlebenswichtige Flußpassage zu verteidigen. Leutnant Burkhart und die Männer der 2. Kompanie, 3. Schützenregiment, müssen den Feind aufhalten und die Brücke für Einheiten auf dem Rückzug offenhalten. Burkhart ist müde. Von seinem Hals baumelt das Ritterkreuz. Der Orden hat jede Bedeutung für ihn verloren, er hätte lieber ein Paar warme Socken. Wie ein altes Mütterchen hat er sich einen Wollschal um den Kopf geschlungen. Diese beißende Kälte!

Leutnant Burkhart erteilt den Befehl, das Dorf niederzubrennen, um ein freies Schußfeld zu bekommen. Die Soldaten zünden die strohgedeckten Dächer der Häuser an. Im Nu gleicht das Dorf einem wütenden Inferno. Die Landser versammeln sich um die brennenden Häuser, um sich zu wärmen. Schattenhafte Gestalten laufen über den Dorfplatz, wo sie sofort von Gewehrschüssen niedergemacht werden. Vielleicht sind es nur ein paar Bauern, vielleicht sind es auch Partisanen. Die Deutschen haben gelernt, kein Risiko einzugehen. Während der Nacht schließen einige wenige Nachzügler der Kompanie auf. „Wo ist eure Einheit?" fragt Burkhart.

„Welche Einheit, Herr Leutnant? Unser Bataillon existiert nicht mehr." Burkharts Männer teilen mit den Neuankömmlingen, was sie noch haben. Ein Stück Schwarzbrot, eine Zigarette, ein paar Handgranaten. Im Morgenlicht ist von dem Dorf nur mehr ein schwelender Haufen übrig, und hinter dem Rauch liegt eine Szene von unendlicher Stille. Plötzlich erhebt sich eine weiße Wolke aus dem Schnee. Die Russen rollen in Horden heran, soweit das Auge reicht, ein Regiment von Usbeken, gerade per Eisenbahn aus Sibirien eingefahren. Sie werden von vier Panzern unterstützt. Wild feuern die Panzerabwehrkanonen, Minenwerfer und Maschinengewehre. Burkhart befiehlt seinen zwei 37-Millimeter-Panzerabwehrkanonen, sich auf die vorrückenden Panzer zu konzentrieren. Die Kanoniere feuern übers offene Visier, so nahe sind sie. „Was zum Teufel ... Seht euch das an!" flucht einer von ihnen und zeigt auf eines der stählernen Monster. Die deutschen Granaten prallen vom Panzer ab. „T-34", stellt Burkhart kühl fest. „Da können wir nicht viel tun. Wir brauchen Hilfe." Die angrenzende 1. Kompanie hat eine Achtundachtziger-Kanone. Sie feuert dreimal, und drei russische Panzer gehen in Flammen auf. Ein Geschützturm öffnet sich, brennende Gestalten springen heraus, rollen auf den Boden, um die Flammen auf ihren wattierten Uniformen zu ersticken. Dann bleiben sie ruhig liegen, von Maschinengewehrsalven niedergemäht.

Vier deutsche Panzer rattern die Dorfstraße entlang und überqueren eine hölzerne Brücke. Ihre Maschinengewehre schießen ein Loch in die anrückenden russischen Massen. Weißgekleidete Soldaten werden wie Herbstlaub im Sturm von ihren Panzern geblasen. Ein T-34 feuert, verfehlt aber das Ziel.

„Das sind unerfahrene Rekruten", äußert sich Leutnant Lhose von der 1. Kompanie verächtlich. Der letzte noch übrige T-34 explodiert.

„Aber sie werden schnell lernen", erwidert Burkhart. Die deutschen Panzer rücken heran, sie feuern in alle Richtungen. Sie bahnen sich ihren Weg durch die russischen Skitruppen wie Haie durch einen Schwarm Heringe. Sie sprengen die russischen Einheiten, die in alle Richtungen davonrasen. Die erste Salve aus einer Batterie von Katjuschas[196] explodiert in der Nähe der Panzer. Höchste Zeit, sich aus dem Staub zu machen. Die Panzer ziehen sich über die Brücke zurück. Ein Pionierfeldwebel und seine Männer stehen nahe bei den Brückenpfeilern, an denen

Sprengsätze angebracht sind. „Macht schnell! Wir können hier nicht den ganzen Tag bleiben." Eine Detonation läßt die Luft erzittern, die Brücke bäumt sich in einer schwarzen Wolkenhülle auf und fällt dann in sich zusammen. Lhoses Kompanie hat einen Lastwagen und einen Feldwebel verloren. Leutnant Burkhart ist tot. Ein russisches Bataillon wurde aufgerieben.

Eine derartige Aktion ist keine Ausnahme, denn der Rückzug und die Fronterfahrungen haben die deutschen Soldaten abgehärtet. Viele Einheiten sind abgeschnitten, kämpfen aber wie die Teufel, um durch die russischen Linien auszubrechen. Sie wissen, daß Gefangenschaft meistens den Tod bedeutet. Mit der Verzweiflung der Verdammten kämpfen und sterben sie. „Wir konnten unsere gefallenen Kameraden nicht mit uns nehmen. Zusammen mit den toten Pferden lagen sie entlang unseres Weges", schreibt ein Soldat der „ostmärkischen" 44. Infanteriedivision.

Eine russische Angriffsspitze wird vom berühmten Kosakenkorps von Generalmajor Dovator angeführt. Dovator ist als ausgezeichneter Kavallerieführer bekannt. Er benützt seine Kavallerie in derselben Weise wie Guderian seine Panzer. Schnell und fest entschlossen. „Führen vor der Front" war immer sein Prinzip gewesen. Seine Heldentaten wurden immer wieder in Sonderberichten erwähnt.

Am 19. Dezember findet eine größere Schlacht in der Nähe von Polaschkino statt. Der Fluß Rusa wird von den Einheiten der deutschen 252. „Eichblatt"-Infanteriedivision gehalten. Der Befehl lautet: „Munition sparen. Nicht feuern, den Iwan nahe herankommen lassen." Die Stellungen ihrer Maschinengewehre sind so verteilt, daß sie einen dichten Feuervorhang auf das Eis des breiten Flusses legen.

General Dovator befiehlt einem seiner Kosakenregimenter anzugreifen. Die weiß gekleideten Reiter brechen aus dem Wald hervor. Die erste Welle erreicht das Flußufer. Schließlich eröffnen die Deutschen das Feuer. Überall auf der jungfräulichen Schneedecke entlang des Ufers liegen abgerissene, blutige Fetzen von Tieren und Menschen verstreut. Die Anfangsattacke schlägt kläglich fehl. Es ist neun Uhr, blasses Sonnenlicht liegt über der weißen Steppe, der Wind treibt den Schnee über das Eis der gefrorenen Rusa. Dovator reitet voran, um sich dem Angriff seiner 20. Kavalleriedivision anzuschließen. Im Wald wimmelt es von Pferden, Karren, Motorrädern, Artilleriegerät und Menschen, Menschen, Menschen.

„Oberst Tawlijev, Sie und Ihr Regiment überqueren den Fluß. Ich werde mitreiten." Schwadronen russischer Kavallerie brechen am Waldrand hervor, russische Artillerie zerstört das Dorf Polaschkino mit Granaten. Leuchtspurgeschosse aus deutschen Maschinengewehren treffen russische Reiter, Explosionen von Minenwerfern wirbeln Fontänen von schmutzigem Schnee auf. Viele Reiter springen von ihren Pferden, stürmen zu Fuß weiter und suchen immer wieder hinter Hügeln und in Gräben Schutz. Sie erreichen das Flußufer. Die erste Reihe taumelt getroffen die steile Uferböschung hinunter. Die übrigen Männer schlittern auf dem Eis herum, bis sie von der deutschen Infanterie niedergemäht werden, die hinter einer Dorfmauer verborgen liegt. Die Kosaken sind in einer tödlichen Falle gefangen. „Ich muß meine Männer vom Eis herunterholen", schreit Dovator, zieht seine Pistole und stürzt nach vorne.

„*Za Rodinu!*" Für das Vaterland!

Er begibt sich auf das Eis hinaus, wo er sofort von einer Maschinengewehrsalve in die Seite getroffen wird. Einen Augenblick lang bleibt der General aufrecht stehen, ehe er nach vorne fällt. Seine Mütze mit dem roten Stern schlittert über das Eis. Oberst Tawlijev versucht sich schützend vor seinen General zu werfen, doch der Adjutant wird vom gleichen flankierenden Maschinengewehr getötet. Der nächste ist der politische Kommissar Karassow. „Ihr Schweine!" schreit er und versucht den gefallenen General hochzuheben, bevor er selbst ebenfalls tot zu Boden fällt. Jetzt schlittern auch Leutnant Kulikow und Sergeant Sokirkow über das Eis, sie suchen hinter Leichen Deckung, und es gelingt ihnen, den toten General hinter eine Fischerhütte zu ziehen.

Den Rest des Tages und noch bis tief in die Nacht hinein halten die Maschinengewehrschützen eines deutschen Infanterieregimentes aus Schweidnitz den wütenden Angriffen ununterbrochener Wellen einer ganzen Kosakendivision stand, die ihren gefallenen Helden rächen wollen.

* * *

Nachdem die Granaten der russischen Artillerie Guderians Panzer zu Schrott geschossen haben, zieht der General alle Regimenter, die das Blutbad überlebt haben, zusammen. Er führt die Überreste seiner aufgeriebenen Panzerarmee in einen letzten Versuch, die rote Welle aufzuhalten. Aber die Sowjets greifen mit 24 frischen Divisionen an, und Guderian muß sich 80 Kilometer weit zurückziehen. Mit einer Panzertruppe ohne Panzer, einem Verpflegungskorps ohne jegliche Verpflegung oder Munition war es reiner Wahnsinn, dem Führerbefehl Folge zu leisten und einen weiteren Angriff gegen die auftauchenden Russen zu unternehmen, die wie Gespenster aus dem Schneegestöber hervortraten. Aber dies war das Schicksal der ganzen deutschen Frontlinie in diesem Winter außerhalb von Moskau. Schukows Streitmacht hatte die deutschen Linien von Kalinin im Norden bis Tula und Kaluga im Süden durchbrochen, und seine Truppen waren nun dabei, die gesamte deutsche Armee vor Moskau einzukreisen. Langsam wichen die Deutschen vor den mongolischen Horden eines mechanisierten Dschingis-Khan zurück.

Ende Dezember 1941 schrieb General Guderian in sein Tagebuch: „Die Offensive auf Moskau ist fehlgeschlagen. Wir haben eine schwere Niederlage erlitten."

Zu diesem Zeitpunkt wußte er noch nicht, wie ernst es wirklich war.

Was wäre, wenn …

Was wäre, wenn Hitler das „Unternehmen Barbarossa" nicht um einen Monat verschoben hätte?

Seine Truppen hätten Moskau vor Einbruch des Winters erreichen können.

Was wäre, wenn Stalin die alles entscheidende Nachricht von Sorge nicht erhalten hätte?

Er hätte es niemals gewagt, seine Truppen von der russischen Ostgrenze abzuziehen und eine Million Menschen von Sibirien nach Westen zu bringen, um Moskau zu verteidigen.

Die Tatsachen

Feldmarschall von Bock war gezwungen, folgende Meldung an Hitler zu senden: „Der Angriff auf Moskau war erfolglos, und die Operation wird sich nun zu einem zweiten Verdun entwickeln, ein brutaler Zermürbungskampf Mann gegen Mann."

Hitler beschloß, daß es diesmal kein Zaudern geben würde. Er löste den zögerlichen Feldmarschall als Leiter der Heeresgruppe Mitte ab. Gleichzeitig wurde General von Rundstedt als Führer der Heeresgruppe Süd abgesetzt. Am nächsten Tag wagte es Hitlers Oberbefehlshaber, Feldmarschall von Brauchitsch, das Wort *Rückzug* zu erwähnen. Hitler feuerte ihn und übernahm selbst das Oberkommando. Seine erste Handlung bestand darin, General Heinz Guderian ins Führerhauptquartier zu rufen. Als auch dieser General einen Rückzug vorschlug, explodierte Hitler: „Ich kann Ihnen nicht gestatten, sich zurückzuziehen. Ich befehle Ihnen, sich einzugraben und zu kämpfen."[197]

Der Panzerkommandant sollte recht behalten. Die dicht bewaldeten Sümpfe und die russischen T-34-Panzer waren Guderians Waffen mehr als gleichwertig. Frische sowjetische Divisionen aus dem Fernen Osten wurden in ständig wachsender Zahl entlang der Front in Zentralrußland entdeckt. Hitler war gezwungen, seinen Marsch auf Moskau abzubrechen. Am 8. Dezember befahl Hitler durch den „Befehl Nr. 39" einen Stopp der Moskauer Offensive. Er gab dem Wetter die Schuld. Wenn die Niederlage nur am schlechten Wetter gelegen hatte, dann mußte Hitler allein sich selbst die Schuld geben. Seine schlecht gewählten Ziele und das Hinauszögern des Angriffs auf Moskau bis zum frühen Herbst hatte er teuer bezahlt. Das deutsche Oberkommando hatte alles bedacht, aber – wie so viele zuvor – die Rechnung ohne „General Winter" gemacht, den berüchtigtsten aller russischen Verbündeten. In einem kurzen Kommuniqué des OKW (Oberkommando der Deutschen Wehrmacht) vom 17. Dezember heißt es: *„Übereinstimmend mit den Absichten unseres Heeres, von Angriffsoperationen zu einer Konsolidierung der Frontlinie für die Zeit der Wintermonate* *überzugehen, hat der Führer unseren Streitkräften befohlen, die nötigen Vorkehrungen zu treffen und die Frontlinie zu verkürzen."*

„Vorwärts, Kameraden, wir müssen zurück."

Das wurde von nun an der Leitsatz des deutschen Soldaten. In ganz Deutschland machte die Euphorie über die leicht errungenen Siege der Herbstkampagne der furchtbaren Erkenntnis Platz, daß Hitlers Blitzkrieg-Strategie vor Moskau gescheitert war und daß sich Deutschland einem langwierigen Kampf gegen den russischen Koloß gegenübersah. General Halder sagte dazu: „Die Situation zeigt, daß wir den russischen Koloß unterschätzt haben, der den Krieg mit Konsequenz und schonungsloser Entschlossenheit vorbereitet hat, ganz so, wie es für totalitäre Staaten charakteristisch ist."

Bis Ende 1941 hatten die deutschen Invasionsarmeen mehr als ein Viertel ihrer Panzer, Flugzeuge, Pferde und Männer geopfert. Sie hatten die fast unglaubliche Zahl von 750.000 Verlusten zu melden.

Zum ersten Mal war der Mythos der deutschen Unbesiegbarkeit zerschlagen worden.

Für den Mann, der das alles ausgelöst hatte, Dr. Richard Sorge, war die Nachricht an Stalin gleichzeitig die allerletzte Funkmeldung, die er in seinem Leben aufsetzte. Am darauffolgenden Tag wurde er in Tokio verhaftet. Der deutsche Botschafter, Eugen Ott, protestierte aufs schärfste beim japanischen Außenministerium. Nachdem ihm die Japaner die Wahrheit über Sorge mitgeteilt hatten, stellte er seinen Protest ein. Was war die Wahrheit? Nicht einmal eine umfassende Untersuchungsaktion konnte im einzelnen klären, wie weitreichend die Auswirkungen der letzten Meldung des Dr. Sorge waren. Sorge konnte einfach nicht glauben, daß Väterchen Stalin ihn auf der Schlachtbank lassen würde. Aber so war es, der Kreml tat nichts für seinen Superspion. Im Gegenteil, Moskau kannte nicht einmal mehr seinen Namen. Am 7. November 1944, nach jahrelanger Einzelhaft und einem geheimen Gerichtsverfahren, wurde der deutsche Journalist, der zum russischen Spion geworden war, gehängt.[198]

Um sicherzugehen, daß die Aura, die Stalin als einzigartigen Retter der russischen Nation umgab, nicht verblaßte, wurde der Name Dr. Sorge verschwiegen, und seine unglaubliche Leistung blieb innerhalb der UdSSR unbekannt (und auch sonst überall, denn die Japaner haben die Ergebnisse ihrer Untersuchungen bis heute nicht preisgegeben). Die Welt mußte warten, bis Kim Philby nach Moskau flüchtete, um dort die Existenz des *Rätsels Sorge* zu enthüllen und ihn als den „größten Spion aller Zeiten" zu bezeichnen.[199] Heute schmückt sein Porträt eine russische Briefmarke, und die MV *Richard Sorge* durchpflügt die Wellen der Ozeane.

Ein Postskriptum zur Geschichte: Hitler hätte es nicht schlechter planen können. Innerhalb von wenigen Tagen verschob sich der Brennpunkt des Krieges. Am 7. Dezember 1941 versenkten japanische Flugzeuge fünf von acht US-Schlachtschiffen, die in Pearl Harbor vor Anker lagen, und zerstörten einen Großteil der amerikanischen Luftflotte auf den Philippinen. Drei Tage später versenkten japanische Flugzeuge die britischen Schlachtschiffe *Prince of Wales* (berühmt durch die Atlantikschlacht gegen die *Bismarck*) und *Repulse*.

Wir werden niemals erfahren, warum Adolf Hitler sich zu dem dann folgenden, äußerst unbesonnenen Schritt entschloß: Indem er den Vereinigten Staaten von Amerika am 11. Dezember 1941 den Krieg erklärte, hatte er jede Chance vertan, den Krieg gegen die Sowjetunion zu gewinnen.

Das wußte sogar Dr. Sorge nicht.[200]

DER HINGE-FAKTOR DER SCHLACHT UM MOSKAU war ein Angriff zum falschen Zeitpunkt und die alles entscheidende Meldung des Meisters der Spionage.

Der Tod eines Mannes

„Wenn du sie einmal an den Eiern gepackt hast,
dann hast du auch bald die
Kontrolle über ihre Hearts and Minds!"

Dem Autor in Vietnam gesagt, Dezember 1967

Es war eine drückendheiße, schwüle Nacht. Die eine Hälfte der Stadt schlief. Es waren diejenigen, die nichts zu feiern hatten. Die andere Hälfte machte die Feuerwerkskörper abschußbereit, mit denen das neue Jahr begrüßt werden sollte. Mit einem gewaltigen Lärm sollten die bösen Geister des vergangenen Jahres verjagt werden. Pünktlich um Mitternacht erhob sich in der ganzen Stadt ein ohrenbetäubender Lärm von explodierenden Feuerwerkskörpern. Bengalische Sonnen und Fächer versprühten ihre helleuchtenden Funken. Papierdrachen verrenkten sich im Takt der Trommeln, und das strahlende, knallende Gefunkel erhellte den Himmel über der Stadt am Fluß. Saigon 1968.

Eine Gruppe von zwölf Männern mischte sich unter die Feiernden. Sie kamen aus einer Garage und bestiegen zwei wartende Autos. Langsam bahnten sich die Fahrzeuge ihren Weg durch die Massen und fuhren in einen ruhigeren Teil der Stadt. Dort bogen sie in den Thong-Nhut-Boulevard ein und blieben vor der neuen amerikanischen Botschaft stehen. Das vietnamesische Polizeikontingent, welches das Gelände eigentlich bewachen sollte, hatte seinen Posten verlassen, um sich der feiernden Menge anzuschließen. Es waren nur zwei US-Marines in der Nähe des eisernen Gitters am Haupteingang. Als sie die beiden Fahrzeuge bemerkten, rief einer heraus: „Hier ist parken verboten, fahren Sie weiter ..." Der Rest seines Satzes wurde von einer Salve aus einer Kalaschnikow abgeschnitten. Tödlich verwundet fiel er zu Boden, sein Kamerad hatte gerade noch Zeit, das Tor zuzuschlagen und in ein Mikrophon zu schreien: „Hilfe! Sie kommen herein!" bevor die Verbindung unterbrochen war.

Es war 2 Uhr 48 im *Jahr des Affen.*

Die ersten Opfer in einem Aderlaß, der in den nächsten Wochen und Monaten ihr Land zerreißen, einen amerikanischen Präsidenten zu Fall bringen und die mäch-

217

tigste Nation der Erde zu Friedensgesprächen nötigen sollte, waren zwei amerikanische Marines auf dem Gelände einer Botschaft.

* * *

Tet, das Fest, mit dem die Vietnamesen drei Tage lang das Mond-Neujahr feiern, geht seit Urzeiten mit Überraschungen einher. Durch die Geschichte der Menschheit hindurch war dieses Friedensfest immer ein Zeitpunkt im Jahr, an dem hinterhältige Überraschungsangriffe stattfanden. Doch leider neigt die Menschheit nur zu oft dazu, historische Parallelen dieser Art zu vergessen.

Während des *Tet* von 1789 besiegte Prinz Quang Trung die chinesischen Kriegsherren bei Hanoi. Zum *Tet* 1944 schickte General Nguyen Giap seine Streitkräfte gegen die Franzosen. Und 1960 griffen, wieder zum *Tet*, Vietkong-Einheiten in der ersten größeren Schlacht des zweiten Indochinakrieges Tay Ninh an.

Wieder einmal deutete eine Reihe von scheinbar unzusammenhängenden Ereignissen, die falsch eingeschätzt oder nicht beachtet wurden, auf eine Katastrophe hin. Am 17. November 1967 hatte die Nationale Befreiungsfront eine Feuerpause von sieben Tagen für das kommende Mond-Neujahr angekündigt. Am 1. Januar 1968 erschien in der nordvietnamesischen Parteizeitung *Nhan Dan* folgender Aufruf an die Truppen: „Laßt die ganze Nation im neuen Jahr weitermarschieren, um die Niederwerfung des US-Aggressors zu vollenden."

Am 2. Januar 1968 wurde eine feindliche Patrouille in der Nähe des Grenzstützpunktes von Khe San abgefangen. Im nachfolgenden Feuergefecht wurden ein Regimentskommandant der NVA *(North Vietnamese Army)* und sein Stab getötet. Warum riskierte wohl ein solch hochrangiger Offizier einen Spaziergang in der Nähe des US-Stützpunktes?

Am 5. Januar 1968 erbeuteten Einheiten der 4. US-Infanterie in der Nähe von Pleiku ein Dokument mit dem Titel: „Dringender Operationsbefehl Nummer eins." Vier NVA-Regimenter wurden in den dicht bewaldeten Hügeln nahe der Grenze zwischen Laos, Kambodscha und Vietnam eindeutig identifiziert. Den ganzen Januar hindurch sammelte der CIA Beweise für einen Umschwung in der kommunistischen Strategie. Die deutlichste Warnung war wahrscheinlich das Pamphlet von General Vo Nguyen Giap, mit dem Titel: *Nationaler Befreiungskrieg in Vietnam, Kriegskunst*, in welchem stand: „Unter feindlichen militärischen Streitkräften verstehen wir die Gesamtheit von: *Mannschaft, Kriegsmaterial und Nachhutbasen.* Bei der Zerstörung der feindlichen Truppen müssen die Kriegswerkzeuge und Nachhutbasen unschädlich gemacht werden, die wichtigsten Basen zuerst."[201]

Die Voraussage des CIA, Codename „The Big Gamble", wurde vom US-Militärkommando nicht beachtet. In der Zwischenzeit bedeckte der Stab in Pentagon Ost

(Vietnam) die große Karte mit Stecknadeln, Fähnchen und Pfeilen, und kam zu dem Schluß, daß reguläre nordvietnamesische Streitkräfte für einen Angriff durch die entmilitarisierte Zone *(DMZ)* entlang des 17. Breitengrades bereit waren. Eine Bedrohung des Südens, mit den wichtigsten Städten, den militärischen Knotenpunkten, den größeren Einrichtungen der Luftfahrt, der Logistik, dem Regierungssitz und den diplomatischen Vertretungen, oder dem, was der vietnamesische Gegenspieler, General Giap, als *wichtigste Nachhutbasen* bezeichnete, wurde niemals ernsthaft angenommen.

Ab Mitte Januar waren in Saigon alle Vorbereitungen für ein ausgelassenes Neujahrsfest getroffen. Tausende strömten in die Stadt, um Verwandte zu besuchen oder zu ihren Familien zurückzukehren, auch um Waren auszuliefern. Mit Geschenken vollgepackte Autos, mit Kisten und Körben hoch beladene Autobusse passierten unaufhörlich die nur schlecht bemannten Kontrollposten. Nicht jede Kiste war mit Blumen gefüllt, nicht jeder Korb enthielt Reis. Teilweise bestand die Ladung aus einem Sortiment von Sturmgewehren, Bazookas und Plastiksprengstoff.

Am 23. Januar 1968 stimmten Studenten an der Universität Saigon antiamerikanische Sprechchöre an und feierten den Sieg Prinz Quang Trungs über einen fremden Aggressor im Jahre 1789. Am gleichen Abend verkündete Radio Hanoi, daß das neue Jahr den „freudigen Augenblick des endgültigen Sieges" mit sich bringen würde. Aus diesem Grund würde man diesmal Tet einen Tag früher feiern, am 29. Januar 1968. Die wirkliche Bedeutung dieser vieldeutigen Meldung verhallte ungehört.

* * *

Und so hat alles begonnen.

Nguyen Van Sau, ein ortsansässiger Vietkongkommandant, versammelte kurz vor Mitternacht seinen zwanzig Mann starken Pioniertrupp des C-10-Bataillons (Vietkong) in einer Garage in der Phan Thanh Gian-Straße Nr. 59. Sie gehörte einer VC-Anhängerin, Frau Nguyen Thi Phe, und lag in der Nähe des Geländes der amerikanischen Botschaft in Saigon. Van Sau verteilte Waffen und umriß das Ziel in groben Zügen. Es wurde weder eine Fluchtroute festgelegt noch wurde beschrieben, welcher Art die Aktion sein sollte. Diese Entscheidung wurde den beiden Gruppenführern, Bay Tuyen und Ut Nho, überlassen.

Um 2 Uhr 45 rollten ein Peugeot-Kleinlaster und ein Renault-Taxi die Mac Dinh Chi-Straße entlang und bogen in den Thong Nhut-Boulevard ein. Als sie das Tor der Botschaft erreichten, schossen die Männer im Taxi mit Schnellfeuerpistolen auf die beiden Marinewachen, SP4 Charles Daniel, 23 Jahre alt, aus Durham NC, und PEC William E. Sebast, 20 Jahre alt, aus Albany NY. [202] Sebast fiel sofort tot zu Boden, Daniel gelang es, das Tor zuzuschlagen.

2 Uhr 49. Fünfzehn Pfund Plastiksprengstoff explodierten und rissen ein Loch von einem Meter Breite in die Mauer des Botschaftsgebäudes. Daniel schrie in sein Funkgerät: „Sie kommen herein, helft mir!" Bevor er starb, schoß er auf die Vietkong und tötete die ersten beiden Männer, die durch das Loch eindrangen. Es waren die beiden Anführer der Angriffsgruppe, Bay Tuyen und Ut Nho. Von diesem Augenblick an fehlte den Eindringlingen jeglicher Plan.

Sgt. Jamie Thomas und SP4 Owen Mebust, die außerhalb der Botschaft in ihrem MP-Jeep fuhren, hörten den verzweifelten Hilfeschrei von Daniel. Sie eilten zu Hilfe, wurden jedoch vom Feuer der automatischen Waffen niedergemäht. Nun gab es bereits vier tote Amerikaner.

Marine Sgt. Ronald Harper rannte zum Amtsgebäude und traf auf Korporal Zahuranic, unmittelbar bevor eine Rakete das schwere Tor durchschlug und den Korporal verwundete.

Col. George D. Jacobson schlief auf dem Botschaftsgelände in einer Villa, die er mit Sgt. Robert L. Josephson teilte. Als einzige Waffe befand sich eine M-26-Handgranate im Haus.

Sgt. Rudy Soto, 25, aus Selma Calif, hatte auf dem Dach des Amtsgebäudes Wachdienst. Weil seine Schrotflinte klemmte, feuerte er mit seiner 38er auf die schattenhaften Gestalten, die auf das Hauptgebäude zurannten. Dort drinnen waren drei CIA-Dechiffreure und zwei Nachrichtenleute von der *Army*. Diese fünf hatten nur einen Revolver. Ein anderer, leicht bewaffneter Marine, Sgt. James C. Marshal, 21, aus Monroeville, Alabama, eilte auf das Dach, wo er später tot aufgefunden wurde.[203] US-Verlust Nummer fünf.

Die *Associated Press* reagierte als erste. Der Chef des Saigoner AP-Büros,[204] Robert Tuchman, stand in der Nähe seines Schlafzimmerfensters, das nur einige Blocks von der Botschaft entfernt war, als er die Explosionen hörte. Der scharfe Knall unterschied sich deutlich von den Freudenfeuern. Einen Telefonanruf später ratterte eine Fernschreibermeldung von Asien nach Amerika. Die Übermittlung dauerte fünfzehn Sekunden. Um 3.15 Uhr Saigoner Zeit (Nachmittag in New York) schlug die Nachricht in Amerika wie eine Bombe ein:

BULLETIN

SAIGON (AP) – DER VIETKONG BOMBARDIERTE HEUTE SAIGON. ERSTE MELDUNGEN BERICHTEN, DASS RAKETEN- ODER MINENWERFERANGRIFFE IN DER NÄHE DES UNABHÄNGIGKEITSPALASTES, ANDEREN REGIERUNGSGEBÄUDEN UND DER US-BOTSCHAFT STATTFANDEN.

Beinahe unmittelbar danach kam ein Nachtrag:[205]

ERSTER HAUPTANGRIFF

SAIGON (AP) – ZUR GLEICHEN ZEIT DRANG EIN SELBSTMORDKOMMANDO VON GUE-

RILLAS IN DIE HAUPTSTADT EIN, UND MINDESTENS DREI PERSONEN SOLLEN DAS GE-
BÄUDE DER US-BOTSCHAFT IN DER NÄHE DES STADTZENTRUMS BETRETEN HABEN.

Um 4 Uhr 20, erst zwei volle Stunden nachdem die Vietkong das Botschaftsgelände betreten hatte, reagierte General Westmoreland und befahl dem 716. MP-
Bataillon, das Gelände räumen zu lassen. Der verantwortliche Leutnant lehnte es ab,
sich in der Dunkelheit einen Weg in die Botschaft zu erkämpfen, er stellte katego-
risch fest: „Keiner kommt rein, und keiner kommt raus."

Und eine weitere Stunde verging, bevor ein ehemaliger Beamter der New Yorker
Polizei, Robert Furey, das Loch bemerkte, das die Detonation in die Mauer gebro-
chen hatte. Als er hindurchkroch, sprengte sich ein verwundeter Vietkong mit einer
Granate in die Luft.

Aufgrund der völligen Verwirrung war die genaue Anzahl der Eindringlinge und
deren Bewaffnung unklar. Während der darauffolgenden Stunden kam es immer
wieder zu Schußwechseln von den umliegenden Dächern der Botschaft.

Für das Vietkong-Selbstmordkommando auf dem Botschaftsgelände war die Situation ebenso unklar. Da ihre beiden Anführer tot waren und keiner von den Überlebenden wußte, worin die Mission bestand, waren sie nur damit beschäftigt, sich
selbst aus der jeweiligen Schußlinie zu bringen.

Colonel Jacobson hatte einen 45er-Colt gefunden, und als ein Vietkong die Stu-
fen heraufkam und in sein Schlafzimmer eindrang, erschoß er ihn aus nächster
Nähe. Schließlich brach ein Jeep durch das Tor am Haupteingang, gefolgt von einer
Horde von Reportern und Fernsehteams. Überall lagen Leichen dort, wo sie gefallen waren. Die meisten Vietkongs waren entweder tot, lagen im Sterben oder hatten sich versteckt. Kate Webb von *UPI (United Press International)* nannte es „a but-
cher shop in Eden".[206]

Um 9 Uhr 15 wurde die US-Botschaft schließlich für sicher erklärt – sechseinhalb
Stunden nach Daniels Hilferuf! Auf dem Botschaftsgelände stand General Westmoreland in seiner gestärkten und gebügelten Uniform, umringt von einer Journali-
stenschar. „Die Gebäude haben oberflächlichen Schaden davongetragen, alle neunzehn Vietkongs, die eingedrungen waren, sind getötet worden.[207] Amerikanische
Truppen sind zur Offensive übergegangen und verfolgen nun den Feind ..."

Die Reporter trauten ihren Ohren kaum. Das war die peinlichste Niederlage der
Vereinigten Staaten in diesem Krieg, und da stand der kommandierende US-Gene-
ral in den Ruinen des Gebäudes, der die amerikanische Präsenz in Vietnam verkör-
pern sollte, und erklärte, alles sei vorzüglich gelaufen! Während die internationale
Presse das Gelände absuchte, um die Leichen von Freund und Feind zu zählen, kamen Meldungen über heftige Schlachten in sämtlichen südvietnamesischen Provinzhauptstädten über die Fernschreiber der Agenturen herein. Die Kommunisten
hatten zugeschlagen. Die Tet-Offensive war in vollem Gange.

An der militärischen Front gab es kaum bessere Nachrichten. Die Überrumpelung war vollkommen. Südvietnam wurde von innen und von außen auf breiter Linie angegriffen.

Bien Hoas Hauptquartier lag unter Beschuß. Ein ganzes Vietkong-Regiment lag eingegraben in Schußweite, und Vietkong-Mörser feuerten auf die Start- und Landebahnen des Luftwaffenstützpunktes. Der Luftwaffenstützpunkt von Tan Son Nhut war von der Stadt abgeschnitten und wurde von mehreren Vietkong-Bataillonen attackiert. In der Saigoner Innenstadt wurde von heftigen Kämpfen rund um den Unabhängigkeitspalast und um das Gebäude des Rundfunksenders berichtet.

Der *Saigon-Cercle*, der Verteidigungsring, der zum Schutz der Stadt und ihrer lebenswichtigen Einrichtungen geschaffen wurde, hatte praktisch zu bestehen aufgehört. Außerhalb des *Tactical Operation Centre* von Ling Binh wurde ein unterirdisches Munitionsdepot von einem Vietkong-Pioniertrupp in die Luft gejagt. Die Detonation riß alle Elektrokabel und Telefonleitungen heraus. Der Krieg in Vietnam wurde nun mit Hilfe von batteriebetriebenen Funkstationen und bei Kerzenlicht fortgesetzt. Der befehlshabende Offizier für die Militärzone Saigon eilte mit einer Taschenlampe von Karte zu Karte. Bis zu diesem Augenblick waren fünfunddreißig Bataillone feindlicher Truppen eindeutig identifiziert worden, elf davon allein im Gebiet von Saigon!

Chaos und Angst hielten eine Stadt in Bann. Kugeln strichen über die Dächer, die Artillerie feuerte auf Fahrräder, Mauerwerk und Fleisch. Rauch verdeckte die Gebäude, Leichen wurden nicht mehr gezählt, noch weniger begraben. Geborstene Hauptwasserleitungen, brennende Autobusse, Elektroleitungen sprühten wie bösartige Schlangen Funken. Nichts rührte sich, Saigon wirkte wie ein ausgestorbener Planet, eine Stadt tiefer Keller und flacher Gräber.

Auf den Gängen des Hotels *Caravelle* herrschte unkontrollierte Verwirrung, die durch die zermürbten Korrespondenten und erschöpften Fernsehteams in völlige Panik überzugehen drohte. Jeder war seit dem Angriff auf die US-Botschaft ununterbrochen auf den Beinen gewesen, alle versuchten ihre Meldungen hinauszubekommen – doch die meisten Fernschreiber waren überlastet oder die Leitungen waren zusammengebrochen. Nachrichtenagenturen versuchten Reporterteams in die Provinzen zu entsenden – doch die „missionarischen Presseausflüge" wurden nicht mehr genehmigt. Leuchtspurgeschosse zischten über das Dach des *Rex*, die noble Dachterrasse war ausnahmsweise menschenleer. Wer sich die Szene draußen auf der Straße nicht unmittelbar ansehen mußte, um zu berichten, zog sich in irgendein militärisches Lager zurück. Dort schrieben sie die Meldungen, was manchmal ein Vorwand war, um sich in die Sicherheit dieser Lager zurückzuziehen.

SAIGON (ADD-LEAD) – ES ERREICHEN UNS BERICHTE ÜBER HEFTIGE KÄMPFE IN ALLEN GRÖSSEREN PROVINZHAUPTSTÄDTEN. BESONDERS ERWÄHNT WERDEN (VON NOR-

DEN NACH SÜDEN): QUANG TRI – HUÉ – DANANG – QUI NHON – NHA TRANG – DALAT
– BIEN HOA – SAIGON – MY THO – BEN TRE – VINH LONG – CAN THO – CA MAU.

Es bestand kein Zweifel: Beide Seiten hatten empfindliche Verluste erlitten. Aber
während der Vietkong und seine nordvietnamesischen Kameraden sich auf militärische Ziele beschränkten – vielleicht zwang sie ein gewisser Munitionsengpaß dazu,
oder vielleicht waren sie politisch besser indoktriniert –, feuerten die Streitkräfte der
freien Welt mit ihrem unerschöpflichen Vorrat an Munition willkürlich auf alles, was
sich bewegte und bombardierten alles, was sich nicht bewegte, wodurch die ständig
anwachsende Verlustliste durch Hunderte von Zivilisten noch länger wurde. Es
bestand auch kein Zweifel darüber, daß irgendwann, wenn die Ordnung wiederhergestellt sein würde, die politische Ebene Rechenschaft für dieses Gemetzel ab-
legen müßte, das in Form von verwesenden Leichen auf den Landstraßen und in
der Innenstadt überall präsent war. Wie die Schlacht militärisch gesehen auch ausgehen mochte, der Vietkong würde zumindest ein Ziel erreichen, einen Propagan-
dasieg.

„Was zum Teufel geht hier vor", tobte Walter Cronkite, der berühmte *Anchorman*
von *CBS*, im New Yorker Rundfunkzentrum. Er riß ein Blatt aus dem ratternden
Fernschreiber. „Ich dachte, wir würden den Krieg gewinnen." Fernsehangestellte in
der „realen Welt"[208] kauten nervös an ihren Fingernägeln und schimpften auf Kollegen, die über 9.000 Kilometer weit weg waren – das heißt, sofern sie mit ihrer
Zentrale in Saigon Kontakt aufnehmen konnten, was nicht immer gelang. Amerikanische Bürger im eingeschneiten Mittelwesten und im sonnigen Kalifornien, Sei-
fenflocken-Vertreter aus Delaware und Börsenmakler von der Wall Street, sie alle
brannten auf die neuesten Nachrichten von den heftigen Kämpfen. Ein alternder
Filmstar gab eine Pressekonfernz, um anzukündigen, er wolle ein Flugzeug chartern,
um nach Saigon zu fliegen, „um moralische Unterstützung zu geben". Ein Journalist und Vietnam-Veteran rief dem Schauspieler mit einem Zwischenruf zu: „You're a
jerk!"[209]

Die größeren Fernsehsender hielten Privatjets bereit, doch die Charterpiloten
konnten kein einziges Flugfeld in Vietnam ausmachen, das nicht unter Beschuß lag.
Angestellte der Sender hämmerten an die Türen der Büros im Pentagon, um mit
den Generälen den Transport von Nachrichtenfilmen mit *medevac*-Flügen[210] zur Yo-
kota-Luftwaffenbasis in der Nähe von Tokio zu organisieren. Das hätte bedeutet, daß
der Film zu irgendeinem Flughafen über Straßen gebracht worden wäre, die unter
Beschuß von Handfeuerwaffen standen und oft von feindlichen Streitkräften gesperrt
wurden. Doch bevor der Film überhaupt auf den Flughafen gebracht werden
konnte, mußte er von einem Kameramann gedreht werden, der mitten in Panik und

Konfusion aufrecht stehenbleiben würde, als hörte er die Schüsse nicht, die für seinen Kopf, sein Herz oder seine Niere bestimmt waren, während er städtisches Chaos auf Zelluloid verewigte. Eines war sicher: Es war für einen Kameramann nicht nötig, eine besondere Szene herauszugreifen. Egal, wohin er sein Objektiv richtete, jede Minute brachte tausend neue Dramen.

Die Tet-Offensive dauerte nun bereits den dritten Tag. In Saigon geschah Schreckliches, und die Schlacht bei Hué war die Hölle. Hué, die ehemalige Hauptstadt Vietnams, wird zu Recht als ein Platz exquisiter Schönheit bezeichnet, mit sanft dahinschlängelnden Flüssen, herrliche Lotosblumen und großartigen Villen, die den Palast des ewigen Friedens umgaben. Bis jetzt war diese Stadt von den Schrecken des Bruderkrieges verschont geblieben.

Einem Kameramann war es gelungen, einen Platz auf einem *medevac*-Flug zu ergattern. Auf dem Landeanflug über die Imperial Screen Mountains sah er, daß in der ganzen Stadt das Feuer wütete. Während die Mannschaft die Verletzten barg, die entlang des Rollfeldes lagen, sagte der Pilot zum Kameramann: „Mensch, ich bin wirklich froh, daß ich nicht dort drin bin. Paß gut auf dich auf."

In der Nähe der Landebahn hielt er einen Munitionstransporter an. Der Fahrer sah aus, als sei er ein frommer Mensch. „Hey, Kameramann, hoffentlich hast du ein paar Ave Maria gebetet?"

„Ave Maria?" Er war verwirrt: „Wieso?"

„Hast du gesehen, worauf du sitzt?" Da wurde dem Kameramann plötzlich klar, daß er auf einer Kiste voller Granaten saß und daß dies verdammt gefährlich war. Ein Leuchtspurgeschoß würde genügen, ihn dermaßen in Stücke zu reißen, daß mit seinen Überresten nicht mal mehr ein Glas Marmelade zu füllen wäre.

„Als ich mich für meine zweite Fahrt gemeldet habe, habe ich nicht nach der Ladung gefragt." Der Fahrer deutete auf seine gefährliche Fracht. „Verdammt, ich spiel doch hier nicht russisches Roulette! Wollen wir hoffen, daß sie nicht meine ver-Scheißladung treffen ..." Der Fahrer schaltete in den nächsten Gang und murmelte ein Stoßgebet. Er schlängelte sich durch die Überreste ausgebrannter Autowracks, verwesender Tiere und Leichen. Der Kampf hatte entlang dieser Straße stattgefunden. Der Kameramann war besorgt, denn er wußte nur zu gut, daß die Ruhe nicht mehr lange andauern konnte. Er hatte recht. Vor ihnen lag der Huang Giang, „der Fluß der himmlischen Düfte". In der Nähe der Nguyen Hoang-Brücke feuerten zwei Marinepanzer aus ihren 90-Millimeter-Hauptgeschützen direkt auf die Mauern der kaiserlichen Festung, während sie dem gegenüberliegenden Ufer bedrohlich näher rückten. Das Feuer wurde von einer schweren Maschinengewehrsalve erwidert. Die Projektile prallten von der dicken Panzerplatte ab und schlugen in die Jeanne-d'Arc-Kirche ein oder schossen wie aufgeregte Leuchtkäfer in den Himmel. Die Situation stand in völligem Widerspruch zu sämtlichen Berichten des *Army*-Informationsdienstes. „Wir haben alles unter Kontrolle ...“

Der Kameramann rannte vorwärts in Richtung des *Cercle Sportif.* Wusch! Ein Feuerball flog knapp über seinen Kopf hinweg, es war eine B-40-Rakete. Er warf sich in einen Graben und verfluchte sich selbst, weil er so dumm gewesen war, direkt auf das ungeschützte Flußufer zuzulaufen. Einen kurzen Moment wagte er es, seinen Kopf über den Rand des Wassergrabens zu heben. Er sah auf der Fahnenstange über der Hué-Zitadelle eine rote Fahne mit einem gelben Stern und erkannte, wie schlimm die Lage tatsächlich war.

Der Kameramann war höchstens sechzig Meter von der Mauer entfernt, von deren Brüstung aus die *NVA* auf alles schoß, was sich unter ihr bewegte. Die Le Loi-Straße wurde aus Handfeuerwaffen beschossen, die Einschläge spritzten wie Regentropfen auf den Asphalt, und er fühlte, daß er ihr bevorzugtes Ziel war. Er wagte es nicht mehr, seinen Kopf zu heben, stellte die Kamera einfach auf den flachen Straßenbelag, drehte sie in die Richtung eines Panzers der *Marines*, nahe einer Brücke und betätigte den Auslöser. Kurz darauf traf eine Rakete den Panzerturm, und vereinzelte Schrapnellgeschosse explodierten in der *Marines*-Kommandozentrale. Zwei wurden getötet, und einem jungen Soldaten wurde der Fuß abgerissen. Er schrie und zeigte auf einen blutigen Stumpf, der in der Mitte der Straße lag. Der Kameramann war überzeugt, daß der Panzer vernichtend getroffen worden war. Doch dieser schaltete dann plötzlich laut aufheulend in den Rückwärtsgang, drehte ohne Unterlaß seinen Turm und schoß. Er riß ein großes Loch in die Mauer der Zitadelle. Drei Körper wurden in die Luft geschleudert, einer flog in den Fluß und versank in wenigen Sekunden.

Durch eine weitere Explosion wurde dem Kameramann klar, daß die feindlichen Granatwerfer ihr Ziel fanden. Er duckte sich tiefer in den Graben hinein. Ein amerikanischer Helm erschien hinter einer Mauer, ein Soldat schrie einen Befehl, aber er konnte nichts hören, der Druck der Minenexplosion hatte sein Trommelfell blockiert. „Runter, runter.“ Der Mariner deutete mit seiner Hand nach unten. Wusch ... wusch ... zwei rückstoßfreie Raketen schlugen in ein Haus ein. Hinter einem Gebäude tauchten drei Amerikaner auf, die eine 8,9-Zentimeter-Panzerfaust schleppten. Sie zielten auf den Turm der Zitadelle und zogen den Abzug. Drei Einschläge folgten. Aber als sich der Staub gelegt hatte, sah er daß der Turm noch stand und mörderische Flammen aus ihm herausdrangen. Einen Augenblick lang schob der Kameramann seinen helmgeschützten Kopf über den Graben. Ein scharfes Pfeifen, und eine Kugel drang in die Mauer rechts neben ihm ein.

Eine Gruppe von vier US-Marinesoldaten stürmte in einem „Spießruten-Slalom“ vor und feuerte auf die gegenüberliegende Seite. Ein Maschinengewehr bellte auf, und zwei GIs brachen zusammen. Die Überlebenden sprangen über die Straße und landeten neben ihm in „seinem Graben", den er inzwischen als sein persönliches Eigentum betrachtete. Einer der *Marines* brachte die Abschußvorrichtung eines M-79-Granatwerfers an seine Wange und schoß auf das Mündungsfeuer, das von der Festungsmauer herabblitzte. Ein Knall, eine schwarze Wolke, und das Maschinengewehr war zum Schweigen gebracht. Als sich die Explosionswolke vor dem Loch verzogen hatte, sah er eine olivgrün gekleidete Gestalt, die ihren Kopf hielt und schrie. Ein Feuerstoß von einer M-16 streckte ihn nieder. Ein schweres Maschinengewehr eröffnete hinter ihnen das Feuer, die Kugeln pfiffen über ihre Köpfe und prallten von den Granitmauern ab. „Hinunter, hinunter, diese Schweine, sie wollen uns in die Luft jagen ... he, Gonzales, sitz nicht nur hier und blute, geh zu diesem verdammten Funkgerät ... Verdammte Scheiße, wollen die hier 'nen Film drehen und die *Marines* berühmt machen? Zum Teufel verschwinde hier, du meinst wohl, du bist hier in Hollywood. Mach, daß du wegkommst ...!"

„*Sarge*, ich kriege keine Verbindung ... kein Schwein antwortet, ich habe keine Ahnung, wer da dazwischenfunkt, ein einziges Kauderwelsch, Jesus ... *Ruhe, verdammt!*" rief der Funker in sein Mikrofon. „Nichts ... hör dir nur diesen Lärm an, *Sarge* ..."

„Das ist mir scheißegal, Gonzales, versuch es noch einmal, wir haben ...", seine Stimme wurde von einem Feuerstoß aus einer Kalaschnikow (AK-47) unterbrochen. Er fiel nach hinten mit offenem Mund. An der Stelle, wo sein Helm gesessen hatte, war nur noch ein blutverschmierter Fleck.

Für den Kameramann war es Zeit zu verschwinden. Auf der Straße vor ihm sprudelte der Schlamm in die Luft. Er lief auf ein Haus zu, sprang durch ein klaffendes Loch in der Außenwand und landete in der Dunkelheit. Wumm!! Eine Granate ließ eine Mauer einstürzen, und schon wurde er von einem Hagel aus Beton und Ziegelsteinen überschüttet. Er ging zu Boden und lag neben zwei vietnamesischen Frauen, die in einer Ecke kauerten und sich bei seinem Anblick bekreuzigten. Einen Augenblick blieb er benommen sitzen und behandelte sein Knie, das bei seinem Sprung durch das Loch angeschlagen worden war. Der Profi in ihm gewann die Überhand, und er wechselte den Film. Es war höchste Zeit, hier herauszukommen, seine zwei belichteten Filmrollen würden beweisen, daß der Feind innerhalb der ummauerten Zitadelle von Hué sicher verschanzt war.

Die Frauen waren starr vor Schreck, völlig reglos standen sie da und starrten ihn an. Der Kameramann huschte über einen nahen Hof, rannte den *Huton* entlang, und suchte hinter einer Reihe niedriger Häuser Deckung. In sicherer Entfernung vom Hafenviertel wurde das Gehen einfacher. Im Schutz der Mauern gelangte er in zwanzig Minuten zur Tu Dam-Pagode am Phu Cam-Kanal. Dieses Gotteshaus war zu einer Erste-Hilfe-Station für zivile Verletzte umfunktioniert worden. Im Schatten der von Kugeln beschädigten Kuppel bot der große Innenhof ein Bild des Jammerns und Leidens. Am schlimmsten litten die vielen kleinen Kinder, die herumirrten und unter den Verwundeten nach ihren Eltern suchten, die vermutlich tot auf den Straßen oder in den Feldern rund um die Stadt lagen. Nicht die zerstückelten Leichen waren die Tragödie – die Tragödie waren die auseinandergerissenen Familien. Für einen Kameramann war das der Inbegriff der Schrecken des Krieges. Die Filmrolle war erst halb abgedreht, als plötzlich seine Kamera klemmte – vielleicht war es göttliche Vorsehung und bedeutete, daß er seinen Voyeurismus nun beenden sollte. Er trat auf die Straße hinaus und schwang sich auf einen vorbeifahrenden Wagen. Das Fahrzeug transportierte ein Dutzend tote *Marines*. Ihre weißen, blutleeren Gesichter waren der letzte Eindruck, den er von Hué mitnahm. Die grausame Ernte des Krieges war überall.[211]

* * *

Die Tet-Offensive dauerte nun den dritten Tag, und das amerikanische Fernsehen berichtete ausführlich über den Vietkong. Der Präsident erschien im Fernsehen. Seine Ansprache wurde vom *Armed Forces Radio* an die Truppen in Vietnam übertragen. „Meine amerikanischen Freunde", begann Präsident Johnson in seinem ausgeprägten texanischen Dialekt, „der Angriff des Vietkong wurde abgewehrt, und der Vietkong wurde besiegt ..." Die Soldaten im Feld mußten den Eindruck gewinnen, niemand hätte es gewagt, ihrem Präsidenten über Tausende von Vietkong-Kämpfern und die regulären *NVA* zu berichten, die rund um Saigon, Can Tho, Ban Ma Thuot, Daniang oder Hué immer noch ihr Unwesen trieben.

Freitag, der 1. Februar, war kein guter Tag für den Präsidenten der Vereinigten Staaten. In der vergangenen Nacht hatten die beiden großen Fernsehsender *NBC* und *CBS* über das gleiche entsetzliche Ereignis berichtet: den Angriff auf die US-Botschaft in Saigon. Und nun machte sich dieses Foto auf der Titelseite der *New York Times* und der *Herald Tribune* breit – über fünf Spalten! Das sollte ein Verbündeter sein, einer der unseren. Der Mann, der den Lauf seiner Pistole direkt an den Kopf eines Vietnamesen in kariertem Hemd und schwarzen Shorts hielt und abdrückte, der Mann trug eine südvietnamesische Militäruniform.[212]

Der Fotograf Eddie Adams von der *Associated Press* und der *NBC*-Kameramann Vo Suu standen in der Nähe der An Quang-Pagode, als sie zwei vietnamesische *Marines* bemerkten, die einen Gefangenen in kariertem Hemd und schwarzen Shorts abführten, dessen Hände mit Draht hinter den Rücken zusammengebunden waren. Vo Suu schaltete seine Tonkamera ein. Brigadier-General Nguyen Ngoa Loan, Chef der südvietnamesischen Polizei, winkte die Marinewachen weg und ging zu dem Gefangenen hin. Dieser stand einige Schritte entfernt, seine Augen zu Boden gerichtet, als Loan ganz plötzlich ohne ein Wort seinen Revolver zog. Er streckte seinen rechten Arm aus, so daß der Revolverlauf beinahe den Kopf des Gefangenen berührte, und in diesem Augenblick drückten beide ab: einer am Abzug, der andere an der Kamera.

Direkt auf der anderen Seite der Straße, dort wo General Westmoreland die versammelte Weltpresse über die großen Siegen seiner Truppen informierte, übermittelte *Associated Press* per Funk ein Foto nach New York, das von dort in die ganze Welt ging. Eddie Adams' dramatisches Foto prangte auf allen Titelseiten der Weltpresse.[213]

Die Geschichte schnippt mit den Fingern, und die Welt geht mit einem Knall in Flammen auf. Ganz unparteiisch verteilt sie die Rollen der Gewinner und Verlierer – nur, wenn es darum geht, über das Geschehene zu berichten, ist die Geschichte nicht so unparteiisch. Jede Seite hat ihre eigene Sicht der Dinge. Nur über eine Tatsache herrscht Einigkeit: Die erste Nacht des *Jahres des Affen* ging als der Beginn der Tet-Offensive in die Annalen ein.

Die Geschichte würde aber auch berichten müssen, daß der Sieger in dieser Schlacht letzendlich als Verlierer dastand.

DIE TATSACHEN

Die Tet-Offensive begann mit dem Angriff auf die US-Botschaft. Sie endete mit 81.736 Opfern. Südvietnamesische Soldaten, nordvietnamesische Soldaten, amerikanische GIs, Vietkong-Soldaten und – wie in jedem Krieg – eine große Anzahl Zivilisten mußten sterben.

Wenn Vietnam als der erste (und vielleicht letzte) „Fernsehkrieg" betrachtet werden kann, dann war *Tet* die erste „Fernsehschlacht", deren Fernsehübertragung man in eine Reihe von „die Menschheit bewegenden Großereignissen"[214] einreihen kann, die über Satellit in amerikanische Wohnzimmer flimmerten. Als weitere Berichte aus Vietnam veröffentlicht wurden, breitete sich im offiziellen Washington eine tiefe Niedergeschlagenheit aus. Während Vertreter der amerikanischen Regierung, Chefredakteure und Zeitungsherausgeber über die Hintergründe debattierten, machte Staatssekretär Dean Rusk seinem Ärger über die Kriegsberichterstattung im allgemeinen und über Adams' Foto im besonderen Luft: „Verdammt, auf welcher Seite stehen Sie?"

Bei vielen Gelegenheiten haben die Militärs die Presse wegen der offenen Berichterstattung als subversiv bezeichnet. Die Presse sieht sich selbst als engagierte Kritikerin. In den Vereinigten Staaten herrscht das unantastbare demokratische Grundrecht der Pressefreiheit. „Gegenseitige Kontrolle und kritische Betrachtung macht die gesunde Beziehung zwischen Medien und Regierung, einschließlich Militär, aus. Dadurch wird garantiert, daß beide Institutionen ihre Sache gut machen. … die Rolle, die für die Medien angemessen ist, wurde treffend charakterisiert: sie soll nicht die eines Schoßhündchens sein, auch nicht die eines angriffslustigen Wolfes, sondern eher als die eines Wachhundes definiert sein."[215]

Das Pentagon sah den unbestrittenen militärischen Sieg bei der Tet-Offensive als positives Signal, der das angeschlagene Image dieses Krieges, der nirgendwohin führte, aufbessern konnte. Aber dem war nicht so. Denn genau genommen verschlechterte sich die Lage. Durch die Fernsehberichte wurde bekannt, daß Südvietnam von politischen Mafiosi regiert wurde, von korrupten Generälen, kleinstädtischen Demagogen und brutalen Polizisten, die alle nur nach Blut und Geld jagten. Es wurde auch deutlich, daß der einfache vietnamesische Bürger litt und der Vietkong mit seinen Bossen im Norden das Elend der Bevölkerung meisterhaft ausnützten. Aber was dem Durchschnittsamerikaner in einer unaufhörlichen Nachrichtenflut vor allem gezeigt wurde, waren Berichte über den moralischen Zusammenbruch der US-Truppen im Ausland und über eine sich verbreitende Unruhe im eigenen Land.[216]

Der Vietnamkrieg war ein Konflikt, den die *Big Green Machine*[217] nicht verlieren und die Vereinigten Staaten nicht gewinnen konnten. Und bald zeigte sich, daß die Tet-Offensive der entscheidende moralische Punkt war.

Das Foto, das den Tod eines Mannes in einem karierten Hemd an einer Straßenecke in Saigon zeigte, hat vielen US-Amerikanern erstmals bestätigt, daß dieser Krieg aus falschen Beweggründen, im falschen Land und auf der falschen Seite geführt wurde.

DER HINGE-FAKTOR IN VIETNAM war ein Foto und die amerikanische Pressefreiheit. Von nun an mußten die amerikanischen Generäle gegen die Meinung der Welt kämpfen, anstatt gegen einen Feind auf dem Schlachtfeld.

Und mit lautem Getöse fiel die Mauer

*Die Große Mauer, gedacht als Schutzwall gegen
die barbarischen Völker der Steppe,
ist einer der immer wiederholten Versuche, die
Zeit aufzuhalten, und hat sich, wie wir heute
wissen, nicht bewährt. Die Zeit läßt sich nicht
aufhalten.*

Max Frisch, Die Chinesische Mauer.

Fast zwei Generationen lang war sie Symbol der Tyrannei gewesen: die Mauer, die
Europa teilte. Der Eiserne Vorhang. Sein sichtbarster Teil befand sich in Berlin, eine
unübersehbare abstoßende Barriere aus Beton und Stacheldraht teilte eine Stadt in
zwei Hälften und quälte die Seele einer Nation. Eine häßliche Narbe, das Zeichen
eines fremdenfeindlichen Regimes, das sein Volk einsperren mußte, damit es nicht
weglief.[188] Jahrelang erfüllte die Mauer ihre Bestimmung mit brutaler Effizienz. Ein
Todesstreifen aus Beton mit Stacheldraht und bemannten Wachtürmen, der die
menschliche Sehnsucht nach Freiheit unterdrückte. Menschen sprangen über sie
und gruben sich unter ihr durch. Sie entführten Flugzeuge, um sie zu überfliegen,
und durchbrachen sie mit Lastwagen. Einige hatten Erfolg, viele nicht. Entlang der
innerdeutschen Grenze vermehrten sich die weißen Kreuze. Rudolf Urban, † 17. 9.
1961, Bernd Lünser, † 4. 10. 1961, Ernst Mund, † 4. 9. 1962. Der berüchtigtste Fall
war der des achtzehnjährigen Maurers Peter Fechter, den man anschoß und verbluten ließ. Während westliche Fotografen ihn durch den Stacheldraht hindurch foto-
grafierten, standen Angehörige der gefürchteten Volkspolizei untätig dabei und beobachteten seinen Todeskampf.[219]

Die Mauer, wie sie die Bewohner von Berlin nannten, sollte hundert Jahre halten. Doch viel früher schon brach sie mit ohrenbetäubendem Krach zusammen.

Der Kommunismus war wie der Einzelkämpfer Samson aufgestiegen und dann
zu Fall gekommen. Genau die Parteibosse, die die Errichtung der Mauer befohlen
hatten, rissen sie nun mitsamt dem ideologischen Gerüst ein und begruben sich
selbst.

Und doch geschah alles nur durch Zufall.

Der 13. August 1961 war der Tag, an dem ostdeutsche Arbeiterkolonnen Ziegelsteine aufeinandersetzten, um Berlin abzuriegeln. Wenige Tage später besuchte ein junger amerikanischer Präsident Berlin, um *die Mauer* anzusehen. Er war entsetzt über das, was er hier sah. An diesem Nachmittag sollte er vom Balkon des Schöneberger Rathauses zu den Bewohnern Berlins sprechen. Seine Redeschreiber hatten sich mit der Ansprache alle Mühe gegeben. Doch nachdem er diese Ungeheuerlichkeit persönlich gesehen hatte, zerriß er das vorbereitete Papier. Er wußte, daß es nicht gut genug war und daß er improvisieren mußte. Die Menschenmenge vor dem Berliner Rathaus stand dichtgedrängt auf dem Platz, als er auf den Balkon hinaustrat und über die vielen Köpfe hinweg auf die entfernte Mauer zeigte. „Laßt sie nach Berlin kommen." Und dann sprach er die Worte, mit denen er einer Stadt und ihren Bürgern für diese schwere Geduldsprobe Mut zusprach. Es war ein Satz, der allen Deutschen zu Herzen ging und länger als alles andere in seinem kurzen, aber denkwürdigen Leben in Erinnerung bleiben sollte. John Fitzgerald Kennedy, Präsident der Vereinigten Staaten von Amerika, winkte der Menge zu und sagte mit ruhiger Stimme:

„Ich bin ein Berliner."

Im Herbst 1989 war Ostdeutschland ein Land, das in verschiedene Richtungen strebte, die alle miteinander furchterregend waren. Die ostdeutschen Führer konnten nicht länger verbergen, daß innerhalb ihrer Nation grundsätzliche und unwiderrufliche Umwälzungen stattgefunden hatten. Innere Spannungen traten ans Tageslicht, das Stimmungsbarometer zeigte nicht mehr Benommenheit und Krisenstimmung an, sondern fieberhafte Begeisterung. Jedes Mitglied des Politbüros erkannte, daß die Partei nicht mehr die Macht hatte, das Unvermeidliche aufzuhalten.

Zweiundzwanzig Jahre nachdem ein russischer Diktator befohlen hatte, daß kein Land innerhalb der sowjetischen Einflußsphäre diese jemals verlassen dürfe, war die Breschnew-Doktrin tot und begraben. Dies wurde von Nicolai Shishlin, dem Sprecher des Zentralkomitees der Kommunistischen Partei der UdSSR, bestätigt. Auf die Frage eines amerikanischen Fernsehkorrespondenten, ob das auch Ostdeutschland betreffe, antwortete er: „Ich bin sicher, daß die aktuelle Situation verbessert werden muß. Geben Sie uns nur ein wenig Zeit." Dieser Satz ging um die Welt, und in Ostdeutschland löste er eine landesweite Protestbewegung aus. Hunderttausende gingen auf die Straßen, um lautstark zu demonstrieren, wochenlang fanden die *Montagsdemonstrationen* statt. Das neuerwählte (nicht frei gewählte) Oberhaupt des ostdeutschen Staates, Egon Krenz, sah sich dem Dilemma gegenüber, die Lösung für ein unlösbares Problem finden zu müssen. Seine kommunistischen Busenfreunde aus grauer Vorzeit waren abserviert worden. Erich Honecker war so gut wie weg vom Fenster, und das Oberhaupt der verhaßten *Stasi*,[220] Erich Mielke, zum Rücktritt gezwungen. In den ersten Novembertagen des Jahres 1989 forderte der Liberal-Demokrat Manfred Gerlach[221] sowohl die Auflösung des Ministerrates als auch des ganzen Staatsrats, was einen Monat zuvor noch absolut unvorstellbar gewesen wäre.

Alles begann an einem Montag in der Stadt Leipzig. Der berühmte Musiker Kurt Masur, Gewandhauskapellmeister in Leipzig, wagte es, aufzustehen und vor einigen hundert Menschen zu verkünden: „So kann es hier nicht weitergehen." Am 2. Oktober waren 50.000 Menschen auf der Straße. Eine Woche später war die Menge bereits auf 150.000 angeswachsen.

Am Ostberliner Alexanderplatz schrie eine halbe Million Arbeiter: „Die Macht ist auf der Straße." Am 23. Oktober wurde der „eiserne Mann" Ostdeutschlands, Erich Honecker, abgesetzt.

Eine Handvoll unerschrockener Kommunisten lieferte eine klägliche Demonstration ihrer unerschütterlichen Treue mit dem abgedroschenen Slogan: „Wir sind die Partei." Ihre Rufe wurden millionenfach von dem Ruf übertönt, der von Halle bis Erfurt, von Gera bis Karl-Marx-Stadt zu hören war: „Wir sind das Volk!" Am 26. Oktober verhängte der Polizeichef von Ostberlin, Generalleutnant Friedhelm Rausch, Urlaubssperre für alle Einheiten der ostdeutschen Grenzpolizei. Man fürchtete, daß die Bürger das Durcheinander einer Demonstration als Gelegenheit nützen könnten, unbemerkt über die Mauer zu klettern.[222]

1989 fiel „Weihnachten" in Berlin auf den 9. November. Um ganz genau zu sein, auf den 9. um 18 Uhr 57, anläßlich einer Fernsehübertragung. Für 17 Uhr 30 hatte der neuernannte Sprecher des Zentralkomitees der Sozialistischen Einheitspartei Deutschlands (SED) zu einer Pressekonferenz eingeladen, die vom ostdeutschen Staatsfernsehen direkt übertragen wurde. Genosse Günther Schabowski sprach über die heeren Ziele des Sozialismus, seine Ausführungen brachten die Journalisten zum Gähnen. Dann meldete sich ein Korrespondent zu Wort. Es war drei Minuten vor sieben.

„Herr Schabowki, wann werden ihre Bürger frei reisen dürfen?"

Auch heute steht noch nicht mit Sicherheit fest, ob die Antwort spontan erfolgte oder geprobt war. Höchstwarscheinlich wurde sie von den sich rasant zuspitzenden Ereignissen im Lande beeinflußt. Doch was auch immer der Grund war, niemand im Saal oder irgendwo in der Welt[223] hätte die darauf folgende Antwort erwartet.

„Die können gehen, wann sie wollen. Und niemand wird sie aufhalten."

Einen Augenblick lang war das Publikum verblüfft, dann brach im Studio ein Chaos aus. Fragen prasselten auf den Sprecher nieder, der seine Hände hob, um die Journalisten zu beruhigen. Vielleicht wurde ihm plötzlich klar, daß seine Worte politischer Sprengstoff waren und er gezwungen war, seine voreilige Äußerung näher zu erläutern. Aus welchen Beweggründen auch immer, er fügte hinzu: „Diese Regelung über die Reisefreiheit beantwortet noch nicht den Sinn, sagen wir mal, der befestigten Staatsgrenze der DDR. Für deren Abbau ist noch die Erfüllung anderer Faktoren nötig. Jedoch sind die zuständigen Abteilungen „Paß- und Meldewesen" in der DDR angewiesen, Visa zur ständigen Ausreise unverzüglich zu erteilen ..."

Egon Bahr, der Architekt der westdeutschen Ostpolitik, sah sich in West-Berlin die Fernsehübertragung der Pressekonferenz an. Er konnte nicht glauben, was er hier soeben gehört hatte, und rief einen Freund an, um sich die Äußerungen Schabowskis bestätigen zu lassen. Dann eilte er zu seinem Freund Willy Brandt, dem großen deutschen Staatsmann. Sie fielen einander in die Arme und weinten. Im gleichen Moment bat der Präsident des Bonner Bundestages die Abgeordneten, sich von ihren Sitzen zu erheben und die Nationalhymne zu singen.

Die direkt Betroffenen, die Bewohner Ost-Bberlins, die Täuschungsmanöver gewöhnt waren, brauchten etwas länger, um zu reagieren. Doch ab etwa zehn Uhr abends bildeten sich in der Nähe der verschiedenen Kontrollpunkte Menschenansammlungen. Die ersten Ostberliner schoben ihren blauen Personalausweis durch die Eisentore und baten die diensthabende ostdeutsche Grenzwache, sie passieren zu lassen. Etwa eine Stunde lang standen die Offiziere der Grenzpolizei mit steinerner Miene da. Das System hatte sie gelehrt, Befehlen zu gehorchen. Sie hatten zwar ebenfalls die Übertragung gehört, warteten aber auf offizielle Anweisungen. In der Zwischenzeit breiteten sich die Neuigkeiten wie ein Lauffeuer in der Stadt aus, und bald pilgerten Hunderttausende zu der Mauer, sowohl im Osten als auch im Westen.

„Tor auf! Tor auf!" riefen sie im Chor.

Ein mutiger junger Mann stemmte sich von der westlichen Seite her an der mit Graffiti bedeckten Mauer hoch, und andere abenteuerlustige Jugendliche taten es ihm gleich – erst ein Dutzend, dann Hundert. Sie jubelten und schwenkten Fahnen. Die Grenzwachen schauten verblüfft auf das Spektakel über ihren Köpfen und wußten nicht, wie sie reagieren sollten. Sie hatten noch immer keine Befehle von ihren Vorgesetzten bekommen. Und plötzlich geriet die Situation außer Kontrolle. Ein *Vopo* (Volkspolizist) hatte eine Tür geöffnet, ging heraus und wollte die Menge beruhigen. Er wurde sofort zur Seite geschoben, und die ersten Menschen stürzten durch den engen Durchgang in den Westen. Dann folgte eine nicht mehr aufzuhaltende Menschenmenge. Diese Bewegung brachte die ostdeutsche Grenzpolizei völlig aus der Fassung; sie waren machtlos und wußten weder, was vor sich ging, noch, wie sie achtunddreißig Jahre Dampfdruck aufhalten sollten, der vor ihren Augen durch ein kleines Loch im polizeistaatlichen Schnellkochtopf entwich. Die Scharen schubsten die *Vopos* zur Seite oder zogen die uniformierten Männer mit sich auf die andere Seite. Als die Wachen der Volkspolizei im nahegelegenen Wachturm sahen, wie die Menschen über die Mauer kletterten, informierten sie andere Wachposten, vermutlich im Glauben, entsprechende Befehle seien von oben erteilt worden. Die anderen Kontrollpunkte öffneten die Tore,[224] und vom Brandenburger Tor bis zur Oberbaumbrücke, von der Heinrich-Heine-Straße[225] bis zur Bornholmer Straße waren die Durchgänge frei.

In dieser Nacht wurde die Welt der Berliner auf den Kopf gestellt. An einem geschlossenen Kontrollpunkt fuhr ein Major der Grenzpolizei seinen diensthabenden Polizisten an: „Mensch, laß doch die Leute raus!"

Die Straße, die zur Grenze an der Invalidenstraße führte, wurde zum Treffpunkt von Tausenden *Trabis*, dem Wunderauto aus dem Osten.[226] Ihre Fahrer weinten, lachten oder sangen.

Wenn nur einer der Grenzsoldaten sein Gewehr erhoben und in die Menge gefeuert hätte, wäre der Verlauf der Geschichte vielleicht ein anderer geworden. Doch das einzige, was die gefürchtete Grenzpolizei tat, war der Mauer entlang zu patrouillieren und an die tanzende, Sektflaschen schwenkende Menge zu appellieren, von der Mauer herunterzusteigen. Ein Lautsprecherwagen kam heran: „Bürger von West-Berlin, verlassen Sie die Mauer." Es kam zu einem Unentschieden: *Champagner* gegen *Kalaschnikow*. Knallgeräusche, die man hörte, kamen nicht von automatischen Waffen, sondern von den Champagnerkorken. Niemand feuerte einen Schuß ab, und man kann heute mit Fug und Recht behaupten, daß dies die einzige bedeutende Schlacht in der Geschichte war, die endete, ohne daß auch nur ein einziger Tropfen Blut vergossen worden wäre.

„Endlich schlagen wir die Türe ein!" jubelte die Menge. Die rechtschaffenen Bürger aus Ost und West schwenkten ihre Flaschen, luden Neuankömmlinge zum Mittrinken ein und prosteten sich gegenseitig zu. Einer überreichte einem mürrisch dreinblickenden Grenzpolizisten einen Blumenstrauß. Bald war die Mauer dermaßen überfüllt, daß einige Leute herunterfielen, auf die Köpfe der Scharen von Wessis, die vor ihnen standen. Oder nach hinten in den ehemaligen Todesstreifen, wo sich jetzt eine dichte Menschenmenge drängte, so daß keiner, der betrunken von der Mauer fiel, auf dem Boden aufschlug.

Ein älterer Mann von der Bornholmer Straße hatte rasch einen Mantel über den Schlafanzug gezogen. *„Ick wa schon im Bette, die Alte jeht noch mit'n Hund runta, da kommt se ruff und sagt: Mensch du, die machen alle nach'n Westen."*

Ich sage darauf: *„Red' kein' Quatsch!"*

„Mensch, ob du's globst oder nicht. Det stümmt!"

Ursula Krämer war bei den ersten, die durchkamen. Ein *Wessi* begoß sie mit sprudelndem Champagner, so, wie man einen Grand-Prix-Sieger ehrt. Ursula hatte Tränen in den Augen, als sie den Fremden auf beide Wangen küßte.

Ein amerikanischer Fernsehreporter wurde von seinem Kameramann auf die Mauer gezogen, und man hörte, wie er seinen Zuschauern in der realen Welt über den „Geruch der Freiheit" berichtete. Im Hintergrund sahen die amerikanischen Fernsehzuschauer eine Menschenmenge, die mit Seilen und Ketten an den Betonstücken der Mauer zerrte.

Ute Hoff, eine 22jährige Studentin aus Heidelberg, die zum ersten Mal in ihrem Leben in Berlin war, erstickte fast unter dem Druck, der sie gegen die Mauer preßte. Doch ein paar helfende Hände zogen sie auf die Mauer. Hier traf sie Jochen Kuligowski, Fräsermeister in einem Metallwerk im Osten. Sie umarmten einander in unglaublicher Freude. (Neun Monate später kam ihr Sohn zur Welt, und sie nannten ihn Charlie – nach dem *Checkpoint Charlie.*)

Walter Momper, der Regierende Bürgermeister von Berlin, wurde noch um 22 Uhr 30 um eine Stellungnahme für den *Sender Freies Berlin* gebeten und erklärte: „Ich habe keine Ahnung, was hier vor sich geht." Dann wurde ihm eine Bleistiftnotiz hingeschoben. Sie kam vom Chef der Berliner Polizei. „Große Mengen brechen durch die Mauer, die Situation an den Grenzübergängen ist völlig außer Kontrolle geraten." Momper sagte: „Freunde, mein Platz ist jetzt woanders", verließ das Studio und fuhr direkt zur Mauer. Sein Fahrer konnte sich nur mit Mühe einen Weg durch die hupende, Champagner versprühende Menge am Kurfürstendamm bahnen. Doch in langsamer Fahrt erreichten sie den Kontrollpunkt bei der Invalidenstraße und konnten aus nächster Nähe beobachten, wie sich eine Flut von Menschen durch das Tor drängte oder über die Mauer kletterte.

Im Polizeipräsidium konnte Kommissar Rainer Bornstein, der Verantwortliche für den Sektor des Brandenburger Tores, nicht reden. *„Meine Flüstertüte hat vor 'ner Stunde den Geist aufgegeben"*, krächzte er heiser einem Reporter zu, *„wir können als Polizei gar nichts tun."*

Nicht weit entfernt passierte eine S-Bahn die Brücke über die Spree, die Waggons waren völlig überfüllt, und die Fahrgäste drückten ihre Gesichter an die Scheiben. Ohne anzuhalten, rollte der Zug durch den *Checkpoint Charlie* an der Friedrichstraße.

Harry Gilmore, der US-Bevollmächtigte für den amerikanischen Sektor Berlin, rief seinen Kollegen im britischen Sektor an und fragte sorgenvoll: „Wie ist die Lage bei dir, Michael?"

„In unserem Sektor ist absolut alles zusammengebrochen", erwiderte Michael Burton.

Bei der Glienicker Brücke, an der dreißig Jahre lang der Austausch von Spionen stattgefunden hatte, trieb die ostdeutsche Grenzpolizei die langen Ostberliner Autokolonnen an. *„Aufschließen, aufschließen!"* Ein Taxifahrer in einem Trabi, der hinter einer stickigen blauen Wolke, die aus dem altersschwachen Auspuff seiner Zweitakter-Wundermaschine strömte, verborgen war, stieß mit Tränen in den Augen hervor: *„Mein Jott, ikk kanns nicht begreifen. Heut nacht fahr ikk nach 'm Kudamm."*

Eine ältere Frau kam zur Gedächtniskirche in West-Berlin, wo sie auf die Knie sank und murmelte: „Herr, ich danke dir. Mein sehnlichster Wunsch ist in Erfüllung gegangen. Ich hätte nie zu hoffen gewagt, daß ich noch einmal hierherkomme, bevor ich sterbe."

Kellnerinnen aus dem *Café Moskva* in der Karl-Marx-Allee kamen in einer Gruppe herüber, um im Westberliner *Café Kranzler* Kaffee und Kuchen einzunehmen. Als sie mit ihren Ostmarks aus Aluminium bezahlen wollten, sagte der Geschäftsführer zu ihnen: „Alles geht auf Kosten des Hauses, essen Sie so viel Kuchen, wie Sie wollen."

Zwei Knaben hielten am Checkpoint Charlie ein Schild in die Höhe: *„Herzlich willkommen. Ab heute Eintritt frei!"* Es kam zu einem richtigen Verkehrsstau, als eine Gruppe von Westberlinern schrie: *„Wir wollen rein!"*, und versuchte, sich einen Weg in die entgegengesetzte Richtung zu bahnen.

Überall in der Stadt war ein Riesenspektakel. Ein Polizeibeamter konnte zu Bürgermeister Momper durchdringen. *„Beim Brandenburger Tor fangen die Verrückten an, mit Hammer und Meißel die Mauer zu bearbeiten."*

Tatsächlich begannen die ersten *Mauerspechte* mit Steinmeißel, Hammer und Stemmeisen ihr zerstörerisches Werk. Die 27jährige Utta Hoeppner war bestens ausgerüstet und hatte ihr eigenes Werkzeug dabei. Eine Stunde lang klopfte sie an der Mauer herum und schwenkte dann triumphierend ein Stück graffitibemalten Beton vor den Kameras der Fotografen, während ihr Freund Friedl oben auf der Mauer einen *Irish Jig* tanzte. Ein anschauliches Beispiel für den Sieg von Blue jeans über Militäruniformen.

Die Mauer war bald mit Kerzen verziert, eine Kette Tausender kleiner Lichter schlängelte sich tanzend durch Berlin und rief der Welt zu:

„Berlin ist frei!"

Für die wenigen, die sich vor der Ostberliner Parteizentrale versammelt hatten, um ihre unveränderliche Loyalität zu zeigen, war es nun fünf Minuten nach zwölf.

Keiner, der dieses bedeutsame Ereignis miterlebt hat, wird die Emotionen dieser Nacht jemals vergessen. So wie vor zweihundert Jahren die Bürger von Paris im Juli 1789 mit den Türmen der *Bastille* das Symbol ihrer Unterdrückung niederrissen, so ließen in dieser Nacht des November 1989 die Berliner Bürger ihren Zorn an der verhaßten Mauer aus.

Ein Gewaltregime hatte die Mauer errichtet. Der Westen hatte ihm dabei beträchtliche Hilfestellung gegeben, als er Berlin nicht zur deutschen Stadt erklärte, sondern zum politischen Zankapfel der Großmächte. Jahrelang hatten immer wieder westliche Staatsoberhäupter vor der Mauer gestanden, die Fäuste geballt und Erklärungen abgegeben, die nur verdeutlichten, wie begrenzt ihre Macht im nuklearen Zeitalter war. Und obwohl amerikanische und russische Panzer nur zwei Kilometer voneinander entfernt standen, war es niemals zu Ereignissen gekommen, die man „Berlin-Krise" hätte nennen können, denn die Stadt zog den kalten Krieg einem heißen Krieg vor. Jetzt, nach dem Fall der Mauer, konnten die europäischen Nationen darangehen, eine weniger bedrohliche Weltordnung aufzubauen.

Die Mauer war ein Monument der Unterdrückung gewesen. Und wie es bei allen Symbolen ist, wenn sie mit Getöse zusammenstürzen, ruft dieser Krach Widerhall hervor. Diesmal gingen die Schallwellen um die ganze Welt.

Die Geschichtsschreibung wird festhalten, daß die letzte Schlacht im kalten Krieg, der vierzig Jahre gedauert hatte, ohne Blutvergießen verlief.

Mit dem *Fall der Berliner Mauer* war das Zeitalter des Kommunismus zu Ende gegangen.

Was wäre, wenn ...

Was wäre, wenn die ostdeutschen Grenzwachen auf ausdrückliche Sonderbefehle gewartet hätten, um Visa auszugeben?

Augenzeugenberichten zufolge war es unwahrscheinlich, daß die Volkspolizei die Masse am Sturm auf die Mauer hätte hindern können. Wenn sie es versucht hätten, hätte es in einem Blutbad geendet. Und gerade das fürchteten die ostdeutschen Parteiführer und ihre Vorgesetzten in Moskau.

Die Tatsachen

Am 10. November faßte es der SED-Abgeordnete in der Volkskammer, Horst Sindermann, in knappen Worten zusammen: *„Es war, als rutschte der Boden von 40 Jahren Sozialismus plötzlich unter unseren Füßen weg."*

Am 21. Dezember hieß es knapp in einem Kommuniqué: „Die Öffnung des Brandenburger Tores wird morgen gegen 15 Uhr erfolgen. Bundeskanzler Helmut Kohl, Ministerpräsident Modrow (DDR) und Bürgermeister Walter Momper werden an diesem für das Zusammengehörigkeitsgefühl der Menschen beider deutscher Staaten so bedeutenden Ereignis teilnehmen."

Am 9. März 1990 wurden in Ostdeutschland die ersten freien Wahlen druchgeführt.

Am 21. September beendeten die vier alliierten Mächte des Zweiten Weltkrieges offiziell den Besatzungsstatus in Berlin.

Und am 3. Oktober 1990 läutete feierlich die Freiheitsglocke der Berliner Gedächtniskirche, und die Fahne einer vereinigten Deutschen Republik wurde auf dem beinahe hundertjährigen Berliner Reichstag gehißt.[227] An diesem Tag war das ostdeutsche kommunistische Emblem auf dem Weg ins Museum der deutschen Geschichte. Die Deutsche Demokratische Republik hatte als Teil eines untergegangenen stalinistischen Reiches zu bestehen aufgehört.

Deutschland war vereint.

In den Schulen, Fabriken und auf der Straße begann das neue deutsche Leben. Vor allem aber begann es in den Köpfen der Menschen. Die Psyche der Menschen mußte sich auf eine neue Situation einstellen. Die Deutschen, die 57 Jahre unter einem der repressivsten Regime gelitten hatten, und die Deutschen, die eine mächtige Industriemacht aufgebaut hatten, lebten in zwei verschiedenen Welten. Vor ihnen lag nun die schwierige Aufgabe der *Wiedervereinigung* und des Zusammenwachsens. Das vereinte Deutschland benötigte einen Sinn für Realität. Weder leichtsinnige Euphorie über die Rolle, die es in Europa spielen sollte, noch Pessimismus wegen der ungeheuren Kosten dieses Unternehmens. Deutschlands Wiederaufbau wurde eine historische Notwendigkeit. Die Deutschen wußten, daß sie als neue Nation mit starkem Willen und Einsatzbereitschaft mit der Herausforderung fertig werden konnten.

Mit dem Fall der Mauer war die Bedrohung eines Angriffs auf Westeuropa und damit die Gefahr eines Weltkrieges wesentlich geringer geworden, obwohl andere Gefahren sich für das kommende Jahrhundert abzeichnen. Der Brennpunkt der Auseinandersetzung hat sich vom militärischen Kampf zum Kampf um die wirtschaftliche Vormachtstellung verschoben.

Clausewitz hat den Krieg eine *Fortsetzung der Politik mit anderen Mitteln* genannt. Die wirtschaftlichen Zwänge der Zukunft werden diesen Satz umformulieren, und man wird von einer *Fortsetzung des Krieges* mit anderen Mitteln sprechen. Wir werden wahrscheinlich eher Handelskriege als wirkliche Kriege erleben. Der Weltmarkt ist ein dichtes Netz von Verbindungen und Abhängigkeiten. Jede Nation ist auf ihren Nachbarn angewiesen, der sie entweder mit erzeugten Gütern oder mit Rohstoffen versorgt. Wenn nur eine Nation, die die Kontrolle über derartige natürliche Ressourcen hat, sich von diesem Grundkonsens des Welthandels wegbewegt, wird das zu einer unmittelbaren Reaktion aller anderen führen. Der Irak ist dafür ein Beispiel.

DER HINGE-FAKTOR BEI „BERLIN" war die voreilige Äußerung eines Parteiführers.

Der Nullfaktor

*„Es ist das erste Mal in der Geschichte,
daß Bodentruppen von einer Luftwaffe
besiegt wurden."*

General Merril McPeak, Stabschef,
US Air Force, 1991.

„Wenn Sie mir vollen Erfolg garantieren können, dann werden Sie den Krieg für uns beginnen", sagte General Norman Schwarzkopf, Oberbefehlshaber der *Coalition Forces* am Kriegsschauplatz und Oberkommandant der Operation *Desert Storm* zum Kommandeur der *1st Special Air Squadron*, Colonel Gray. Mit dieser einfachen Feststellung übernahm der Colonel die Verantwortung für ein äußerst heikles Unternehmen, für die Zerstörung der beiden wichtigsten Radarhorchposten, die den Anflug auf den Luftkorridor nach Bagdad kontrollierten. Für diese Aufgabe standen Colonel Gray zwei Einheiten zur Verfügung, die aus je sechs Angriffshubschraubern bestanden.[228] Die Radaranlagen waren mit gestochen scharfen Luftaufnahmen identifiziert worden. Die Aufnahmen waren von Bord einer amerikanischen U-2 gemacht worden, die von der *Air-Base* in Taif gestartet war. Ihre Positionen lagen 22 beziehungsweise 36 Kilometer innerhalb des irakischen Territoriums. Der Angriff mußte zeitlich genau abgestimmt sein, damit eine Station die andere nicht warnen konnte.

Der Angriff wurde in der mondlosen Nacht vom 16. auf den 17. Januar 1991 gestartet. Die beiden Hubschraubereinheiten flogen unter dem Radarbereich über die Sanddünen. Vier *Navstar*-Satelliten, die über das *Satnav Global Positioning System* (GPS) auf zehn Meter genau die Positionen der beiden Einheiten bezeichneten, leiteten sie zu ihrem Ziel. Bei einer Entfernung von sechs Kilometern „blinkte" ihr Ziel auf. Zur letzten Bestätigung jedes einzelnen Zieles trugen die Besatzungen Nachtsichthelme, die das Gebiet beleuchteten, als wäre es in helles Mondlicht getaucht. Bei einer Entfernung von drei Kilometer eröffneten die *Apaches* das Feuer. Dreißig *Hellfire*-Geschosse, etwa einhundert Raketen und mehr als 4.000 Schuß mit 30-Millimeter-Kugeln aus ihren Kleingeschützen zerstörten Radarantennen, Telegrafenmasten und elektronische Installationen. Die diensthabende Mannschaft wurde unter den Trümmern begraben. Es war 2 Uhr 38.

Während diese Operation im Gange war, wurden *Special Operation Ground*

Teams der US-Navy wie *SEALs, Delta Force, US Army Rangers* und *British SAS* in den Irak geflogen, um andere lebensnotwendige Einrichtungen zu neutralisieren. Sie griffen zu Fuß an, brachten Kommandoposten zum Schweigen und schnitten Kommunikationswege ab. In einer Reihe von Einzelaktionen vollbrachten sie Heldentaten, wie man sie sonst nur aus heroischen Filmdrehbüchern kennt. Dann errichteten sie ihr eigenes Kommunikationssteuerungssystem. Zusammenlegbare Satellitenantennen, Miniaturempfänger, die mit Silber-Cadmium-Batterien betrieben wurden. Winzige Tonbänder zeichneten die Information mit normaler Geschwindigkeit auf und transformierten die Meldung dann in ein „Kurzsignal". In den Hauptquartieren wurde dieses Signal dann empfangen, entschlüsselt und *en clair* abgespielt. Nach dem erfolgreichen Abschluß ihrer Mission wurden die Bodentruppen von einer anderen Hubschrauberstaffel an vorher bestimmten Plätzen abgeholt.[229]

Während diese Bodenaktion stattfand, flog die Luftwaffe elektronische Störmanöver im dunklen Nachthimmel über dem irakischen Luftraum. Ihre elektronischen Signale blockierten im ganzen Land die Feld-Verbindungen. Die erste Gruppe der Flugzeuge der *Coalition Forces* glitt bei ihrer Bombenmission ungehindert über den dunklen Himmel. Ziel: Bagdad. Die Operation *Wüstensturm* war nun eine Stunde alt.

Der Krieg war praktisch bereits vorüber.

* * *

Alles hatte am Morgen des 2. August 1990 begonnen. Die ersten Kurzmeldungen, die auf den Schreibtischen der Zeitungsredakteure landeten, verblüfften die Welt: *„Einmarsch in Kuwait."* Es folgte die kurze telefonische Mitteilung eines Ölmanagers, der soeben auf seinem Balkon in Kuwait City frühstückte. *„Ich sehe Hubschrauberflotten ... Panzer rollen auf uns zu ... Explosionen und eine schwarze Wolke um den Sief-Palast ..."* Dann herrschte Stille.

Auf stählernen Ketten rasselten die irakischen Panzer auf der sechsspurigen Autobahn zunächst in Richtung Kuwait City und schwärmten dann aus, um sich entlang der Grenze zwischen Kuwait und Saudi-Arabien zu postieren. Saddam Hussein versetzte mit seiner militärischen Übermacht nicht nur das Ölscheichtum von Kuwait, sondern auch dessen Nachbarn in Angst und Schrecken und brachte sogar die Börsenkurse des ganzen Weltölmarkts ins Schwanken. Die Industriemächte spürten den Druck. Die Kontrolle über einen Großteil der bis dato bekannten Ölreserven stand auf dem Spiel. Eine weitere Energiekrise zeichnete sich ab. Dies war die erste Herausforderung der strategischen Interessen der USA nach dem kalten Krieg, und der politische Wille der Vereinigten Staaten wurde auf die Probe gestellt.[230]

Die Stimmung in Bagdad war euphorisch. *„Saddam, wir werden unser Blut für dich hingeben"*, riefen die Schulkinder. Saddam Husseins Porträt war allgegenwärtig, es prangte überlebensgroß an belebten Kreuzungen und auf hohen Mauern und hing als goldgerahmte Fotografie in den Kaffeehäusern und Frisiersalons. Auf die Frage eines westlichen Reporters, wie er diese Verehrung empfinde, zuckte er die Schultern und sagte: „Mein Volk tut das, nicht ich." Für sein Volk war er die Wiedergeburt von Saladin, dem „Schwert des Islam".[231] Saddams große Vision war ein Vereinigtes Islamisches Reich. Und das konnten die Westmächte und ihre arabischen Öllieferanten nicht zulassen, denn es ging um die gesicherten Ölreserven der nächsten 150 Jahre.

Die Auseinandersetzung zwischen dem radikalen Islam und den herrschenden Eliten in der muslimischen Welt hatte in den achtziger Jahren zum Krieg zwischen Iran und Irak geführt. Mit dem Sieg über die Mullahs in Teheran[232] wurde die irakische Nation zum „braven Mann" und der Nutznießer einer Beschwichtigungspolitik. Der Westen sah in Saddam Hussein, dem Sunniten, einen Mann, der die schiitischen Ayatollahs daran hindern konnte, ihren religiösen Eifer auf die reichen Ölgebiete der arabischen Halbinsel auszudehnen. Amerika gewährte dem Irak rasch ein Darlehen für seine landwirtschaftliche Entwicklung, Saddam benutzte es für die Anschaffung von Material, um Nuklearwaffen zu erzeugen. Darüber hinaus gab er den Großteil seiner Einnahmen aus dem Ölgeschäft für ein Wiederaufrüstungsprogramm von unerhörter Dynamik aus. Auf der politischen Ebene wurde dadurch das (nicht nur israelische) westliche Konzept eines Gleichgewichts im Mittleren Osten umgestoßen, das vorschrieb, daß kein Land so mächtig werden darf, daß es mit der Unterwerfung eines seiner Nachbarstaaten drohen – und – nebenbei erwähnt – die westlichen Ölinteressen gefährden könnte. Die öffentliche Meinung wurde schließlich weltweit durch einige Fernsehbilder beeinflußt, die irakische Massaker an Kurden bei Halabiya (16. März 1988) zeigten. Amerika drehte den Kredithahn zu, und der Irak steckte in der Krise.

Das Engagement des Irak im Kampf gegen den Iran hatte viele Menschenleben und viel Geld gekostet. Die traditionellen Geldgeber und direkten Nutznießer des irakischen Sieges, die arabischen Ölkönigreiche, wollten nicht dafür aufkommen. Saddams Lösung bestand darin, eines der Öl-Scheichtümer zu annektieren. Das nächstgelegene war das benachbarte Kuwait. Als der US-Botschafter Glaspie eine Nachricht übermittelte, betrachtete Saddam Hussein diese als versöhnliche Botschaft des US-Präsidenten George Bush.[233] Am Anfang von Saddam Husseins Kuwait-Operation stand eine Fehlkalkulation, die sich zu einer langen Reihe von Irrtümern und Widersprüchen entwickelte, und die Berichte seiner Geheimdienstchefs waren übertrieben optimistisch.

Seit vielen Jahren schon war der Mittlere Osten ein Pulverfaß, das durch hochtechnisierte Waffen immer gefährlicher wurde.[234] Der Irak besaß ein Potential für chemische Kriegführung (Giftgas) und die nötigen ballistischen Raketen, um es zu einzusetzen.[235] Insgesamt befehligte Saddam Hussein sechstausend Panzer, sechshundert moderne Flugzeuge und eine Million schlachterprobter Männer. Die Streitkräfte der Vereinigten Staaten, die seit dem Ende des kalten Krieges die Rolle einer Weltpolizei übernommen hatten, waren vom Fernen Osten bis nach Westeuropa verstreut. An dem Tag, an dem die Iraker Kuwait einkassierten (2. August 1990) und der UN-Sicherheitsrat die *Resolution 660* erließ, die die Invasion verdammte, hatten die militärischen Planer in Washington ein Problem zu knacken, das eher mathematischer Natur war: Können wir den Irak mit dem Aufgebot zurückdrängen, das schnell verfügbar ist? Die militärische Antwort war „Ja." Doch den Politikern war klar, daß eine gemeinsame Front erforderlich war, um den Krieg zu rechtfertigen. US-Außenminister James Baker begab sich auf eine Weltreise. Ein Bündnis zeichnete sich ab; einige Nationen boten Soldaten an, andere steuerten Schiffe und Flugzeuge bei und einige kauften sich frei.[236]

Die nächste Frage lautete: Konnte man die Aufgabe erfüllen, ohne unzumutbare Verluste zu erleiden? Wieder war die Antwort positiv. Das Geheimnis lag darin, den Kommandoapparat des Feindes auszuschalten, indem man eine revolutionäre technologische Kriegführung anwendete. Der Plan verlangte eine vollständige Luftraumüberwachung durch einen dreidimensionalen Angriff: auf unterer Ebene die Ausschaltung lokaler Kommandostrukturen durch bewaffnete Hubschrauber und Spezialeinheiten, auf mittlerer Ebene die Sperre des Luftraumes durch Geschwader von E-2 *Hawkeyes*, USAF E-3 AWACS und *Joint Stars* der US-Navy und schließlich auf höchster Ebene die Überwachung des Kriegsschauplatzes (aus 36.000 km Entfernung) durch eine Reihe von Erdsatelliten, den KH-11 *Big Bird*. Ein derartiges Unternehmen hatte es noch niemals zuvor gegeben, und niemand konnte den Ausgang vorhersagen. General Norman Schwarzkopf, der designierte Oberbefehlshaber der Streitkräfte der *Coalition Forces*,[237] erhielt den Befehl, ein Zweistufenprogramm zu leiten, *Desert Shield* (Wüstenschild: festhalten und festigen) und *Desert Storm* (Wüstensturm: angreifen).

Entlang der Golfküste, in den Seehäfen von Doha, Abu Dhabi, Bahrain, Doha oder Jubail, luden Schiffe Kanonen und Flugzeuge, LKWs, Munition und Nahrungsmittel aus. Eine halbe Million Soldaten von den Omani-Scouts des Sultans Qabus bis zu Fallschirmjägern der französischen Fremdenlegion bildeten die Truppen der *Coalition Forces* und zogen die *Tapline Highway* an der saudiarabischen Grenze entlang, um ihre Stellungen einzunehmen. Von riesigen Bautrupps wurden in aller Eile Luftwaffenstützpunkte errichtet. Sie wurden *barebones* (Gerippe) genannt, denn sie bestanden jeweils nur aus den absolut unentbehrlichen Grundelementen: eine Start- und Landebahn, ein *Trailer-Laster*[238] für Verbindungswesen und Luftraumkontrolle, ein paar Treibstofftransporter und klimatisierte Zelte zur Unterbringung von Bodenpersonal und Piloten. Und nicht zuletzt die wichtigsten Geschwader der USAF, *F-15C Eagle* oder *F-16 Fighting Falcons*-Abfangjäger. Andere Stützpunkte dieser Art beherbergten vorübergehend die britischen *Tornados* oder die französischen *Mirages*. Und das alles in glühend heißer Einsamkeit.

Saddam Hussein deutete die Handlungsabsicht des Westen völlig falsch. Nach seiner Einschätzung – mit der er, wie sich bald herausstellte, völlig falsch lag – war für den Durchschnittsamerikaner oder -europäer Öl kaum dazu geeignet, einen moralischen Kreuzzug zu starten. Er muß geradezu überrascht gewesen sein, als ihm klar wurde, mit welcher Verbissenheit die USA die Zerstörung des Irak anstrebten. Es war am 9. Januar 1991, als der US-Außenminister James Baker seinem irakischen Kollegen Tarek Aziz in Genf ein Ultimatum vorlegte, das in einem derart aggressiven Ton abgefaßt war, daß es der irakische Außenminister nicht einmal vom Konferenztisch aufnahm, als er aus dem Raum stürzte. (Baker soll zu Aziz gesagt haben, Amerika würde eine Atombombe über Bagdad abwerfen, wenn der Irak irgendwelche verbotenen Waffen, wie zum Beispiel Giftgas, einsetzte. So lautete zumindest Bakers offizielle Mitteilung. Was er Tarek Aziz allerdings verschwieg, war die Tatsache, daß das amerikanische Schlachtschiff *Wisconsin*, das bereits am Golf stationiert war, drei nukleare Tomahawk-Marschflugkörper an Bord hatte.)

Saddam Hussein sollte den Krieg bekommen, den er „Mutter aller Kriege" nannte.

* * *

Der erste Angriff auf Bagdad wurde für die Stunden vor Tagesanbruch des 17. Januar angesetzt. Der erste Schlag sollte erfolgen, sobald die Hubschrauberattacken das Frühwarnsystem des Feindes ausgeschaltet hatten, und nachdem besonders ausgerüstete Flugzeuge das irakische Telefon- und Nachrichtensystem mit elektronischen Mitteln blockiert hatten. USAF-AWACS waren damit betraut, für eine umfassende Berichterstattung über den irakischen Luftraum zu sorgen und auf irakische Abfangjäger zu achten, getreu dem Prinzip: „Gut informierte Piloten töten mehr und leben länger."

Das alles war von höchst anspruchsvoller Komplexität. Während ein Luftwaffenpilot im Zweiten Weltkrieg von einer *Messerschmitt* in das Cockpit einer *Focke-Wulf* oder einer *Heinkel* überwechseln konnte, war in dieser modernen Luftstreitmacht nicht ein Element gegen das andere austauschbar. Jedes Flugzeug verlangte einen hochqualifizierten Spezialisten.

Am Tag zuvor herrschte auf den Luftwaffenstützpunkten um das feindliche Gebiet herum hektische Betriebsamkeit. Von Diego Garcia im Indischen Ozean bis Kairo, von Incirlik in der Türkei bis zu den sechs Flugzeugträgerverbänden im Golf und im Roten Meer[239] hielten sich 2.430 Flugzeuge aller Arten für die Operation bereit.[240] Ein mit Marschflugkörpern bewaffnetes Geschwader B-52-Bomber verließ den Luftwaffenstützpunkt Barksdale.[241] Sie wurden von der in großer Höhe operierenden U2R und der geheimnisvollen TR1 weitergeleitet.[242] EA6B, F/A 18 *Horned* und F4G *Wild Weeasels* sollten HARM-Raketen (Hispeed Anti Radiation Missile) abschießen, die Radarantennen aufspüren, während der irakische Nachrichtenverkehr durch speziell ausgerüstete USAF-*Ravens* und US Navy-*Prowlers* blockiert werden sollte. Britische *Tornados* sollten die JP 233 *Runway Buster* einsetzen – eine Bombe, die Landebahnen in Kraterlandschaften verwandelte. (Diese *Tornados* mußten im Tiefflug operieren. Sie gingen das größte Risiko ein, denn sie liefen Gefahr, durch die irakischen Triple-A-Kanonen vernichtet zu werden.) Diese Armada der Luft mußte von über sechzig Tankerflugzeugen in der Luft aufgetankt werden. Die Schlachtschiffe *Missouri* und *Wisconsin* sowie der Raketenkreuzer *San Jacinto* machten sich bereit, ihre *Tomahawk* Marschflugkörper abzufeuern, wobei diese mit Hilfe von Lasersteuerung von zwei Flugzeugen zum Ziel geführt wurden. Das tödlichste Kriegswerkzeug war jedoch der F 117 A *Stealth*-Bomber, das letzte Wunderwerk der Technik. Er konnte sich dem Radar entziehen und trug die GBU 27 mit sich, eine präzise, lasergesteuerte 450-Kilo-Bombe, die Angriffe von chirurgischer Präzision auf ausgewählte Ziele ermöglichte.

Headquarter der *Coalition Forces*, Saudi Air Force Ministry Building, 17. Januar 1991, 2 Uhr 15.

„Okay", sagte General Schwarzkopf, „let's go to work!" Die Flugzeuge starteten von den Stützpunkten in Saudi Arabien. Bald sah man nur mehr winzig kleine Punkte von glühenden Reaktoren am dunklen Nachthimmel. Was in den darauffolgenden zwanzig Minuten geschah, läßt jedes Drehbuch vom *„Krieg der Sterne"* oder *„Top Gun"* farblos erscheinen. Schatten glitten durch den Nachthimmel über der irakischen Hauptstadt – wie riesige schwarze Fledermäuse. Es waren Flugzeuge, die von den Abfangjägern des Feindes oder den Bodengeschützen niemals gesehen wurden; die Piloten benötigten keinen „Mondschein des Bombers" wie ihre „Vorgänger" im Zweiten Weltkrieg, denn mit einem Nachtsichtbildschirm war es möglich, genauso deutlich wie bei Tag zu sehen. Eingehüllt in ihre futuristisch anmutenden Raumkapseln starrten die Piloten auf ihre grünen Kathodenröhren, programmierten den Kurs auf die vorgegebenen Ziele, und der Computer erledigte den Rest. „Ziel erfassen!" Der auslösende Befehl für einen Bombenabwurf.

„Ziel anvisiert", kam die Standardantwort.

„Automatische Feuerschaltung aktiviert." Teuer, aber absolut sicher.

Die erste Angriffswelle, die Bagdad um drei Uhr[243] erreichte, bestand aus dreißig F 117 A *Stealth*-Bombern. Die erste Bombe zertrümmerte die Telefonzentrale. Die Stadt wurde von einer Reihe von Einschlägen erschüttert. „Ziel anvisiert." Die F 117 A-Bomber waren auf vierunddreißig lebensnotwendige Knotenpunkte in und um Bagdad programmiert worden. Alle vierunddreißig Ziele wurden mit einem einzigen Angriff ausgeschaltet. Die Flugzeuge waren bereits wieder weg, bevor die Iraker überhaupt ihren Anflug ahnten. Die Flugabwehrkanoniere, die die erste Attacke der *Stealth-Bomber* überlebt hatten, sprachen vom Angriff eines *shabah*, eines Geistes. Die irakische Geheimpolizei zog die „Gerüchtemacher" sofort aus dem Verkehr.

Der Lärm von Sirenen und Gewehrfeuer riß die Menschen aus dem Schlaf. Es herrschten Chaos und Verwirrung.

„... irgend etwas ist da draußen geschehen ...", kam eine erschrockene Stimme über CNN, „... es ist unheimlich, sieht aus wie ein Feuerwerk am Unabhängigkeitstag ... sie kommen über unser Hotel ... man hört die Bomben ..."

Dann kamen zweiundfünfzig Marschflugkörper.[244] Ihre „Nasenkamera" identifizierte das Ziel, verglich die Informationen mit den auf der integrierten Datenbank gespeicherten und peilte die Stelle selbständig an. Gemeinsam mit den lasergesteuerten Bomben setzten sie fast alle zentralen Kommandoposten und die wichtigsten Luftabwehr-Raketen-Batterien außer Gefecht. Zu diesem Zeitpunkt war die nächste Welle von Flugzeugen der *Coalition Forces* bereits unterwegs. In dieser Nacht wurden etwa fünfzig entscheidende Ziele zerstört und gleichzeitig bombardierte CNN die Welt mit Bildern vom unheimlichen Schauspiel, das den Nachthimmel über Bagdad erleuchtete. Es waren zwar sensationelle Fernsehbilder, aber das Flugabwehrsperrfeuer, das die Welt auf den Fernsehbildschirmen sah, war völlig wirkungslos, denn es war zu keinem Zeitpunkt gegen die geheimnisvollen F 117 A-Bomber gerichtet, sondern lediglich gegen eine Flotte von Lockvögeln ohne Piloten, den Northrop-*Chukar*. Auf den Radarschirmen der irakischen Geschützführer gaben sie das gleiche Bild ab, wie jeder bemannte Angreifer, und währenddessen brachten die wirklichen Bomber bereits irgendwo am Horizont ihr Werk zur Vollendung. Kein einziger der in Bagdad stationierten westlichen Pressekorrespondenten, die von ihren Balkonen im Hotel *Al Rashid* über den Angriff berichteten, wußte, daß sich der Mann, den die *Coalition Forces* jagte, der „Rais" Saddam Hussein, in einem erdbeben- und atomsicheren Bunker tief unter ihren Füßen versteckt hielt. Der Bunker war von schwedischen Ingenieuren auf der Grundlage von Ergebnissen der kalifornischen Erdbebenforschung geplant worden. Ein Luxushotel aus weißem Marmor mit vergoldeten Badezimmergarnituren war bereits Jahre zuvor zu dem alleinigen Zweck gebaut worden, dort abendländische Geiseln als menschliche Schutzschilde gegen ein Bombardement aus der Luft zu halten.

Als die ersten Schimmer orangefarbenen Lichts am Horizont sichtbar wurden und die Bewohner Bagdads nach der ersten, aber nicht letzten Schreckensnacht wieder aus den Luftschutzbunkern auftauchten, sahen sie das Ausmaß der Verwüstung. Die Bomben hatten ganze Arbeit geleistet. Luftabwehranlagen waren zerstört, Militärjeeps rasten durch die Straßen, um Befehle zu überbringen – das Telefonsystem funktionierte nicht mehr. Die Flugzeuge der *Coalition Forces* hatten die Vormacht über den feindlichen Luftraum errungen, sie lähmten die irakische Kommandostruktur, zerstörten die Verbindungswege, vernichteten Kraftwerke und lebenswichtige Brücken.

Im *Operation Center* auf einem Flugplatz der *Coalition Forces* außerhalb von Riad wurden Piloten, die soeben ihre Mission erfüllt hatten, im Kartenraum zusammengedrängt, während ein Offizier, einen nassen Lappen in der einen Hand und einen schmierigen Bleistift in der anderen, den Krieg auf der plastiküberzogenen Karte an der Wand graphisch darstellte. Er bezeichnete neue Ziele, zeigte auf bekannte Luftabwehrbatterien, auf vermutete Abschußrampen und feindliche Panzerkonzentrationen, sowie auf Ziele, die bereits zerstört waren oder auf verlorene Flugzeuge der Verbündeten. Im Raum herrschte eine Stimmung wie in einer überfüllten Bar zur Mittagszeit. Trotz der starken Klimaanlage war die Hitze drinnen beinahe so drückend wie draußen in der Wüste. „Sir", verkündete der Verbindungsoffizier an seinen CO *(Commanding Officer)*, „Flug ‚Papa Zulu' berichtet – kein feindliches Abwehrfeuer."

„Das ist ein Erfolg." Ein grimmiges Lächeln überzog das Gesicht des Kommandanten. „Nun sagen Sie mir, ist der Krieg vorüber?"

„Hoffen wir es", sagte sein *Executive Officer*, während die Piloten einander auf die Schulter klopften.

Kurz nach Tagesanbruch wurden neue Wellen von Flugzeugen gestartet. US-Marinekorps-*Harriers* vernichteten Flugplätze bei Basra, von Incirlik kam die F 111 E, um die Flugplätze bei Mosul, Erbil, Kirkuk und Tikrit zu zerstören, während die B-52-Bomber, von denen jeder dreißig Tonnen Bomben befördern konnte, Bodeneinheiten der Elitedivision *Tawakalna* angriff. F 15-E-Bodenkampf-*Eagles* verwendeten das ausgeklügelte „head-up display" (HUD), um mit ihren sechsläufigen, rotierenden *Vulcan*-Kanonen LKW-Konvois und Panzerformationen anzugreifen. Die irakische Luftwaffe setzte fünfzig Abfangjäger ein, von denen zwei *Mig-29* abgeschossen wurden, gegen den Verlust eines Flugzeuges der *Coalition Forces*. Was erstaunlich ist und gleichzeitig die hohe Professionalität der Piloten unter Beweis stellt, ist, daß es bei all diesen Überschallflugzeugen, die kreuz und quer durch die Luft rasten, zu keinem Zusammenstoß kam.

In diesem Luftkrieg kam aber noch ein anderer Aspekt zum tragen. Sich als erfolgreiche Luftmacht zu behaupten, verlangte mehr als nur fliegerisches Geschick und verbesseres Material. Die Bodenmannschaften, die die Wartung der hochentwickelten Ausrüstung sicherstellte, mußten absolut zuverlässig und kompetent sein. Und in dieser Hinsicht erwiesenen sich die *Coalition Forces* als erstklassig. Während ein zurückkommendes Flugzeug aufgetankt, neu bewaffnet und kurz überholt wurde, machte der Pilot ein kurzes Nickerchen. Er konnte sicher sein, daß das Bodenpersonal seine Maschine in Form bringen würde, bevor er seinen nächsten Flug antrat.

Eines der wichtigsten Ziele war die Zerstörung der von den Russen angekauften *Scud*-Flugkörper. Am ersten Tag wurden nicht weniger als 160 Flugzeuge mit diesem Auftrag betraut. Dabei waren die Piloten der *Coalition Forces* nicht besonders erfolgreich, denn die einfachen Raketen konnten von mobilen Fahrzeugen aus abgeschossen werden, die sich leicht in Palmenwäldern oder unter Planen verstecken ließen.[245] Am 28. Januar ging ein *Scud* über Tel Aviv herunter, und amerikanische Diplomaten mußten ihr ganzes Geschick aufwenden und untermauerten es mit dem Versprechen finanzieller Hilfeleistungen, damit Israel von Vergeltungsmaßnahmen absah. (Eine solche Entwicklung hätte die gemeinsamen Aktionen der *Coalition Forces* zum Stillstand gebracht. Ihr islamisches Kontingent hätte sich zurückgezogen.[246]) Um der Bedrohung durch Flugkörper entgegenzutreten, stationierten die Amerikaner 2.048 Antiraketen-Raketen vom Typ *Patriot*. Ihr technischer Erfolg konnte nicht überzeugen, doch als politische Waffe trug die *Patriot* zum Andauern der Neutralität Israels bei.

Eine Zerstörung aus der Entfernung bedeutete, den Feind zu treffen, ohne einen Kampf Mann gegen Mann auszufechten. Sobald die Lufthoheit gewonnen war, sollten ununterbrochene Wellen von Präzisionsangriffen und flächendeckenden Bombenteppichen die Bodentruppen des Feindes in einer Flut von Geschossen, Projektilen und Bomben vernichten. Und genau das geschah in den darauffolgenden sechs Wochen. Traumatisierte irakische Einheiten brachen auseinander und flüchteten. Das andauernde Bombardement sollte nicht nur die irakischen Streitkräfte aufreiben, sondern auch die irakische Wirtschaft lahmlegen und Saddam Hussein in eine rasche Kapitulation zwingen. „Der Sieg der *Coalition Forces* ist gesichert, aber der fortwährende Beschuß der Luftwaffe wird das Blutvergießen, das Saddam um jeden Preis herbeiführen will, auf ein Minimum reduzieren", stellte das *TIME*-Magazine vom 11. Februar fest.

Während 95.000 Tonnen Bomben auf den Irak herabregneten, schalteten die Fernsehsender in den Leerlauf. Anstatt ihre Zuschauer mit wirklicher Information zu versorgen, und weil sie keine Bilder hatten, die sie hätten senden können, stellten sie eine regelrechte „Mottenkugel"-Brigade aus pensionierten Generälen und anderen „großen Experten" zusammen, die zur Erbauung wieder anderer „großer Experten" die Schlacht in einer Weise kommentierten, die den einfachen Bürger völlig im Regen stehen ließ. (Die meisten dieser Experten waren von diesem „Krieg der Sterne-Szenario" selbst überrumpelt.) Überall in der ganzen Welt saßen die Zuschauer vor ihren Fernsehapparaten und warteten im heimeligen Wohnzimmer sehnsüchtig auf die „neuesten Meldungen unseres Sonderkriegsberichterstatters an der Front". Nun durften die eifrigen Presseleute, egal ob sie für die Medien der USA oder anderer Staaten arbeiteten, selten die Front besuchen, und wenn, dann durften sie nur vorgegebene Routen benutzen, die zur Erzielung eines gewünschten Medieneffekts ausgewählt wurden.[247] Der Rest der „Frontberichterstatter" wurde in Riad zusammengepfercht und in einem Sit-com-Szenario mit Videospiel-Talkshows bei Laune gehalten. Von hochrangigen Militärs in klimatisierten Konferenzzimmern in Riad erfuhr die internationale Presse, wie die neuen lasergesteuerten Bomben funktionierten und wie irakische Raketen und Panzer reihenweise ausgeschaltet wurden. Dies wurde anhand von Videobändern demonstriert. Diese einzig erhältlichen Bilder wurden von Satelliten pünktlich zur Sendezeit der Nachrichtensendungen übermittelt und überschwemmten die Fernsehbildschirme in allen Ländern der *Coalition Forces*.[248] Eva Svensson, eine Hausfrau aus Göteborg in Schweden, schrieb an das *TIME*-Magazin: „Ich nehme das erste Mal in meinem Leben an einem Krieg teil. Dank der fantastischen Fernsehberichterstattung von CNN fühle ich mich direkt betroffen."[249]

Doch nicht jede Bombe traf ein militärisches Objekt. Am 13. Februar wurde eine lasergesteuerte Bombe um 4 Uhr 30 gegen den Bunker Nr. 25 im Bagdader Vorort Amiriya abgeworfen. Die Piloten handelten aufgrund der falschen nachrichtendienstlichen Meldung, dort sei ein militärisches Kommandozentrum untergebracht. In Wirklichkeit aber war dort ein Luftschutzbunker für 1.500 Iraker, und es waren vornehmlich Kinder aus Amiriya, die dort Schutz suchten. (Wegen seiner verstärkten Betondecke galt der Bau als besonder sicher. Die Schutzdecke war jedoch von einem korrupten Bauherrn nur mit Kies ausgefüllt worden.) Die erste Bombe riß dann auch gleich ein Loch in die vier Meter dicke Decke. Eine zweite Bombe folgte dem gleichen Laserstrahl durch die Öffnung und explodierte im Keller. Es war eine technische Meisterleistung, daß eine zweite Bombe ein Ziel durch eine Öffnung erreichte, die durch die erste Bombe geschaffen wurde.

Nach diesem Angriff, der von CNN life übertragen wurde, gaben amerikanische Kommandanten öffentlich ihrem Bedauern über diesen Irrtum Ausdruck.[250] Ein ähnlicher Vorfall ereignete sich bei Falluja, einem Dorf westlich von Bagdad, wo britische *Tornados* auf eine Brücke zielten und dabei einen Markt zerstörten. Bei Samawah wurden zwei Brücken über den Euphrat zerstört. Doch die Bomben fielen auch auf das nahegelegene Dorf und töteten 417 Zivilisten. Als ein westliches Kamerateam am Schauplatz eintraf, wurden sie von den Dorfbewohnern wütend beschimpft. „Zuerst bombardiert ihr uns und bringt unsere Familien um, und jetzt wollt ihr uns fotografieren wie Tiere im Zoo."

Saddams Versuch, einen politischen Sieg zu erringen und den Westen in einen blutigen Stellungskrieg zu locken, war fehlgeschlagen. Seine zahlenmäßig überlegene Panzermacht und Artillerie kam nicht zum Zug.[251] Die gefürchteten Selbstmordattacken auf ungeschützte Ziele fanden niemals statt. Seine Luftstreitmacht wurde zusammengeschossen oder floh in den Iran. Die Geschicklichkeit der irakischen Ingenieure, die Befestigungen für ihre Truppen zum Eingraben bauten, kam nicht zur Geltung. Dafür sorgten die B-52-Bomber. Eine vertikale Kriegführung stieß den Irak langsam, aber sicher in die Unterwerfung.

* * *

Der Bodenangriff begann am 24. Februar 1991 und marschierte genau nach Zeitplan in die Geschichte.

Als die Kontrolle über den feindlichen Luftraum vollkommen erreicht war, und die Bodentruppen Saddams von einem unaufhörlichen Bombenteppich erschüttert waren, begaben sich die Bodenstreitkräfte der *Coalition Forces* auf ihren letzten Marsch. Der Landangriff dauerte einhundert Stunden. Auf seiten der *Coalition Forces* wurden 258.700 Menschen, 58.700 Fahrzeuge und 1.620 Flugzeuge mobilisiert. Ihnen standen 43 irakische Divisionen gegenüber. 545.000 Menschen und 4.280 Panzer.[252] Jedoch keine irakische Luftsicherung.

24. Februar. Jetzt war der Augenblick gekommen. Dicke ölige Rauchschwaden von explodierenden Geschossen zogen vorüber, feuriger Sandregen schoß in die Luft. Zehn Minuten lang nahm die mobile schwere Artillerie die irakischen Verteidigungsanlagen unter Beschuß. Ein Gruppe A-10 *tank-killer* brüllte über ihren Köpfen. Dann brachen die gepanzerten Kolonnen heraus, unterstützt von Schwärmen von *Apache-* und *Blackhawk*-Hubschraubern – und trafen auf keinen Widerstand. Ihr größtes Hindernis bildeten die Krater, die ein wochenlanges Luftbombardement hinterlassen hatte. Wellen amerikanischer M1 *Abrams*, britischer *Challengers* und der äußerst beweglichen französischen AMX-Panzer rollten über Schützengräben, die mit Leichen angefüllt waren. Dies waren keine Verluste der Artilleriesperrfeuer, die am Morgen stattgefunden hatten, sondern verweste Opfer der schrecklichen flächendeckenden Bombardierung durch die B-52-Bomber. Weiter hinten in dieser pockennarbigen und von Kratern übersäten Einöde trafen sie auf zerstörte Geschütze und im Sand begrabene Panzer. In Brand gesetzte Panzer lagen wie weggeworfener Abfall in der Wüste, einige waren von der Kraft naher Explosionen umgeworfen worden und lagen wie hilflose Riesenkäfer auf dem Rücken. Einige wenige Iraker krochen orientierungslos aus Erdhölen hervor. Schließlich waren die Panzer an Gefangenen und Befestigungen vorbei. Vor ihnen lag die offene Wüste.

Schnelle bewaffnete Einheiten[253] rasten über den trockenen Wüstensand, durchschnitten die Nachhut der irakischen Armee und steuerten auf die Straße von Basra nach Bagdad zu. Französische Einheiten von der *Division Daguet* nahmen das As-Salman-Flugfeld ein, und innerhalb von 24 Stunden waren ihre AMX-Panzer 200 Kilometer in den Irak vorgedrungen. Mittlerweile stieß eine Streitmacht der *Coalition Forces* aus amerikanischen und islamischen Divisionen, unterstützt von den riesigen Geschützen der Schlachtschiffe *Missouri* und *Wisconsin*, direkt auf Kuwait City vor.[254] Ein Bombenteppich von achtundsechzig B-52-Bombern hatte bereits die befestigten Stellungen der Iraker ausgeschaltet und brachte mit dem erdbebenartigen Bombardement (2.000 Tonnen hochexplosiven Materials in einem einzigen Ansturm) Tausende Panzerabwehrminen zur Explosion. Die irakischen Einheiten, die kampfbereit waren, wurden von drei Einheiten der *1st US Mechanized Division* angegriffen. Deren Panzer waren mit einer Bulldozerschaufel ausgestattet, mit der sie die irakische Infanterie in ihren Schützengräben mit Sand begruben. Obwohl die meisten von ihnen noch am Leben waren. „Wir haben vermutlich einige tausend getötet, soviel ich weiß", gab Oberst Anthony Moreno zu, der eine der Angriffsgruppen geleitet hatte.[255]

Die irakische Armee, die einer ganzen Armee mit überaus ausgeklügelter, modernster Bewaffnung gegenüberstand, hatte keine Chance. Diejenigen, die versuchten, auf den vielspurigen Straßen von Kuwait City nach der irakischen Grenze zu entkommen, wurden im Tumult der sich ausbreitenden Panik gefangen. Es gab Feuer vorne und Feuer hinten. Jeder schrie, denn die Stille war jetzt, wo keine Bomben mehr fielen, unerträglich geworden. Das war vor der Explosion, dieser plötzlichen, blendenden Wolke, als jeder von ihnen das Gefühl hatte, er selbst müßte explodieren. Ihre Flucht verwandelte sich in ein Massaker, weshalb die Straße „Highway zur Hölle" genannt wurde.

Als die ersten Einheiten der Streitkraft der *Coalition Forces* am Schauplatz erschienen, war die Luft mit Staub und schwarzem Rauch erfüllt. Ein übelriechender Dampf stieg aus der Erde auf. Tausende Fahrzeuge waren von einem Hagel von Splitterbomben erfaßt worden; nun lagen sie ausgebrannt und zerstört da, verkohlte Leichen ragten aus Panzerluken hervor, Teile von Leichen waren über den Boden verstreut – ein Mahnmal der menschlichen Opfer in dieser tödlichen Falle. Ein britischer Offizier zog folgende Bilanz: „Seit Hiroshima hat es nicht so viele Leichen auf einem Quadratmeter gegeben."[256]

Es gab keine Sonne, nur die erstickende Wolke schwarzen Rauches aus Hunderten brennenden Ölquellen, die die Iraker angezündet hatten, um ihren Rückzug zu decken. Die Politik der „verbrannten Erde", gemäß dem Motto: Was nicht mir gehört, sollst auch du nicht haben. Die Motoren einiger Lastwagen liefen noch, und das fahle Licht ihrer Scheinwerfer machte die Szenerie dieses Schauspiels noch dämonischer. Warum wurde eine Armee auf der Flucht noch derart vernichtet? Sollte ein Exempel statuiert und eine niederträchtige Nation bestraft werden, oder sollten die zerstörerischen Mittel der Kriegführung einer Supermacht vorgeführt werden?

Wir können uns nur fragen, warum dies geschah – nicht, wie es geschah, denn das war einfach. Man hatte eine neu entwickelte, niemals zuvor ausprobierte Superwaffe, den *fuel-air*-Sprengstoff zum Einsatz gebracht. Dabei handelte es sich um einen aus der Luft abgeworfenen Zylinder, der 400 Kilogramm komprimiertes Methangas enthielt, das sich rasch als Gaswolke ausdehnte. Nach der Zündung entwickelte sich intensive Hitze. In einem Umkreis von 300 Metern wurde alles Leben vernichtet. Die Waffe erreichte die gleiche Wirkung wie eine halbe Kilotonnen-Atombombe, ohne durch tödliche Strahlung das Gebiet zu verseuchen, wodurch die nachfolgenden Einheiten nicht gefährdet waren. Es war ein rascher und billiger Weg, einen Krieg zu beenden.[257]

Lebendig von Panzerbulldozern begraben, von Splitterbomben in Stücke gerissen, von *fuel-air*-Sprengstoff verbrannt, brach die irakische Armee zusammen. Der Feind forderte ungeheure Verluste, und Saddam Hussein sah sich gezwungen, den Rückzug aus Kuwait anzuordnen. Für die irakische Bevölkerung sollte das Schlimmste erst kommen.[258]

Die militärischen Verluste des Irak betrugen mehr als 100.000 Mann.[259]

Die Streitkräfte der *Coalition Forces* beklagten insgesamt 192 Tote, von denen 35 von „freundlichem Feuer" getötet wurden, zwei starben beim Entschärfen einer Bombe. In der Militärsprache wird ein derartiges Zahlenverhältnis der Verluste „Nullfaktor" genannt.

In der Wüste gibt es keine Möglichkeit, sich zu verstecken. So war es in den Tagen Saladins, und so ist es heute. Und wenn eine Schlacht beendet ist, deckt der Treibsand das Strandgut des Schlachtfeldes zu: die geschlagenen Kreuzritter – oder die ausgebrannten Panzer und die gebleichten Knochen ihrer Truppen.

Was wäre, wenn ...

Was wäre, wenn sich Saddam Hussein vor dem 17. Januar aus Kuwait zurückgezogen hätte?

Er hätte den Westen und die halbe Million verbündeter Soldaten wie einen Haufen Narren aussehen lassen.

Die Tatsachen

Am 28. Februar 1991 um acht Uhr begann die Feuerpause.

Und plötzlich, nach einem hundertstündigen Bodenangriff, bei dem die Panzer der *Coalition Forces* vor den Toren der irakischen Hauptstadt standen, erschien der Tyrann von Bagdad dem Westen als unentbehrlicher Garant für ein regionales Gleichgewicht. Es war politisch zweckmäßig, Saddam Hussein dort zu lassen, wo er war, damit seine Armee den Iran in Schach halten konnte. Auch wenn dies zynisch war, entsprach es einfach dem Prinzip: *Der Teufel, den du kennst, ist besser als der Teufel, den du nicht kennst.* Diese Entscheidung brachte eine Entschärfung des Kurdenproblems für die türkische Regierung mit sich (sollte Saddam sie unterdrücken und die Schuld auf sich nehmen). Auch für Saudi-Arabien und die Golf-Emirate, die sich der ständigen Bedrohung durch vom Iran unterstützte islamische Fundamentalisten gegenübersahen, war eine einsatzfähige irakische Armee von Bedeutung.

Die Kosten für diesen Krieg trugen hauptsächlich die Länder, die direkt betroffen waren: Saudi-Arabien, Kuwait und die Emirate. In diesem Sinne waren die Streitkräfte der *Coalition Forces* wenig mehr als ein Söldnerheer, das von den ölproduzierenden Ländern eingesetzt wurde.

Man kann sagen, daß die Soldaten, vor allem diejenigen, die in den amerikanischen Streitkräften dienten, ihre Sache gut gemacht haben. Das Post-Vietnam-Syndrom, bei dem – typisch für eine Armee in Friedenszeiten – „Pflicht, Ehre und Vaterland" in den Hintergrund traten, weil es vor allem darum ging, Karriere zu machen und zur rechten Zeit auf dem richtigen Posten zu sein, war abgelöst worden: Es gab wieder ein gemeinsames Ziel, ein Krieg mußte gewonnen werden. Das amerikanische Selbstvertrauen hatte seit dem Vietnamkrieg sehr gelitten. Aber die Zeiten der Unsicherheit waren nun endgültig vorbei.

General Norman Schwarzkopf, der „sichtbarste" Befehlshaber der Streitkräfte der *Coalition Forces*, bewies seine Qualitäten als fähiger Organisator, versagte jedoch auf der zwischenmenschlichen Ebene und dies sowohl im Kontakt mit seinen Untergebenen als auch mit seinen Vorgesetzten. Im März 1991 erklärte er die *Operation Wüstensturm* für beendet und sagte vor der Weltpresse, der Präsident der Vereinigten Staaten, George Bush, habe ihn um den endgültigen Kriegserfolg gebracht. General Schwarzkopf wurde, bevor er in Pension ging, mit einer Konfettiparade geehrt und schrieb dann seine Memoiren.

Saddam Hussein ist noch immer Präsident des Irak.

Das Bündnis im Golfkrieg war ein einzigartiges Projekt und eine politische Glanzleistung. Ausnahmsweise waren Ost und West, Moslems und Christen, durch ein gemeinsames Anliegen vereint. Aber die schöne Eintracht war schnell wieder zu Ende. Das Ausmaß der Konsequenzen, die der Golfkrieg mit sich brachte, kann noch nicht abgeschätzt werden. Sicher ist, daß der Golfkrieg die gesamte Militärstrategie der arabischen Halbinsel und des ganzen islamischen halbmondförmigen Bogens von Indonesien bis Algerien und Marokko grundsätzlich veränderte. Der rasante Aufstieg fundamentalistischer Kräfte steht in direkter Relation zur Operation *Wüstensturm.* Angesichts einer Milliarde Moslems, die diesen vermaledeiten unterirdischen Schatz hüten, von dem das Funktionieren der Industrienationen abhängt, kann es durchaus geschehen, daß der Westen im Bund mit denen, die er so gründlich geschlagen hat, eine *Realpolitik* führen wird.

Die Wüste ist schon oft als Versuchsfeld benützt worden. Viele der neuen Systeme haben im ersten „vertikalen Krieg" der Welt ihren Wert unter Beweis gestellt.[260] Der wissenschaftliche Fortschritt, einschließlich der damit verbundenen hohen Kosten, bestärkte Politiker und Generäle im Glauben, daß technologische Zauberei allein die Aufgabe erledigen könnte. Es stimmt schon, daß die Landstreitkräfte allesamt aus der Luft eliminiert wurden, nachdem die Kommandostruktur des Feindes durch den Einsatz von High-tech-Waffen lahmgelegt war. Aber letztlich waren es die Piloten am Himmel und die Panzerführer am Boden, die den Krieg gewannen. Der entscheidende Faktor in diesem Krieg war das menschliche Element – und wird es auch in jedem zukünftigen Krieg sein.

Dieser Krieg hat vor allem deutlich gemacht, daß Krieg in der modernen Welt mit einer Verlustrate von nur einigen hundert Menschen in den eigenen Reihen geführt werden kann.

Das ist der sogenannte Nullfaktor.

Die andere Möglichkeit ist die völlige Vernichtung …

DER HINGE-FAKTOR IM GOLFKRIEG lag in der absoluten technologischen Überlegenheit während der ersten Stunden des Angriffs. Alles, was danach geschah, war kein Krieg mehr, es war nur noch Vernichtung.

Der letzte Wendepunkt

*„Diese Offenbarung der Geheimnisse der Natur,
die dem Menschen gnädigerweise lange vorenthalten wurde, sollte im Geist und im Bewußtsein eines jeden Menschen, der fähig ist, zu
verstehen, die feierlichsten Betrachtungen hervor-
rufen. Wir müssen dafür beten, daß die herauf-
beschworenen Gefahren letztlich zum Frieden
unter den Nationen führen mögen und daß sie,
anstatt unermeßliche Verwüstung über die Erde
zu bringen, zur immerwährenden Quelle des weltweiten Wohlstandes würden."*

Winston Churchill, als er von Hiroshima erfuhr,
6. August 1945.[261]

Was wäre, wenn der Hinge-Faktor, der Dreh- und Angelpunkt einer Schlacht, den
Geschehnissen eine andere Richtung gegeben hätte? Was wäre, wenn die Schlacht
des Kreuzfahrers Guido von Lusignan gegen den Türken Saladin anders ausgegangen wäre. Hätte ein Sieg der „Ritter des Heiligen Kreuzes" über die „Verteidiger des
wahren Glaubens" das fortbestehende Problem der Stadt Jerusalem gelöst? Wir
können darüber nur Vermutungen anstellen. Und doch sind diese und andere große
Schlachten relativ unbedeutende Angelegenheiten, wenn man sie mit einem Ereignis vergleicht, das unseren Planeten hätte zerstören können und das die Gedanken
der zivilisierten Menschen verändert hat. Es fand um 8 Uhr 15 Minuten und 17 Sekunden statt, an einem hellen und sonnigen Augustmorgen des Jahres 1945. Es fand
in dem Augenblick statt, als ein blendender, greller Lichtblitz am Himmel über Japan aufleuchtete. Keiko Nakamura war eine der glücklichen. Sie starb sofort. Andere
fühlten, wie erst ihre Haut, dann ihre Knochen brannten, bis schließlich der erlö-
sende Hirntod eintrat.

Es war ein klarer sonniger Tag. Um Viertel vor acht heulten die Entwarnungssire-
nen. Die Bewohner von Hiroshima kamen aus den Schutzbunkern und starrten hinauf in den blauen Himmel. Einige der Überlebenden sagten später aus, sie hätten

den Kondensstreifen eines hoch fliegenden Flugzeugs gesehen, andere gaben an, eine viermotorige Maschine im Anflug auf die Stadt gesehen zu haben. In beiden Fällen stimmen die Angaben mit der Realität überein. Das erste Flugzeug war das Wetterflugzeug, das das Ziel abmarkierte und den Fliegeralarm auslöste, das zweite war die *Enola Gay* mit ihrer schrecklichen Ladung. Für sie heulte *keine* Sirene.

08.15'11" Five ... four ... three ... two ... one ... zero ... Die Welt wurde von einem kreideweißen Blitzlicht geblendet. Wahrscheinlich haben die vielen tausend Menschen, die in diesem Moment auf dem Weg zur Arbeit waren, den leuchtenden Blitz gar nicht wahrgenommen, der sich im Bruchteil einer Sekunde zu einem gigantischen Feuerball ausbreitete. Häuser stürzten ein, und ein Hitzesturm fegte durch die Straßen von Hiroshima.

Die Detonation war von ungeheurer Wucht, im Kern herrschten mehrere Millionen Grad Celsius. [262] Vier Sekunden lang hing ein Feuerball von sechzig Metern Durchmesser über der verdammten Stadt, zweimal so hell wie die Sonne. Wer zum Himmel hinaufschaute, verlor durch die extreme Blendwirkung das Augenlicht. Alles, was aus Holz war, ging bei dieser künstlichen Supernova sofort in Flammen auf. Sogar in zwei Kilometern Entfernung vom Sprengpunkt fingen Eisenbahnschwellen durch die Hitzestrahlung Feuer. In zweieinhalb Kilometern Entfernung wurden Menschen von der Druckwelle mit der Gewalt eines 160 Stundenkilometer schnellen Lastwagens zermalmt. Und selbst drei Kilometer von der Explosion entfernt hatte die Hitzewelle absolut brutale Wirkung, und die wenigen Überlebenden konnten keinen zusammenhängenden Bericht darüber machen, was sich ereignet hatte. Niemand konnte sich daran erinnern, eine Explosion gehört zu haben. Zehn Kilometer vom Epizentrum entfernt wurde in einem Vorort eine Person sofort getötet, und fünfundzwanzig starben innerhalb der nächsten drei Tage. Bewohner von etwas weiter weg liegenden Dörfern konnten sich nur daran erinnern, daß der Himmel plötzlich schwarz geworden war, und sich die Nacht über die Insel gesenkt hatte.

Direkt unter der Explosion war die Wucht verheerend. Stahlträger schmolzen zu eisernen Golfbällen, und Betonbauten zerfielen in Schutt und Asche. Im Umkreis von 700 Metern vom Epizentrum gab es keine Überlebenden. Von den Menschen, die sich dort befanden, war nur noch grauer Staub übrig. Ein wenig davon entfernt waren die brennenden Straßen mit verkohlten Körpern übersät. Dreitausend Meter vom Zentrum entfernt herrschte stumme Panik. Menschen mit brennenden Haaren stolperten in diesem Höllenszenario blind vorwärts. Andere sprangen in Brunnen, um die Flammen ihrer brennenden Kleider zu löschen. Überall stöhnten leidende Menschen: „Wasser, bitte Wasser!" Eine Mutter, die in einem brennenden Haus gefangen war, warf ihr Baby einem Passanten zu, der selbst auch schlimme Brandverletzungen hatte: „Bitte, rette mein Kind!" Der Mann fing das vom Feuer geschwärzte Baby in dem Moment auf, als die Mutter hinter einer Flammenwand verschwand. Diejenigen, denen es gelungen war, dem Inferno zu entkommen, fielen nun zu Boden und starben an inneren Blutungen, geplatzten Trommelfellen, verkohlten Eingeweiden.

Weiter entfernt, ein ohrenbetäubendes Crescendo von einstürzenden Gebäuden, splitterndem Glas und Schreien. Überall war Feuer, Häuser explodierten und brannten sofort lichterloh, Papier wirbelte durch die Luft, wie brennende Konfetti. Wasser schoß aus geborstenen Rohren und sprudelte aus geköpften Hydranten. Es regnete Glasscherben, die Straßen waren mit Leichen übersät. Überlebende mit schrecklichen Verbrennungen taumelten durch den gelben Nebel, schreiend, fallend, dann lagen sie still und regungslos da – wie zerbrochene Puppen.

Ein diffuses Licht brach über die Grenzen des Schreckens. Stille. Der plötzliche Horroreinbruch hatte nur zwei Minuten gedauert. *Es waren zwei Minuten, die die Welt veränderten.*

Diejenigen, die den Flammen entkommen waren, wurden nun Opfer des schwarzen Regens, des radioaktiven „Fall-out“. Es war die zweite Todeswelle, die sich über sie ergoß: eine letale Strahlendosis, die auf die gefolterte Erde zurückfiel. Ein kleines Mädchen setzte sich einfach nieder, lehnte sich mit dem Rücken an eine Mauer, um den Tod zu erwarten.

Innerhalb von zwei Tagen waren alle schweren Brandopfer ihren Verletzungen erlegen. All diejenigen, die bei der ursprünglichen Explosion der Bombe nicht umgekommen waren, entdeckten mit Schrecken neue Symptome. Sie bekamen große weiße Flecken um Augen und Ohren, und hohes Fieber streckte sie nieder, die Mandeln lösten sich auf, ihr Atem wurde schwer, und schließlich starben auch sie in Scharen.

Niemals hat es eine genaue Zählung der Opfer gegeben, denn sämtliche Aufzeichnungen über die Bevölkerungsstärke der Stadt sind bei der Explosion verbrannt.[263]

* * *

Beim Ausbruch des Zweiten Weltkrieges konnte niemand vermuten, daß die Atomenergie in weniger als einem Jahrzehnt ein wichtiger Faktor in der internationalen Politik werden würde. Deutsche Panzer überrannten Europa, drangen in Afrika ein und strömten nach Rußland. Ein weiteres Verbrechen der Nazis hatte möglicherweise verheerende Folgen für Deutschland selbst: Sie legten gegenüber ihren jüdischen Wissenschaftlern Intoleranz an den Tag. Der berühmteste aller Emigranten war Albert Einstein. Seine Theorien und die Forschungsergebnisse anderer Wissenschaftler, die vor der Nazi-Verfolgung[264] geflohen waren, schufen ein Ungeheuer. Die beiden amerikanischen Wissenschaftler Robert J. Oppenheimer und Ernest O. Lawrence, entwickelten zwei rivalisierende Verfahren, um das leichtere, bombentaugliche Uranium-Isotop U 235 vom viel schwereren U 238 zu trennen. Auch der Brite Nunn May ist hier zu erwähnen. Mit einemmal war der Krieg kein Würfelspiel mehr.

Aus Gelegenheit und Furcht war eine neue Welt entstanden. *Das Atomzeitalter.* Es steht für das Streben des Menschen, die Natur zu beherrschen. Die Kernforschung geriet außer Kontrolle und wurde zu einem Wettrüsten, das die Großmächte ungeachtet der Konsequenzen immer weiter betrieben. Politiker und Militärplaner akzeptierten die Realität des immer drohenden Atompilzes. Das Zeitalter des „Overkill" war geboren. Maschinen berechneten, wie viele Opfer die Menschheit verschmerzen konnte. Es liest sich wie Science-fiction.[265] Die Weigerung der Supermächte, nach 1945 den totalen Krieg zu führen, ist nur auf die einfache Tatsache zurückzuführen, daß der totale Krieg unmöglich geworden war, es sei denn, er würde zum Preis des planetaren Selbstmordes geführt.

Die Kuba-Raketen-Krise von 1962/63 ist uns allen ein Begriff. Zur Zeit der Auseinandersetzungen in der Karibik verfügte die UdSSR über ein Atomwaffenarsenal von 2.800 Sprengköpfen, und die Vereinigten Staaten besaßen 5.500 Atombomben, zuzüglich einer Flotte von unverwundbaren Unterseebooten mit Atomraketen. Die Strategen und Politiker auf beiden Seiten erkannten nur zu gut, daß ein offener Konflikt nicht in Frage kam. Kuba war keine nukleare Schwelle. Der Mittlere Osten schon.

1972 entsandte der libysche Präsident Gaddhaffi seinen stellvertretenden Befehlshaber inkognito nach China, um eine Bombe zu kaufen. Der libysche Major Jalloud wurde von Premierminister Tschu En-lai empfangen, der ihm mit formvollendeter chinesischer Höflichkeit mitteilte, daß Atombomben nicht verkäuflich seien.

Im April 1973 reiste Mohamed Heikal, der persönliche Berater des ägyptischen Präsidenten, nach Europa, um General Pierre Gallois – den Vater der französischen *Force de Frappe*, einen der führenden Geostrategen der Welt – zu besuchen.[266]

„*Mon Général*", begann Heikal, „die Israelis bombardieren unsere Städte, zerstören unsere Schulen und töten unsere Kinder.[267] Diese unerträgliche Situation muß beendet werden." Das waren starke Worte, die einen weiteren Krieg im Mittleren Osten bereits erahnen ließen. „Wir sind uns der Schlagkraft der israelischen Atomwaffen bewußt. Meine Frage ist nur, werden sie die Bombe einsetzen, wenn sie angegriffen werden?" Der General antwortete, ohne zu zögern: „*Die Atombombe ist keine Waffe, sie ist ein Abschreckungsmittel.* Sollten Sie angreifen, um die Gebiete zurückzuerobern, die Sie und der Rest der Welt als ägyptisches Eigentum betrachten,[268] ohne die Existenz des Staates Israel zu bedrohen, werden sie diese die Bombe nicht benützen. Aber versuchen Sie nicht, den Staat Israel ins Meer zu drängen."

Gallois hatte recht. Die vierte Runde in der kriegerischen Auseinandersetzung zwischen Arabern und Israelis trug den arabischen Codenamen *Badr*, und die israelische Bezeichnung *Yom-Kippur-Krieg*. Ein neuer Kriegstyp war entstanden. Obwohl bei diesem Kampf die konventionelle Ebene überschritten wurde, wurde die nukleare Schwelle nicht überschritten. Es war ein Krieg mit begrenzten Zielen und begrenzter Dauer.[269] Nach diesem vierten Krieg im Mittleren Osten setzten die Araber erstmalig ihr Öl als Waffe ein.[270]

Es ist bis heute nicht eindeutig geklärt, warum die Vereinigten Staaten am 25. Oktober 1973 Atomalarm auslösten. Nach einer Hot-line-Korrespondenz zwischen den Staatsoberhäuptern der Sowjetunion und der USA schrieb Breschnjew an Nixon: „Wenn die Israelis nicht an der Feuerpause festhalten, dann wollen wir zusammenhalten, um eine Waffenruhe zu erzwingen, wenn nötig mit Gewalt." Staatssekretär Kissinger interpretierte dies als eine Drohung. Gegenüber dem syrischen Präsidenten Assad sagte Breschnjew, daß er mit seiner Meldung einen falschen Alarm auslösen wollte, der eine Verstärkung der Krise bewußt herbeiführen sollte. Dieser Vorfall war insofern aufschlußreich, als er bewies, daß die Supermächte der Welt nicht den Wunsch hatten, in eine offene nukleare Konfrontation gezogen zu werden.

Im ausklingenden zwanzigsten Jahrhundert steckte die Menschheit im weltweiten Kräftemessen zwischen dem kommunistischen Osten und dem atlantischen Westen fest. Es ist nicht mehr der Schutz der eigenen Nation, der die Verteidigungsstrategie ausmacht, sondern es ist die Drohung, den anderen zu vernichten. Hiroshima und Nagasaki sind die konkreten Beispiele dieser Abschreckung. Ein nächstes Mal wäre ein tausendmal stärkerer Schlag. Jahrelang gründete die sowjetische Politik auf der Ansicht, daß der Westen niemals einen Atomkrieg beginnen würde, weil erstens ein Sieg unmöglich war und es zweitens für die Amerikaner – was einen Gegensatz zum sowjetischen Denken darstellt – unvorstellbar war, zwanzig Millionen Verluste einzuplanen. So bildete sich im Westen eine Stimmung der Niederlage heraus, und die UdSSR war moralisch im Vorteil, weil sie die Erlangung eines endgültigen Sieges für möglich hielt.

Der Westen drohte dem Gegner mit der Möglichkeit des atomaren Erstschlags durch *Minuteman*-Raketen[271] und Atom-U-Boote (die Russen konnten die „Boomers" nicht aufspüren, der Westen konnte jedoch sowjetische Atom-U-Boote orten), und die Russen hatten das Potential für einen Gegenangriff. Sie entwickelten die strategische SS-18-Interkontinentalrakete *(ICBM[272])*. Bald hatten sie über 300 dieser gelenkten Raketenwaffen mit je drei Kernsprengköpfen, die auf alle US-*Minutemen*-Silos gerichtet waren. Damit hatten sie beim Wettrüsten die Nase vorn. Mit der Ankunft der US-*Trident*-U-Boote und dem Leitsystem aus geostatischen Satelliten, dem sogenannten *Global Positioning System (GPS)*, übernahm der Westen erneut die Vorherrschaft. Das nukleare Wettrüsten war in vollem Gange, und jahrelang bewegten sich die Waagschalen des atomaren Abschreckunsgleichgewichts auf und ab, einer Bewegung folgte die Gegenbewegung. Das „Gleichgewicht des Schreckens". Schließlich war es auch gar nicht so kompliziert. Es gab keine bahnbrechenden wissenschaftlichen Entdeckungen, die Waffen wurden nach den Leitlinien produziert, die dreißig Jahre zuvor von den großen Physikern geschaffen worden waren. Es ging nur darum, das bestgeeignete Material zu finden, das richtige Werkzeug herzustellen und dann alles wie ein Kinderpuzzle zusammenzufügen. Die Bomben wurden immer größer, weil die Treffsicherheit nicht hundertprozentig garantiert war. Sobald dieses Problem gelöst war, wurden aus den Bomben „Bömbchen", die eine sowjetische Kommandozentrale in einer *Datscha* oder den *Oval Room* des Weißen Hauses aus fünftausend Meilen Entfernung präzise treffen konnten. Schließlich entwickelten die Vereinigten Staaten die *Strategic Defense Initiative (SDI)*, ein Forschungsprogramm zur Abwehr von Raketenwaffen im Weltraum, das auf hochentwickelter Lasertechnologie[273] basierte. Glücklicherweise blieb es der Welt vorenthalten, zu wissen, ob es funktioniert hätte.

Noch dauerte der kalte Krieg an. Eine Reihe von Abrüstungsgesprächen[274] mit großer Öffentlichkeitswirkung fanden stand, aber sie waren im Grunde bedeutungslos, weil der tatsächliche Abbau der nuklearen Sprengköpfe rein kosmetischer Natur war. Sogar nach der Verminderung des Bestandes an Massenvernichtungswaffen um fünfzig Prozent blieben jeder Supermacht noch immer genug Bomben, um die gesamte Weltbevölkerung zehnfach zu vernichten.

Doch schon lange vorher war ein neuer Faktor ins Spiel gekommen. Die Ankunft einer *potentiellen* dritten Supermacht auf der Weltbühne – potentiell deshalb, weil China nach wie vor weder Gegner noch Verbündeter war, aber sicher ein Überlebender in einem verheerenden Knopfdruckkrieg. Und das weißrussisch geführte Moskau hatte nach dem *Holocaust* mehr Angst vor einem Weltsozialismus unter chinesischer Oberhoheit als vor einer wirtschaftlichen Übernahme durch den Westen. (In einem privaten Gespräch mit dem Autor stellte ein pensionierter sowjetischer Beamter einmal fest, daß, verglichen mit der Bedrohung durch China, einem Land von einer Milliarde Landhungriger, Hitlers Invasionsarmeen eine „Pilgerschar" war.)

Die symbolische Bedeutung des Falls der Berliner Mauer hat dem kalten Krieg ein Ende gesetzt. Es wäre jedoch ein kostspieliger Fehler anzunehmen, daß der Westen für alle Zeiten dem Rest der Welt die Richtung diktieren kann. Im kommenden Jahrhundert werden in allen Bereichen grundlegende Umwälzungen stattfinden, auch in der Art und Weise der Kriegführung. Künstliche Intelligenz kann vielleicht schon bald menschliche Intelligenz übertreffen. Die militärische Wissenschaft wird davon nicht unberührt bleiben. Der Golfkrieg von 1991 lieferte dafür die ersten Anzeichen. Die Kugel wurde durch einen Mikrochip ersetzt, der nicht größer als ein Daumennagel ist. In einem zukünftigen Konflikt kann der Hinge-Faktor durchaus von einem Roboter abhängen, der selbständig denken kann. Die Gefahr besteht darin, daß zukünftige Soldaten stärker von der Technik abhängen als von den menschlichen Tugenden, die für militärische Führer durch die Geschichte hindurch bestimmend waren.

Zu Zeiten von auf klassische Art und Weise aneinandergereihten Einzelschlachten dauerte es nur wenige Stunden, bis die Sieger die Bezwungenen ausplünderten und hinmetzelten. Wenige Tausende führten diese Knock-Out-Schläge durch, und der Hinge-Faktor konnte immer klar definiert werden. Sogar im napoleonischen Zeitalter, als riesige Formationen von Männern aufeinanderstießen, war immer eindeutig, wer einen Fehler beging, und das Resultat eines einfachen Irrtums war ebenso verheerend wie unmittelbar. Im Laufe der lang andauernden Zusammenstöße der beiden Weltkriege wurde es zunehmend schwieriger diesen bedeutenden Aspekt des Wendepunktes einer Schlacht zu bestimmen – solange, bis es zum absoluten Höhepunkt in Japan kam. So hat sich die Welt stetig vom *Excalibur* des Königs Arthur auf den *Little Boy* von Robert Oppenheimer zubewegt.[275] Mit einem grellen Lichtblitz löschte eine Bombe das Prinzip aus, daß „Krieg das letzte Instrument der Politik ist", ein Prinzip, bei dem Bedrohung durch Abschreckung ersetzt wurde, die darin bestand, daß *die sichere Möglichkeit der gegenseitigen Zerstörung* permanent unter Beweis gestellt wurde.

Wenn wir davon ausgehen, daß Atomwaffen wirklich und wahrhaftig den Frieden im ausklingenden zweiten Jahrtausend bewahrt haben, wenn wir uns nicht scheuen, eine ständige Krisensituation mit immer wiederkehrenden „kleinen Blutbädern" im Mittleren Osten oder in Afrika als Weltfrieden zu bezeichnen – dann können wir *die Bombe von Hiroshima* als *letzten Hinge-Faktor* betrachten.

Sollte eine zukünftige Generation gewissenlos genug sein, eine weitere Bombe abzuwerfen, dann wäre dies wahrscheinlich der letzte Hinge-Faktor überhaupt …

Anmerkungen

1 Dies gilt vor allem für Zahlen über die Truppenstärke der kämpfenden Heere sowie für die Angaben über die Zahl der Verletzten und Gefallenen. Bei Azincourt (1415) zum Beispiel werden die französischen Verluste mit 8.000–10.000 toten Rittern angegeben, während die Engländer nur 400 Todesfälle erlitten haben sollen. Bedenkt man, daß damals Mann gegen Mann gekämpft wurde, ist dies kaum zu glauben. Wir haben heute nicht einmal genaue Zahlen der Atombombenopfer von Nagasaki und Hiroshima, dabei liegt der Abwurf der Atombombe erst wenige Jahre zurück, und es wurde genau darüber berichtet.

2 Leute aus meiner Branche, die von den Militärs so oft für „professionelle Voyeure" gehalten werden, erinnern sich daran, daß unsere Berichte das Chaos einer Schlacht in unauslöschliche Bilder prägen, und daß die Wirkung der Ereignisse über die wir schonungslos berichten, die Zeitungsausgabe des nächsten Tages überdauert.

3 Die Reste seiner Burg sind noch heute in der Nähe von Korinth zu sehen.

4 Hektor ist ein Krieger der Antike, der immer wieder mit Julius Caesar und Karl dem Großen auf eine Stufe gestellt wird.

5 Homers *Illias* endet mit dem Tod des Helden Hektor. 1000 Jahre nach dem Fall Trojas beschreibt Vergil in seiner *Aeneis* den Fortgang der Ereignisse.

6 Vergil hat die Heldensage *Aeneis* geschrieben, um die Macht Roms zu verherrlichen.

7 Homer, der etwa 850 v. Chr. schrieb, beendet seine Ilias mit dem Tod von Hektor. Die beste Quelle für den Fall von Troja ist die *Aeneis*, Vergil schrieb auf lebendige Art Geschichten, die über Jahrhunderte mündlich überliefert worden waren. Vielleicht wurde die Königin von Sparta wirklich bei einem Überfall von den Trojanern entführt, was dann zur Vergeltungsaktion durch die Griechen geführt hat. Im fünften Jahrhundert v. Chr. erzählt uns Herodot, der Vater der Geschichtsschreibung, daß die Trojaner dem griechischen Boten versicherten, Königin Helena sei zwar nicht in Troja, aber die Götter wünschten den Krieg.

8 Ort an der asiatischen Seite der Dardanellen.

9 Pausanias (2. Jahrhundert n. Chr.) nimmt in seiner „Beschreibung Griechenlands" an, das Pferd sei eine Kriegsmaschine oder ein Katapult gewesen.

10 Ein Zeitgenosse und Freund des Sarazenen-Sultans Saladin, oder Salah ed-Din.

11 *Estoire d'Eracles*, ein französischer Text aus dem 13. Jahrhundert, vermutlich nach Guillaume de Tyr.

12 Am Rande der Niederlage kaufte der türkische Sultan byzantinische Söldner und ihr Verrat führte zu einem vernichtenden Sieg durch die Türken.

13 Guillaume de Tyr: „Man sah mit Schrecken das Heer der Toten …"

14 Das Fürstentum Tripolis war von seinem Großvater Raimund von Toulouse gegründet worden.

15 Bedeutet: der Starke, der Mächtige.

16 Kalif bedeutet „Stellvertreter des Propheten". Im katholischen Christentum würde dies dem Papsttitel entsprechen.

17 Heute Saffuria.

18 80.000 Mann.

19 Heute Bursa.

20 Kurz vor dem Abmarsch wurde die Armeestärke um 1.200 Reiter und 7.000 Fußsoldaten erhöht, die vom Lösegeld Heinrichs II. von England bezahlt wurden, welches dieser für den Mord am Erzbischof von Canterbury begleichen mußte.

21 Etwa dreißig Kilometer auf modernen Straßen.

22 Karawanen wurden bei der Durchquerung einer Wüste üblicherweise von Wasserwagen begleitet, doch da diese von Ochsen gezogen wurden, war die Reisegeschwindigkeit sehr gering.

23 Die Sarazenen benutzten einen kurzen Bogen, der nicht die durchdringende Kraft des englischen Langbogens besaß, wie er z. B. bei Crécy und Azincourt verwendet wurde.

24 Morrison beschreibt das in seinem Buch: *The recovery of Jerusalem* (1871) so: „Die Straße von Sefariah nach Tiberien zieht durch ein langes offenes Tal, bis sie Libieh erreicht, wo sie allmählich zum See abfällt. Auf dieser Straße, auf der es kein Wasser gibt, keinen Schatten, und wo das Glitzern des Kalksteins zur intensiven Sonnenhitze dazukommt, wurden die Christen von allen Seiten von den leichten Pferden der Sarazenen angegriffen."

25 Sie werden namentlich angeführt in *Estoire d'Eracles:* Bald de Fortuna, Raymundus Buccus, Laodicius de Thabaria. Sie verrieten Saladin den Plan des Königs.

26 Der Gebirgskamm der Hörner von Hattin liegt nordöstlich von Tabor und südöstlich des Dorfes von Hattin (oder Hittin). Er ist etwa 4,5 Kilometer von Tiberias entfernt, etwa dreieinhalb Stunden Fußmarsch.

27 Nach der Schlacht wurde auf Anordnung Saladins auf demselben Hügel eine Moschee erbaut.

28 *Estoire d'Eracles.*

29 Mohammed, Koran IV, 72 ff.: „Es mögen für die Sachen Gottes jene kämpfen, welche dem irdischen Leben die andere Welt vorziehen; denn, wer für die Sache Gottes kämpft und getötet wird, dem werden wir großen Lohn geben. Was ist denn mit Euch, daß Ihr nicht kämpfet für die Sache Gottes?" (Aus einem altdeutschen Manuskript.)

30 Bericht von Ibn al-Athir, einem arabischen Chronisten.

31 Unter ihnen: Raimund von Tripolis und seine vier Söhne, Hugo, Wilhelm, Raoul und Otto sowie Balian de Ibelin.

32 Imad ed-Din, ein Zeitgenosse, in seiner „Chronik von Hattin".

33 *Estoire d'Eracles* und *Passio Reginaldi*, von Pierre de Blois, ein Zeitgenosse Saladins.

34 Er sandte einst einen Hengst an Richard Löwenherz, als sein Gegner in der Schlacht sein Pferd verlor.

35 Ein ähnliches Beispiel in der Geschichte Westeuropas sind die Albigenser in Südfrankreich.

36 Die tatsächliche Anzahl der Kämpfer von Azincourt differiert von einer historischen Zählung bis zur nächsten, vermutlich standen etwa 25.000 Franzosen 5.000 Engländern gegenüber. Die Zahl hat auf die Auswirkungen der Ereignisse keinen Einfluß.

37 „Das Tragen von Rüstungen und der Gebrauch von Waffen war durch göttliche Vorbestimmung nur Personen von hohen Fähigkeiten vorbehalten" (Col Lloyd, Geschichte der Infanterie).

38 Am 24. November 1407 war der Herzog von Orléans ermordet worden. Zwischen den Burgundern und den Armagnacs (Orleanisten) brach ein blutiger Bürgerkrieg aus.

39 *Canaille aux pieds nus*, oder barfüßiges Gesindel, weist auf einen niederen Stand im Feudalsystem hin.

40 Der heutige Begriff des Gendarmen geht zurück auf die *Gens d'armes*, Waffenleute.

41 *„Les Français étaient pesamment armés et étaient en terre molle jusqu'au gros des jambes, ce qui leur était moult grand travail: car à grand peine pouvaient ils ravoir leur jambes et se tirer de la terre"* (Juvénal des Ursins).

42 Interessant ist, daß die obszöne Geste der „zwei Finger" eigentlich gar nicht obszön ist, sondern daher kommt, daß englische Bogenschützen die Franzosen verhöhnten, indem sie ihnen ihre „Bogenfinger" zeigten. Wenn ein Bogenschütze von den Franzosen gefangengenommen wurde, wurden ihm diese zwei Finger abgeschnitten, damit er seine Bogensehne nie mehr spannen konnte.

43 Ein Helm mit breiter Krempe.

44 *„Les archers d'Angleterre, légèrement armés, frappaient et abattaient les Français à tas …"* (Juvénal des Ursins).

45 Die Ehre der Kavallerie.

46 Dieser ist noch heute auf seinem Grabmal in der Westminster Abbey zu sehen.

47 *„Henri V ordonna que chacun tuat son prisonnier. Mais ceux qui les avaient pris ne voulurent pas les tuer, car ils en attendaient grande finance. Les archers se chargent de la besogne: moult pitoyable chose. Car, de sang-froid, toute cette noblesse francaise fut la tuée ed decoupés tetes et visages"* *(Chronique de Jean Lefèvre).*

48 *„Œuvre de Dieu qui leur était adversaire"* (Charles d'Orléans in Gefangenschaft).

49 *„Troisieme defaite, et cette fois le massacre sauvage de toute la haute noblesse de France …"* (Histoire de France).

50 Auch heute noch wird im französischen Sprachgebrauch alles Englische mit Mißtrauen behandelt.

51 Die meisten der wörtlichen Aussprüche stammen aus den Notizen eines Zeitgenossen im Lager des Kaisers, A. J. Groß-Hoffinger. Aus unerklärlichen Gründen wurde sein Bericht niemals in Österreich veröffentlicht, doch 1847 erschien er in Deutschland unter dem Titel „Die Geschichte Josephs II.".

52 Am 2. Dezember 1787 hatten die Österreicher die türkische Festung Belgrad angegriffen, doch der Krieg wurde erst am 2. Februar 1788 erklärt.

53 Brief von Joseph II. an Fürst Kaunitz, 1788. Der Originaltext war in französischer Sprache abgefaßt.

54 Transsylvanien/Siebenbürgen, heute ein Teil von Rumänien.

55 Anstelle von fähigen Offizieren beschäftigten die Österreicher unzählige Bürokraten, die derartige Statistiken hinterließen.

56 A. J. Groß-Hoffinger.

57 Wegen seiner diplomatischen Schnitzer mußten die Russen nun gegen eine preußisch-schwedische Armee marschieren. Kaunitz schreibt: „Wir können auf die Russen nicht zählen. Sie haben uns mit Versprechen eingeschläfert."

58 „Der *coup d'œil* eines Generals ist das Talent großer Männer, auf Anhieb die Vorteile eines Terrains zu erfassen und diese für ihre Armee zu nutzen …" (Friedrich der Große).

59 Angeblich hat Fürst Potemkin mit Katharina gegen eine Unterstützungsaktion für Joseph intrigiert.

60 Das beeindruckte die Türken so sehr, daß der Leichnam des heldenhaften Leutnant Lopreski auf Befehl des Paschas in Seide gehüllt und dem Kaiser übergeben wurde.

61 Ein Potentat, der für seine Grausamkeit bekannt war.

62 Karansebes, heute Caransebes, liegt in der Nähe der rumänischen Stadt Timişoara/Temesvár. Der Name Karansebes kommt vermutlich aus einer Ode von Ovid: Cara mihi sedes. Der Dichter ist dort begraben.

63 A. J. Groß-Hoffinger.

64 Nomaden, die vornehmlich von Zigeunern abstammten.

65 Militärische Kopfbedeckung, die in der französischen Armee seit 1806 den dreieckigen Hut der Infanterie ersetzte. Ursprünglich aus Filz, dann aus schwarzlackiertem Leder.

66 „Ich freue mich, den Befehlen meines Marschalls folgen zu dürfen."

67 „General, übernehmen Sie das Kommando des Korps."

68 „Zu Befehl, Herr *Maréchal.*"

69 „Für die Rettung Frankreichs! Vorwärts!"

70 „Es lebe der Kaiser!"

71 1808–1814.

72 Dies war nicht nur eine Parade, sondern eine Demonstration der Stärke, um den Feind einzuschüchtern.

73 Jäger, Husaren, Dragoner, Lanciers, Kürassiere, die Kaiserliche Garde.

74 Dokumente der Befreiung 1815, veröffentlicht 1913.

75 Aus Marschall Blüchers persönlichem Nachlaß (1815).

76 So unwahrscheinlich dies erscheinen mag, Grouchy tat nichts, um sie abzuschirmen. Und selbst als er schließlich mit eigenen Augen sah, wie die preußische Hauptstreitmacht seine Angriffslinie überquerte und zum Mont St-Jean marschierte, tat er noch immer nichts, um sie zu abzuschirmen.

77 Gourmelin überlebte und schrieb zehn Jahre später über dieses Ereignis.

78 Die Ironie des Schicksals wollte, daß er getötet wurde, weil er sein schnellstes Pferd zurückgelassen hatte. Es war ihm für die Schlacht zu kostbar gewesen.

79 Häussler.

80 Es heißt, daß ein Kavallerist nicht von seinem Pferd steigt, ehe er tot ist. Dies erklärt vielleicht, warum die französischen Reiter nicht die englischen Kanonen benützten.

81 „Die Kürassiere griffen sechs oder sieben Mal durch unsere verlassene Batterie an. Zwei Schwadronen kamen den Hang heraufgaloppiert, doch sie wichen aus, als unsere Kavallerie angriff. Wir nutzten diesen Augenblick, um ihnen Zerstörung nachzusenden" (Rudyard, ein Offizier in Lloyds Batterie der 9-Pfünder).

82 Ney wurde im Dezember 1815 von den *Emigrées* hingerichtet.

83 40 Jahre später gab es wieder eine „dünne rote Linie": bei Sewastopol.

84 Aus einem Bericht Kapitän Powells an Major General Siborne.

85 Halbes Bataillon links drehen ... anlegen ... Feuer!

86 Rette sich, wer kann.

87 In der französischen Umgangssprache ist dieser Ausdruck bekannt als „das Wort von Cambronne".

88 Nach der Schlacht schrieb der alte Feldmarschall Blücher zwei Briefe. Der erste ging an seine Frau:
Genappes, 19. Junius 1815. Schlachtfeld by Belle alliance. Was ich versprochen habe, habe ich gehalten, den 16. Junius wurde ich gezwungen, der Gewalt zu weichen; den 18. habe ich, in Verbindung meines Freundes Wellington, Napoleon den Garaus gemacht. Wo er hingekommen, weiß kein Mensch.
Der zweite Brief war Blüchers politisches Testament. Er ging an seinen König:
Wavre, 24. Junius 1815. Ich bitte alleruntertänigst Ew. Majestät, die Diplomaten anzuweisen, daß sie nicht wieder das verlieren, was der Soldat mit seinem Blut errungen hat.

89 In seinen Erinnerungen bemerkt Napoleon: „Marschall Grouchy, mit 34.000 Mann und 108 Geschützen, hatte das Unmögliche möglich gemacht und es geschafft, weder auf dem Schlachtfeld von Mont St-Jean dabeizusein, noch bei Wavre."
Und was brachte Grouchy auf diese Anschuldigung zu seiner Verteidigung vor?
„Inspiration steht im Krieg nur dem Oberkommandanten zu, und seine Leutnants müssen sich an die Befehle halten."

90 Lord Raglan hatte als Leutnant unter Wellington bei Waterloo gedient. Er lebte noch immer im Zeitalter der Bajonettangriffe *à la Napoléon*. Die Flut von wissenschaftlichen und technischen Neuerungen, die Europa geradezu überschwemmte, ging völlig unbemerkt an ihm vorüber. Sein einziger Lesestoff war *Der Graf von Monte Christo* (C. Hibbert).

91 Erdhaufen vor einer Kanonenstellung, der der Befestigung des Geschützes dient.

92 Fürst Menschikoff, russischer Oberkommandant. Für ihn war Sewastopol der Höhepunkt einer katastrophalen diplomatischen und militärischen Karriere.

93 Die Berichte von William Howard Russel an die Londoner *Times* sind die beste Informationsquelle zu den Ereignissen bei Balaklawa. Auch heute noch wird er als größter Kriegsberichterstatter aller Zeiten betrachtet. Es erinnert Leute meines Berufes (ich war Kriegsberichterstatter), die von den Militärs so oft als „professionelle Voyeure" betrachtet werden, daran, daß wir nicht unsichtbar sind und daß die Ereignisse, über die wir berichten, die Zeitungsausgabe des nächsten Tages überdauern müssen.

94 W.-H. Russel, *The Times Dispatches.*

95 1858 kommandierte Sir Colin Campbel, dann Lord Clyde, die gleichen Truppen zum Entsatz von Lucknow in Indien mit einem „Gedenkt der Schlacht von Balaklawa".

96 Aus reinem Zufall wieder Seite an Seite, wie bei Waterloo.

97 Morris schrieb in sein Tagebuch: „Je mehr ich von Lord Lucan und Lord Cardigan sehe, desto verachtenswerter finde ich sie. Welch Ignoranz und Arroganz!"

98 Dieser Befehl existiert noch heute.

99 Die Katastrophe wurde durch mangelnde Kommunikation zwischen fünf Schlüsselfiguren hervorgerufen: Raglan–Airey–Lucan–Cardigan und dem ungestümten Nolan.

100 Am Ende des Rückzuges waren die 17. Lanciers von Captain Morris auf siebenunddreißig Mann zusammengeschmolzen, während die 13. Leichten Dragoner acht Überlebende zählten.

101 Dargestellt von Errol Flynn und David Niven in dem Michael-Curtiz-Film „The Charge of the Light Brigade".

102 Florence Nightingale lenkte die Aufmerksamkeit der Öffentlichkeit auf diesen Skandal der trostlosen Verhältnisse der Verwundetenfürsorge während des Krimkriegs und bereitete den Weg zur Gründung des Internationalen Roten Kreuzes. „... für die Tausend und mehr, die an Diarrhöe und Ruhr leiden, gibt es nur zwanzig Nachtgeschirre ... amputierte Glieder schwimmen im Wasser des Balaklawa-Hafens ..."

103 Vgl. Kapitel: Ein gewisser Dr. Sorge.

104 Die Nordarmee.

105 Es war das für General A. P. Hill bestimmte Exemplar.

106 87.000 Unionssoldaten gegen 30.000 Konföderierte.

107 Französische Erfindung einer sphärischen Musketenkugel.

108 Lee sollte an diesem Tag fünfmal verwundet und dann von der Front weg transportiert werden.

109 Einer seiner Nachkommen, Harry Josef Coons, führte den Angriff auf *Hill 943* in Vietnam.

110 Proklamation zur Sklavenemanzipation.

111 Bismarck mußte einen Zweifrontenkrieg vermeiden. Als seine Politik zu Beginn des Ersten Weltkrieges mißachtet wurde, führte dies zum Untergang Deutschlands.

112 Die Österreicher unter Graf Gyulai hätten den Tag siegreich beendet, wäre ihr Kommandant nicht in Panik geraten.

113 Obwohl Napoleon III. ein Telegramm nach Paris sandte: „*Grande bataille, grande victoire!*" („Große Schlacht, großer Sieg!").

114 Bayard war ein Franzose des 16. Jahrhunderts, der bekannt war als „*Bayard, sans peur, sans reproche*" (ohne Furcht und Tadel).

115 Mehr als für seine militärischen Erfolge ist Radetzky durch einen Marsch bekannt, der ihm zu Ehren von Johann Strauß Vater geschrieben wurde und der jedes Jahr das Wiener Neujahrskonzert beschließt.

116 Benannt nach seiner langen Zündnadel, die eine Papierpatrone durchdringen mußte. Die englische Armee zögerte. Lord Wavell wandte ein: „Im Krieg ist kein Platz für eine empfindliche Maschinerie." Nachdem die Franzosen die entscheidenden Tatsachen von Königgrätz studiert hatten, übernahmen sie das Chassepot-Gewehr, das von A. M. Chassepot 1863 entwickelt worden und dem preußischen Dreyse-Gewehr überlegen war.

117 Das Dreyse-Gewehr hatte einen Mangel. Nach wenigen Entladungen verschloß die Bolzenvorrichtung das Verschlußstück nicht mehr, und Gase entwichen, an denen sich die Schützen verbrannten. Daher legten sie ihre Wange nicht mehr an das Gewehr, um genau Ziel zu nehmen. Statt dessen feuerten sie aus der Hüfte.

118 Jäger waren Soldaten, die große Erfahrung als Jagdaufseher hatten. Sie waren bekannt für ihre Treff-sicherheit und die souveräne Beherrschung des Geländes.

119 Nach dem Krieg rechtfertigte der Kronprinz seine Verspätung durch den schlechten Straßenzustand, der durch den Regen verursacht worden war.

120 Es waren die Höhen von Maslowed.

121 Der Held von Tannenberg im Ersten Weltkrieg.

122 Dies wird am besten dadurch veranschaulicht, daß der König den Preußen nicht eher erlaubte, vom Zentrum (Chlum) wegzugehen, bevor die österreichische Artillerie nicht ihre Geschütze auf die rechte Flanke gerichtet hatte.

123 1870, als die Preußen in Kompanieformation aufmarschiert waren, erlitten sie bei ihren langen An-griffen erschreckende Verluste.

124 Die frühesten Modelle feuerten 150 Schuß pro Minute.

125 Sein persönlicher Diener stahl sogar seine militärischen Auszeichnungen. Als der Kronprinz davon hörte, bot er Benedek seine eigenen Medaillen an.

126 Die meisten der militärischen Beobachter hatten große Karrieren vor sich: Sir John Hamilton wurde Armeekommandant, Caviglia wurde italienischer Kriegsminister, und ein gewisser Captain Pershing führte im Ersten Weltkrieg das Kontingent der Vereinigten Staaten.

127 *En clair* meint die unverschlüsselte Verständigung über Funk oder Radio.

128 Der deutsche Vormarsch wurde etwa fünfzig Kilometer vor der Hauptstadt während der Schlacht an der Marne gestoppt.

129 Bekannt als „Prinzip Tordenskold", nach einem anekdotischen Verwirrspiel, das die Dänen mit den Engländern gespielt hatten und bei dem eine Handvoll Dänen unter Kapitän Tordenskold von Straße zu Straße rannte, und sich so lange immer wieder hinter anderen Häusern zeigte, bis das britische Regiment glaubte, es habe es mit einer großen dänischen Armee zu tun, und sich zurückzog.

130 Es war der Bote, der von den Ulanen gefangengenommen worden war.

131 Landwehrbrigaden wurden während der Napoleonischen Kriege als lokale Landsturmeinheiten ge-gründet.

132 Nach dem Krieg besuchte General Max Hoffmann das Schlachtfeld bei Tannenberg und sagte zu einem Freund: „Hier schlief der Feldmarschall vor der Schlacht, hier schlief er nach der Schlacht, und hier schlief Hindenburg während der Schlacht ...", und er fügte hinzu: „Es ist wohl unsinnig die Frage zu erörtern: Wäre es auch ohne den Wechsel der Oberbefehlshaber zu einem Sieg bei Tan-nenberg gekommen? Ich glaube, ja."

133 Kurioserweise wurde diese Technik von den Engländern in Omdurman (1898) gegen die Anhänger des Mahdi entwickelt. Die Briten hatten sogar einen Vers daraus gemacht: *Whatever happens, we have got, the Maxim-gun, and they have not ...* (Was auch immer geschieht, wir haben das Maxim-Gewehr, und sie haben es nicht ...).

134 Kurt Assmann, Kämpfe in den deutschen Kolonien (1935): „Ich fühle mich durch die törichten Ab-machungen vom 8. August 1914 in keiner Weise mehr gebunden."

135 Indische Soldaten.

136 *Panga* ist die afrikanische Machete, ein *Kukri* ist ein Gurkha-Kurzschwert.

137 15 Deutsche und 54 *Askaris*.

138 Hans Thilo-Schmidt war ein guter Parteisoldat, dessen Bruder eine Panzerdivision kommandierte, mit anderen Worten, ein Mann, der über jeden Verdacht erhaben war. Und nun hatte dieser Mann den Franzosen jahrelang unschätzbare Informationen zugespielt. Die Identität von Hans Thilo-Schmidt, alias Bertrand, wurde an dem Tag, als die Deutschen Paris einnahmen, von der Abwehr auf-gedeckt. Auf einem Nebengleis der Eisenbahn entdeckten sie einen Güterwagen, der alle Dokumente

des *Deuxième Bureau* enthielt, einschließlich des Namens ihres wertvollsten Spions. Bertrand wurde hingerichtet.

139 Während Deutschland Polen angriff, waren die Westalliierten nur stille Beobachter, und auch während der „Drôle de Guerre"-Periode von September 1939 bis Mai 1940 taten sie nichts. Dabei hatte Deutschland 1939 gar nicht die Mittel, einen Zweifrontenkrieg zu führen.

140 Ein großer Teil der deutschen Panzer (770) waren tschechische Škodas.

141 Roger Bruge, *On a livré la Ligne Maginot*.

142 Der britische General Sir Alan Brooke hatte zu einem früheren Zeitpunkt in diesem Jahr Corap einen Besuch abgestattet und hatte auf das Fehlen der Panzerabwehrstellungen hingewiesen, worauf Corap erwiderte: *„Ah bah! On va les faire plus tard – allons, on va déjeuner!"* *(„Ach was! Um die kümmern wir uns später – gehen wir erst mal essen!")*

143 General Halder: „Bereits am 17. Mai hatte Hitler die hinter kopflos weichendem Feind nachstürmende Panzertruppe von Kleist durch persönlichen Befehl aufgehalten" (Peter Bor, Gespräche mit Halder).

144 Codename für die Evakuierung Dünkirchens.

145 David Irving, Rommel.

146 St-Eloi ist nur wenige Kilometer von la crête de Vimy entfernt, einem berühmten Kriegsschauplatz des Ersten Weltkriegs.

147 Insgesamt 56 Divisionen, wobei die 10 holländischen und die Reservedivisionen nicht mitgezählt sind, die bereits vom Hauptfeld abgetrennt waren.

148 Es ist bis heute nicht eindeutig geklärt, wann das Telegramm abgeschickt wurde. Nach Churchills Erinnerung war es am Morgen des 21. Mai.

149 Durch eine eigenartige Fügung des Schicksals fand die ganze Aktion dort statt, wo sich 1815 die Engländer und Preußen verbündet hatten, um Napoleon bei Waterloo zu besiegen.

150 General Jodls Tagebucheintrag dieses Tages: „Der Führer ist außer sich vor Freude. Spricht in Worten höchster Anerkennung vom deutschen Heer und seiner Führung."

151 Der Bruder von General E. von Manstein wurde während dieser Aktion in einem Stuka abgeschossen.

152 Die Deutschen nannten sie das „Heeresanklopfgerät", um höflich anzuklopfen.

153 Die „Acht-Acht" oder Flak, (eine Flugabwehrkanone), die ganz besonders erfolgreich gegen Panzer war.

154 General Jodls persönliche Notizen über die Schlacht von Arras zeigt die völlige Verwirrung im OKW: *Der Führer ist unruhig, daß die Infanteriedivisionen nicht genügend vorwärts getrieben werden.*

155 Am 24. besuchte Hitler von Rundstedt persönlich im Hauptquartier der HGr „A" in Charleville. Der General versicherte seinem Führer, daß seine Panzer eine kurze Rast dazu benutzten konnten, um sich wieder zu pflegen, jedoch war nie die Rede davon, seine Panzer zu stoppen …

156 Göring wurde aufgrund seines Körperumfanges „der Dicke" genannt.

157 Admiral Ansel, aus Gesprächen mit Luftwaffengeneral Jeschonnek, Görings Adjutanten. Die Tatsache, daß Göring für den Haltebefehl verantwortlich war, wurde von den Luftmarschällen Kesselring und Milch während einer Befragung in einem POW-Lager 1945 bestätigt.

158 Die Linie Lens–Bethune–Aire–St-Omer–Gravelines.

159 General Halder in einem Interview mit Peter Bor nach dem Krieg (Gespräche mit Halder).

160 Jacobsen, *Dokumente zum Westfeldzug 1940*.

161 General Walter Warlimont, *Im Hauptquartier der deutschen Wehrmacht*.

162 Hasso von Etzdorf, der Vertreter des deutschen Außenministeriums im OKW, schrieb am 21. Mai 1940: „Wir suchen Fühlung mit England auf Basis der Teilung der Welt."

163 Der Militärhistoriker G. H. Liddell Hart schreibt in seiner *Geschichte des 2. Weltkrieges:* „Die Flucht der British Expeditionary Force 1940 gelang vor allem aufgrund von Hitlers persönlichem Eingreifen, als er seine Panzer drei Tage lang anhalten ließ. Seine Aktion schützte die britischen Streitkräfte, als nichts sonst sie hätte retten können."

164 Die Informationen über die Aktion Z/209 entnahm ich einem Artikel von Godfrey Winn im *Sunday Express* vom 1. Juni 1941. Die Zensur verhinderte, daß Winn seinen Knüller über den „Yankee Pilot" veröffentlichte. Die Vereinigten Staaten waren dem Krieg noch nicht beigetreten, und die Teilnahme eines amerikanischen Offiziers an einem britischen Flugzeugangriff stellte eine grobe Mißachtung der US-Neutralität dar. Fähnrich L. B. Smith, erwähnt in einer Notiz vom 29. Juli 1941 an den Assistant Chief des British Naval Staff, wurde von Ludovic Kennedy aufgespürt. 1973 bestätigte der mittlerweile pensionierte Fähnrich ihm bei einem Gespräch in Kearney, Nebraska, den Ablauf der Geschehnisse.

165 Ludovic Kennedy hat seine Informationen aus einem geheimen Bericht von Fähnrich L. B. Smith an die Nachrichtenabteilung des Departments of Naval Operations, U S Navy.

166 Heute Gdynia, Polen.

167 In der British Navy galt die Regel, immer dann aufzutanken, wenn ein Großkampfschiff eine Hafeneinrichtung erreichte. Lütjens mißachtete sie, was sich als schwerwiegender Fehler in der sonst so perfekten Durchführung des Durchbruchs der *Bismarck* erwies; durch diese Entscheidung hatte bei der darauffolgenden Jagd im Atlantik jeder Fehler fatale Folgen.

168 15 Inch sind 380 mm.

169 Beide waren mit dem von den Briten entwickelten RADAR ausgestattet. Sie konnten damit begrenzte Entfernungen überwachen. Hitler hatte befohlen, die Entwicklung eines ähnlichen Systems für Deutschland zu stoppen. Anhand einer erbeuteten britischen Anlage wurde die Überlegenheit der britischen 9-Zentimeter-Welle über das deutsche 50-Zentimeter-System klar ersichtlich. Da war es aber zu spät.

170 27,2 Kilometer, das ist die Entfernung von Paris bis zur Marne.

171 Bericht von Kapitänleutnant Freiherr von Müllheim-Rechberg, IV. Artillerieoffizier.

172 Beobachtet sowohl von der *Prince of Wales* als auch von der *Bismarck.*

173 Es sollte noch weitere sieben Monate dauern, bis die Vereinigten Staaten in den Krieg eintraten, aber Amerika hatte bereits klargemacht, wo seine Sympathien lagen.

174 Nach deutschen Nachrichten war die *Arc Royal* mindestens dreimal versenkt worden.

175 Churchill sandte über die Admiralität einen gegenteilig lautenden Befehl: „... die *Bismarck* bis zur französischen Küste verfolgen, selbst wenn das bedeutet, das die *KG V* heimgeschleppt werden muß ..."

176 Es muß das Fliegergespann Lt. Godfrey-Fausset und Sub-Lt. Kenneth Pattison gewesen sein.

177 Wir müssen annehmen, daß dies der Treffer von Tony Beale war, da er sich nach dem ereignete, was Herzog beschrieben hat.

178 Über diese Entscheidung schrieb Vizeadmiral Eberhard Weichhold: „Es ist das Schicksal der Frontkommandanten, und vor allem der Befehlshaber auf dem Meer, daß sie ihre Entscheidung auf der Brücke in Sekundenschnelle treffen müssen, ohne genau über die Position des Feindes Bescheid zu wissen, und daß erst hinterher darüber diskutiert werden kann, ob diese den ebenfalls unbekannten Gegenmaßnahmen des Widersachers entsprach."

179 Ein Großteil der Beschreibung stammt aus Interviews mit Überlebenden und aus schriftlichen Berichten, wie zum Beispiel von Kapitänleutnant Freiherr von Müllheim-Rechberg.

180 Das Drama der *Bismarck* war vermutlich das am häufigsten behandelte Radioereignis des Krieges.

181 Hitler wurde über das Schicksal der *Bismarck* durch eine abgefangene Reuter-Meldung (13 Uhr) informiert.

182 Es est viel darüber spekuliert worden, ob es britische Marinegeschütze waren, die das Schiff zum Sinken gebracht haben oder ob es eine Selbstversenkung der Deutschen war.

183 Ironischerweise mußten die drei sich vor einem Kriegsgericht wegen Desertion verantworten, sie wurden jedoch freigesprochen.

184 Die Schwester der *Bismarck*, das Schlachtschiff *Tirpitz*, war niemals an einer richtigen Aktion beteiligt. Sie wurde bei einem britischen Luftangriff in einem norwegischen Fjord versenkt.

185 Hitlers Tagesbefehl für die „Operation Barbarossa", die Invasion Rußlands, lautete: „Das Gros der russischen Armee, das in Westrußland stationiert ist, soll in einer Reihe von kühnen Operationen zerstört werden. Massierte Panzerverbände führen den Durchbruch an ..."

186 Nach offiziellen Zahlenangaben wurden 3,006.867 gefangen genommen; die Russen nannten eine Zahl von 2,122.000 Opfern. Deutsche Verluste wurden mit insgesamt 743.112 Gefallenen, Vermißten oder Verwundeten angegeben.

187 Napoleon hatte am 7. September bei Borodino gekämpft, und eine Woche später hatten seine Truppen in Moskau Einzug gehalten. Hitler befahl die Attacke auf Moskau an einem Datum, an dem Napoleon den Rückzug von Moskau antrat, um seine Armee nicht dem russischen Winter auszusetzen.

188 Das berühmte Napoleonische Schlachtfeld von 1812.

189 Abkürzung für Narodnyj Kommissariat Wnutrennych Del (Volkskommissariat für Innere Angelegenheiten), das Instrument des stalinistischen Terrors.

190 Eins ist sicher: Er zeigte sich nicht auf dem Balkon des Lenin-Mausoleums, um die Parade vom 7. November abzunehmen.

191 Sie gaben das Geheimnis der „Operation Zitadelle", der Panzerschlacht bei Kursk, bekannt.

192 Er wurde als Kind deutscher Eltern in Baku geboren und schloß sich in seiner frühen Jugend der bolschewistischen Partei an.

193 Der britische Geheimdienst fing alle Nachrichten an Berlin ab, und Philby gab diese an Moskau weiter. Kim Philby wurde nach seiner Flucht nach Moskau von Genrikh Borovic (*The Philby Files*) interviewt: „Was war Ihrer Meinung nach die wertvollste Information, die sie jemals nach Moskau weitergaben?" Philby: „... das Telegramm von Botschafter Ott, eben diesem guten Freund von Sorge, daß die Japaner bald eine größere militärische Operation nach Süden starten würden. Das bedeutete, daß die militärischen Operationen gegen die Sowjetunion abgesagt wurden." „Berichtete Sorge darüber nicht?" „Das ist die eigentliche Sache. Stalin traute seinem Geheimdienst nicht. Er (Stalin) wollte ja nur zu gerne daran glauben, und mein Bericht wurde unabhängig durch Sorge aus Japan bestätigt." (Tatsächlich war es genau umgekehrt, die Mitteilung Sorges war bereits einen Monat zuvor eingetroffen.)

194 Aufstellung vor der russischen Gegenoffensive:
Russische Einheiten, Oberkommando Schukow:
10. (Golikov), 50. (Boldin), 49. (Sacharin), 43. (Golubjev), 33. (Jemfremov), 5. (Goworov), 16. (Rokossowskij), 20. (Wlassov), 1. (Kuznezov), 30. (Ljeljuschenko), und 1. Garde-Kavallerie (Belov).
Deutsche Einheiten, Oberbefehlshaber von Bock (78 Divisionen):
2. Panzerarmee (Guderian), 2. Armee (von Weichs), 4. Armee (von Kluge), 4. Panzerarmee (Höpner), 9. (Strauss), 3. Panzergruppe (Reinhardt).

195 Das russische Oberkommendo warf insgesamt 117 neue Einheiten in die Schlacht. Die Deutschen hatten nur 9 Reserveeinheiten.

196 Stalinorgel.

197 Stalins Kritiker hatten nicht über alle seine militärischen Fehler genau berichtet, aber Hitlers Generäle schon.

198 Kurz vor seinem Tod sagte Kim Philby: „Natürlich, was Sorge geschehen ist, hätte auch mir passieren können. Aber ich gebe ganz offen zu, ich hätte nicht so enden wollen wie er" (Borovic, *The Philby Files*).

199 Philby bestätigte, daß Sorges Information den Schlüssel zum endgültigen Sieg der Sowjets lieferte.

200 Borovic im Gespräch mit Philby: „Aber wußte Sorge denn nichts über Pearl Harbor?"
Philby: „Die Japaner erzählten dem deutschen Botschafter Ott nichts über ihren unmittelbar bevorstehenden Angriff auf die USA, um Hitler nicht zu alarmieren. Hitler wußte, wenn die Japaner die Vereinigten Staaten angriffen, würden sie nicht gegen die UdSSR vorgehen" (*The Philby Files: With Sorge*).

201 Während seines Aufenthaltes in Vietnam erhielt der Autor eine Fotokopie dieses Pamphlets. Die Schrift gleicht der von General Giap.

202 SP: specialist policeman, PFC: private first class.

203 Er wurde wahrscheinlich von einer Kugel aus den eigenen Reihen getötet, die während des nachfolgenden Kampfes um die Befreiung des Botschaftsgeländes außerhalb des Geländes abgeschossen wurde.

204 AP = Associated Press, Nachrichtenagentur.

205 Etwa zur gleichen Zeit meldete sich Radio Hanoi mit einem Gedicht des verehrten Führers des Landes, Kamerad Ho Chi Minh.
Dieser Frühling überstrahlt weit alle vorherigen Frühlinge
von Siegen in unserem ganzen Land kommen glückliche Nachrichten
laßt Süden und Norden sich im Kampf gegen den amerikanischen Aggressor verbinden
Vorwärts – der totale Sieg wird unser sein ...

206 Etwa: eine Schlächterei im Paradies.

207 Entspricht nicht der Wahrheit, von den neunzehn gehörten vier dem zivilen Botschaftsstab an. Später stellte sich heraus, daß einer der Botschaftschauffeure, Nguyen Van De, ein aktiver Vietkong war und den Angriff auf die Botschaft geleitet hatte.

208 Vereinigte Staaten.

209 „Sie sind ein Trottel!"

210 Flüge von Militärmaschinen zur Evakuierung von Verletzten.

211 Die hier beschriebenen Ereignisse hat der Autor persönlich erlebt. Sie sind in seinem Buch *The Mills of God* nachzulesen.

212 Der Mann, der den Vietkong erschoß, war der südvietnamesische Polizeichef, General Nguyen Ngoc Loan.

213 Adams gewann viele Preise, darunter den begehrten Pulitzer-Preis.
Der Filmbericht von Suu ging zehn Minuten Sendebeginn bei der *NBC* New York ein. Er zeigte, wie jemand in dem Augenblick vor seine Kamera getreten war, als der Schuß abgefeuert wurde, und keiner der über zwanzig Millionen Fernsehzuschauer bemerkte, daß man den Mörder nicht sah. Der Produzent der *NBC Evening News*, Northshield, hatte die letzten siebzehn Sekunden herausgeschnitten, um den Todeskampf nicht zu zeigen. Drei Sekunden lang blieb der Bildschirm schwarz.

214 Es war ein Medienereignis, das so spektakulär war, wie die Übertragung der Mondlandung oder der Olympischen Spiele in München.

215 Generalmajor Winant Sidle, Oberhaupt des Sidle Committee des US Department of Defense, über die Art und Weise des Berichterstattung in der Presse bei zukünftigen militärischen Operationen.

216 Nach den *Tet*-Ereignissen kamen die Studentenunruhen an den amerikanischen Universitäten, das Verbrennen von Wehrpässen und die Unruhen in den Ghettos der Schwarzen.

217 Die amerikanischen Streitkräfte.

218 Bis zur Errichtung der Mauer im Jahr 1961 hatten 2,7 Millionen Menschen aus dem Osten Zuflucht in Westdeutschland gesucht.

219 17. August 1962, zwischen Charlotten- und Markgrafenstraße. Während seines Begräbnisses wurden fünf britische und amerikanische Korrespondenten verhaftet.

220 Der Staatssicherheitsdienst bestand aus 85.000 Agenten. Die von ihnen geführten Akten enthielten detaillierte Informationen über sechs Millionen Einwohner, einschließlich solcher Pikanterien, daß die Eislaufolympiasiegerin mit einem anderen Teammitglied zwischen 8.03 und 8.09 Uhr geschlafen hat.

221 Der LDPD-Politiker war nach dem Rücktritt von Egon Krenz provisorisches Staatsoberhaupt der DDR.

222 Tausende „urlaubende" Ostdeutsche erkletterten die Gitter der westdeutschen Botschaften in Prag und Budapest und suchten um Asyl nach.

223 US-Präsident George Bush soll gefragt haben: „Warum hat man uns nichts gesagt?"

224 Da sie vermutlich glaubten, es geschähe auf besonderen Befehl.

225 Heinrich Heine hatte ein Jahrhundert zuvor ein Gedicht geschrieben:
Im traurigen Monat November war's
Die Tage wurden trüber
Der Wind riß von den Bäumen das Laub
Da reite ich nach Deutschland hinüber.

Und als ich an die Grenze kam
Da fühlte ich ein stärkeres Klopfen
In meiner Brust, ich glaube sogar
Die Augen begannen zu tropfen.

226 Der *Trabi*, oder Trabant, wurde Wunderauto genannt, weil es ein Wunder war, daß er sich fortbewegte.

227 Am Tag genau vor 71 Jahren hatte Philipp Scheidemann die Erste Deutsche Republik ausgerufen: „Die Feinde des werktätigen Volkes, die Deutschlands Zusammenbruch verschuldet haben, sind still und unsichtbar geworden. Das Alte und Morsche ist zusammengebrochen. Es lebe das Neue! Es lebe die Deutsche Republik!"

228 Zwei Sikorsky-MH 53 E-*Pave Low*-Hubschrauber führten vier Hughes-AH 64-*Apaches* an.

229 Etwa 5.000 Spezialisten nahmen an dieser Eröffnungsaktion teil.

230 Für US-Präsident George Bush war der Krieg ein unvermeidbarer Schritt auf dem Weg zu einer neuen Weltordnung. Er nahm an, daß er den internationalen Verhaltenskodex verbessern würde.

231 Saladin errang bei Hattin einen entscheidenden Sieg über die Kreuzfahrer (1188) und eroberte Jerusalem (siehe Kapitel „Das Horn von Hattin").

232 Der Konflikt zwischen Iran und Irak hat seine Wurzeln in der Zeit des Osmanischen Reiches. Nach dem Umsturz in Teheran durch die Islamische Revolution wollte Saddam Hussein die andere Hälfte des Shatt-el-Arab (= der Arabische Fluß) zurückgewinnen. Als Kuwait den Konflikt mit seiner *tank*-Flotte internationalisierte, entsandten die Vereinigten Staaten 32 Kriegsschiffe an den Golf. Der internationale Druck zeigte die Niederlage für den Iran an.

233 Am 2. August um 4 Uhr 45 unterzeichnete Präsident Bush ein Gesetz, das alle kuwaitischen Vermögen in den USA einfror. Zur gleichen Zeit unterzeichnete Mrs. Thatcher in London ein ähnliches Gesetz. Dadurch entging dem Irak eine ungeheure Kriegsbeute.

234 Dort war der weltweit lukrativste Markt für Waffenproduzenten.

235 1981 vernichteten israelische Bomben den irakischen Atommeiler in Osirek durch einen Präventiv-

angriff. Danach hatte der Irak in der Nähe von Tarmiya eine neue Atomwaffenproduktion aufgebaut, von der er sich die Gewinnung von 15 Kilogramm hochangereichertem Uranium innerhalb der nächsten 30 Monate erwartete.

236 Japan beteiligte sich mit 9 Milliarden Dollar an den Kriegskosten, Deutschland mit 5,5 Milliarden. Bundeskanzler Helmuth Kohl sagte jedoch im Bundestag: „Für uns Deutsche kann es in der Weltpolitik keine sichere Nische geben. Wir müssen uns der Verantwortung stellen, ob wir wollen oder nicht."

237 Das war durch den *Goldwater Nichols Act* von 1986 möglich geworden.

238 Eine komplette, mobile Radar- und Funkanlage.

239 *Saratoga, Kennedy, Theodore Roosevelt, America, Midway, Ranger.*

240 Von diesen gehörten 700 den Staaten des internationalen Bündnisses.

241 Diese Aktion war sicherlich als Demonstration gedacht, um der Welt zu zeigen, daß die US Air Force genügend Leistungsfähigkeit besaß, um an jedem beliebigen Punkt der Erde einen Angriff durchzuführen. Dies hätte genauso leicht mit Hilfe der im Golf vorhandenen *Tomahawk*-Marschflugkörper auf den Schiffen der US Navy bewiesen werden können.

242 Es gibt nach wie vor keine Angaben darüber, ob dieses streng geheime Flugzeug wirklich gestartet ist. Es ist mit einem hoch entwickelten Übertragungssystem ausgestattet, das es den Bodenkommandanten ermöglicht, die Aufnahmen am Bildschirm live mitzuverfolgen.

243 Laut verschiedener Berichte hat der erste Angriff bereits um 2 Uhr 44 stattgefunden. Es könnte sich bei den zu diesem Zeitpunkt registrierten Flugbewegungen um Lockvögel gehandelt haben.

244 Nur zwei konnte die Luftabwehr abfangen. Einer zerstörte zwei Häuser, der andere explodierte auf einem ungenützten Gelände.

245 Insgesamt trafen 88 *Scuds* auf alliiertes Territorium. 46 gingen in Saudi-Arabien nieder, 42 trafen Israel. Der schlimmste Treffer tötete 28 Menschen auf einer amerikanischen Basis in Dhahran.

246 Die Streitkräfte des islamischen Bündnisses setzten sich aus Einheiten aus Saudi-Arabien, Syrien, Ägypten, Kuwait, Bengal, Marokko, Senegal, Niger, Sudan, Oman, Bahrain und Qatar zusammen.

247 Der Autor hatte Gelegenheit, die *Patriot*-Stellungen entlang der türkischen Grenze zu besuchen.

248 Es muß erwähnt werden, daß Saddam dieselbe Propagandamethode mit CNN versuchte, aber in diesem Fall funktionierte es nicht. Saddam trieb den Zynismus auf die Spitze, als er mit seinen „eingeladenen Gästen" im Fernsehen gezeigt wurde und dabei den Kopf eines blonden Knaben streichelte. Diese Manipulation von Informationen – von beiden Seiten gleichermaßen betrieben – spielte eine entscheidende politische Rolle.

249 „TIME", 11. Februar 1991.

250 Paul Lewis schrieb am 13. Mai 1991 in der *International Herald Tribune*, dies sei der Grund, warum heute weniger Kinder in den Straßen von Amiriya seien.

251 Irakische Truppen griffen die saudiarabische Stadt Khafji, 10 Kilometer von der Grenze entfernt, an, wurden jedoch mit großen Verlusten zurückgeschlagen.

252 Diese Zahlen beziehen sich auf den 15. Januar 1991. Laut General Schwarzkopf waren 21 Divisionen ausgeschaltet worden.

253 Die 6. französische bewaffnete Division, unterstützt von der US 82. *Airborne.*

254 Am Abend des ersten Tages waren die alliierten Streitmächte nach Mina Abdallah vorgedrungen, nur 30 Kilometer von Kuwait City entfernt.

255 Am 12. September 1991 stellte ein Sprecher des Pentagon, Pete Williams, fest: „Die Soldaten, die getötet wurden, waren in den Schützengräben geblieben, um bis zum Ende zu kämpfen."

256 Jean-Paul Mari in: Témoinage sur une guerre propre, *Le Nouvel Observateur, 14/20 März 1991.*

257 Der Sprecher des Pentagon, Pete Williams, erklärte vor Journalisten, daß dieses Vorgehen nicht der Genfer Konvention widersprach.

258 Die UNICEF errechnete, daß 170.000 Kinder an den Folgen des Bombardements sterben mußten, weil die Infrastruktur für die Beschaffung von Grundnahrungsmitteln zerstört war und durch die Hungersnot, die durch das Embargo verursacht wurde. Die *Jordan Times* vom 25. Mai 1991 druckte eine Stellungnahme von Prinz Aga Khan ab: „Die Krankenhäuser sind zu Orten der Ansteckung geworden, ohne Medikamente, ohne Nahrungsmittel, es gibt nicht einmal Wasser oder Strom … In der Nähe von Basra sind 98 % der Patienten Kinder, die an Durchfall leiden." Und *Le Monde* vom 26. Oktober schreibt, daß die auf 68.000 geschätzte Anzahl von Kindern, die an den Folgen des Embargos gestorben sind, realistisch ist.

259 Diese Zahlenangabe machte General Norman Schwarzkopf vor einer Kommission des US-Senats. Es sollte darauf hingewiesen werden, daß erst seit Vietnam „geschätzte feindliche Verluste" die Obsession der US-Streitkräfte wurden. *(Greenpeace* schätzt die Gesamtverluste durch Luftbombardements, einschließlich der von der Zivilbevölkerung erlittenen, auf 200.000).

260 Lasergesteuerte *Paveway*-Bomben, *GPS* oder *Global Positioning System*, mit dem jedes Fahrzeug und jedes Flugzeug ausgestattet war, mit Kanonen bestückte Angriffshubschrauber, Artillerie-Nachtsichtgeräte, AWACS und *Joint Star*-Luftüberwachungsflugzeuge, Satelliten-Überblick, F 117 *Stealth*-Bomber und A-10-Panzerabwehrartillerie aus der Luft, *UAV (unaccompanied vehicles)* oder ferngesteuerte Fahrzeuge ohne Fahrzeugführer, *Patriot*, ein Raketenabwehrsystem, von U-Booten abgeschossene Marschflugkörper und, nicht zuletzt, die Manipulation durch die Fernsehsender, die als skrupellose Bilderfabriken den Regierungen halfen, die öffentliche Meinung zu ihren Gunsten zu wenden.
Es gab auch einige technische Mängel. Das *Patriot*-System hatte zwar seine politische Wirkung, konnte jedoch technisch nur einen Teilerfolg vorweisen – von 80 abgeschossenen *Scuds* wurden nur 24 abgefangen; das Scheitern des anspruchsvollen Überwachungssystems, zur Positionsbestimmung der mobilen *Scud*-Abschußrampen sowie das Führungssystem der Marschflugkörper (nur 65% erreichten ihre vorgegebenen Ziele).

231 *This revelation of the secrets of nature, long mercifully withheld from man, should arouse the most solemn reflections in the minds and conscience of every human being capable of comprehension. We must indeed pray that these awful agencies will be made to conduce to peace among nations, and that instead of wreaking measureless havoc upon the entire globe, they may become a perennial fountain of world prosperity.*

262 Die Temperatur im Kern des fürchterlichen Feuerballes war viermal so groß wie im Zentrum der Sonne.

263 Ich stütze mich hier auf Berichte von Überlebenden aus Hiroshima und Nagasaki, die von Forschern in Zeitschriften und medizinischen Fachzeitschriften veröffentlicht wurden.

264 Leo Tzilard, Niels Bohr, Enrico Fermi, Lise Meitner, Otto Frisch, Rudolf Peierls, Eugene Wigner, Eduard Teller etc. „Die Physiker sind mit der Sünde in Berührung gekommen, und dieses Wissen wird sie nie wieder loslassen", sagte der Physiker J. Robert Oppenheimer.

265 Am 10. Oktober 1949 berichtete ein Komitee an Präsident Truman, daß „die Beschleunigung des Atomenergieprogramms für die nationale Sicherheit von größtem Interesse ist". Eine einzige 100-Megatonnen-Bombe kann schätzungsweise ein Gebiet der sechsfachen Größe von New York City mitsamt der 15-Millionen-Bevölkerung vernichten.

266 Pierre Gallois, heute in Pension, ist nach wie vor ein führender Stratege, Autor und Mitarbeiter von *Politique Internationale*. Die Informationen über die Bombenaffäre zwischen China und Libyen entnahm ich Heikals *Road to Ramadan*.

267 Bei einem israelischen Angriff wurde versehentlich eine Bombe auf eine Schule eines Vorortes von Kairo abgeworfen.

268 Sueskanal und Sinai.

269 Er dauerte zwei Wochen, und das Schlachtfeld dehnte sich an beiden Ufern des Sueskanals nie über zwanzig Kilometer aus.

270 Der Schlüssel hierzu war König Feisal von Saudi-Arabien, der Präsident Sadat mitteilte: „Wir wollen unser Öl nicht als Waffe in einer Schlacht einsetzen, die zwei oder drei Tage dauert und dann endet. Wir wollen eine Schlacht sehen, die lange genug andauert, um die öffentliche Meinung der Welt zu mobilisieren." (Heikal)

271 *Minuteman* war im amerikanischen Bürgerkrieg die Bezeichnung für die Freiwilligen auf Abruf.

272 Abkürzung für *Intercontinental Ballistic Missile*.

273 Multiple Laser wurden dabei von einer Reihe von Spiegeln auf einen entfernten Reflektor gerichtet, der den zerstörerischen Strahl gegen ein sich näherndes Geschoß zurücksandte. Dieses System ist nicht vergleichbar mit der während des Golfkrieges benützten *Patriot*, einer bodengestützten Antiraketen-Rakete.

274 Viele Verhandlungen konzentrierten sich auf die Definition von „Offensiv-" und „Defensivwaffen". Eine „defensive Bombe" wurde weder als bedrohlich noch als destabilisierend angesehen. Ein anderer Punkt war das Einräumen des Rechts auf eine Inspektion vor Ort.

275 Codename der Hiroshima-Bombe. Die Bombe von Nagasaki wurde codiert als *Fat Man* bezeichnet.

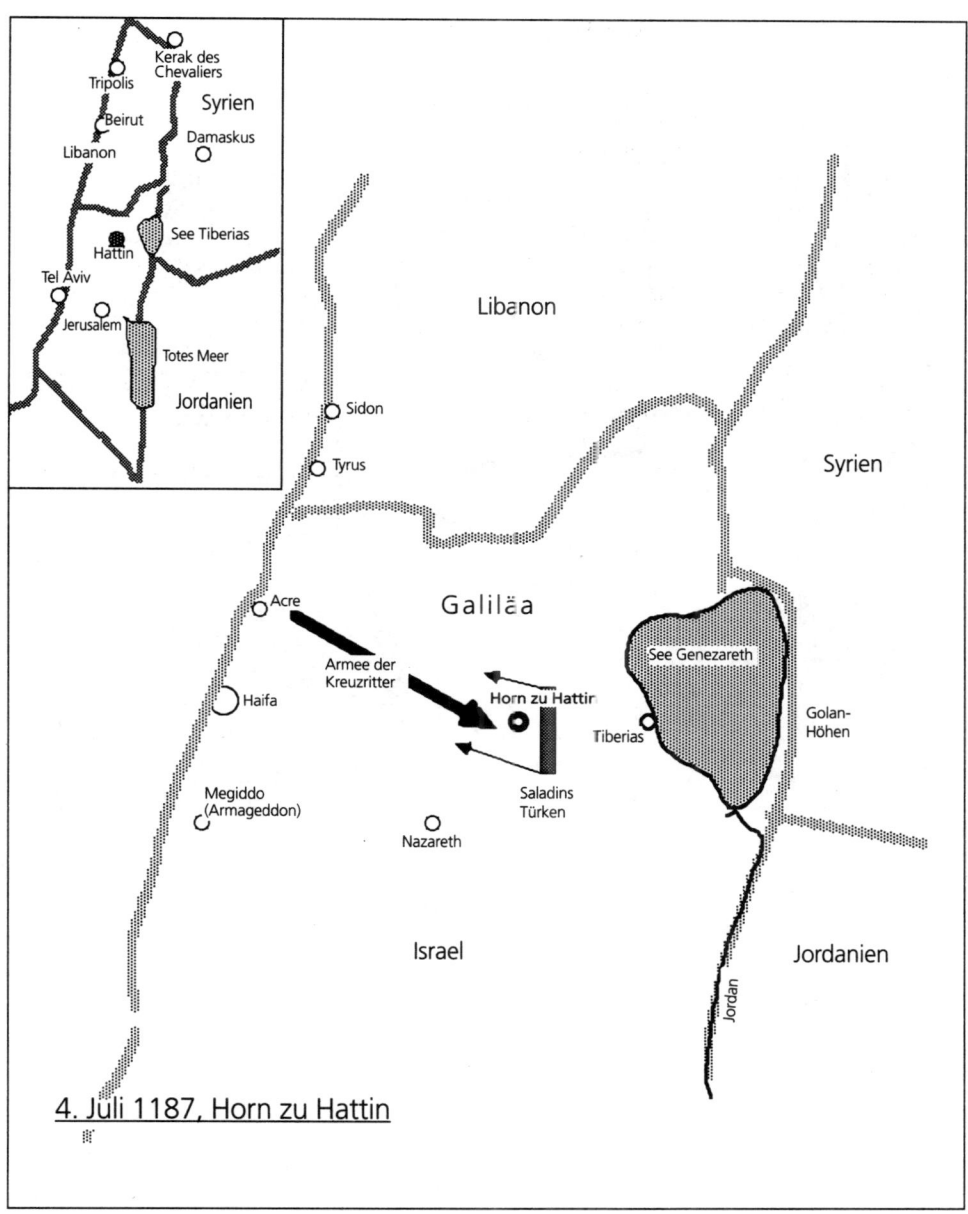

Kerak des Chevaliers
Tripolis
Syrien
Beirut
Damaskus
Libanon
See Tiberias
Hattin
Tel Aviv
Jerusalem
Totes Meer
Jordanien

Libanon

Sidon

Tyrus

Syrien

Acre
Galiläa
See Genezareth
Armee der
Kreuzritter
Horn zu Hattin
Golan-
Höhen
Haifa
Tiberias
Megiddo
(Armageddon)
Saladins
Türken
Nazareth

Israel
Jordanien

Jordan

4. Juli 1187, Horn zu Hattin

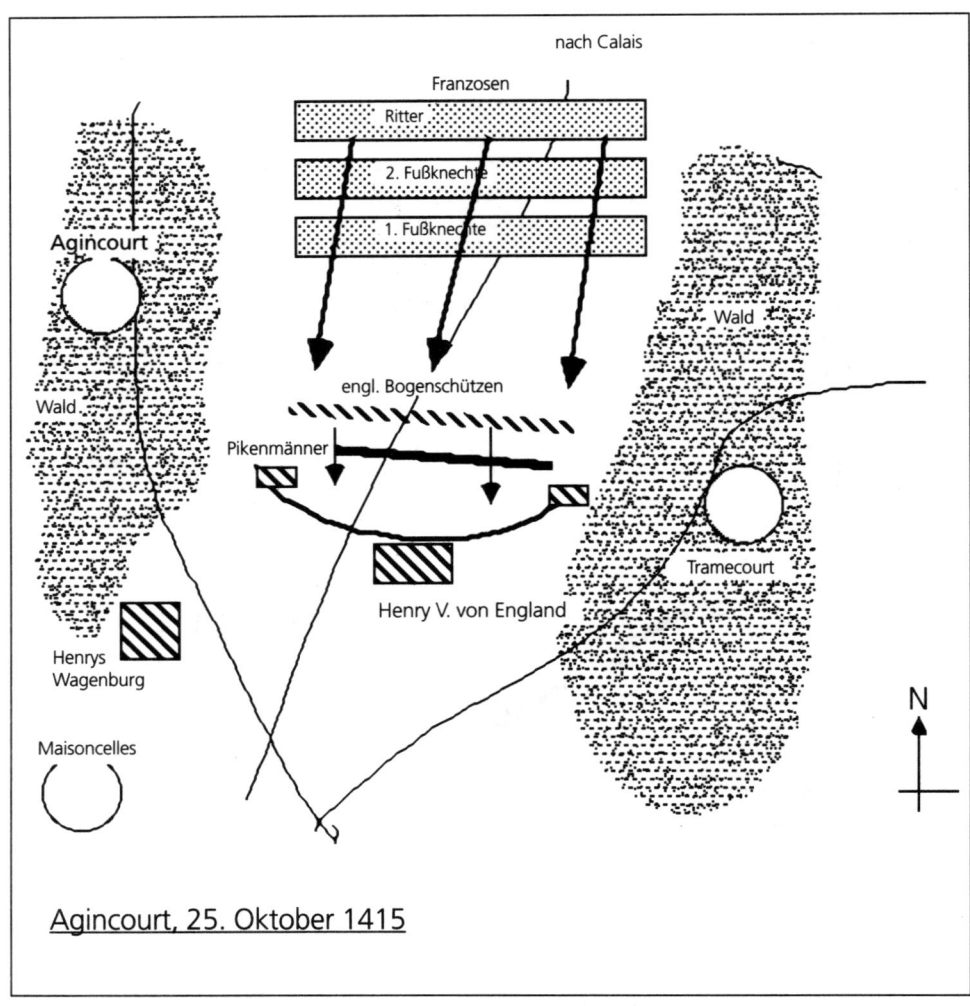

Agincourt, 25. Oktober 1415

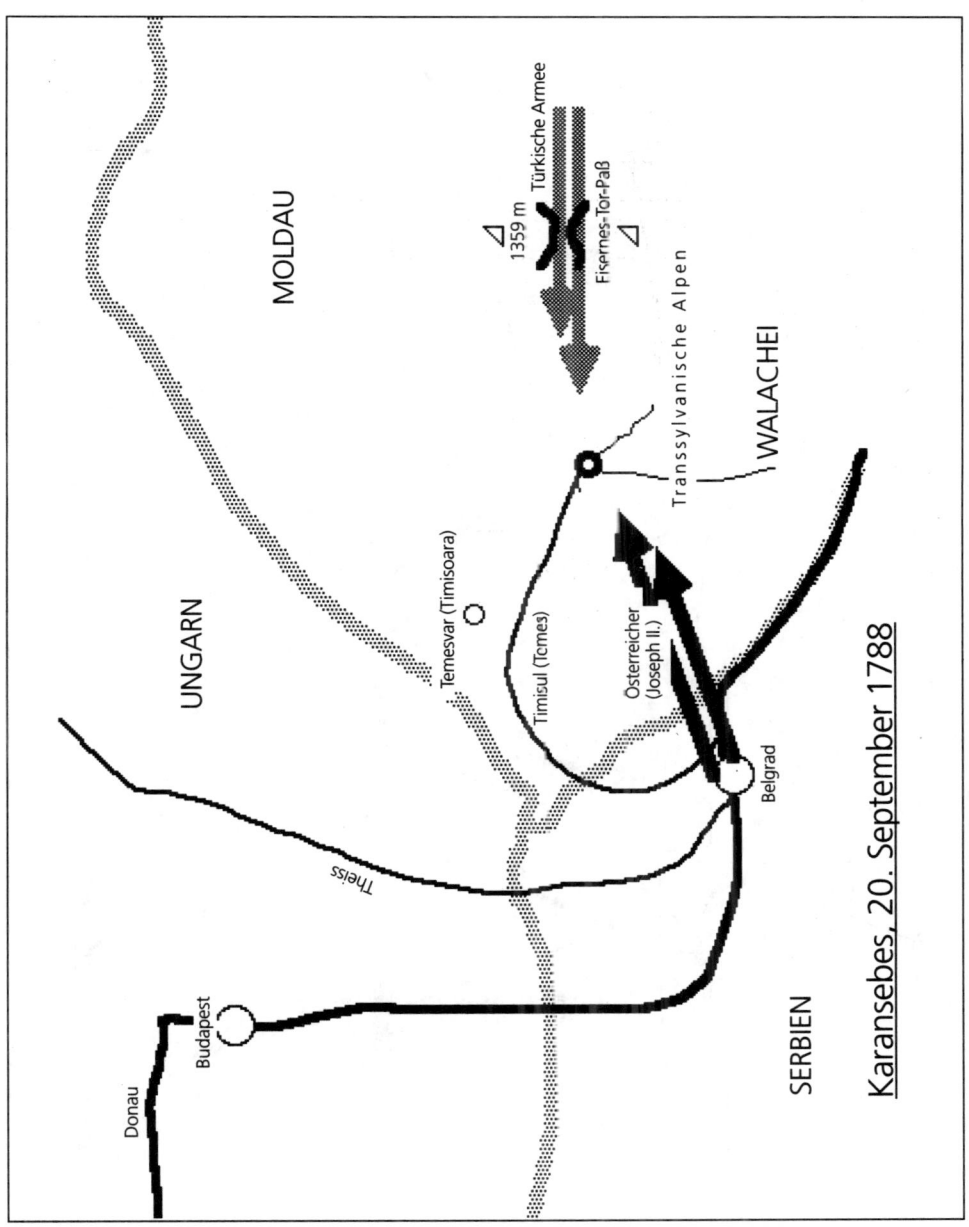

Karansebes, 20. September 1788

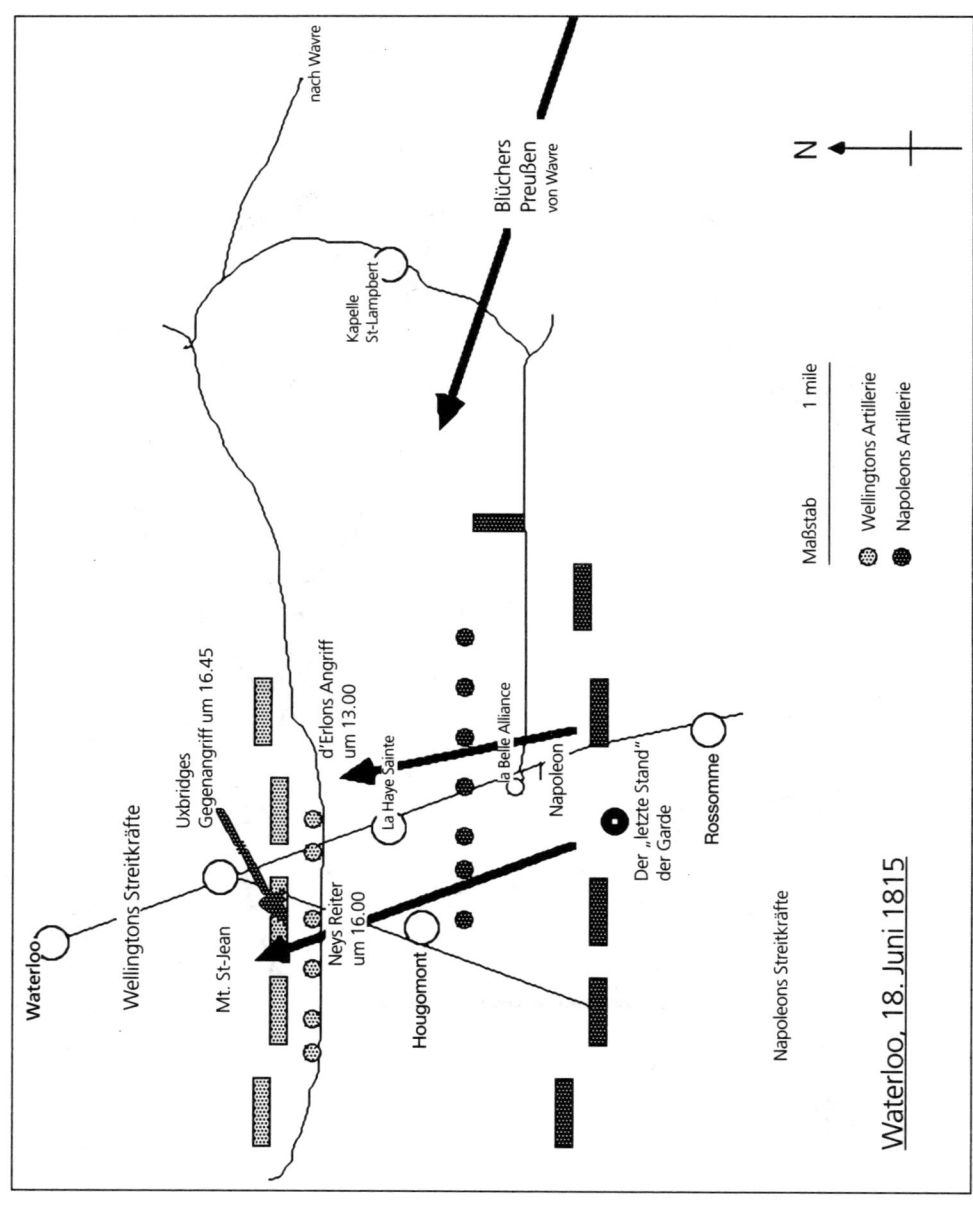

Waterloo, 18. Juni 1815

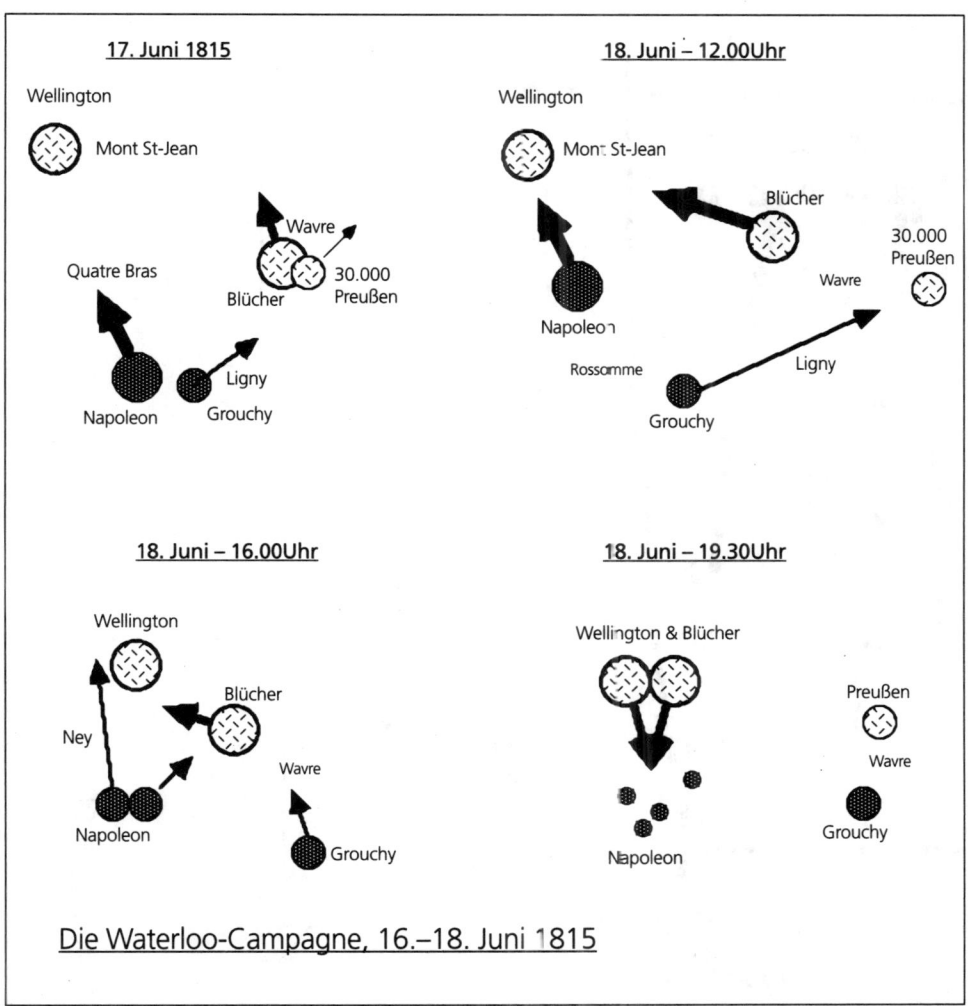

Die Waterloo-Campagne, 16.–18. Juni 1815

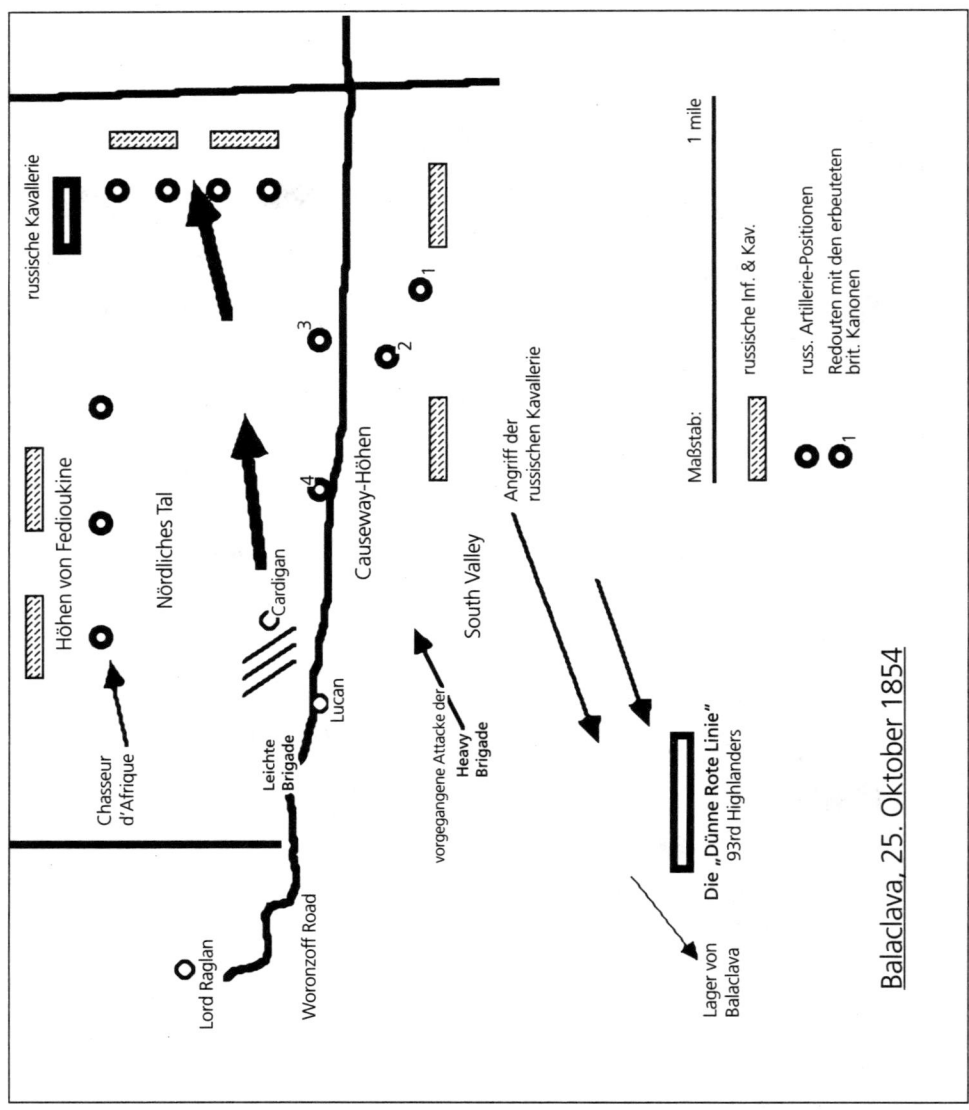

russische Kavallerie

Höhen von Fedioukine

Nördliches Tal

Chasseur d'Afrique

Leichte Brigade

Lucan

Cardigan

Causeway-Höhen

South Valley

vorgegangene Attacke der Heavy Brigade

Angriff der russischen Kavallerie

Woronzoff Road

Lord Raglan

Lager von Balaclava

Die „Dünne Rote Linie"
93rd Highlanders

Maßstab:

1 mile

russische Inf. & Kav.

russ. Artillerie-Positionen

Redouten mit den erbeuteten brit. Kanonen

Balaclava, 25. Oktober 1854

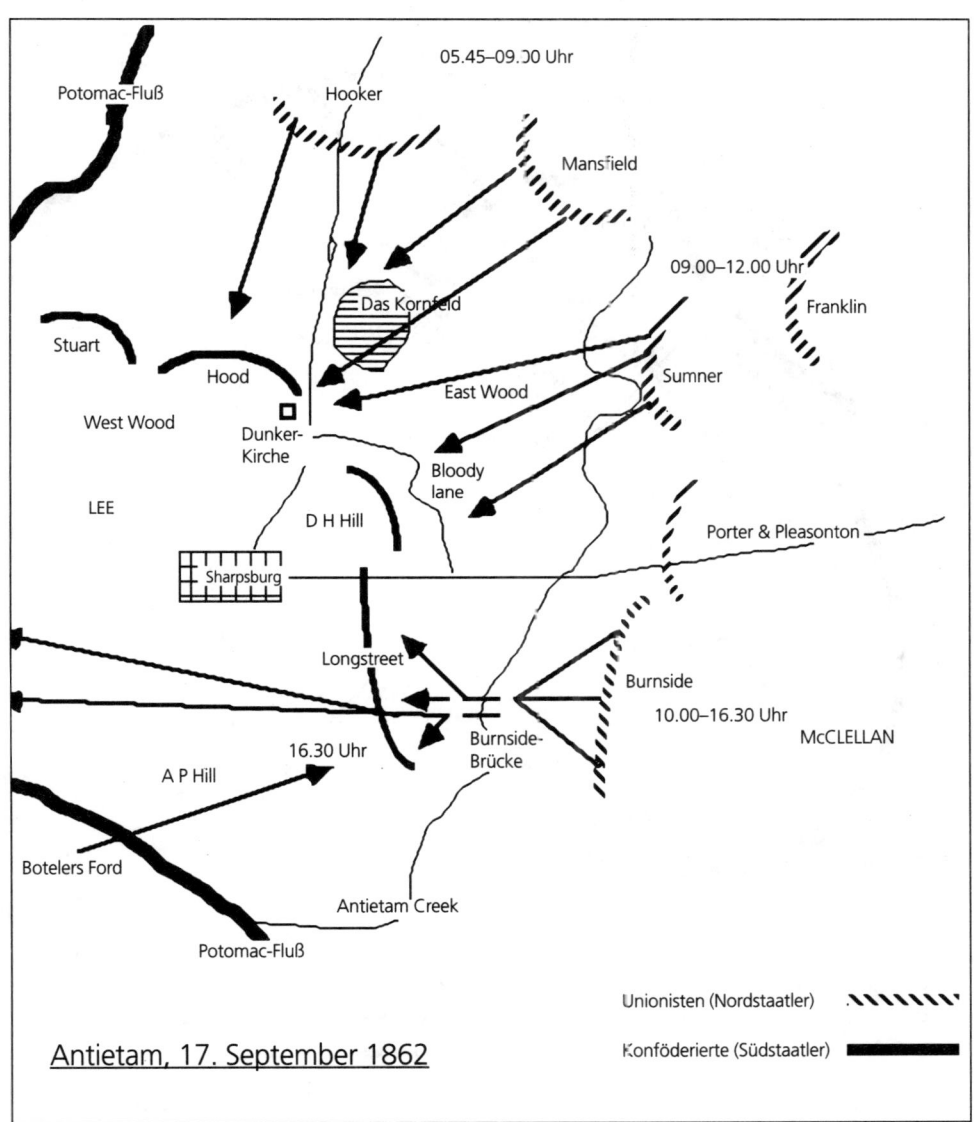

05.45–09.30 Uhr

Potomac-Fluß

Hooker

Mansfield

09.00–12.00 Uhr

Franklin

Das Kornfeld

Stuart

Hood

East Wood

Sumner

West Wood

Dunker-Kirche

Bloody lane

LEE

D H Hill

Porter & Pleasonton

Sharpsburg

Longstreet

Burnside

Burnside-Brücke

10.00–16.30 Uhr

McCLELLAN

16.30 Uhr

A P Hill

Botelers Ford

Antietam Creek

Potomac-Fluß

Unionisten (Nordstaatler)

Konföderierte (Südstaatler)

Antietam, 17. September 1862

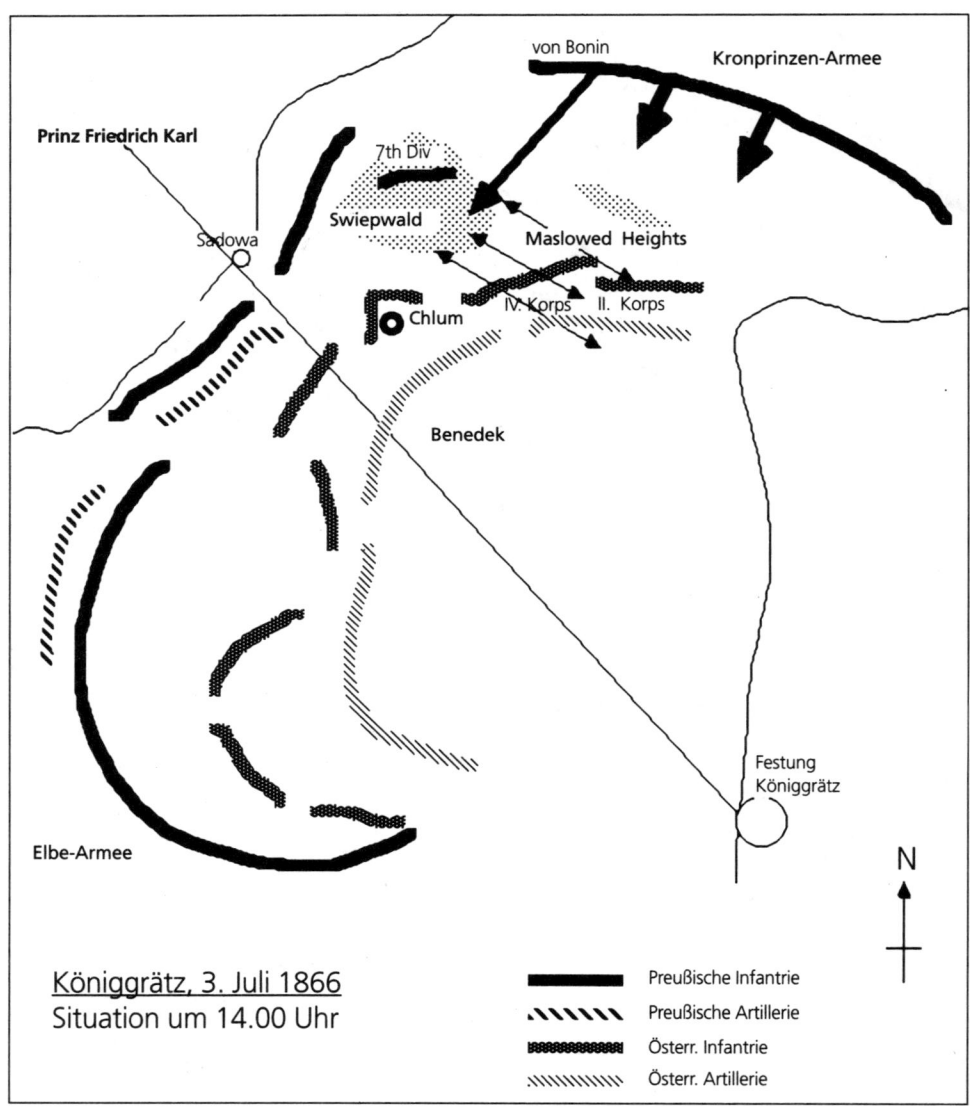

von Bonin

Kronprinzen-Armee

Prinz Friedrich Karl

7th Div

Swiepwald

Sadowa

Maslowed Heights

Chlum

IV. Korps   II. Korps

Benedek

Festung
Königgrätz

Elbe-Armee

N

Königgrätz, 3. Juli 1866
Situation um 14.00 Uhr

Preußische Infantrie

Preußische Artillerie

Österr. Infantrie

Österr. Artillerie

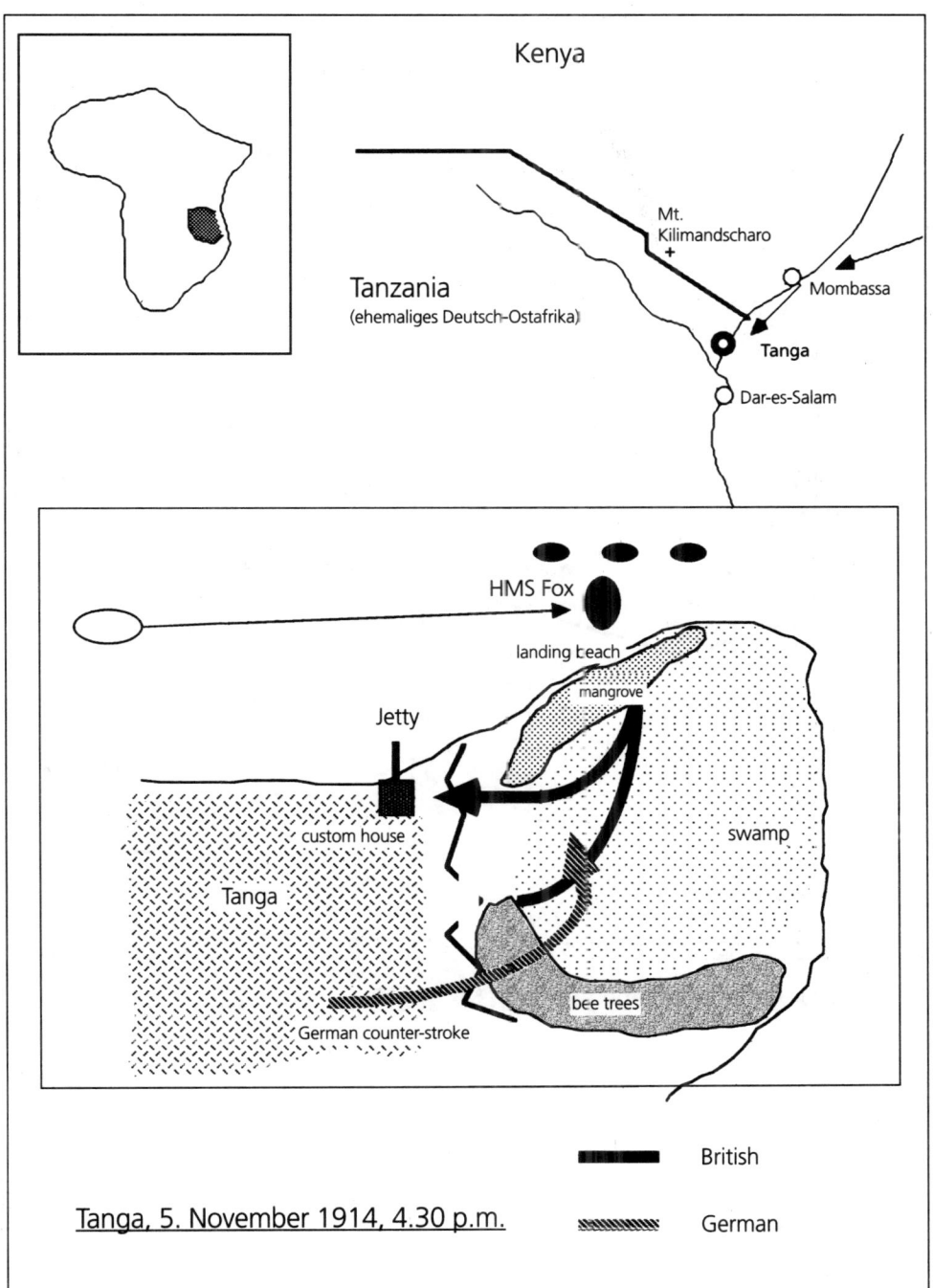

Tanga, 5. November 1914, 4.30 p.m.

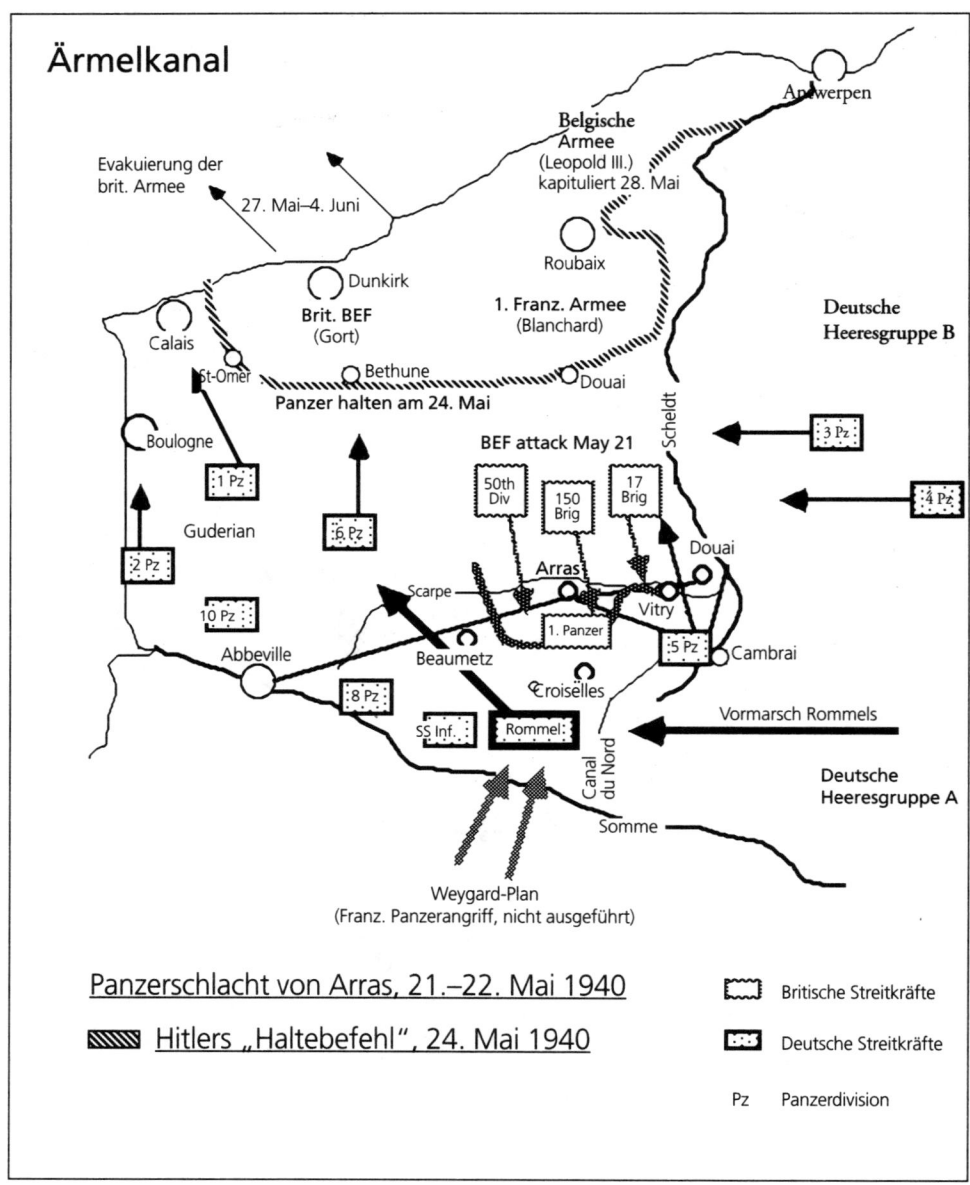

Panzerschlacht von Arras, 21.–22. Mai 1940

Hitlers „Haltebefehl", 24. Mai 1940

Britische Streitkräfte

Deutsche Streitkräfte

Pz   Panzerdivision

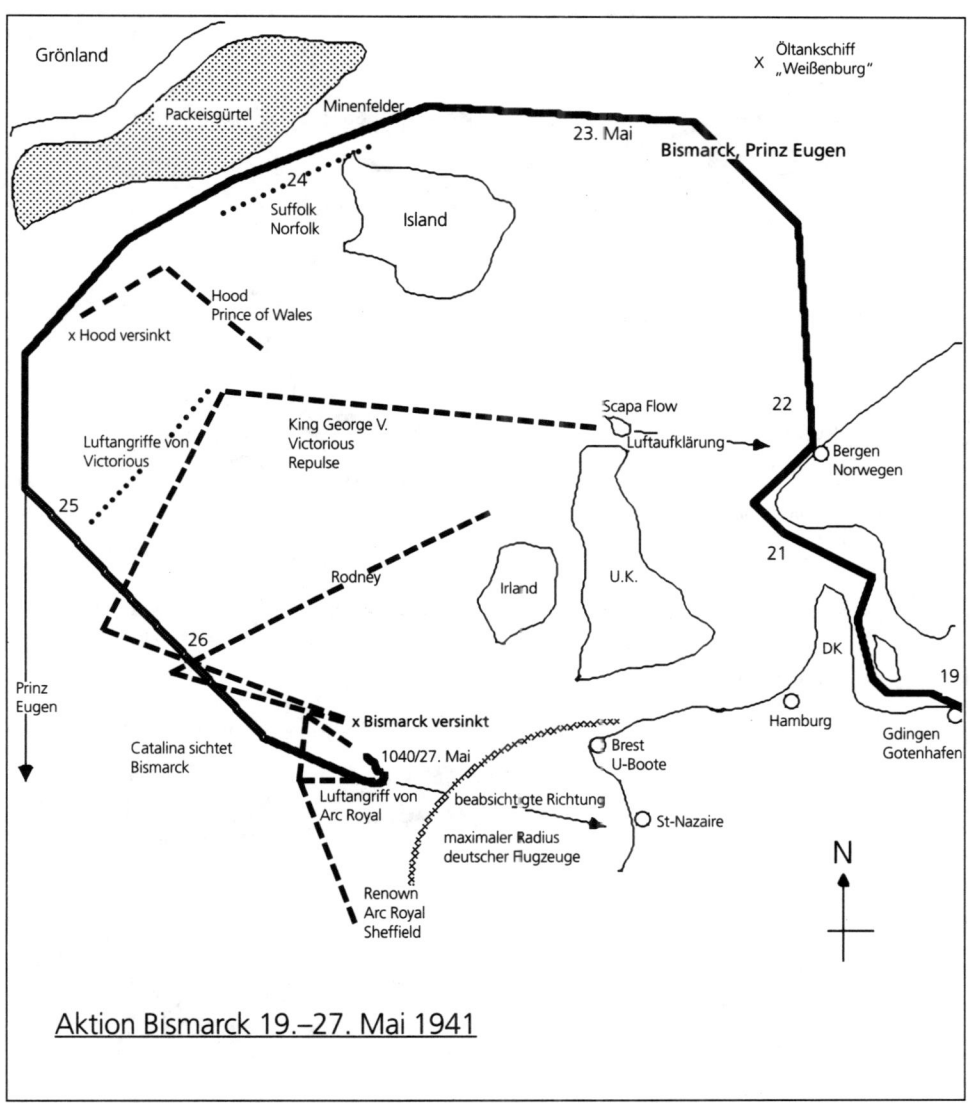

Aktion Bismarck 19.–27. Mai 1941

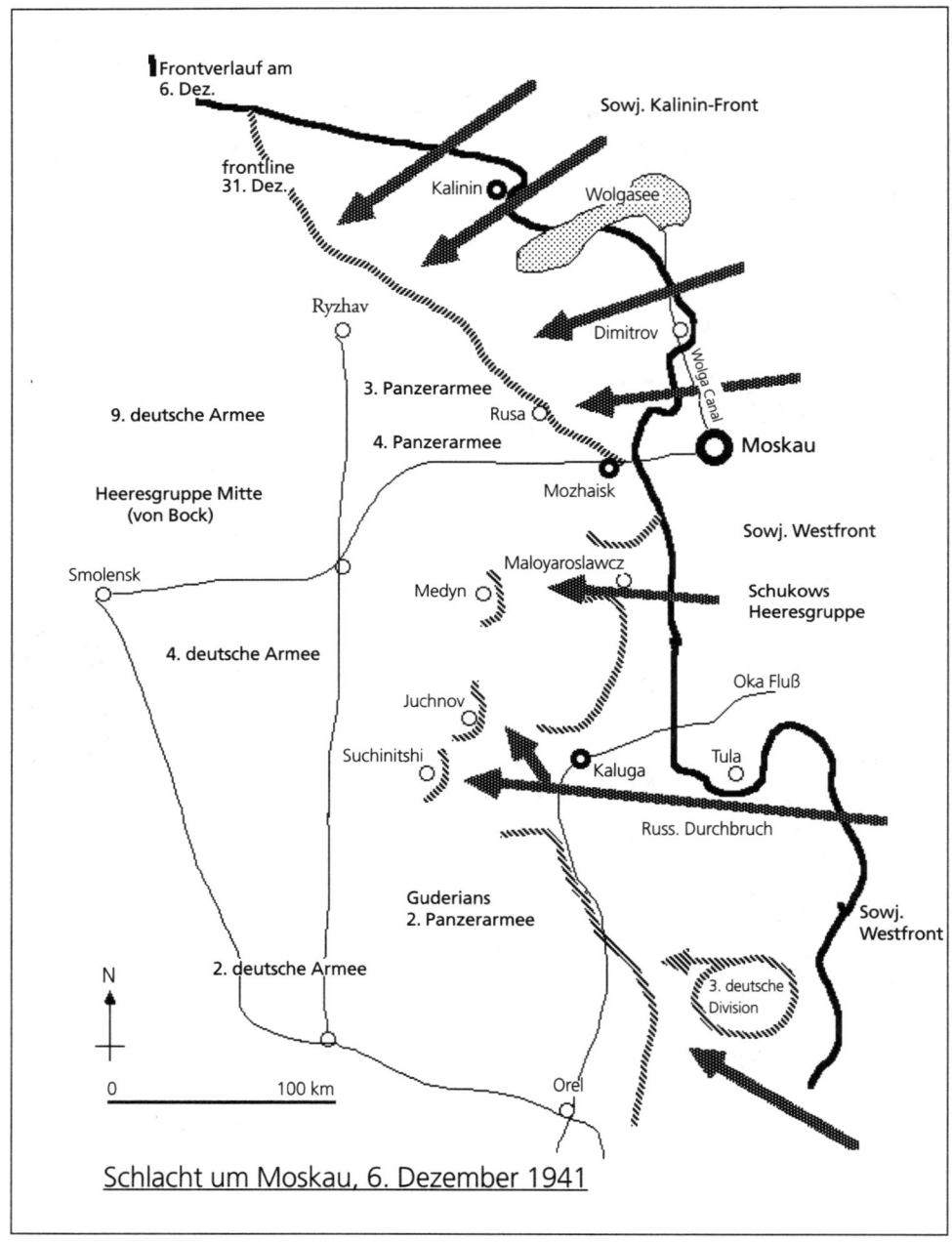

Schlacht um Moskau, 6. Dezember 1941

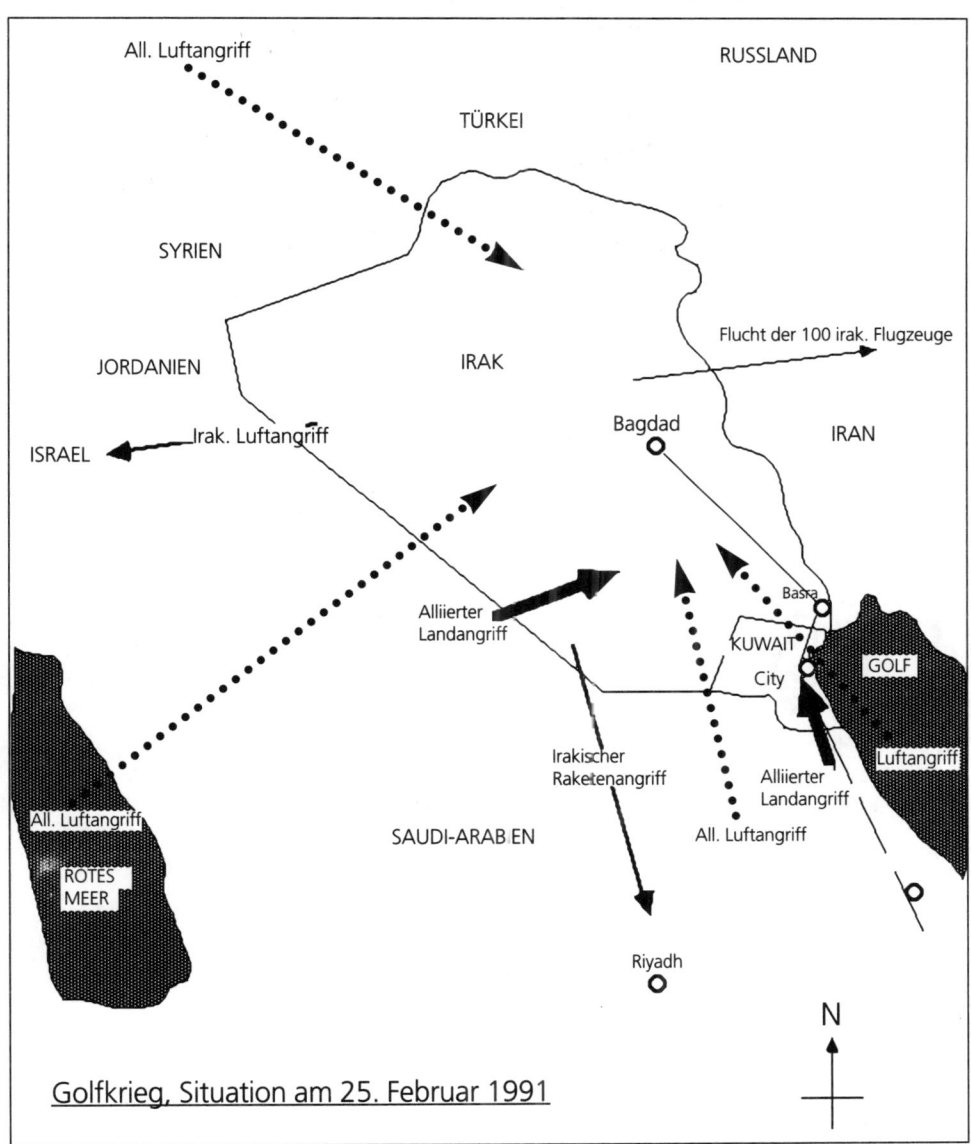

Golfkrieg, Situation am 25. Februar 1991